Die Entwicklung des Schutzes subjektiver öffentlicher Rechte unter Berücksichtigung des europäischen Einflusses

Europäische Hochschulschriften
Publications Universitaires Européennes
European University Studies

Reihe II
Rechtswissenschaft

Série II Series II
Droit
Law

Bd./Vol. 4141

PETER LANG
Frankfurt am Main · Berlin · Bern · Bruxelles · New York · Oxford · Wien

Birthe Pasemann

Die Entwicklung des Schutzes subjektiver öffentlicher Rechte unter Berücksichtigung des europäischen Einflusses

PETER LANG
Europäischer Verlag der Wissenschaften

Bibliografische Information Der Deutschen Bibliothek
Die Deutsche Bibliothek verzeichnet diese Publikation in der Deutschen Nationalbibliografie; detaillierte bibliografische Daten sind im Internet über <http://dnb.ddb.de> abrufbar.

Zugl.: Marburg, Univ., Diss., 2004

D 4
ISSN 0531-7312
ISBN 3-631-53639-9

www.peterlang.de

Vorwort

Die vorliegende Arbeit ist im Wintersemester 2003/2004 vom Fachbereich Rechtswissenschaften der Philipps-Universität Marburg als Dissertation angenommen worden.

Die Arbeit wurde von Frau Prof. Dr. Böhm betreut. Sie hat mir als wissenschaftliche Mitarbeiterin bei ihr die Zeit und Möglichkeit gegeben, bei ihr zu promovieren. Vollendet wurde die Arbeit während meiner Tätigkeit als wissenschaftliche Assistentin bei Herrn Prof. Dr. Faber am Lehrgebiet für Öffentliches Recht B der Universität Hannover, Fachbereich Rechtswissenschaften. Auch hier wurden mir die erforderlichen Freiräume eingeräumt.

Herr Prof. Dr. Frotscher hat das Zweitgutachten erstellt; beide Gutachten wurden zügig erstellt.

Allen Genannten möchte ich herzlich danken.

Hannover, im Dezember 2004 | Birthe Pasemann

Inhaltsübersicht

Inhaltsverzeichnis

Teil 1: Einführung

Das Ziel dieser Untersuchung ist die Feststellung, ob eine Weiterentwicklung des subjektiven öffentlichen Rechts einer Anpassung an die subjektiven Rechte des europäischen Gemeinschaftsrechts dienen kann.

Dieses Problem stellt sich, weil das europäische Gemeinschaftsrecht gegenüber dem deutschen Recht vorrangig ist. Teilweise werden die Mitgliedstaaten verpflichtet, bestimmte europäische Rechtsnormen — Richtlinien — in ihr nationales Recht umzusetzen. Andere Rechtsnormen des Gemeinschaftsrechts müssen in den Mitgliedstaaten — also auch in Deutschland — durchsetzbar sein. Um das Einfügen der deutschen Rechtsordnung in die vorrangige Rechtsordnung des Gemeinschaftsrechts zu ermöglichen und die Umsetzung der Richtlinien in das deutsche Recht zu vereinfachen, stellt sich die Frage der Anpassung der deutschen Rechtsordnung an das Gemeinschaftsrecht. Vorliegend soll auf das spezielle Problem der Anpassung der subjektiven öffentlichen Rechte des deutschen Rechts an die subjektiven Rechte des Gemeinschaftsrechts eingegangen werden. Möglicherweise kann eine Weiterentwicklung des subjektiven öffentlichen Rechts eine Anpassung an das europäische Gemeinschaftsrecht bewirken.

Dazu sind zunächst die Entstehung und Entwicklung der Rechtsfigur des subjektiven öffentlichen Rechts darzustellen. Das subjektive öffentliche Recht wird nicht gesetzlich definiert und seine Voraussetzungen werden nicht gesetzlich festgelegt. Sondern es ist eine Rechtsfigur, die auf Rechtsprechung und Literatur beruht. Vorausgesetzt wird das subjektive öffentliche Recht in § 42 Abs. 2 VwGO für eine Klagebefugnis und in § 47 Abs. 2 Satz 1, 1. HS VwGO für eine Antragsbefugnis. Die Struktur des subjektiven öffentlichen Rechts, aber auch Möglichkeiten einer Weiterentwicklung können nur durch eine umfassende Betrachtung auch der Geschichte dieser Rechtsfigur erfaßt werden. Denn die heutigen Voraussetzungen des subjektiven öffentlichen Rechts beruhen auf dieser Entwicklung und sind sonst schlecht verständlich. Eine umfassende Darstellung der einzelnen Voraussetzungen des subjektiven öffentlichen Rechts fehlte bisher. Dabei sind — auch bezogen auf die einzelnen Voraussetzungen — Entwicklungstendenzen aufzuzeigen, um ein mögliches Potential zur Weiterentwicklung zu erfassen, aber auch um strukturelle Grenzen einer Anpassung aufzuzeigen. Bei der geschichtlichen Darstellung wird nur auf die Fragestellung eingegangen, wie sich das subjektive öffentliche Recht als bestimmter, technischer Begriff entwickelt hat. Es soll speziell die Entwicklung der Rechtsfigur des subjektiven öffentlichen Rechts behandelt werden einschließlich seiner einzelnen Voraussetzungen. Im Gegensatz dazu steht die allgemeine Frage, inwieweit eine Verfügungsmacht über bestimmte — heute als öffentlich-rechtlich zu beurteilende — Positionen überhaupt besteht. Ein solcher Rückblick über die Entwicklung von Verfügungsrechten über Positionen, die nach heutiger Auffassung dem öffentlichen Recht zuzuordnen sind, führte zu weit.[1] Deshalb ist nur auf die Entstehung und Weiterentwicklung der Rechtsfigur des subjektiven öffentlichen Rechts einzugehen.

Daneben sind die Voraussetzungen und Rechtsfolgen der subjektiven Rechte des Gemeinschaftsrechts zu bestimmen. Diese Rechte entwickeln sich erst und die Strukturen sind möglicherweise noch nicht endgültig ausgeprägt. Diese sind dann mit den subjektiven öffentlichen Rechten zu vergleichen, um festzustellen, inwieweit eine Angleichung der subjektiven öffentlichen Rechte des deutschen Rechts möglich ist.

Das subjektive öffentliche Recht steht in Deutschland in einem engen Zusammenhang mit dem verwaltungsgerichtlichen Rechtsschutz. Durch die Einführung der Verwaltungsgerichtsbarkeit gewann es praktische Bedeutung. Eng damit zusammen hängt die Frage nach dem Zweck der Verwaltungsgerichtsbarkeit. Diese kann so ausgestaltet sein, daß sie dem Schutz der subjektiven Rechte des Einzelnen dient. Im Gegensatz dazu ist jedoch auch eine rein objektive Rechtskontrolle möglich. So soll Deutschland — wie noch genauer zu untersuchen ist — eine eher auf den Schutz subjektiver Rechte ausgerichtete Verwaltungsgerichtsbarkeit besitzen. Demgegenüber dient beispielsweise die wichtigste Klageart in Frankreich, der recours pour excès de pouvoir der objektiven Rechtskontrolle.[2] In Spanien wurden Teile der deutschen Verwaltungsgerichtsordnung übernommen,[3] wodurch zumindest teilweise der Schutz subjektiver Rechte

---

[1] Die Fragestellung der Einräumung einer Verfügungsmacht über bestimmte — heute als öffentlich-rechtlich zu beurteilende — Positionen betrifft nur die Sozialgeschichte, vgl. zu der Abgrenzung dieser Fragestellungen *Coing*, Zur Geschichte des Begriffs „subjektives Recht", in: *Coing*, u.a. (Hrsg.), Das subjektive Recht und der Rechtsschutz der Persönlichkeit, S. 7 (8).

[2] *Classen*, Die Europäisierung der Verwaltungsgerichtsbarkeit, S. 57.

[3] *Gonzáles-Varas*, Die neue Verwaltungsgerichtsordnung Spaniens vom 13. Juli 1998, DÖV 2000, 240 (244).

angestrebt wird.[4] Daß in Großbritannien die gerichtliche Überprüfung des Verwaltungshandelns lediglich der Rechtmäßigkeitskontrolle dient,[5] spricht für eine vorrangig objektive Rechtskontrolle. Die Praxis der EG-Mitgliedstaaten ist demnach uneinheitlich. Unabhängig davon, ob die gerichtliche Überprüfung des Verwaltungshandelns eine objektive Rechtskontrolle ist oder dem Schutz subjektiver Rechte dient, wirkt dieser Zweck der nationalen Verwaltungsgerichtsbarkeit auf die Umsetzung des Gemeinschaftsrechts ein. Beispielsweise soll die Richtlinie über die Trinkwassergewinnung aus Oberflächenwasser[6] den Betroffenen ein subjektives Recht des Gemeinschaftsrechts geben, weil sie dem Schutz der Gesundheit aller Menschen dient.[7] Ein deutsches subjektives öffentliches Recht wäre jedoch — nach der Auslegung durch die Rechtsprechung — bei einer Norm nicht gegeben, die dem Schutz aller Menschen und nicht nur einem abgrenzbaren Personenkreis dient. Deshalb ist es erforderlich, Lösungsmöglichkeiten für eine Angleichung des nationalen Rechts an die Vorgaben des Gemeinschaftsrechts aufzuzeigen. Es soll ein möglichst praktikabler Lösungsvorschlag für die Ausgestaltung der deutschen subjektiven öffentlichen Rechte und des Verwaltungsrechtsschutzes gefunden werden, der das Gemeinschaftsrecht sinnvoll umsetzt.

---

4 Für die Klagebefugnis ist ein „interés legítimo" erforderlich, das mit dem subjektiven öffentlichen Recht vergleichbar ist, *Gonzáles-Varas*, Die neue Verwaltungsgerichtsordnung Spaniens vom 13. Juli 1998, DÖV 2000, 240 (242); zudem sprechen die Geltung einer Generalklausel, *Gonzáles-Varas*, Die neue Verwaltungsgerichtsordnung Spaniens vom 13. Juli 1998, DÖV 2000, 240 (240), das Bestehen einer unabhängigen Verwaltungsgerichtsbarkeit, *Gonzáles-Varas*, Die neue Verwaltungsgerichtsordnung Spaniens vom 13. Juli 1998, DÖV 2000, 240 (240), und die Geltung der Dispositionsmaxime, *Gonzáles-Varas*, Die neue Verwaltungsgerichtsordnung Spaniens vom 13. Juli 1998, DÖV 2000, 240 (242) für den Schutz subjektiver Rechte als Ziel der spanischen Verwaltungsgerichtsbarkeit.

5 *Stott/Felix*, Principles of Administrative Law, S. 155.

6 RL 75/440/EWG über die Qualitätsanforderungen an Oberflächenwasser für die Trinkwassergewinnung in den Mitgliedstaaten, ABl. L 195/34 - 36, die Pflichten der Mitgliedstaaten für die Trinkwassergewinnung festlegt.

7 EuGH, Rs. C-58/89 (Kommission ./. BRD), Slg. 1991, S. I - 4983, (5023, Rdnr. 13 f.).

Teil 2: Entwicklung der subjektiven öffentlichen Rechte in Deutschland

Eine Darstellung der Entstehung des subjektiven öffentlichen Rechts ist erforderlich, um die Entwicklungslinien dieser Rechtsfigur aufzuzeigen und diese möglicherweise weiterzeichnen zu können.

A. Rechtsschutzmöglichkeiten vor Einführung einer Verwaltungsgerichtsbarkeit und Literaturlage

Die Rechtslage vor der Entstehung der subjektiven öffentlichen Rechte wird kurz dargestellt, um die Voraussetzungen ihrer Anerkennung zu verdeutlichen.

I. Heiliges Römisches Reich Deutscher Nation

1. Rechtsschutz

Im Heiligen Römischen Reich Deutscher Nation bestand seit der Errichtung des Reichskammergerichtes eine gerichtliche Überprüfbarkeit der Verletzung der „jura quaesita", der „wohlerworbenen Rechte". Dieses waren subjektive Rechte, die von einer Person „durch einen Rechtsvorgang im Rahmen der bestehenden Rechtsordnung erlangt" wurden.[8] Eine Unterscheidung zwischen Privatrecht und öffentlichem Recht fand dabei nicht statt. Die jura quaesita, die — nach heutigem Verständnis — auch öffentlich-rechtliche Positionen umfaßten, konnten vor den Reichsgerichten bzw. Landesgerichten verteidigt werden.[9] Diese „subjektiven Privatrechte"[10] mußten nur von den Hoheitsrechten der Landesherren unterschieden werden.[11] Soweit ein Bürger die Verletzung eines jus quaesitum

---

[8] *Pirson*, Stichwort „Jura quaesita", in: HRG, Bd. 2, Sp. 472 (472); vgl. dazu auch *Erichsen*, Verfassungs- und verwaltungsgeschichtliche Grundlagen, S. 42 f.; *H. Bauer*, Geschichtliche Grundlagen der Lehre vom subjektiven öffentlichen Recht, S. 38 - 42.

[9] *Rüfner*, Verwaltungsrechtsschutz in Preußen von 1749 bis 1842, S. 29, 47; *Stolleis*, Geschichte des öffentlichen Rechts in Deutschland, Zweiter Band, S. 241.

[10] „Privatrechte", weil sie einer Privatperson zustehen konnten, vgl. *Rüfner*, Verwaltungsrechtsschutz im 19. Jahrhundert vor Einführung der Verwaltungsgerichtsbarkeit, DÖV 1963, 719 (720).

[11] *Rüfner*, Verwaltungsrechtsschutz in Preußen von 1749 bis 1842, S. 27 f.

geltend machen konnte, stand ihm — soweit dieses nicht durch Privilegien seines Landesfürsten ausgeschlossen war[12] — auch gegen den Landesherrn das Recht zur Klage vor dem Reichskammergericht oder dem Reichshofrat zu.[13] Streitig war zum Ende des Heiligen Römischen Reiches Deutscher Nation, ob daneben Rechtsschutz gegen die rechtswidrige Beschränkung der natürlichen Freiheit bestand.[14] Diese Ansicht konnte sich jedoch nicht mehr durchsetzen.[15]

Die Landesgerichte waren regelmäßig für die sogenannten Privatsachen zuständig, einschließlich der, die die fürstliche Kammer betrafen. Dieser Begriff war sehr weitgefaßt und beinhaltete — nach heutiger Beurteilung — auch öffentlich-rechtliche Befugnisse.[16] Oftmals konnten die Bürger vor den Landesgerichten auch auf ordnungsgemäße Ausführung der Gesetze durch die Unterbehörden klagen.[17] Die Klagen bei Ausübung des jus eminens durch den Fürsten waren Klagen auf Entschädigung, die sonstigen Anfechtungsklagen.[18] Die Landesgerichte waren jedoch nicht für alle Justizsachen zuständig, weil die Landesherren diese teilweise Behörden oder Kommissionen zugewiesen hatten.[19] Aufgrund der fehlen-

---

[12] Privilegium de non appellando (vgl. dazu *Rüfner*, Verwaltungsrechtsschutz in Preußen von 1749 bis 1842, S. 45 f.) und Privilegium de non evocando, vgl. dazu *Eisenhardt*, Die Rechtswirkungen der in der Goldenen Bulle genannten Privilegia de non evocando et appellando, ZRG GA 86 (1969), 75 - 96.

[13] *Erichsen*, Verfassungs- und verwaltungsgeschichtliche Grundlagen, S. 73 f.; *Sellert*, Über die Zuständigkeitsabgrenzung von Reichshofrat und Reichskammergericht, insbesondere S. 57.

[14] Vgl. die Darstellung bei *Erichsen*, Verfassungs- und verwaltungsgeschichtliche Grundlagen, S. 78 und bei *Rüfner*, Verwaltungsrechtsschutz in Preußen von 1749 bis 1842, S. 32 - 44.

[15] *Erichsen*, Verfassungs- und verwaltungsgeschichtliche Grundlagen, S. 78 f.

[16] *Erichsen*, Verfassungs- und verwaltungsgeschichtliche Grundlagen, S. 92 f.; *Rüfner*, Die Entwicklung der Verwaltungsgerichtsbarkeit, in: Deutsche Verwaltungsgeschichte, Band. 3, S. 909 (909); *Rüfner*, Verwaltungsrechtsschutz in Preußen von 1749 bis 1842, S. 48 f.

[17] *Erichsen*, Verfassungs- und verwaltungsgeschichtliche Grundlagen, S. 94 - 99; *Rüfner*, Verwaltungsrechtsschutz in Preußen von 1749 bis 1842, S. 51.

[18] *Rüfner*, Verwaltungsrechtsschutz in Preußen von 1749 bis 1842, S. 55; dieses schließt eine gerichtliche Nachprüfung nicht aus, vgl. *Erichsen*, Verfassungs- und verwaltungsgeschichtliche Grundlagen, S. 75 f., 97. Die Beschränkung auf Entschädigungsklagen fand erst im 19. Jahrhundert statt, *Rüfner*, Verwaltungsrechtsschutz in Preußen von 1749 bis 1842, S. 56.

[19] *Rüfner*, Verwaltungsrechtsschutz in Preußen von 1749 bis 1842, S. 56.

den sachlichen Unabhängigkeit der Gerichte hatte diese Zuweisung keine erheblichen Auswirkungen.[20] Die Unterscheidung zwischen Justizsachen und Regierungs- bzw. Polizeisachen geschah nicht aufgrund einer materiellen Zuordnung des Rechtsstoffes. Maßgebliches Kriterium für die Differenzierung war, ob eine rechtsschutzfähige Rechtsposition betroffen war; dann war eine Justizsache gegeben.[21]

Es gab noch keine subjektiven öffentlichen Rechte, sondern nur die jura quaesita, bei denen nicht zwischen Privatrecht und öffentlichem Recht unterschieden wurde. Die durch die Lehre vom Gesellschaftsvertrag und die französische Revolution beeinflußte Ansicht, auch natürliche Freiheiten könnten rechtlichen Schutz erlangen, konnte sich nicht durchsetzen.

2. Reichspublizistik und Policeywissenschaft

Im 15. und 16. Jahrhundert wurden Privatrecht und öffentliches Recht noch nicht unterschieden,[22] das Recht wurde als Einheit angesehen. Erst durch die Rezeption begann seit dem 15. Jahrhundert ein Wandel.[23] Die beginnende Trennung von öffentlichem Recht und Privatrecht führte zu einer Abspaltung von Reichspublizistik und Policeywissenschaften. Bereits im 18. Jahrhundert wurde zwischen der Reichspublizistik und der Policeywissenschaft unterschieden.

Die Reichspublizistik bestand aus Materialsammlungen zum deutschen Reichsstaatsrecht, die sich auch mit der Staatenkunde und Reichshistorie beschäftigen. Diese sehr umfangreichen Aufstellungen der vorhandenen Rechtsmaterie besaßen keine übergreifende rechtliche Systematik.[24]

Seit 1530 gab es Reichs- und Landespoliceyordnungen,[25] die die „gute policey", also die gute öffentliche Ordnung[26] bewahren sollten. Daneben

---

[20] *Rüfner*, Verwaltungsrechtsschutz in Preußen von 1749 bis 1842, S. 58 f.

[21] *Erichsen*, Verfassungs- und verwaltungsgeschichtliche Grundlagen, S. 84 f.

[22] *Stolleis*, Geschichte des öffentlichen Rechts in Deutschland, Erster Band, S. 66.

[23] *Stolleis*, Geschichte des öffentlichen Rechts in Deutschland, Erster Band, S. 69 ff., 75 f.

[24] *Hoke*, Stichwort "Reichspublizistik", HRG Bd. 4, Sp. 719 (725); *Stolleis*, Stichwort „Staatsrechtswissenschaft", HRG, Bd. 4, Sp. 1836 (1836).

[25] *Stolleis*, Geschichte des öffentlichen Rechts in Deutschland, Erster Band, S. 369.

[26] *Stolleis*, Geschichte des öffentlichen Rechts in Deutschland, Erster Band, S. 334.

wurde auch der Wille des Landesherrn als Rechtsquelle angesehen.[27] Seit Mitte des 17. Jahrhunderts fand eine erste praktische Beschäftigung mit der „guten Policey“ statt, im 18. Jahrhundert auch eine wissenschaftliche Bearbeitung.[28] Zwar begann seit der Mitte des 18. Jahrhunderts eine — im weitesten Sinn — rechtswissenschaftliche Erfassung der Policey,[29] eine Lehre der Verwaltungsfunktionen[30]. Aber die Policeywissenschaft hatte nicht nur rechtswissenschaftliche Bezüge, sondern umfaßte auch die Wirtschaftslehre und die Finanzwissenschaft.[31] Für den Policeystaat war nicht die Rechtmäßigkeit des Verwaltungshandelns maßgeblich, sondern die Zweckmäßigkeit. Dieses war Folge der sehr weitgehenden Machtvollkommenheit des Policeystaates des alten Reiches. Seine Kompetenzen konnten nicht sinnvoll rechtlich umschrieben werden, weil dieses eine Begrenzung seiner Machtfülle bedeutet hätte.[32] Deshalb war die Polizeiwissenschaft auf Zweckmäßigkeitserwägungen ausgerichtet und ist — aus heutiger Sicht— noch nicht als rechtswissenschaftlich im eigentlichen Sinne einzustufen.[33]

3. Ergebnis

Während des Bestehens des Heiligen Römischen Reiches Deutscher Nation war eine Herausbildung eines eigenständigen subjektiven öffentlichen Rechtes nicht erforderlich. Rechtsschutz wurde zur Sicherung der wohlerworbenen Rechte gewährt. Zwar bildete sich in der Wissenschaft langsam eine Trennung zwischen öffentlichem und Privatrecht aus, wegen des gemeinsamen Rechtsschutzes war eine Trennung der beiden Rechtsgebiete praktisch noch nicht relevant, und es wurde noch keine genaue Abgrenzung vorgenommen.

---

[27] *Achterberg,* Strukturen der Geschichte des Verwaltungsrechts und der Verwaltungsrechtswissenschaft, DÖV 1979, 737.

[28] *Stolleis,* Geschichte des öffentlichen Rechts in Deutschland, Erster Band, S. 372.

[29] *Stolleis,* Geschichte des öffentlichen Rechts in Deutschland, Erster Band, S. 387.

[30] *Achterberg,* Strukturen der Geschichte des Verwaltungsrechts und der Verwaltungsrechtswissenschaft, DÖV 1979, 737 (740).

[31] *Achterberg,* Strukturen der Geschichte des Verwaltungsrechts und der Verwaltungsrechtswissenschaft, DÖV 1979, 737 (740).

[32] *Meyer-Hesemann,* Methodenwandel in der Verwaltungsrechtswissenschaft, S. 6; zur Eingrenzung durch wohlerworbene Rechte vgl. Teil 2. A. I. 1.

[33] *Badura,* Das Verwaltungsrecht des liberalen Rechtsstaates, S. 15.

II. Auswirkungen des Untergangs des Heiligen Römischen Reiches Deutscher Nation

1. Rechtsschutz

Mit dem Untergang des Heiligen Römischen Reiches Deutscher Nation fand auch das Reichskammergericht sein Ende. Fortan gab es nur die Möglichkeit, vor den Landesgerichten zu klagen. Es wurde weiterhin zwischen Justiz- und Administrativsachen unterschieden: Nur die Justizsachen konnten vor den ordentlichen Gerichten geltend gemacht werden. Die Kriterien der Abgrenzung änderten sich jedoch. Zunächst war das Vorliegen einer Justizsache von einem Eingriff in einen speziellen Rechtstitel abhängig. Im 19. Jahrhundert wurde für die Feststellung, ob eine Justizsache vorlag, die Unterscheidung von Justiz und Verwaltung relevant.[34] Gegen eine Verletzung von Freiheit und Eigentum durch den Staat konnte nur dann vorgegangen werden, wenn dieser nicht als Vertreter des öffentlichen Wohls gehandelt hatte, sondern zur Verfolgung seiner privaten Interessen, also als Fiskus. Diese vermögensrechtlichen Streitigkeiten gehörten vor die ordentlichen Gerichte, da sie als solche des Privatrechts aufgefaßt wurden.[35] Eine sonstige Überprüfung des Verwaltungshandelns, also der Administrativsachen, fand durch die ordentlichen Gerichte grundsätzlich nicht statt.[36] Sondern diese wurden zumeist durch verwaltungsinterne Instanzen kontrolliert.[37]

In Preußen[38] wurden noch vor dem Reichsdeputationshauptschluß — zunächst versuchsweise und beschränkt auf das Gebiet von Neu-Ostpreußen — alle klagbaren Justiz- und Prozeßsachen den Regierungen und im Instanzenzug den „höheren Justiz-Collegiis" — also der ordentli-

---

[34] *Erichsen*, Verfassungs- und verwaltungsgeschichtliche Grundlagen, S. 212.

[35] *Henke*, Das subjektive öffentliche Recht, S. 24.

[36] Ausnahme waren die Hansestädte und Oldenburg, in denen gewisse justizstaatliche Tendenzen existierten; *Kohl*, Das Reichsverwaltungsgericht, S. 28, Fn. 130; *Menger*, Zur Geschichte der Verwaltungsgerichtsbarkeit in Deutschland, DÖV 1963, 726.

[37] Eine Übersicht über die Regelungen gibt *Erichsen*, Verfassungs- und verwaltungsgeschichtliche Grundlagen, S. 207 - 210.

[38] Das als größtes deutsches Land hier ausführlicher behandelt werden soll; vgl. beispielsweise zur Entwicklung in Baden: *Montag*, Die Geschichte der Verwaltungsgerichtsbarkeit unter besonderer Berücksichtigung der Entwicklung in Baden, VBlBW. 1992, 192 - 198; *Sydow*, Die Verwaltungsgerichtsbarkeit des ausgehenden 19. Jahrhunderts, S. 36 - 38; zu der in Württemberg: *Sydow*, a.a.O., S. 31 - 35, 37 f.; zu der in Bayern *Sydow*, a.a.O, S. 23 f., 35 f.

chen Gerichtsbarkeit — zugewiesen,[39] ohne daß der Umfang der Rechtsgewährung verändert wurde.[40] Nach 1803 wurde diese Regelung auf weitere preußische Gebiete übertragen.[41] In dem Entwurf eines Ressortreglements für Westpreußen wurde hingegen erstmals die Kontrolle von Verwaltungshandeln beschränkt;[42] diese neue Ressortregelung wurde für das gesamte Preußen eingeführt. Durch § 38 der Preußischen Verordnung wegen verbesserter Einrichtung der Provinzial-, Polizei- und Finanzbehörden[43] wurde so eine gerichtliche Überprüfbarkeit im Zuge der Reorganisation Preußens nach 1806 geschaffen:[44]

> „Ueber polizeiliche Verfuegungen der Regierungen, von welcher Gattung sie seyn moegen, stehet gleichfalls der Weg Rechtens unbedingt, sowohl ueber die Verpflichtung, als den Schadenersatz, jedem offen, sobald entweder die Verfuegung einer ausdruecklichen Disposition der Gesetze direkte entgegen laeuft, oder die Klage auf einem speziellen Rechtstitel gegruendet wird, vermoege dessen der Klaeger das, der durch die Polizeiverfuegung angeordneten Verbindlichkeit entgegen stehende Recht gueltig erworben zu haben behauptet."[45]

Die zweite Alternative — Gründung der Klage auf einen speziellen Rechtstitel — betraf den gerichtlichen Schutz wohlerworbener Rechte.[46] Die erste Alternative, die Überprüfbarkeit bei direktem Entgegenlaufen der Gesetze, war neu. Danach war in beschränktem Umfang eine Überprüfung der Gesetzmäßigkeit des Handelns der Verwaltung durch die

---

[39] *Rüfner*, Verwaltungsrechtsschutz in Preußen von 1749 bis 1842, S. 121 f.

[40] *Rüfner*, Verwaltungsrechtsschutz in Preußen von 1749 bis 1842, S. 123. Vorher waren die Kammerjustizdeputationen zuständig, *Achterberg*, Strukturen der Geschichte des Verwaltungsrechts und der Verwaltungsrechtswissenschaft, DÖV 1979, 737 (738).

[41] *Rüfner*, Verwaltungsrechtsschutz in Preußen von 1749 bis 1842, S. 124.

[42] *Rüfner*, Verwaltungsrechtsschutz in Preußen von 1749 bis 1842, S. 124 f.; *Rüfner*, Verwaltungsrechtsschutz im 19. Jahrhundert vor Einführung der Verwaltungsgerichtsbarkeit, DÖV 1963, 719 (721).

[43] Verordnung wegen verbesserter Einrichtung der Provinzial-, Polizei- und Finanz-Behörden. Vom 26.12.1808, PrGS 1806 - 1810, S. 464-480.

[44] *Henke*, Das subjektive öffentliche Recht, S. 20; *Kohl*, Das Reichsverwaltungsgericht, S. 10; *Nowatius*, Die Einführung der Verwaltungsgerichtsbarkeit in Preußen, S. 34.

[45] Verordnung wegen verbesserter Einrichtung der Provinzial-, Polizei- und Finanz-Behörden. Vom 26.12.1808, PrGS 1806 - 1810, S. 464 (473 f.), im Original gesperrt gedruckt.

[46] *Rüfner*, Verwaltungsrechtsschutz in Preußen von 1749 bis 1842, S. 129 f.: So zumindest von Friese als Schöpfer dieser Regelung wohl gedacht, auch wenn sie später enger ausgelegt wurde.

Gerichte möglich.[47] Diese wurde jedoch durch § 40 der Verordnung eingeschränkt, der eine gerichtliche Kontrolle des Ermessens bei der allgemeinen Berufung auf Freiheit und Eigentum ausschloß.[48] Die Bedeutung der Verordnung lag darin, daß den Gerichten die Allzuständigkeit übertragen wurde.[49] Insgesamt war jedoch problematisch, daß die Kontrolle des Verwaltungshandelns auf seine Gesetzmäßigkeit nicht zu den sonstigen Streitgegenständen der ordentlichen Gerichtsbarkeit paßte.[50] Zudem verstanden die Richter nur wenig von der Verwaltung. Ihre Entscheidungen schwächten die Wirksamkeit der Behörden.[51] Deshalb wurde in der Folge die Zuständigkeit der ordentlichen Gerichte für die Kontrolle der Verwaltung immer stärker eingeschränkt[52] und 1842 die Überprüfbarkeit polizeilicher Verfügungen grundsätzlich aufgehoben.[53] Der Rechtsweg war nur noch für die Geltendmachung eines zum Privateigentum gehörenden Rechts zulässig, sonst war lediglich eine Beschwerde an die vorgesetzte Dienstbehörde möglich.[54] Der Bürger konnte keine subjektiven Rechte gegenüber dem Staat geltend machen, außer den übriggebliebenen wohlerworbenen Rechten und subjektiven Rechten des Privatrechts. Ein gerichtlicher Schutz konnte im wesentlichen nur bei der Verletzung ver-

[47] *Henke*, Das subjektive öffentliche Recht, S. 20.

[48] Verordnung wegen verbesserter Einrichtung der Provinzial-, Polizei- und Finanz-Behörden. Vom 26.12.1808, PrGS 1806 - 1810, S. 464 (474).

[49] *Rüfner*, Verwaltungsrechtsschutz in Preußen von 1749 bis 1842, S. 128 f.; zum Umfang des Rechtsschutzes *Rüfner*, Verwaltungsrechtsschutz im 19. Jahrhundert vor Einführung der Verwaltungsgerichtsbarkeit; DÖV 1963, 719 (721 f.).

[50] *Henke*, Das subjektive öffentliche Recht, S. 24.

[51] Vgl. zur Kritik an der Verordnung: *Nowatius*, Die Einführung der Verwaltungsgerichtsbarkeit in Preußen, S. 35 f.; a.A. *W. Jellinek*, Der Schutz des öffentlichen Rechts durch ordentliche und Verwaltungsgerichte, VVDStRL 2 (1925), S. 8 (11 f.).

[52] *Henke*, Das subjektive öffentliche Recht, S. 25; *Kohl*, Das Reichsverwaltungsgericht, S. 10; *Nowatius*, Die Einführung der Verwaltungsgerichtsbarkeit in Preußen, S. 36, insbesonderen Fn. 152; *Rüfner*, Verwaltungsrechtsschutz in Preußen von 1749 bis 1842, S. 148 ff., insbesondere S. 150 f., 152.

[53] § 1 des Gesetzes über die Zulässigkeit des Rechtsweges in Beziehung auf polizeiliche Verfügungen. Vom 11.05.1842, PrGS 1842, S. 192.

[54] § 1 des preußischen Gesetz über die Zulässigkeit des Rechtsweges in Beziehung auf polizeiliche Verfügungen. Vom 11.05.1842, PrGS 1842, 192 - 194, (192); vgl. dazu *Henke*, Das subjektive öffentliche Recht, S. 25; *Ibler*, Rechtspflegender Rechtsschutz im Verwaltungsrecht, S. 7 f., Fn. 21 - 24; *Nowatius*, Die Einführung der Verwaltungsgerichtsbarkeit in Preußen, S. 37.

mögensrechtlicher Ansprüche erlangt werden.[55] Diese Entschädigungsansprüche waren gegenüber dem Fiskus geltend zu machen, der vom Herrscher getrennt war.[56]

Eine unabhängige Überprüfung der Handlungen der Verwaltung war somit nicht möglich.[57] Eine Zulassung der Überprüfung durch die ordentliche Gerichtsbarkeit war gescheitert, woraufhin Administrativsachen ausschließlich verwaltungsintern überprüft werden konnten. Der Einzelne besaß kaum Rechtsschutzmöglichkeiten. Selbst in den Ländern Kurhessen, Hessen-Darmstadt[58] und Württemberg[59], in denen eine Überprüfung durch weitgehend unabhängige Instanzen möglich war, bestand eine Einschränkung darin, daß letztinstanzlich Verwaltungsbehörden zuständig waren.

2. *Untergang der Reichspublizistik*

Der Reichspublizistik, die sich mit der Reichsverfassung und ihren historischen Grundlagen beschäftigte, war mit dem Untergang des Heiligen Römischen Reiches Deutscher Nation die zu behandelnde Materie weggefallen.[60] Der sich neu entwickelnde Verfassungsstaat ließ den Gegensatz von — monarchischem — Staat und — bürgerlicher — Gesellschaft entstehen. Nur durch die Trennung von Staat und Gesellschaft wurde eine staatsfreie Sphäre denkbar. Diese sollte nur vom Privatrecht beherrscht sein, und nicht mehr dem öffentlich-rechtlichen Über- und Unterordnungsverhältnis unterliegen.[61]

---

[55] *Rüfner*, Verwaltungsrechtsschutz in Preußen von 1749 bis 1842, S. 175; und selbst dieser nur eingeschränkt, vgl. *Nowatius*, Die Einführung der Verwaltungsgerichtsbarkeit in Preußen, S. 38 f.

[56] *Achterberg*, Strukturen der Geschichte des Verwaltungsrechts und der Verwaltungsrechtswissenschaft, DÖV 1979, 737 (738).

[57] Zu den wenigen Ausnahmen vgl. Gesetz, betreffend die Erweiterung des Rechtsweges. Vom 24.05.1861, PrGS 1861, S. 241 - 245.

[58] Vgl. zu Hessen-Darmstadt und Kurhessen: *Weitzel*, Zur Geschichte der Verwaltungsgerichtsbarkeit in Hessen, Archiv für hessische Geschichte und Altertumskunde, Bd. 48 n.F. (1990), S. 317 (318-321); auch *Nowatius*, Die Einführung der Verwaltungsgerichtsbarkeit in Preußen, S. 33.

[59] Vgl. zu Württemberg: *Rüfner*, Verwaltungsrechtsschutz im 19. Jahrhundert vor Einführung der Verwaltungsgerichtsbarkeit, DÖV 1963, 719 (724); *Sydow*, Die Revolution von 1848/49: Ursprung der modernen Verwaltungsgerichtsbarkeit, VerwArch 92 (2001), S. 389 (393).

[60] *Stolleis*, Geschichte des öffentlichen Rechts in Deutschland, Zweiter Band, S. 48.

[61] *Stolleis*, Geschichte des öffentlichen Rechts in Deutschland, Zweiter Band, S. 51;

Die Aufspaltung des öffentlichen Rechts in Verfassungs- und Verwaltungsrecht begann langsam. Grundsätzlich konnte Verwaltungsrecht erst unter den Bedingungen eines Verfassungsstaates entstehen.[62] Diese Voraussetzung war erst während des Frühkonstitutionalismus gegeben: So hatte insbesondere Art. 13 der Deutschen Bundesakte mit seiner Forderung nach „landständische(n) Verfassungen"[63] die Entwicklung zum Verfassungsstaat zur Folge.[64] Daneben machte der Untergang des Heiligen Römischen Reiches Deutscher Nation eine grundsätzliche Neuorientierung des Staatsrechts und seiner Darstellungen nach 1806 erforderlich.[65] Nach 1815 bildete sich der Gegensatz zwischen der eher monarchisch beeinflußten Exekutive und der vom Bürgertum beherrschten Legislative aus.[66] Erst dieser Gegensatz machte eine Aufspaltung des öffentlichen Rechts in Verfassungs- und Verwaltungsrecht sinnvoll.

3. Einführung bürgerlicher Freiheiten

Durch die Stein-Hardenbergschen Reformen sollten aus Untertanen Staatsbürger werden, indem ihnen Freiheiten zur selbstverantwortlichen Gestaltung ihres Lebens gegeben wurden,[67] so beispielsweise durch die Bauernbefreiung und die Einführung der Gewerbefreiheit unter Aufhebung der Zunftpflicht. Dadurch wurden einige „wohlerworbene Rechte" entwertet, so beispielsweise das bisherige Recht, ein besonderes Gewerbe auszuüben, durch die allgemeine Befugnis zur Ausübung von Gewerben. Zwar entstand so die bürgerliche Freiheit; die rechtlich geschaffenen Freiräume waren nur mit besonderer Begründung wieder einschränkbar.[68] Jedoch wurden diese Freiheiten nicht als subjektive Rechte oder wohler-

---

vgl. *Grimm*, Zur politischen Funktion der Trennung von öffentlichem und privatem Recht in Deutschland, FS für H. Coing 1972, S. 224 (238 f.).

[62] So bereits *O. Mayer*, Deutsches Verwaltungsrecht, 3. Aufl., Bd. 1, S. 1 f., s. auch S. 114; ähnlich *O. Mayer*, Deutsches Verwaltungsrecht, Bd. 1, 1. Aufl., S. 67 f.

[63] Die Deutsche Bundes-Acte vom 08.06.1815, abgedruckt bei *Boldt*, Reich und Länder, S. 196 (205).

[64] *Dennewitz*, Die Systeme des Verwaltungsrechts, S. 15, 31; *Stolleis*, Geschichte des öffentlichen Rechts in Deutschland, Zweiter Band, S. 240.

[65] *Dennewitz*, Die Systeme des Verwaltungsrechts, S. 41.

[66] *Stolleis*, Stichwort „Verwaltungsrechtswissenschaft" HRG, Bd. 5, Sp. 883 (883).

[67] *Frotscher/Pieroth*, Verfassungsgeschichte, Rdnr. 199; *Stolleis*, Geschichte des öffentlichen Rechts in Deutschland, Zweiter Band, S. 60.

[68] *Stolleis*, Geschichte des öffentlichen Rechts in Deutschland, Zweiter Band, S. 247.

worbene Rechte angesehen,[69] ihre Verletzung konnte nur vor den Verwaltungsbehörden geltend gemacht werden, hingegen nicht vor den Gerichten.[70] Die Möglichkeit, Rechtsschutz zu erlangen, bestand letztendlich nur bei der Verletzung wohlerworbener Rechte und bei Rechten des Privatrechts.[71] Das Privatrecht begann sich vom öffentlichen Recht abzuspalten, um eine staatsfreie Freiheitssphäre der Bürger zu begründen.[72] Das öffentliche Recht hatte sich noch nicht als eigene Rechtsdisziplin etabliert. Deshalb konnten zu diesem Zeitpunkt im Bereich des öffentlichen Rechts noch keine subjektiven Rechte anerkannt werden; es bestand mangels gerichtlicher Überprüfbarkeit auch kein Bedürfnis nach deren Anerkennung.

Zusammenfassend bleibt festzuhalten, daß die Bedeutung der wohlerworbenen Rechte zugunsten der bürgerlichen Freiheiten zurückging, die weder als subjektive Rechte angesehen wurden noch einklagbar waren.

4. *Vormärz und Paulskirchenverfassung*

In vielen Ländern wurden nach 1815 Verfassungen erlassen. Grund dafür war Art. 13 der Deutschen Bundes-Acte,[73] der landständische Verfassungen vorschrieb, bzw. Art. 57 der Wiener Schlußakte[74], der landständische Verfassungen ermöglichte. Die ersten Verfassungen enthielten nur Organisationsregelungen, einschließlich des Wahlrechts, spätere auch Grundrechte der Bürger.[75] Das monarchische Prinzip war in Art 57 der Wiener Schluß-

---

[69] *Henke*, Das subjektive öffentliche Recht, S. 15.

[70] *Henke*, Das subjektive öffentliche Recht, S. 19.

[71] Teil 2. A. II. 1.

[72] *Grimm*, Stichwort „Öffentliches Recht II", HRG, Bd. 3 Sp. 1198 (1202); vgl. zur Ausbildung eines subjektiven Rechts im Privatrecht zur Sicherung der Freiheitssphäre *Coing*, Zur Geschichte des Begriffs „subjektives Recht", in: *Coing*, u.a. (Hrsg.), Das subjektive Recht und der Rechtsschutz der Persönlichkeit, S. 7 (18 f.).

[73] Vom 08.06.1815, abgedruckt bei: *Boldt*, Reich und Länder, S. 196 (205).

[74] Schlußacte der über Ausbildung und Befestigung des deutschen Bundes zu Wien gehaltenen Ministerial-Conferenzen vom 08.06.1820, abgedruckt bei *Boldt*, Reich und Länder, S. 210 (226).

[75] So beispielsweise im 3. Kapitel der Verfassungsurkunde für das Königreich Württemberg vom 25.09.1819, §§ 19 - 42; im dritten Capitel des Grundgesetzes für das Königreich Hannover vom 26.09.1833, §§ 27 - 41; beide abgedruckt bei *Boldt*, Reich und Länder, S. 299 (303 - 306), 338 (343 - 348). *H. Bauer*, Geschichtliche Grundlagen der Lehre vom subjektiven öffentlichen Recht, S. 56 f. weist darauf hin, daß damals die Grundrechte noch in engem Zusammenhang mit den Pflichten gesehen wurden.

akte festgeschrieben,[76] als Bekenntnis zur Fürstensouveränität.[77] Der Gegensatz zwischen dem Monarchen und dem Volk, dem Staat und der Gesellschaft sowie zwischen der Exekutive und dem Parlament bildete sich aus.[78] Die Grundrechte waren teilweise nur ungenau formuliert und aufgrund von Gesetzesvorbehalten einschränkbar.[79] Die Untertanen sollten sich nicht direkt auf diese Grundrechte berufen können, sondern der Gesetzgeber sollte sie beachten und die Freiheiten schützen.[80] So wurden in den sich langsam ausbildenden Grundrechten noch keine subjektiven Rechte des Einzelnen gesehen. Die Grundrechte schützten lediglich vor in diese eingreifenden Maßnahmen der Verwaltung. Die Grundrechte mit Gesetzesvorbehalt waren nur durch oder aufgrund eines Gesetzes einschränkbar, weshalb die Verwaltung ohne entsprechendes Gesetz die so gesicherten Freiheiten nicht beschränken durfte.[81] Bei den anderen Grundrechten galt der Vorrang des Gesetzes, d.h. die Verwaltung durfte nicht gegen die Äußerung des Monarchen verstoßen, wie sie in den Grundrechten der Verfassung niedergelegt waren. Denn nur in Bereichen ohne Regelung konnte die Verwaltung nach freiem Ermessen handeln. Dadurch besaßen die Grundrechte, ohne subjektive Rechte zu sein, gewisse Schutzfunktionen. Ferner wurden viele der grundlegenden liberalen Forderungen durch einfache Gesetze gesichert.[82] Auch die Grundrechte der Paulskirchenverfassung wurden als einfaches Gesetz verabschiedet.[83] Daß oft-

---

[76] Schlußacte der über Ausbildung und Befestigung des deutschen Bundes zu Wien gehaltenen Ministerial-Conferenzen (Wiener Schlußakte) vom 8. Juni 1820, abgedruckt bei: *Boldt*, a.a.O. (Fn. 74), S. 210 (226 f.).

[77] *Frotscher/Pieroth*, Verfassungsgeschichte, Rdnr. 242; *H. Bauer*, Geschichtliche Grundlagen der Lehre vom subjektiven öffentlichen Recht, S. 46; insofern schränkte Art. 57 der Wiener Schlußakte den Art. 13 der Deutschen Bundes-Acte ein.

[78] *H. Bauer*, Geschichtliche Grundlagen der Lehre vom subjektiven öffentlichen Recht, S. 45.

[79] *Stolleis*, Geschichte des öffentlichen Rechts in Deutschland, Zweiter Band, S. 115.

[80] *H. Bauer*, Geschichtliche Grundlagen der Lehre vom subjektiven öffentlichen Recht, S. 60 f.

[81] *Stolleis*, Geschichte des öffentlichen Rechts in Deutschland, Zweiter Band, S. 115.

[82] *Stolleis*, Geschichte des öffentlichen Rechts in Deutschland, Zweiter Band, S. 371 f.

[83] Durch Gesetz, betreffend die Grundrechte des deutschen Volkes, vom 27.12.1848, Reichs-Gesetz-Blatt 1848, S. 49 - 60.

mals die Grundrechte nur durch einfaches Gesetz und nicht durch die Verfassung garantiert wurden, ist aus damaliger Sicht nicht negativ zu beurteilen. Die Untertanen oder Bürger sollten vor der Verwaltung geschützt werden, die noch den feudalen Strukturen verhaftet war. Ein Schutz der bürgerlichen Freiheiten gegen das zumeist bürgerlich dominierte Parlament war nicht erforderlich.[84] Einen weitergehenden Schutz hätten die Grundrechte auch durch eine Aufnahme in die Verfassung prinzipiell nicht bewirkt, weil die Verfassung nicht als höherrangig gegenüber dem Gesetz angesehen wurde.[85] Die Grundrechte der Paulskirchenverfassung sollten sowohl individualschützend sein als auch eine Schranke für den Monarchen und die Behörden darstellen.[86] Der einfache Gesetzgeber sollte gebunden werden; einige Grundrechte sollten sogar unmittelbar gegenüber der Verwaltung gelten,[87] und auch die deutschen Einzelstaaten unmittelbar binden.[88] Neben der Anerkennung von Grundrechten sollte nach der Nationalversammlung auch der gerichtliche Rechtsschutz verbessert werden. Alle Handlungen der Verwaltung, die in Rechte eingriffen, sollten nach Ansicht der Paulskirchenversammlung gerichtlich überprüfbar werden. So bestimmte § 182 der Verfassung des deutschen Reiches[89]: „Die Verwaltungsrechtspflege hört auf; über alle Rechtsverletzungen entscheiden die Gerichte." Hierbei ist streitig, ob diese Formulierung als Verbot einer ausschließlich verwaltungsinternen Überprüfung[90]

Reichs-Gesetz-Blatt 1848, S. 49 - 60.

84 *Stolleis*, Geschichte des öffentlichen Rechts in Deutschland, Zweiter Band, S. 372.

85 *Stolleis*, Geschichte des öffentlichen Rechts in Deutschland, Zweiter Band, S. 373.

86 *Kühne*, Die Reichsverfassung der Paulskirche, S. 178.

87 Vgl. dazu § 126 der Paulskirchenverfassung; *Kühne*, Die Reichsverfassung der Paulskirche, S. 184 f., 187 f., 197.

88 Vgl. dazu § 130 der Paulskirchenverfassung; *Frotscher/Pieroth*, Verfassungsgeschichte, Rdnr. 315.

89 Vom 28.03.1849, Reichs-Gesetz-Blatt 1848, S. 101 - 136.

90 *H. Bauer*, Geschichtliche Grundlagen der Lehre vom subjektiven öffentlichen Recht, S. 72; *Menger*, Zur Geschichte der Verwaltungsgerichtsbarkeit in Deutschland, DÖV 1963, 726; *Nowatius*, Die Einführung der Verwaltungsgerichtsbarkeit in Preußen, S. 2 f.; *v. Unruh*, Verwaltungsgerichtsbarkeit im Verfassungsstaat, S. 18 f.; *Rüfner*, Die Entwicklung der Verwaltungsgerichtsbarkeit, in: Deutsche Verwaltungsgeschichte, Band. 3, S. 909 (910) spricht sogar davon, daß § 182 der Paulskirchenverfassung mit der Festlegung auf eine Verwaltungsgerichtsbarkeit einen Kompromiß darstellte; zum Streit vgl. *I. Bauer*, Von der Administrativjustiz zur Verwaltungsgerichtsbarkeit, S. 81 f.; *Sydow*, Die Verwaltungsgerichtsbarkeit des ausgehenden 19. Jahrhunderts, S. 20 -

oder positiv als Verweisung an die ordentliche Gerichtsbarkeit[91] zu verstehen ist.

Zusammenfassend hatten die Grundrechte den wesentlichen Zweck, vor Eingriffen der Verwaltung zu schützen. Diesen konnten sie mangels Möglichkeit, das Verwaltungshandeln durch unabhängige Gerichte kontrollieren zu lassen, nicht erfüllen. Sie wurden noch nicht als subjektive Rechte der Bürger anerkannt, sondern hatten nur die Funktion eines kasuistisch gefaßten Gesetzesvorbehaltes. Dem Problem der fehlenden Überprüfbarkeit wollte die Paulskirchenverfassung abhelfen, indem sie die Streitigkeiten den Gerichten zuwies. Diese Verfassung konnte sich jedoch nicht durchsetzen.

Durch die Gewährung von Grundrechten in den Verfassungen wurde die Verwaltung an die Gesetze gebunden, soweit ihr Handeln in Grundrechte eingriff. Damit wurde die Verwaltung erst während des Frühkonstitutionalismus an die Gesetze gebunden.[92] Die rechtliche Bindung der Verwaltung war die wichtigste Voraussetzung für die Entstehung einer Verwaltungsrechtswissenschaft im engeren Sinne, denn erst dadurch wurde die Rechtmäßigkeit des Handelns der Verwaltung ein wichtiger Faktor.

5. Streit um die Einführung einer Verwaltungsgerichtsbarkeit

Die Einführung einer gerichtlichen Überprüfbarkeit des Verwaltungshandelns war umstritten. Teilweise wurde die Überprüfung von Verwaltungshandeln vollständig abgelehnt, daneben gab es Forderungen nach einer Zuweisung an die ordentliche Gerichtsbarkeit[93] oder der Schaffung einer Verwaltungsgerichtsbarkeit.[94] Wesentlich bestimmt haben die Dis-

---

22.

[91] *W. Jellinek*, Der Schutz des öffentlichen Rechts durch ordentliche und Verwaltungsgerichte, VVDStRL 2 (1925), S. 8 (9); *Kühne*, Die Reichsverfassung der Paulskirche, S. 348 - 350; *Sydow*, Die Revolution von 1848/49: Ursprung der modernen Verwaltungsgerichtsbarkeit, VerwArch 92 (2001), S. 389 (395, 397); *Sydow*, Die Verwaltungsgerichtsbarkeit des ausgehenden 19. Jahrhunderts, S. 22.

[92] *Achterberg*, Strukturen der Geschichte des Verwaltungsrechts und der Verwaltungsrechtswissenschaft, DÖV 1979, 737 (741).

[93] Die Stärkung des justizstaatlichen Modells beruht nach Sydow auf dessen Normierung in § 182 der Paulskirchenverfassung, *Sydow*, Die Revolution von 1848/49: Ursprung der modernen Verwaltungsgerichtsbarkeit, VerwArch 92 (2001), S. 389 (398); *Sydow*, Die Verwaltungsgerichtsbarkeit des ausgehenden 19. Jahrhunderts, S. 22.

[94] Vgl. die Darstellung bei *Erichsen*, Verfassungs- und verwaltungsgeschichtliche

kussion vor allem Rudolf Gneist, Otto Bähr, Otto von Sarwey und Otto Mayer[95].[96]

a) Gneist

Rudolf von Gneist befürwortete eine von der ordentlichen Gerichtsbarkeit selbständige Verwaltungsjurisdiktion.[97] Er wollte die Streitigkeiten nicht der ordentlichen Gerichtsbarkeit zuweisen, weil er der Meinung war, die Richter der ordentlichen Gerichtsbarkeit würden nicht die notwendigen Kenntnisse im Verwaltungsrecht haben und eine umfassende Kontrolle wirke lähmend auf die Verwaltung.[98] Andererseits befürwortete er wegen der Gefahr der Parteilichkeit der Verwaltung eine unabhängige Verwaltungsgerichtsbarkeit,[99] weshalb eine Kontrolle durch Aufsichtsbehörden nicht ausreiche. Für genügend erachtete er jedoch, daß die Verwaltungsgerichtsbarkeit nur in den oberen Instanzen institutionell und personell von der Verwaltung getrennt sei und dort eine richterliche Unabhängigkeit bestehe. Die Funktion der Verwaltungsgerichte sei die Kontrolle der richtigen Rechtsanwendung durch die Verwaltung,[100] nicht der individuelle Rechtsschutz.

Gneist sah das öffentliche Recht als objektive Rechtsordnung an.[101] Er erkannte keine „publizistischen Individualrechte", also subjektive öffentliche Rechte, an. Deshalb diene die Verwaltungsgerichtsbarkeit nach seiner Vorstellung auch nicht primär dem Schutz individueller Rechte.[102] Der Rechtsschutz solle letztendlich sowohl der Gesamtheit als auch dem Ein-

---

Grundlagen, S. 270 - 280; *Kohl*, Das Reichsverwaltungsgericht, S. 11 - 24; *Nowatius*, Die Einführung der Verwaltungsgerichtsbarkeit in Preußen, S. 52 - 73.

[95] Weil Otto Mayer erst nach 1895 maßgeblichen Einfluß auf die Diskussion hatte, sollen seine Ansichten zur Verwaltungsgerichtsbarkeit hier nicht dargestellt werden; vgl. zu Otto Mayer: *Kohl*, Das Reichsverwaltungsgericht, S. 23 f.

[96] *Kohl*, Das Reichsverwaltungsgericht, S. 16 f.

[97] *Gneist*, 12. deutscher Juristentag, 3. Bd., S. 241.

[98] *Gneist*, Der Rechtsstaat und die Verwaltungsgerichte in Deutschland, S. 265, Fn. 62.

[99] *Gneist*, 12. deutscher Juristentag, 3. Bd., S. 225 f., 227 f.

[100] *Henke*, Das subjektive öffentliche Recht, S. 32.

[101] *Gneist*, Der Rechtsstaat und die Verwaltungsgerichte in Deutschland, S. 270; *Gneist*, 12. deutscher Juristentag, 3. Bd., S. 232 vgl. dazu *Kohl*, Das Reichsverwaltungsgericht, S. 19.

[102] *Gneist*, Der Rechtsstaat und die Verwaltungsgerichte in Deutschland, S. 271; vgl.

zelnen nützen.[103] Individuelle Interessenberührungen würden nur der Möglichkeit dienen, die Kontrolle der Verwaltung auszulösen, selbst wenn die objektive Kontrolle auch die Einzelnen schütze. Folgerichtig sprach sich Gneist für das Enumerativprinzip aus,[104] weil die Generalklausel grundsätzlich eine Rechtsverletzung als Voraussetzung habe. Für Gneist war im Verwaltungsprozeß das Recht einer Partei sekundär; wesentlich sei die Wahrung des objektiven Rechts.[105] Folglich bestand für ihn kein Unterschied zwischen Vertretern des öffentlichen Interesses und Privatpersonen, weil die Verletzung in subjektiven Rechten für ihn gerade nicht wesentlich war.[106]

Gneist befürwortete eine erschöpfende Kontrolle der Verwaltung, die sowohl die unbestimmten Rechtsbegriffe als auch die Grenzen des Ermessens umfassen solle.[107] Nach Gneist solle die Verwaltungsjurisdiction sowohl die „gesetzlichen ‚Grenzen und Formen'" überprüfen können als auch Schutz gegen Mißbräuche von „parteiische[n] Maßbestimmungen" bieten.[108] Bei Gesetzen mit „Maßbestimmungen" seien besondere Gefahren der parteilichen Verwaltung und des Mißbrauchs gegeben.[109] Nur bei Gesichtspunkten der „Zweckmäßigkeit" und „Opportunität" solle die Verwaltung nicht durch die Verwaltungsgerichte überprüft werden können.[110] Die Ausweitung der Verwaltungsgerichtsbarkeit über die reine

---

dazu *Bühler*, Die subjektiven öffentlichen Rechte, S. 264.

[103] *Gneist*, Der Rechtsstaat und die Verwaltungsgerichte in Deutschland, S. 270.

[104] *Gneist*, 12. deutscher Juristentag, 3. Bd., S. 239; vgl. dazu *Kohl*, Das Reichsverwaltungsgericht, S. 20.

[105] *Gneist*, Der Rechtsstaat und die Verwaltungsgerichte in Deutschland, S. 271; *Gneist*, 12. deutscher Juristentag, 3. Bd., S. 232.

[106] *Henke*, Das subjektive öffentliche Recht, S. 34.

[107] *Gneist*, Der Rechtsstaat und die Verwaltungsgerichte in Deutschland, S. 272; vgl. dazu *Bühler*, Die subjektiven öffentlichen Rechte, S. 264; *Kohl*, Das Reichsverwaltungsgericht, S. 20, Fn. 73; anders *W. Jellinek*, Verwaltungsrecht, 3. Aufl., 1931, S. 304, der die parteiische Anwendung von Maßbestimmungen für eine Rechtswidrigkeit und nicht nur eine fehlerhafte Anwendung des Ermessens hält.

[108] *Gneist*, 12. deutscher Juristentag, 3. Bd., S. 237; *Gneist*, Der Rechtsstaat und die Verwaltungsgerichte in Deutschland, S. 272 („Formen und Schranken").

[109] *Gneist*, 12. deutscher Juristentag, 3. Bd., S. 236; *Gneist*, Der Rechtsstaat und die Verwaltungsgerichte in Deutschland, S. 272; vgl. dazu *Stump*, Preußische Verwaltungsgerichtsbarkeit 1875 - 1914, S. 45.

[110] *Gneist*, 12. deutscher Juristentag, 3. Bd., S. 237.

Rechtsanwendungsüberprüfung hinaus auf die Ermessenskontrolle und die ursprünglichen Verwaltungsstreitsachen entstammen nach Gneist dem englischen Verwaltungsrecht.[111] Gneists juristische Veröffentlichungen waren stark vom englischen Recht beeinflußt;[112] trotzdem befürwortete er nicht eine einheitliche Zivil- und Verwaltungsrechtsprechung wie in England.[113] Auch entsprachen seine Darstellungen des englischen Rechts nicht immer genau den englischen Rechtszuständen.[114] Zwar wird behauptet, Gneist hätte maßgeblichen Einfluß auf die Ausbildung einer Verwaltungsgerichtsbarkeit in Preußen gehabt,[115] jedoch war er weder an der Ausarbeitung des Entwurfs zur Reform der Kreisordnung[116] noch am Entwurf zur Errichtung eines Oberverwaltungsgerichtes[117] persönlich beteiligt.

b) Bähr

Bähr benutzte als zentralen Begriff den des Rechtsstaates.[118] Er faßte den Staat als Genossenschaft auf.[119] Zunächst hatte Otto Bähr die Zuweisung der Überprüfung von Verwaltungshandlungen an die ordentliche Gerichtsbarkeit befürwortet.[120] Er bevorzugte — wie viele Liberale — das justizstaatliche Modell, nach dem für die Verletzung von Rechten von Privaten die ordentliche Justiz zuständig sein sollte.[121] Nach Bähr diene

---

[111] Vgl. dazu *Bühler*, Die subjektiven öffentlichen Rechte, S. 265.

[112] *Stolleis*, Geschichte des öffentlichen Rechts in Deutschland, Zweiter Band, S. 385 f.

[113] *Hahn*, Rudolf von Gneist 1816 - 1895, S. 140 f.

[114] Vgl. die detaillierte Kritik von *Marquardsen*, „Das heutige englische Verfassungs- und Verwaltungsrecht" von Rud. Gneist, KritV, Bd. 1 (1859), S. 216 - 242, 399 - 426, Bd. 2 (1860), S. 208 - 241.

[115] *Stolleis*, Geschichte des öffentlichen Rechts in Deutschland, Zweiter Band, S. 242; *Ogorek*, Individueller Rechtsschutz gegenüber der Staatsgewalt, in: *J. Kocka* (Hrsg.), Bürgertum im 19. Jh., Bd. 1, S. 372 - 405 (402 f.).

[116] *Hahn*, Rudolf von Gneist 1816 - 1895, S. 150 -172, insbesondere S. 171.

[117] *Hahn*, Rudolf von Gneist 1816 - 1895, S. 181 - 187, insbesondere S. 184.

[118] *Nowatius*, Die Einführung der Verwaltungsgerichtsbarkeit in Preußen, S. 53; zum Begriff des Rechtsstaates: *Nowatius*, Die Einführung der Verwaltungsgerichtsbarkeit in Preußen, S. 60 f.

[119] *Bähr*, Der Rechtsstaat, S. 19, 45.

[120] *Bähr*, Der Rechtsstaat, S. 68 f.

[121] *Stolleis*, Geschichte des öffentlichen Rechts in Deutschland, Zweiter Band, S. 241.

das öffentliche Recht — genauso wie das Privatrecht — dem Schutz der individuellen Rechtssphäre,[122] also dem subjektiven Rechtsschutz. Deshalb befürwortete Bähr auch die Zulassung von Klagen aufgrund einer Generalklausel. Die Ausgestaltung des Verfahrens war für Bähr nicht wesentlich. Zwar wollte er die Vorschriften der Zivilprozeßordnung anwenden,[123] beim Zivilprozeß kritisierte er jedoch den Beibringungsgrundsatz und die Zustellungen im Parteibetrieb.[124] Maßgeblich war für Bähr die Unabhängigkeit der Gerichte,[125] weshalb er eine Beteiligung der Volksvertretung an der Besetzung der Gerichte befürwortete.[126] Bähr konnte er sich auch grundsätzlich mit einer eigenständigen, unabhängigen Verwaltungsgerichtsbarkeit anfreunden. Die Organisationsform war für ihn zweitrangig.[127] Jedoch fürchtete er eine Zersplitterung der Rechtsprechung, und war deshalb gegen eine Trennung der Gerichtsbarkeiten in der Spitze.[128] Bähr lehnte eine gerichtliche Nachprüfbarkeit des Ermessens ab.[129] Nur soweit die gesetzlichen Grenzen überschritten seien, würden gerichtlich überprüfbare Rechtsfragen vorliegen.[130] Nach Otto Bähr soll die Rechtsprechung eine Kontrolle nur in äußersten Grenzen vornehmen, so bei den technischen Begriffen — beispielsweise der Differenzierung zwischen frischen und gesalzenen Fischen — und den specifisch juristischen Begriffen — beispielsweise dem Begriff der ‚strafbare(n)' Druckschriften.[131] Sonst sei eine Subsumtion von Tatsachen nach Verwaltungsprincipien gegeben — wie beispielsweise bei dem Begriff der „Notwendigkeit für das öffent-

---

[122] *Bähr*, Der Rechtsstaat, S. 35 f., 39 f.

[123] *Bähr*, Der Rechtsstaat, S. 71 f.

[124] Vgl. *Nowatius*, Die Einführung der Verwaltungsgerichtsbarkeit in Preußen, S. 68 - 71.

[125] *Bähr*, Der Rechtsstaat, S. 15 f., 54, 57, 69.

[126] *Bähr*, Der Rechtsstaat, S. 72.

[127] *Bähr*, Der Rechtsstaat, S. 71; vgl. dazu *Kohl*, Das Reichsverwaltungsgericht, S. 17 f.

[128] *Bähr*, Der Rechtsstaat, S. 71.

[129] *Bähr*, Der Rechtsstaat, S. 58 f.; vgl. dazu *Kohl*, Das Reichsverwaltungsgericht, S. 18.

[130] *Bähr*, Der Rechtsstaat, S. 58 f.; vgl. dazu *Kohl*, Das Reichsverwaltungsgericht, S. 19.

[131] *Bähr*, Der Rechtsstaat, S. 59, 61.

liche Wohl" oder einer „Gefahr für die Sittlichkeit"— , die nur in den äußersten Grenzen überprüfbar sei.[132]

c) *Sarwey*

Nach Otto Sarwey[133] soll die Verwaltung subjektive Rechte wahren, was die Rechtsprechung auch überprüfen solle. Nur soweit subjektive Rechte gewahrt werden sollen, liege wirkliche Rechtsprechung vor.[134] Die Gerichte sollen nach Sarwey die richtige Rechtsanwendung durch die Verwaltung kontrollieren.[135] Die subjektiven öffentlichen Recht dienten Sarwey der Individualisierung des Rechtsschutzes, also dem Ausschluß der Popularklage.[136] Systematisch dazu passend befürwortete Sarwey eine Generalklausel.[137] Die durch eine Rechtsnorm geschützten Individualinteressen seien subjektive Rechte,[138] die also dem Schutz des Einzelnen dienen.[139] Sarwey befürwortete eine reine Gesetzmäßigkeitskontrolle; „Maßbestimmungen" und die Zweckmäßigkeit eines Verwaltungsaktes sollen nicht gerichtlich überprüfbar sein, weil dieses keine Aufgabe der Gerichte, sondern der Verwaltung sei.[140] Die Maßbestimmungen können nur durch eine Verwaltungsjurisdiktion überprüft werden, wie von Gneist für Preußen gefordert.[141] Diese Verwaltungsjurisdiktion über Maßbestimmungen sei jedoch keine Rechtsprechung.[142] Sarwey hatte insbesondere auf die Errichtung einer Verwaltungsgerichtsbarkeit in den süddeutschen Staaten Einfluß.

---

132 *Bähr*, Der Rechtsstaat, S. 60.

133 *Sarwey*, Das öffentliche Recht und die Verwaltungsrechtspflege, 1880, S. 289.

134 *Sarwey*, Das öffentliche Recht und die Verwaltungsrechtspflege, S. 161.

135 *Henke*, Das subjektive öffentliche Recht, S. 32.

136 *Sarwey*, Das öffentliche Recht und die Verwaltungsrechtspflege, S. 73 f., 143, 405 - 407; vgl. dazu *Kohl*, Das Reichsverwaltungsgericht, S. 21.

137 *Sarwey*, Das öffentliche Recht und die Verwaltungsrechtspflege, S. 405 - 419.

138 *Sarwey*, Allgemeines Verwaltungsrecht, S. 153.

139 *Sarwey*, Allgemeines Verwaltungsrecht, S. 153; vgl. dazu *Henke*, Das subjektive öffentliche Recht, S. 34.

140 *Sarwey*, Allgemeines Verwaltungsrecht, S. 152.

141 *Sarwey*, Das öffentliche Recht und die Verwaltungsrechtspflege, S. 156.

142 *Sarwey*, Das öffentliche Recht und die Verwaltungsrechtspflege, S. 158, 161.

6. Ergebnis

Das Heilige Römische Reich Deutscher Nation ging unter, damit auch die Rechtsschutzmöglichkeiten vor den Reichsgerichten. Zwar wurden — im Gegenzug zum Bedeutungsverlust der wohlerworbenen Rechte — bürgerliche Freiheiten eingeführt. Diese oft in Verfassungen festgeschriebenen Rechte banden insbesondere die Verwaltung. Jedoch war ihre Schutzfunktion gering, da kaum Möglichkeiten einer gerichtlichen Überprüfung der Verwaltung bestanden. Die Forderung nach einer gerichtlichen Überprüfbarkeit von Verwaltungshandlungen war eine politische Forderung. Umstritten war dabei, ob die Kontrolle der Verwaltung durch die ordentliche Gerichtsbarkeit oder eine neu zu schaffende Verwaltungsgerichtsbarkeit geschehen sollte.

B. Entstehung des subjektiven öffentlichen Rechts

I. Systematische Voraussetzungen

1. Trennung von öffentlichem Recht und Privatrecht

Warum sich gerade ein eigenständiges subjektives öffentliches Recht ausbildete, ist durch einen Vergleich des Zeitpunktes der Trennung der Rechtsgebiete des öffentlichen und des Privatrechts mit dem der Entstehung der subjektiven öffentlichen Rechte aufzuklären. Die Trennung der beiden Rechtsgebiete ging vom Privatrecht aus. Es sollte so eine staatsfreie Sphäre geschaffen werden, die nur dem Privatrecht unterlag.[143] Gerber übertrug mit seinem Buch „Über öffentliche Rechte" 1852 diese Trennung in das öffentliche Recht. Er hatte eine spezifisch rechtswissenschaftliche Behandlung des Staatrechts in Abgrenzung zum Privatrecht zum Ziel,[144] obwohl er die erforderlichen staatsrechtlichen Prinzipien ausgehend vom Privatrecht bildete.[145] Gerber hat die Entstehung der Rechtsfigur des subjektiven öffentlichen Rechts wesentlich beeinflußt. Grundlegend für seine Darstellung des Staatsrechts waren die (subjektiven) öffentlichen Rechten von Monarchen, Beamten und Untertanen,[146] die er erstmals im wesentli-

---

[143] Teil 2. A. II. 3.

[144] *Gerber*, Über öffentliche Rechte, S. 10, 12; vgl. *Stolleis*, Geschichte des öffentlichen Rechts in Deutschland, Zweiter Band, S. 334.

[145] *Gerber*, Über öffentliche Rechte, S. 24.

[146] *Gerber*, Über öffentliche Rechte, S. 40 f.

chen ohne Rückgriffe auf außerjuristische Prinzipien darstellte. Daß er das öffentliche Recht subjektiviert behandelte, könnte aus der Ableitung des öffentlichen Rechts vom Privatrecht resultieren. Denn das Privatrecht besteht schwerpunktmäßig aus den subjektiven Rechten; im Gegensatz dazu ist das öffentliche Recht — heute — nur teilweise in subjektiven Rechten ausgeformt.[147] Deshalb sah Gerber den Kernbereich seines öffentlichen Rechts in den subjektiven Rechten des Monarchen und der Untertanen, entsprechend dem zivilrechtlichen Schwerpunkt bei den subjektiven Rechten. Die Willensmacht der Rechtspersonen war für ihn ein systembildendes Merkmal.[148] Das von Gerber begründete subjektive öffentliche Recht ist zwar abgeleitet vom Zivilrecht entstanden. Weil es gerade zur Abgrenzung zum Privatrecht verwendet wurde, entstand ein unabhängiges subjektives öffentliches Recht. Auch sonst setzte sich die Trennung zwischen Privatrecht und öffentlichem Recht durch, so beispielsweise bei F. F. Mayer[149] und Georg Meyer.[150] Auch Otto Mayer, der zur Begriffsbildung auf das Zivilrecht zurückgriff,[151] war eine Trennung von Zivil- und Verwaltungsrecht wichtig.[152] Fleiner akzeptierte die Trennung zwar, sah sie jedoch nicht ganz so strikt wie Otto Mayer, sondern wollte bei Regelungslücken auf eine entsprechende Anwendung des Privatrechts zurückgreifen,[153] auch beim subjektiven öffentlichen Recht.[154] Das eigen-

---

[147] *O. Mayer*, Deutsches Verwaltungsrecht, 3. Aufl., 1924, Bd. 1, S. 113; ähnlich *O. Mayer*, Deutsches Verwaltungsrecht, Bd. 1, 1. Aufl., S. 109 f.

[148] *Pauly*, Der Methodenwandel im deutschen Spätkonstitutionalismus, S. 112.

[149] *F. F. Mayer*, Grundsätze des Verwaltungs-Rechts, S. V f. (Vorwort); S. 3 - 6 (Privatrecht), S. 6 - 9 (Öffentliches Recht), S. 48; vgl. dazu *Dennewitz*, Die Systeme des Verwaltungsrechts, S. 68.

[150] Diese Trennung kommt beispielsweise zum Ausdruck bei *G. Meyer*, Lehrbuch des deutschen Verwaltungsrechts, 2. Aufl., 1. Teil, S. 6, 8 f.; vgl. dazu auch *Dennewitz*, Die Systeme des Verwaltungsrechts, S. 109.

[151] *O. Mayer*, Deutsches Verwaltungsrecht, Bd. 1, 1. Aufl., S. VIII; vgl. dazu *Meyer-Hesemann*, Methodenwandel in der Verwaltungsrechtswissenschaft, S. 29.

[152] *O. Mayer*, Deutsches Verwaltungsrecht, Bd. 1, 1. Aufl., S. 20 (Vorwort); vgl. dazu *Dennewitz*, Die Systeme des Verwaltungsrechts, S. 141.

[153] *Fleiner*, Institutionen des Deutschen Verwaltungsrechts, 3. Aufl., S. 59 - 61; vgl. dazu *Dennewitz*, Die Systeme des Verwaltungsrechts, S. 166; *Stolleis*, Geschichte des öffentlichen Rechts in Deutschland, Dritter Band, S. 238.

[154] *Fleiner*, Institutionen des Deutschen Verwaltungsrechts, 3. Aufl., S. 59.

ständige subjektive öffentliche Recht entstand mit der Trennung von öffentlichem Recht und Privatrecht.

2. Entstehung von Verwaltungsrecht: Trennung Staats- und Verwaltungsrecht

Die sich als nächstes aufdrängende Frage ist, warum das subjektive öffentliche Recht übergreifend für das Verfassungs- und Verwaltungsrecht ausgebildet wurde. Aus der Entstehung der Trennung von Staats- und Verwaltungsrecht können Schlußfolgerungen gezogen werden.

Bereits Leist und Gönner unterschieden zwischen einem „Constitutionsrecht" und einem „Regierungsrecht".[155] Erstmals Robert von Mohl nutzte die von ihm vorbildlich durchgeführte Trennung der beiden Rechtsgebiete dazu, das Administrativrecht auf das Verfassungsrecht zu beziehen.[156] Jedoch behandelte er das Verwaltungshandeln noch als „Staatswissenschaften",[157] und seinem Werk lag noch kein eigentlich wissenschaftliches System zugrunde.[158] In seinem Buch „Über öffentliche Rechte", das als grundlegendes Werk für die Entstehung subjektiver öffentlicher Rechte gilt,[159] nahm Gerber noch keine Trennung von Staats- und Verwaltungsrecht vor.[160] Lorenz von Stein beflügelte durch sein „System des Staatswissenschaft"[161] die Verselbständigung des Verwaltungsrechts.[162]

---

[155] *Leist*, Lehrbuch des Teutschen Staatsrechts, Erstes Buch: Teutsches Constitutionsrecht, S. 33, Zweites Buch: Teutsches Regierungsrecht, S. 248; *Gönner*, Teutsches Staatsrecht, Erster Theil, Erstes Buch: Constitutionenrecht, S. 50, Zweites Buch: Regierungsrecht, S. 418; vgl. dazu *Dennewitz*, Die Systeme des Verwaltungsrechts, S. 23 f., 25; zum historischen Überblick s. oben, Teil 2. B. II. 3.

[156] *Mohl*, Das Staatsrecht des Königreiches Württemberg, Erstes Buch: Verfassungsrecht, Bd. 1, S. 139 ff., Zweites Buch: Verwaltungsrecht, Bd. 2, S. 1 ff., zu den rechtlichen Grundlagen insbesondere Bd. 2, S. 223 ff.; vgl. dazu *Dennewitz*, Die Systeme des Verwaltungsrechts, S. 42, 52; *Stolleis*, Geschichte des öffentlichen Rechts in Deutschland, Zweiter Band, S. 173; *Stolleis*, Verwaltungskehre und Verwaltungswissenschaft 1803 - 1866, in: Deutsche Verwaltungsgeschichte, Band 2, S. 56 (87).

[157] *Meyer-Hesemann*, Methodenwandel in der Verwaltungsrechtswissenschaft, S. 7.

[158] *Achterberg*, Strukturen der Geschichte des Verwaltungsrechts und der Verwaltungsrechtswissenschaft, DÖV 1979, 737 (741).

[159] *Stolleis*, Geschichte des öffentlichen Rechts in Deutschland, Zweiter Band, S. 373.

[160] *Gerber*, Über öffentliche Rechte.

[161] *V. Stein*, System der Staatswissenschaft.

[162] *Dennewitz*, Die Systeme des Verwaltungsrechts, S. 61.

Die Trennung setzte sich weiter durch, so u.a. bei Pözl[163], F. F. Mayer[164] und Georg Meyer.[165] Insbesondere nach F. F. Mayer[166] und Gerbers „Grundzüge(n) eines Systems des Deutschen Staatsrechts", in dem Gerber eine Trennung von Staats- und Verwaltungsrecht forderte,[167] setzte sich die Trennung von Staats- und Verwaltungsrecht durch.[168]

Otto Mayer sah das Verwaltungsrecht als Teil des Staatsrechts an,[169] unterteilte das Staatsrecht aber in Verfassungs- und Verwaltungsrecht.[170] Er stellte ausschließlich das Verwaltungsrecht rechtswissenschaftlich dar.[171] Bereits der Titel seines Werkes „Deutsches Verwaltungsrecht" war gegen die staatswissenschaftliche Methode gerichtet, die durch ihren Namen und ihre Systematik auf den Zusammenhang des Verwaltungsrechts mit dem Staatsrecht hinwies.[172] Otto Mayer ging von einigen grundlegenden Prämissen zur Ausbildung eines verwaltungsrechtswissenschaftlichen Systems aus: Das Rechtsstaatsprinzip erfordere eine an das Gesetz gebundene und rechtsförmig handelnde obrigkeitliche Verwaltung. Die Leitideen, von denen er ausging, waren die Herrschaft des Gesetzes und

---

[163] *Pözl*, Lehrbuch des Bayerischen Verfassungsrechts, S. 1; vgl. dazu *Dennewitz*, Die Systeme des Verwaltungsrechts, S. 64; *Unruh*, Verwaltungsgerichtsbarkeit im Verfassungsstaat, S. 20; dieses war die erste Darstellung ausschließlich des Verwaltungsrechts, *Hueber*, Otto Mayer, S. 132.

[164] *F. F. Mayer*, Grundzüge des Verwaltungs-Rechts und -Rechtsverfahrens; *F. F. Mayer*, Grundsätze des Verwaltungs-Rechts, S. 6 f. (Verfassungsrecht), S. 8 f. (Staatsverwaltungsrecht), S. 47; vgl. dazu *Dennewitz*, Die Systeme des Verwaltungsrechts, S. 68.

[165] *G. Meyer*, Lehrbuch des Deutschen Verwaltungsrechts; vgl. dazu *Dennewitz*, Die Systeme des Verwaltungsrechts, S. 109.

[166] *F. F. Mayer*, Grundzüge des Verwaltungs-Rechts und -Rechtsverfahrens; *F. F. Mayer*, Grundsätze des Verwaltungs-Rechts, S. 6 f. (Verfassungsrecht), S. 8 f. (Staatsverwaltungsrecht), S. 47.

[167] *Gerber*, Grundzüge eines Systems des Deutschen Staatsrechts, S. IX.

[168] *Dennewitz*, Die Systeme des Verwaltungsrechts, S. 83.

[169] *O. Mayer*, Deutsches Verwaltungsrecht, 1. Aufl., Bd. 1, S. 18; vgl. auch *Meyer-Hesemann*, Methodenwandel in der Verwaltungsrechtswissenschaft, S. 44; vgl. allgemein zu Otto Mayer: *Heyen*, Otto Mayer.

[170] *O. Mayer*, Deutsches Verwaltungsrecht, 1. Aufl., Bd. 1, S. 18.

[171] *Meyer-Hesemann*, Methodenwandel in der Verwaltungsrechtswissenschaft, S. 43 f.; die „wissenschaftliche Beherrschung" des Verwaltungsrechts ist ihm wichtig, wie er bereits in *O. Mayer*, Theorie des Französischen Verwaltungsrechts, S. VII (Vorwort) darlegt.

[172] *Meyer-Hesemann*, Methodenwandel in der Verwaltungsrechtswissenschaft, S. 44.

der Grundsatz der gesetzmäßigen Verwaltung, also der Vorrang und Vorbehalt des Gesetzes.[173] Gerade durch diese Grundregeln, wie das Rechtsstaatsprinzip, bestand noch eine Verbindung des Verwaltungsrechts zum Staatsrecht.[174]

Entgegen der sich seit Otto Mayer durchsetzenden Trennung von Staats- und Verwaltungsrecht war Georg Jellinek der Ansicht, daß der Unterschied zwischen dem Staats- und dem Verwaltungsrecht nur ein quantitativer, nicht ein qualitativer sei.[175] Deshalb unterschied er bei seinem System der subjektiven öffentlichen Rechte nicht zwischen dem Staats- und dem Verwaltungsrecht. Er ging sogar auf die subjektiven öffentlichen Rechte im Völkerrecht ein.[176] Die Trennung von Staats- und Verwaltungsrecht setzte sich durch, wenn auch die Rechtsfigur des subjektiven öffentlichen Rechts beide Rechtsgebiete umfaßte. Bühler bezog sich in seiner Darstellung sowohl auf das Staats-, als auch auf das Verwaltungsrecht. Wegen der umfangreichen Darstellung der Position der Rechtsprechung zum subjektiven öffentlichen Recht lag der Schwerpunkt im Verwaltungsrecht.[177]

Die Trennung zwischen Staats- und Verwaltungsrecht setzte sich langsam durch. Gerade die Autoren, die sich eingehender den subjektiven öffentlichen Rechten widmeten (Gerber, G. Jellinek) lehnten eine grundsätzliche Unterscheidung ab. Sie behandelten das subjektive öffentliche Recht nicht nur in Bezug auf das Verwaltungsrecht, sondern auch auf das Staatsrecht; G. Jellinek ging sogar auf diese Rechte im Völkerrecht ein. Die Abgrenzung von Staatsrecht und Verwaltungsrecht hatte sich zum Zeitpunkt der Entstehung des subjektiven öffentlichen Rechts noch nicht durchgesetzt. Deshalb entstand die Rechtsfigur des subjektiven öf-

---

[173] *O. Mayer*, Deutsches Verwaltungsrecht, 1. Aufl., Bd. 1, S. 64 - 66, insbesondere S. 65; vgl. dazu auch *Meyer-Hesemann*, Methodenwandel in der Verwaltungsrechtswissenschaft, S. 22, 24.

[174] *Meyer-Hesemann*, Methodenwandel in der Verwaltungsrechtswissenschaft, S. 44.

[175] *G. Jellinek*, Besprechung von Otto Mayer, Deutsches Verwaltungsrecht, VerwArch 5 (1897), 304 (305).

[176] *G. Jellinek*, System der subjektiven öffentlichen Rechte, S. 310 ff.; dazu etwas kritisch *O. Mayer*, Besprechung von G. Jellinek, System, AöR 9 (1894), 280 (281).

[177] Darstellung der Rechtsprechung in Teil II, *Bühler*, Die subjektiven öffentlichen Rechte, S. 261 - 506, wobei Bühler nach eigenen Angaben beim I. Teil bereits die Ergebnisse des II. Teils verwendet hat, *Bühler*, a.a.O., S. 507, Fn. 1.

fentlichen Rechts übergreifend ohne Differenzierung der beiden Zweige des öffentlichen Rechts.

3. Ausbildung allgemeiner Lehren

Sowohl das Staatsrecht als auch das davon nach und nach abgetrennte Verwaltungsrecht wurden systematisiert. Im Laufe der Zeit bildeten sich — insbesondere im Verwaltungsrecht — zwei Methoden aus: Die staatswissenschaftliche Methode war überwiegend eine Stoffsammlung ohne übergreifende inhaltliche Systematisierung. Im allgemeinen Teil des Verwaltungsrechts wurde meistens nur die Organisation der Behörden dargestellt, aber keine übergreifenden Prinzipien gebildet. Daneben entstand die juristische Methode, die sich auf die rein juristische Betrachtung beschränken wollte und andere, insbesondere politische oder soziologische Einflüsse ausscheiden wollte. Juristische Oberbegriffe wurden konstruiert, mit denen das Recht systematisch erfaßt werden konnte. Diese Methode wurde aus dem Zivilrecht ins Staatsrecht übertragen.[178] Die Entstehung beider Methoden soll im folgenden kurz dargestellt werden, um ihren Einfluß auf das subjektive öffentliche Recht aufzuzeigen.

R. v. Mohl behandelte die rechtlichen Probleme des Verwaltungshandelns ähnlich der staatswissenschaftlichen Methode.[179] Er nahm schon eine Trennung zwischen dem Verfassungs- und dem Verwaltungsrecht sowie eine Aufspaltung in einen allgemeinen und einen besonderen Teil des Verwaltungsrechts vor,[180] ging aber im allgemeinen Teil nur auf das Verfahrensrecht, Beamten- und Gemeinderecht ein, also auf die Organe, durch die der Staat tätig wird.[181] Er formulierte noch keine allgemeinen

---

[178] *Wilhelm*, Zur juristischen Methodenlehre im 19. Jahrhundert, S. 129 - 156, insbesondere S. 134 f., 139 f.; zur Entstehung der juristischen Methode im Zivilrecht (Entsprechung mit Iherings „Naturhistorischer Methode") vgl. *Pauly*, Der Methodenwandel im deutschen Spätkonstitutionalismus, S. 97 - 107; *Wilhelm*, Zur juristischen Methodenlehre im 19. Jahrhundert, S. 88 - 128, insbesondere S. 90 f.

[179] *Mohl*, Das Staatsrecht des Königreichs Württemberg, Bd. 2, S. III - XIV (Inhalts-Verzeichniss); vgl. *Dennewitz*, Die Systeme des Verwaltungsrechts, S. 51.

[180] *Mohl*, Das Staatsrecht des Königreichs Württemberg, Erstes Buch: Verfassungsrecht, Bd. 1, S. 139 ff., Zweites Buch: Verwaltungsrecht, Bd. 2, S. 1 ff., Bd. 2; Erstes Kapitel: Der Organismus der Staatsverwaltung, S. 8 - 222, Zweites Kapitel: Die Verwaltung der einzelnen Regirungszweige, Bd. 2, S. 223 ff.

[181] *Mohl*, Das Staatsrecht des Königreiches Württemberg, S. III - V (Inhalts-Verzeichniss), S. 6 (Übergang).

Lehren und Oberbegriffe.[182] Zwar hinterfragte er das positive Recht,[183] trotzdem war seine Methode noch nicht als „wissenschaftlicher Positivismus" zu beurteilen.[184] Sein Werk war aber der Beginn der Umwandlung von der Polizeiwissenschaft zur Verwaltungsrechtswissenschaft.[185] Jedoch wurden in der Staatsrechtswissenschaft vor 1852 zur Beurteilung des geltenden Rechts nichtjuristische Staatszwecke berücksichtigt.[186]

Gerber benutzte in seinem Buch „Über öffentliche Rechte" die subjektiven öffentlichen Rechte zur systematischen Darstellung der Grundzüge des öffentlichen Rechts überhaupt.[187] Dabei legte er Wert darauf, daß es um eine „juristische Feststellung einiger der wesentlichsten Bestandteile des Staatsrechts" gehe,[188] und daß bei der rechtswissenschaftlichen Betrachtung „das Politische (...) nicht Zweck, sondern nur Material" sei.[189] Er wollte das Staatsrecht wissenschaftlich behandeln, das „specifisch juristische Princip" des Staatsrechts auffinden, in Abgrenzung zum „bloß äußerlich(en) Erzählen und Schildern der Verfassungszustände."[190] Er benutzte die „juristische Methode" im Staatsrecht.[191] Entsprechend der „juristischen Methode" betrachtete er die Rechte unabhängig von ihren gesellschaftlichen und politischen Zusammenhängen. Diese rein rechtliche Betrachtung war der Kern der Rechtsauffassung Gerbers.[192] Dieses hatte Gerber von der Historischen Schule übernommen.[193] Seine „juristische Methode" entsprach dem „naturhistorischen Verfahren" Iherings.[194] Ger-

---

[182] *Mohl,* Das Staatsrecht des Königreichs Württemberg, (Verwaltungsrecht:, Bd. 2, S. 8 - 210; vgl. *Dennewitz,* Die Systeme des Verwaltungsrechts, S. 51.

[183] *Pauly,* Der Methodenwandel im deutschen Spätkonstitutionalismus, S. 70.

[184] *Pauly,* Der Methodenwandel im deutschen Spätkonstitutionalismus, S. 73.

[185] *Badura,* Das Verwaltungsrecht des liberalen Rechtsstaates, S. 22.

[186] *Pauly,* Der Methodenwandel im deutschen Spätkonstitutionalismus, S. 74.

[187] *Gerber,* Über öffentliche Rechte, insbesondere S. 40 f.

[188] *Gerber,* Über öffentliche Rechte, Vorwort (ohne Seitenangabe), im Original gesperrt gedruckt.

[189] *Gerber,* Über öffentliche Rechte, S. 23.

[190] *Gerber,* Über öffentliche Rechte, S. 12.

[191] *Stolleis,* Geschichte des öffentlichen Rechts in Deutschland, Zweiter Band, S. 334.

[192] *Meyer-Hesemann,* Methodenwandel in der Verwaltungsrechtswissenschaft, S. 38 f.

[193] *Wilhelm,* Zur juristischen Methodenlehre im 19. Jahrhundert, S. 102.

[194] Vgl. dazu *Wilhelm,* Zur juristischen Methodenlehre im 19. Jahrhundert, S. 117.

ber übertrug die moderne Methode des Zivilrechts in die Staatswissenschaft.[195] Die Zielrichtung der juristischen Methode ist streitig. Nach einer Ansicht sollte durch sie die Form des materiell überholten Rechts bewahrt werden.[196] Nach der anderen Ansicht sollte der Einfluß des liberalen Rechtsstaates gestärkt werden.[197] Auf Gerber paßt beides nicht vollständig. Hätte er nur das überkommene Recht weitestgehend bewahren wollen, hätte er nicht begonnen, subjektive Rechte des Einzelnen anzuerkennen. Die von ihm anerkannten Rechte des Einzelnen sind keine „jura quaesita" mehr. Denn sie sind auf den Bereich des öffentlichen Rechts begrenzt und entstammen nicht einem einheitlichen Rechte- und Pflichtenverhältnis des Einzelnen zum Herrscher, sondern werden als selbständig angesehen. Andererseits trat er auch nicht uneingeschränkt für den liberalen Rechtsstaat ein. So machte Gerber — entgegen der juristischen Methode — politisch motivierte Ausführungen gegen die parlamentarische Staatsform.[198] Die juristische Methode im Staatsrecht war darauf gerichtet, gemeinsame Grundlagen des deutschen Rechts darzustellen, um der Zersplitterung durch die Partikularrechte etwas entgegenzusetzen.[199] Gerber hatte in seiner Schrift „Über öffentliche Rechte" noch keine allgemeinen Lehren zusammengestellt. Aber er benutzte die subjektiven öffentlichen Rechte als Prinzip zur Systematisierung des Staatsrechts,[200] subjektivierte damit das öffentliche Recht,[201] weil er bei der Darstellung des Staatsrechts die Willensmacht in den Vordergrund stellte.[202] Auch in dem Buch Grundzüge eines Systems des deutschen Staatsrechts benutzte er die juristische Methode.[203] Hier betonte Gerber auch die Erforderlichkeit des Ausscheidens des Verwaltungsrechts aus dem Staatsrecht.[204]

---

[195] *Pauly,* Der Methodenwandel im deutschen Spätkonstitutionalismus, S. 11.

[196] *Gerber,* Über öffentliche Rechte, S. 22 f.; vgl. dazu *Wilhelm,* Zur juristischen Methodenlehre im 19. Jahrhundert, S. 104.

[197] *Badura,* Das Verwaltungsrecht des liberalen Rechtsstaates, S. 28.

[198] *Gerber,* Über öffentliche Rechte, S. 85.

[199] *Wilhelm,* Zur juristischen Methodenlehre im 19. Jahrhundert, S. 108 f.

[200] *Gerber,* Über öffentliche Rechte, insbesondere S. 40 f.

[201] *Henke,* Das subjektive öffentliche Recht, S. 27.

[202] *Pauly,* Der Methodenwandel im deutschen Spätkonstitutionalismus, S. 111.

[203] *Gerber,* Grundzüge eines Systems des Deutschen Staatsrechts, S. VIII, 10 f.

[204] *Gerber,* Grundzüge eines Systems des Deutschen Staatsrechts, S. IX; in einer Besprechung wurde Gerber als ein Meister der Construktion gelobt, *Fricker,* Die juri-

Pözl lehnte sich bei der Systematisierung des Verwaltungsrechts an das klassische Ministerialsystem an und unterstützte die beginnende Ausbildung der staatswissenschaftliche Methode.[205] Die Systematik des F. F. Mayer ist grundlegend anders: Er wollte die „obersten leitenden Grundsätze" des Verwaltungsrechts herausarbeiten, das „Einzelne auf das Allgemeine" zurückführen, indem er das Verwaltungsrecht verschiedener deutscher Staaten verglich.[206] Er stellte die Gegenstände der Verwaltung in ihren rechtlichen Zusammenhängen dar.[207] Als erster faßte er allgemeine juristische Grundprinzipien des Verwaltungsrechts zusammen, stellte diese aber noch nicht als „allgemeinen Teil" voran.[208] Seine Darstellung des Verwaltungsrechts ähnelte der juristischen Methode im Staatsrecht.[209] Er war damit der erste, der die juristische Methode zur Darstellung des Verwaltungsrechts verwendete.[210] Die Systematik entwickelte er auch aufgrund des Einflusses des französischen Verwaltungsrechts.[211] Diese Darstellungsweise konnte sich zu dem damaligen Zeitpunkt noch nicht durchsetzen. Durch Lorenz von Stein entstand direkt danach die Verwaltungslehre; die nichtjuristische Betrachtungsweise wurde gestärkt.[212] Er be-

---

stische Construction im öffentlichen Recht, ZStW 21 (1865), 465 (466 f.).

[205] *Dennewitz*, Die Systeme des Verwaltungsrechts, S. 65, 66.

[206] *F. F. Mayer*, Grundsätze des Verwaltungs-Rechts, S. V (Vorwort), S. 49; *Dennewitz*, Die Systeme des Verwaltungsrechts, S. 67.

[207] *Dennewitz*, Die Systeme des Verwaltungsrechts, S. 72.

[208] *Meyer-Hesemann*, Methodenwandel in der Verwaltungsrechtswissenschaft, S. 11; *Ishikawa*, Friedrich Franz von Mayer, S. 180 - 182.

[209] *F. F. Mayer*, Grundzüge des Verwaltungs-Rechts und -Rechtsverfahrens, S. III-V (aus dem gemein-deutschen Rechtsbewußtsein unter Berücksichtigung französischer Schriften über das Verwaltungsrecht); *F. F. Mayer*, Grundsätze des Verwaltungs-Rechts, S. V (juristische Konstruktion angewendet), S. 49 (Parallelen in den deutschen Staaten beachtet, Fn. 5: Anregungen aus dem französischen Verwaltungsrecht); vgl. dazu *Dennewitz*, Die Systeme des Verwaltungsrechts, S. 9.

[210] *Badura*, Das Verwaltungsrecht des liberalen Rechtsstaates, S. 52; *Dennewitz*, Die Systeme des Verwaltungsrechts, S. 68; *Ishikawa*, Friedrich Franz von Mayer, S. 171 - 179.

[211] *F. F. Mayer*, Grundsätze des Verwaltungs-Rechts, S. 49, Fn. 5; vgl. dazu *Dennewitz*, Die Systeme des Verwaltungsrechts, S. 70, 122; *Meyer-Hesemann*, Methodenwandel in der Verwaltungsrechtswissenschaft, S. 11.

[212] *Stein*, Handbuch der Verwaltungslehre; vgl. dazu *Dennewitz*, Die Systeme des Verwaltungsrechts, S. 87; *Meyer-Hesemann*, Methodenwandel in der Verwaltungsrechtswissenschaft, S. 7.

trachtete das Verwaltungsrecht nicht streng juristisch, sondern setzte es in Bezug zur Gesellschaft.[213] Dadurch begründete er die moderne Verwaltungslehre, als „soziologische, staatsphilosophische und verwaltungspolitische Betrachtung der Verwaltungserscheinungen".[214] Durch die von ihm gewählte Systematisierung war er der eigentliche Begründer der staatswissenschaftlichen Methode.[215] Seine Verwaltungslehre war aufgrund ihrer Darstellung — einer Systematisierung anhand der Ministerien — richtungsweisend für die staatswissenschaftliche Methode.[216]

Nach der Gründung des Norddeutschen Bundes befaßte sich die Staatsrechtslehre nicht nur mit der neuen Verfassungslage, sondern auch die Methode änderte sich[217] von der „staatswissenschaftlichen" zur „juristischen"[218].[219] Trotzdem bestanden Gegentendenzen. So verwirklichte Laband die juristische Methode im Staatsrecht,[220] woraufhin sowohl er als auch die juristischen Methode kritisiert wurden.[221] Georg Meyer vermittelte in seinem Lehrbuch des Deutschen Staatsrechts zwischen der Staatszwecklehre und der konstruktiven Methode.[222]

Nach 1866 gab es auch eine starke Weiterentwicklung im Verwaltungsrecht. Der Umfang des Verwaltungsrechts wuchs; um dieses syste-

---

[213] *Badura*, Das Verwaltungsrecht des liberalen Rechtsstaates, S. 13.

[214] *Dennewitz*, Die Systeme des Verwaltungsrechts, S. 177.

[215] *Dennewitz*, Die Systeme des Verwaltungsrechts, S. 94.

[216] *Dennewitz*, Die Systeme des Verwaltungsrechts, S. 62.

[217] *Stolleis*, Verwaltungsrechtswissenschaft und Verwaltungslehre 1866 - 1914, Verwaltung 15 (1982), 45.

[218] Auch „zivilistische" oder „konstruktive" Methode genannt, vgl. *Stolleis*, Verwaltungsrechtswissenschaft und Verwaltungslehre 1866 - 1914, Verwaltung 15 (1982), 45 (49 f.).

[219] *Stolleis*, Verwaltungsrechtswissenschaft und Verwaltungslehre 1866 - 1914, Verwaltung 15 (1982), 45 (46).

[220] *Laband*, Das Staatsrecht des Deutschen Reiches, S. VI, VII, IX f.; vgl. dazu *Dennewitz*, Die Systeme des Verwaltungsrechts, S. 120.

[221] *Gierke*, Labands Staatsrecht und die deutsche Rechtswissenschaft, Schmollers Jahrbuch für Gesetzgebung, Verwaltung und Volkswirtschaft, 7 (1883), 1097 - 1195; *Gierke*, Die Grundbegriffe des Staatsrechts und die neuesten Staatsrechtstheorien, ZStW 30 (1874), 153 - 198, 265 - 335, insbesondere S. 265, 295 f. („eines seichten dogmatisirenden Formalismus").

[222] *G. Meyer*, Lehrbuch des Deutschen Staatsrechts S. V (Vorwort); vgl. dazu *Stolleis*, Verwaltungsrechtswissenschaft und Verwaltungslehre 1866 - 1914, Verwaltung 15 (1982), 45 (51).

matisch und kurz zu erfassen, eignete sich besonders die juristische Methode.[223] Außerdem führte die Stoffvermehrung zunehmend zu einer getrennten Behandlung von Staats- und Verwaltungsrecht.[224] Dementsprechend ging Otto von Sarwey[225] in dem „Allgemeines Verwaltungsrecht" von 1887 auf die allgemeine Grundstrukturen des Verwaltungsrechts ein und zeigte damit Ansätze der juristischen Methode.[226] Seine systematische und streng juristische Darstellung war „mit ein Vorläufer und ein Vorbild für die juristische Methodik verwaltungsrechtlicher Darstellung,"[227] obwohl Otto von Sarwey selbst noch der staatswissenschaftlichen Methode zuzurechnen ist, wie auch Georg Meyer und E. Loening.[228] Der „allgemeine Teil" bei Georg Meyer und Edgar Loening enthielt schon allgemeine, für jede Art von Verwaltung geltende Lehren und Grundsätze,[229] auch wenn der allgemeine Teil bei Loening noch sehr kurz ist[230] und Loening an der juristischen Methode Kritik übte.[231] Edgar

---

[223] *Stolleis*, Verwaltungsrechtswissenschaft und Verwaltungslehre 1866 - 1914, Verwaltung 15 (1982), 45 (52 f.).

[224] *Stolleis*, Verwaltungsrechtswissenschaft und Verwaltungslehre 1866 - 1914, Verwaltung 15 (1982), 45 (55 f.).

[225] *Sarwey*, Allgemeines Verwaltungsrecht, 1887; *Sarwey*, Das öffentliche Recht und die Verwaltungsrechtspflege, 1880.

[226] *Sarwey*, Allgemeines Verwaltungsrecht, Erster Teil, „Die Grundlagen und Grundbegriffe des Verwaltungsrechts", S. 5 - 56; vgl. dazu *Dennewitz*, Die Systeme des Verwaltungsrechts, S. 115; *W. Jellinek*, Verwaltungsrecht, 3. Aufl., S. 105; vgl. zu Sarwey auch Teil 2. A. II. 5. c).

[227] *Dennewitz*, Die Systeme des Verwaltungsrechts, S. 100 f., im Original gesperrt gedruckt; vgl. auch *Meyer-Hesemann*, Methodenwandel in der Verwaltungsrechtswissenschaft, S. 12; *Stolleis*, Verwaltungsrechtswissenschaft und Verwaltungslehre 1866 - 1914, Verwaltung 15 (1982), 45 (60).

[228] *Dennewitz*, Die Systeme des Verwaltungsrechts, S. 107; *Meyer-Hesemann*, Methodenwandel in der Verwaltungsrechtswissenschaft, S. 13.

[229] *G. Meyer*, Lehrbuch des Deutschen Verwaltungsrechts, Teil 1, 2. Aufl., S. 1 - 69, 4. Aufl., S. 1 - 97; *Loening*, Lehrbuch des Deutschen Verwaltungsrechts, Einleitung, S. 1 - 27; vgl. dazu *Dennewitz*, Die Systeme des Verwaltungsrechts, S. 107.

[230] *Loening*, Lehrbuch des Deutschen Verwaltungsrechts, „Einleitung" S. 1 - 27 (von 838).

[231] *Loening*, Lehrbuch des Deutschen Verwaltungsrechts, S. 26; vgl. dazu *Stolleis*, Verwaltungsrechtswissenschaft und Verwaltungslehre 1866 - 1914, Verwaltung 15 (1982), 45 (61); zur Kritik an der „juristischen Methode" s. auch die Kritik Loenings an O. Mayer: *Loening*, Die konstruktive Methode auf dem Gebiete des Verwaltungsrechtes, Schmollers Jahrbuch für Gesetzgebung, Verwaltung und Volkswirtschaft im

Loening ging in der Einleitung auf einige verwaltungsrechtliche Grundlagen — auch das subjektive öffentliche Recht — ein,[232] verwendete aber einige verwaltungsrechtliche Begriffe, ohne sie zu erläutern.[233] Ebenso benutzte Georg Meyer die staatsrechtliche Methode in seinem „Lehrbuch des Verwaltungsrechts". In diesem behandelte er nicht nur Rechtsfragen, sondern ging auch auf Zweckmäßigkeitsfragen (Verwaltungspolitik) ein.[234] Bei Georg Meyer stand die Verwaltungsorganisation im Vordergrund, er ging kaum auf einheitliche rechtliche Kategorien ein.[235] So war das Kapitel der allgemeinen Lehren im Vergleich zum Gesamtwerk nur sehr kurz.[236] Die sonstigen Angelegenheiten des Verwaltungsrechts waren nach den Ressorts geordnet.[237] Obwohl sein Werk schon aus rechtsstaatlicher Sichtweise geschrieben wurde, lag der Schwerpunkt in der Materialsammlung, nicht in der rechtstheoretischen Bearbeitung des Materials.[238] Das Lehrbuch von von Stengel besaß zwar einen allgemeinen Teil, dieser enthielt jedoch keine allgemeinen Lehren, sondern behandelte nur die Organe und Einrichtungen der Verwaltung.[239] Allgemeine Lehren enthielt nur die Einleitung.[240] Bornhak stellte dem Verwaltungsrecht zwar einen allgemeinen Teil voran, dieser enthielt jedoch keine allgemeinen Lehren, sondern das Beamtenrecht, die Verwaltungsorganisation und den Rechts-

---

Deutschen Reich 11 (1887), 2. Heft, S. 541 - 569.

[232] *Loening*, Lehrbuch des Deutschen Verwaltungsrechts, S. 8 - 18; vgl. dazu *Dennewitz*, Die Systeme des Verwaltungsrechts, S. 113.

[233] *Dennewitz*, Die Systeme des Verwaltungsrechts, S. 114.

[234] *G. Meyer*, Lehrbuch des Deutschen Verwaltungsrechts, 2. Aufl., Teil 1, S. 6.

[235] *G. Meyer*, Lehrbuch des Deutschen Verwaltungsrechts, 2. Aufl., Teil 1, S. 1 - 69, 4. Aufl., Teil 1, S. 1 - 97; vgl. dazu *Dennewitz*, Die Systeme des Verwaltungsrechts, S. 110.

[236] *G. Meyer*, Lehrbuch des Deutschen Verwaltungsrechts, 2. Aufl., Seiten (Gesamtwerk: 1098 Seiten) ; vgl. dazu *Dennewitz*, Die Systeme des Verwaltungsrechts, S. 108; *Stolleis*, Verwaltungsrechtswissenschaft und Verwaltungslehre 1866 - 1914, Verwaltung 15 (1982), 4 (59 f.); im Staatsrecht wollte G. Meyer jedoch die juristische Methode anwenden, *G. Meyer*, Lehrbuch des Deutschen Staatsrechts, S. V (Vorwort).

[237] *G. Meyer*, Lehrbuch des Deutschen Verwaltungsrechts, 2. Aufl., Teil 1, S. 70 - 669, Teil 2, S. 1 - 407

[238] *Badura*, Das Verwaltungsrecht des liberalen Rechtsstaates, S. 53.

[239] *Von Stengel*, Lehrbuch des Deutschen Verwaltungsrechts, Allgemeiner Teil, S. 67 - 258.

[240] *Von Stengel*, Lehrbuch des Deutschen Verwaltungsrechts, S. 1 - 62.

schutz.[241] Die Einzelgebiete der Verwaltung systematisierte er nach den Ministerien, benutzte also die staatswissenschaftliche Methode.[242]

Demgegenüber benutzte Otto Mayer die juristische Methode im Verwaltungsrecht.[243] Seine Begriffe gewann er aus einer Abstraktion, einer „logisch-konstruktiven" Verarbeitung der Rechtsinstitute der Landesverwaltungsrechte.[244] Auch bei ihm resultierte diese Methode aus der Beschäftigung mit dem französischen Verwaltungsrecht, wie bei F. F. Mayer.[245] Er stellte ein „*System der Rechtsformen obrigkeitlicher Ausübung von Staatsgewalt*"" auf.[246] Er unterschied — wie die staatsrechtliche Methode — einen allgemeinen und einen besonderen Teil;[247] für ihn war jedoch der besondere Teil nur eine „Fortsetzung des allgemeinen Teils".[248] Aufgrund seines Werkes setzte sich auch im Verwaltungsrecht die juristische Methode durch.[249] Die nicht geringe Verbreitung Otto Mayers „Deutschen Verwaltungsrechts" wurde durch die Reichsgründung 1871 und den daraus folgenden Impulsen zur Bildung eines einheitlichen deutschen Allgemeinen Verwaltungsrechts befördert.[250] So legte gerade Otto Mayer Wert

---

[241] *Bornhak*, Preußisches Staatsrecht, Bd. 2.

[242] *Bornhak*, Preußisches Staatsrecht, Bd. 3.

[243] *Meyer-Hesemann*, Methodenwandel in der Verwaltungsrechtswissenschaft, S. 20 ff.; *Hueber*, Otto Mayer, S. 13 - 164.

[244] *O. Mayer*, Deutsches Verwaltungsrecht, 1. Aufl., Bd. 1, S. VII f.; vgl. dazu *Dennewitz*, Die Systeme des Verwaltungsrechts, S. 125 f.; *Meyer-Hesemann*, Methodenwandel in der Verwaltungsrechtswissenschaft, S. 25.

[245] *O. Mayer*, Theorie des Französischen Verwaltungsrechts, vgl. dazu *Dennewitz*, Die Systeme des Verwaltungsrechts, S. 122; *Meyer-Hesemann*, Methodenwandel in der Verwaltungsrechtswissenschaft, S. 30; *Scheuner*, Der Einfluß des französischen Verwaltungsrechts auf die deutsche Rechtsentwicklung, DÖV 1963, 714 (718); Kritik an Otto Mayer, seine Darstellung des französischen Verwaltungsrechts entspräche nicht dem tatsächlichen französischen Verwaltungsrecht, *Loening*, Die konstruktive Methode auf dem Gebiete des Verwaltungsrechts, Schmollers Jahrbuch 11 (1887), S. 541 (547 - 560), dagegen *O. Mayer*, Zur Lehre vom öffentlichrechtlichen Vertrage, AöR 3 (1888), S. 3, Fn. 1.

[246] *Meyer-Hesemann*, Methodenwandel in der Verwaltungsrechtswissenschaft, S. 28, im Original kursiv gedruckt.

[247] *O. Mayer*, Deutsches Verwaltungsrecht, 1. Aufl., Allgemeiner Teil: Bd. 1, S. 23 - 242, Besonderer Teil Bd. 1, S. 245 - Bd. 2, 452.

[248] *Dennewitz*, Die Systeme des Verwaltungsrechts, S. 130.

[249] *Dennewitz*, Die Systeme des Verwaltungsrechts, S. 122.

[250] *Meyer-Hesemann*, Methodenwandel in der Verwaltungsrechtswissenschaft, S. 17.

darauf, ein für alle deutschen Staaten gemeinsames Verwaltungsrecht zu bilden.[251] Trotzdem war die juristische Methode nicht unumstritten, so kritisierte beispielsweise Loening diese grundlegend: Sie überschätze den „wissenschaftlichen Wert von Begriffen und Definitionen"[252] und berge die Gefahr des „Herabsinken(s) der Wissenschaft in die Scholastik"[253].

Eine gewisse Eingrenzung fand die juristische Methode bei Georg Jellinek. Für ihn war „die Kenntnis der historischen Voraussetzungen und der allseitigen Beziehungen eines Rechtssatzes (...) für die juristische Konstruktion selbst von der grössten Bedeutung; nur dadurch" könne „die Jurisprudenz vor unfruchtbarer Scholastik gehütet werden."[254] Zwar benutzte auch er die juristische Methode, aber nicht in einer übersteigerten Form, weil er auch das historische und gesellschaftliche Umfeld einer Norm berücksichtigen wollte.[255]

Giese wollte politische Erwägungen ausschließen, eine ausschließlich juristische Betrachtung vornehmen und benutzte so die juristische Methode.[256] Ottmar Bühler benutzte bei der Systematisierung und Begriffsbildung des subjektiven öffentlichen Rechts[257] die juristische Methode, ohne jedoch explizit auf Methodenfragen einzugehen. Mit Fritz Fleiners „Institutionen des Deutschen Verwaltungsrechts" stabilisierte sich die juristische Methode weiter,[258] die sich durch Otto Mayer durchgesetzt hatte.[259] Zwar nahmen Umfang und Anzahl der gesetzlichen Regelungen zu, die dann eher deskriptiv dargestellt wurden. Trotzdem stellte auch Fleiner allgemeine Lehren zusammen; die Zusammenfassung zu Rechtsinstituten

---

[251] *O. Mayer*, Deutsches Verwaltungsrecht, Bd. 1, 1. Aufl., S. VII (Vorwort).

[252] *Loening*, Die konstruktive Methode auf dem Gebiete des Verwaltungsrechts, Schmollers Jahrbuch 11 (1887), S. 541 (542).

[253] *Loening*, Die konstruktive Methode auf dem Gebiete des Verwaltungsrechts, Schmollers Jahrbuch 11 (1887), S. 541 (546).

[254] *G. Jellinek*, System der subjektiven öffentlichen Rechte, S. 19, Fn. 1.

[255] *G. Jellinek*, System der subjektiven öffentlichen Rechte, S. 18 f.

[256] *Giese*, Die Grundrechte, S. 1, 54.

[257] Vgl. *Bühler*, Die subjektiven öffentlichen Rechte, S. 7.

[258] *Fleiner*, Institutionen des Deutschen Verwaltungsrechts, 3. Aufl. S. I (Vorwort zur 1. Aufl., 1911, Anerkennung der juristischen Methode, „die verwaltungsrechtlichen Erscheinungen... auf ihre juristischen Grundlinien zurückzuführen"); vgl. dazu *Dennewitz*, Die Systeme des Verwaltungsrechts, S. 164; *Meyer-Hesemann*, Methodenwandel in der Verwaltungsrechtswissenschaft, S. 53.

[259] *Meyer-Hesemann*, Methodenwandel in der Verwaltungsrechtswissenschaft, S. 53.

war jedoch gegenüber Otto Mayer deutlich geringer.[260] In den Bereichen, in denen positive Regelungen bestanden, war bei Fleiner ein „partieller Gesetzespositivismus" festzustellen.[261]

Es bildete sich eine Trennung von Verwaltungslehre und Verwaltungsrecht aus. Das Verwaltungsrecht sollte durch den Einfluß der juristischen Methode ausschließlich wissenschaftlich-theoretisch betrachtet werden, ohne jegliche empirischen und politischen Einflüsse.[262] Nur durch die Ausscheidung der wechselnden politischen Einflüsse konnte sich ein dauerhaftes System entwickeln, bei dem abstrakte dogmatische Prinzipien aufgestellt und in einem allgemeinen Teil zusammengefaßt werden konnten.[263] Die staatswissenschaftliche Methode mit dem Überwiegen der Materialsammlung hätte auf längere Zeit keine neuen wissenschaftlichen Erkenntnisse gebracht und zur Stagnation des Verwaltungsrechts geführt.[264] Ohne die Abstraktion der juristischen Methode hätten keine einheitlichen Rechtsfiguren entstehen können. So entstand das subjektive öffentliche Recht unter Anwendung der juristischen Methode bei Gerber, und wurde insbesondere durch G. Jellinek, der auch die juristische Methode benutzte, differenziert systematisch dargestellt. Die Autoren der staatswissenschaftlichen Methode gingen demgegenüber — wenn überhaupt — nur sehr kurz auf das subjektive öffentliche Recht ein.

Das subjektive öffentliche Recht bestand bereits vor der Entstehung allgemeiner, übergreifender Rechtsprinzipien des Verwaltungsrechts und gehörte von Anfang an zu diesen Rechtsgrundsätzen.

4. Anerkennung der Rechtspersönlichkeit des Staates

Das subjektive öffentliche Recht setzt — wie jedes subjektive Recht — ein Rechtsverhältnis voraus, also zwei Rechtspersönlichkeiten, zwischen denen es existiert. Erst als das Verhältnis zwischen Staat und Herrscher

---

[260] *Fleiner*, Institutionen des Deutschen Verwaltungsrechts, 3. Aufl., S. 46; *Meyer-Hesemann*, Methodenwandel in der Verwaltungsrechtswissenschaft, S. 56.

[261] *Fleiner*, Institutionen des Deutschen Verwaltungsrechts, 3. Aufl., S. 51, 68 f.; *Meyer-Hesemann*, Methodenwandel in der Verwaltungsrechtswissenschaft, S. 58; ähnlich *Stolleis*, Geschichte des öffentlichen Rechts in Deutschland, Dritter Band, S. 236.

[262] *Stolleis*, Geschichte des öffentlichen Rechts in Deutschland, Zweiter Band, S. 381 f.

[263] *Stolleis*, Geschichte des öffentlichen Rechts in Deutschland, Zweiter Band, S. 384.

[264] *Dennewitz*, Die Systeme des Verwaltungsrechts, S. 118.

nicht mehr personengebunden gedacht wurde, konnte sich ein vom Rechte- und Pflichtenverhältnis losgelöstes subjektives öffentliches Recht ausbilden.[265]

Statt der damals bestehenden Souveränität der Fürsten und der Forderung nach der Souveränität des Volkes war die Souveränität des Staates ein Mittelweg;[266] obwohl die Anerkennung der Staatssouveränität den Widerstreit nicht löste, sondern nur auf eine andere Ebene verschob.[267] Mit der Anerkennung dieser Idee wurden Land und Leute nicht mehr als das patrimonium des Fürsten angesehen, die „privatrechtliche Staatsauffassung" war überholt.[268] Um jedoch den Staat als Souverän anerkennen zu können, mußte dieser selbst eine Rechtspersönlichkeit sein. Eine solche Fähigkeit, Träger von Rechten zu sein, war für juristische Personen anerkannt. Jedoch wollte Savigny ursprünglich den Begriff der „juristischen Person" nur auf Privatpersonen anwenden. Albrecht weitete 1837 diese Rechtsfigur auch auf den Staat aus, als juristische Person des öffentlichen Rechts,[269] [270] wobei er dieses nicht als neue Idee ansah.[271]

---

[265] *H. Bauer*, Geschichtliche Grundlagen der Lehre vom subjektiven öffentlichen Recht, S. 48; vgl. zur Anerkennung der Rechtspersönlichkeit des Staates auch *Uhlenbrock*, Der Staat als juristische Person.

[266] *Stolleis*, Geschichte des öffentlichen Rechts in Deutschland, Zweiter Band, S. 106.

[267] *Kelsen*, Der Wandel des Souveränitätsbegriffes, in: *Kurz*, Volkssouveränität und Staatssouveränität, S. 164 (165).

[268] *Stolleis*, Geschichte des öffentlichen Rechts in Deutschland, Zweiter Band, S. 107, die „privatrechtliche Staatsauffassung" besagte, daß Land und Leute das patrimonium des Fürsten wären.

[269] *Albrecht*, Rezension über Maurenbrechers Grundsätze des heutigen deutschen Staatsrechts, Göttingische gelehrte Anzeigen, 150. und 151. Stück, S. 1489 (S. 1497 f.); vgl. dazu *Stolleis*, Geschichte des öffentlichen Rechts in Deutschland, Zweiter Band, S. 108.

[270] Die Rezension wurde während des Hannoverschen Verfassungskonfliktes geschrieben: Am 05. Juli 1837 stellte König Ernst August fest, daß er (nach der privatrechtlichen Staatsauffassung) nicht an das Grundgesetz des Königreiches Hannover vom 26. September 1833 (Abdruck in *Boldt*, Reich und Länder, S. 338 ff.) gebunden sei. Die Rezension über Maurenbrechers Grundsätze des heutigen deutschen Staatsrechts wurde am 21. und 23. September 1837 abgedruckt, Göttingische gelehrte Anzeigen, 150. und 151. Stück, S. 1489 - 1504, 152. Stück, S. 1508 - 1515. Die „Protestation" der Göttinger Sieben fand am 18. November 1837 statt, vgl. dazu *Frotscher/Pieroth*, Verfassungsgeschichte, Rdnr. 273.

[271] *Albrecht*, Rezension über Maurenbrechers Grundsätze des heutigen deutschen Staatsrechts, Göttingische gelehrte Anzeigen, 150. und 151. Stück, S. 1489 (S. 1497 f.);

Daraufhin schrieb er — unter Anerkennung subjektiver öffentlicher Rechte — die Hoheitsrechte nicht mehr dem Fürsten, sondern dem Staate zu.[272]

Die Anerkennung des Staates als juristische Person setzte sich nur langsam durch. Gerber sah noch in seinem Werk „Über öffentliche Rechte" den Staat nicht als juristische Person an, sondern nur den Fiskus aufgrund seiner Nähe zum Privatrecht.[273] Bei Rechten sei — außer beim Fiskus — an die Person des Regenten anzuknüpfen, an die durch den Regenten dargestellte „Volkspersönlichkeit".[274] Gerber griff also teilweise noch auf das personengebundene Rechte- und Pflichtenverhältnis zurück. Er akzeptierte nur zögernd die Rechtsauffassung Albrechts, daß der Staat eine juristische Person sei,[275] weil er befürchtete, zivilistisches Denken in das Staatsrecht einzuschleppen.[276] Zudem wird dieses auch seiner konservativen Einstellung widersprochen haben.[277] Die Anknüpfung an die Person des Fürsten klang nach der privatrechtlichen Staatsauffassung. Trotzdem erkannte Gerber subjektive öffentliche Rechte an, obwohl seine Aufspaltung zwischen dem Fiskus und der Person des Monarchen unsystematisch wirkt und zeigt, daß ein wirklich geeignetes Zuordnungsobjekt auf Seiten des Staates fehlte. Erst später erkannte Gerber den Staat als juristische Person an.[278] Auch F. F. Mayer ging von der Rechtspersönlichkeit zumin-

---

vgl. zu seinen Vorgängern (die dieses jedoch nicht so deutlich dargestellt hatten) *Pauly*, Der Methodenwandel im deutschen Spätkonstitutionalismus, S. 77 ff., insbesondere S. 79; Albrechts Betonung, daß dieses eine „alltägliche Redensart" sei, ist eher gegen Ernst August und dessen privatrechtliche Staatsauffassung gerichtet sein, die im Hannoverschen Verfassungskonflikt relevant war.

[272] *Albrecht*, Rezension über Maurenbrechers Grundsätze des heutigen deutschen Staatsrechts, Göttingische gelehrte Anzeigen, 152. Stück, S. 1508 (S. 1514); vgl. zur Kontroverse zwischen Maurenbrecher und Albrecht: *Pauly*, Der Methodenwandel im deutschen Spätkonstitutionalismus, S. 77 - 84.

[273] *Gerber*, Über öffentliche Rechte, S. 13, 16; diese Trennung zwischen dem Herrscher und dem Fiskus entsprach der älteren Fiskustheorie, vgl. dazu *Achterberg*, Strukturen der Geschichte des Verwaltungsrechts und der Verwaltungsrechtswissenschaft, DÖV 1979, 737 (738).

[274] *Gerber*, Über öffentliche Rechte, S. 43.

[275] *Pauly*, Der Methodenwandel im deutschen Spätkonstitutionalismus, S. 138 - 140; *Stolleis*, Geschichte des öffentlichen Rechts in Deutschland, Zweiter Band, S. 333.

[276] *Stolleis*, Geschichte des öffentlichen Rechts in Deutschland, Zweiter Band, S. 333.

[277] So waren seine Ansichten gegen die parlamentarische Staatsform gerichtet, *Gerber*, Über öffentliche Rechte, S. 85.

[278] *Gerber*, Grundzüge eines Systems des Deutschen Staatsrechts, S. 2; trotzdem

dest des Fiskus aus.[279] Ähnlich klassifizierte Otto Mayer den Staat nicht als juristische Person, sondern als Anstalt.[280] Trotzdem betrachtete er im Verwaltungsrecht den Staat als eine Rechtspersönlichkeit.[281] Demgegenüber erkannte Jellinek die Rechtsfähigkeit des Staates, die er „Persönlichkeit" nannte, uneingeschränkt an.[282] Er erfaßte auch die Notwendigkeit dieser Anerkennung, denn alle Rechte seien „Relation von Rechtssubjekten.[283] Mit der Anerkennung der Staatssouveränität konnte der Staat Berechtigter oder Verpflichteter eines subjektiven Rechts sein. Ein weiterer Fortschritt war die Erkenntnis, daß es sich bei der Einstufung des Staates als juristische Person um eine Fiktion handelt.[284]

Damit sich ein von der Person des Fürsten losgelöstes subjektives öffentliches Recht entwickeln konnte, war erforderlich, daß der Staat als eine von der Person des Herrschers getrennte juristische Person anerkannt wurde. Diese Ansicht konnte sich jedoch nur langsam durchsetzen.

5. Ergebnis

Weil das subjektive öffentliche Recht zur Trennung des öffentlichen Rechts vom Privatrecht entstand, konnte sich kein für alle Rechtsgebiete übergreifendes subjektives Recht entwickeln. Eine systematische Voraussetzung für ein subjektives öffentliches Recht war die Anerkennung der Rechtspersönlichkeit des Staates, damit ein Anknüpfungspunkt für das subjektive öffentliche Recht auf dieser Seite gegeben war.

---

spricht er noch von der „Verkörperung des Staates in der Person des Monarchen", *Gerber*, Grundzüge eines Systems des Deutschen Staatsrechts, S. 72 f.

[279] *F. F. Mayer*, Grundsätze des Verwaltungs-Rechts, S. 14; vgl. dazu *Ishikawa*, Friedrich Franz von Mayer, S. 87. F. F. Mayer stellt zwar fest, daß die Rechtsfähigkeit Voraussetzung von subjektiven Rechten ist, geht darauf aber nur bzgl. des Einzelnen, nicht bzgl. des Staates ein, *F. F. Mayer*, Grundsätze des Verwaltungs-Rechts, S. 443.

[280] *O. Mayer*, Die juristische Person und ihre Verwertbarkeit im öffentlichen Recht, in: Festgabe für Paul Laband, Bd. 1, S. 3 (53 - 55, 58 f., 65 f.); vgl. dazu *Schmidt-De Caluwe*, Der Verwaltungsakt in der Lehre Otto Mayers, S. 60, 67.

[281] *O. Mayer*, Deutsches Verwaltungsrecht, Bd. 2, 1. Aufl., S. 369 f.; jedoch betrachtete er in der 3. Auflage nur den Fiskus, nicht den Staat selbst als juristische Person des öffentlichen Rechts, *O. Mayer*, Deutsches Verwaltungsrecht, Bd. 2, 3. Aufl., S. 329; vgl. dazu *Schmidt-De Caluwe*, Der Verwaltungsakt in der Lehre Otto Mayers, S. 60, Fn. 41.

[282] *G. Jellinek*, System der subjektiven öffentlichen Rechte, S. 28.

[283] *G. Jellinek*, System der subjektiven öffentlichen Rechte, S. 50.

[284] *Bähr*, Der Rechtsstaat, S. 28.

Erst durch die juristische Methode und die damit verbundene Systembildung des öffentlichen Rechts konnten sich einheitliche, umfassende Rechtsfiguren herausbilden. Die Darstellungen der Reichspublizistik enthielten nur eine Zusammenstellung der Rechtsquellen. Ähnlich bestanden die Darstellungen des Verwaltungsrechts nach der „staatswissenschaftliche Methode" weitgehend aus einer Stoffsammlung. Im allgemeinen Teil wurden keine allgemeinen, übergreifenden Rechtsprinzipien aufgestellt, sondern zumeist lediglich die Verwaltungsorganisation behandelt. Erst durch den Einfluß der juristischen Methode änderte sich dies; zumindest in geringem Umfang gingen dann auch die Vertreter der staatswissenschaftlichen Methode auf die allgemeinen Lehren ein, zu denen auch das subjektive öffentliche Recht gehörte. Bei Gerber, der die juristische Methode benutzte, entstanden erste übergreifende Rechtsprinzipien; er systematisierte insbesondere das öffentliche Recht unter Verwendung der Rechtsfigur des subjektiven öffentlichen Rechts. Er trennte das Staats- und das Verwaltungsrecht noch nicht, so daß das von ihm in das öffentliche Recht übertragene subjektive Recht für beide Rechtsgebiete übergreifend geschaffen wurde. Die Trennung zwischen Staats- und Verwaltungsrecht setzte sich erst danach durch. Die gemeinsame Systematik des subjektiven öffentlichen Rechts blieb aber bestehen, auch bei Georg Jellinek. Zu diesem Zeitpunkt hatte sich die Trennung des Staats- und des Verwaltungsrechts bereits durchgesetzt, was jedoch von G. Jellinek in seinem Werk nicht berücksichtigt wurde.

II. Abgrenzung der subjektiven öffentlichen Rechten von den subjektiven Rechten des Privatrechts

Nicht nur die allgemeine Trennung von öffentlichem und privatem Recht war problematisch, auch die Abgrenzung von subjektiven öffentlichen Rechten und subjektiven Rechten des Privatrechts. Generell wurde eine Unterscheidung nach der tatsächlichen und rechtlichen Trennung von Staat und Gesellschaft vorgenommen.[285] Gerade zu Beginn der Trennung des öffentlichen und des Privatrechts war ein gesondertes Eingehen auf die entsprechende Abgrenzung bei den subjektiven Rechten der jeweiligen Rechtsgebiete sinnvoll, um so die Abgrenzung zum Privatrecht zu ver-

[285] *Stolleis*, Geschichte des öffentlichen Rechts in Deutschland, Zweiter Band, S. 374.

deutlichen. Zunächst bestanden noch keine überzeugenden Abgrenzungskriterien der beiden Rechtsgebiete, weshalb anfangs die Unterscheidung wie im römischen Recht vorgenommen wurde.[286]

Die Abgrenzungskriterien abstrakt festzulegen, war nicht einfach: Gerber bestimmte Privatrechte danach, daß sie „ganz in der Willenssphäre des Einzelnen" liegen und „dessen unbeschränkter Disposition unterworfen" seien.[287] Die öffentlichen Rechte kommen „dem Einzelnen nicht als Einzelnen zu", sondern gebühren „ihm nur in seiner Verbindung mit einer Gesamtheit".[288] In ähnlicher Weise wollte Otto Mayer den Einzelnen zur Durchsetzung der objektiven Rechtsordnung durch die subjektiven öffentlichen Rechte heranziehen.[289]

Georg Jellinek definierte subjektive Rechte als „die von der Rechtsordnung anerkannte und geschützte, auf das Gut oder Interesse gerichtete menschliche Willensmacht"[290], wobei die Willensmacht nicht mit einem Klagerecht gleichzusetzen sei.[291] Das subjektive öffentliche Recht bestehe „in der Fähigkeit, Rechtsnormen im individuellen Interesse in Bewegung zu setzen" in der Beziehung des Individuums zum Staat.[292] Weil nur das Gemeininteresse im öffentlichen Recht zu berücksichtigen sei, sei das subjektive öffentliche Recht ein „überwiegend im Gemeininteresse anerkanntes individuelles Interesse".[293] Diese Ansprüche seien gegen das

---

[286] *Stolleis*, Geschichte des öffentlichen Rechts in Deutschland, Zweiter Band, S. 51.

[287] *Gerber*, Über öffentliche Rechte, S. 25.

[288] *Gerber*, Über öffentliche Rechte, S. 25 f.

[289] *O. Mayer*, Deutsches Verwaltungsrecht, Bd. 1, 3. Aufl., S. 81 („Das bedeutsame Ergebnis ist auch hier, daß so der Einzelne berufen wird zum Mitarbeiter an der unverkümmerten Geltung des Rechtssatzes durch den Kampf ums Recht, den er um seines eigenen Vorteils willen führt."), 1. Aufl., S. 90 (in der 1. Auflage noch nicht so präzise); vgl. dazu *Schmidt-De Caluwe*, Der Verwaltungsakt in der Lehre Otto Mayers, S. 161 f.; daß dem Einzelnen Rechte zustehen könnten, deren Ausübung im öffentlichen Interesse lag, sollte den Einzelnen vom Untertanen auf die Stufe der Staatsmacht erheben, weshalb Mayer bei den subjektiven öffentlichen Rechten eher vom „Beteiligten", als vom „Unterthan" sprach, *Schmidt-De Caluwe*, Der Verwaltungsakt in der Lehre Otto Mayers, S. 164 f.

[290] *G. Jellinek*, System der subjektiven öffentlichen Rechte, S. 44.

[291] *G. Jellinek*, System der subjektiven öffentlichen Rechte, S. 45.

[292] *G. Jellinek*, System der subjektiven öffentlichen Rechte, S. 51.

[293] *G. Jellinek*, System der subjektiven öffentlichen Rechte, S. 53.

„staatliche Machtsubjekt" gerichtet.[294] Die Frage, wann Rechte und Pflichten als öffentlich-rechtlich und wann als privatrechtlich zu beurteilen seien, stelle sich insbesondere beim Fiskus.[295] Die Ansprüche des Staates seien als öffentlich-rechtlich zu beurteilen, wenn sie ihren Grund im Imperium des Staates haben würden, auch wenn der Staat dieses modifizieren könne.[296] Jellinek unterschied zwischen formellen öffentlich-rechtlichen Ansprüchen, die kraft positiver Anordnung nach öffentlich-rechtlichen Normen zu beurteilen seien, und materiellen öffentlich-rechtlichen Ansprüchen, die unabhängig von ihrer Geltendmachung dem öffentlichen Recht zuzuordnen seien. Dazu gehören insbesondere alle Entschädigungsansprüche gegen den Staat aus Hoheitsakten.[297] Jedoch hielt G. Jellinek die Ansprüche aus kompetenzüberschreitenden Amtshandlungen für rein privatrechtlich.[298]

Ottmar Bühler ging auf dieses Problem nicht explizit ein. Für ihn genügte zur Zuordnung, daß der Rechtssatz dem öffentlichen Recht angehöre. Zu der Zeit, als Bühlers Werk erschien, war die Abgrenzung zwischen Privatrecht und öffentlichem Recht bereits so weit anerkannt, daß zur Abgrenzung der subjektiven Privatrechte und subjektiven öffentlichen Rechte keine besonderen Ausführungen mehr erforderlich waren.

III. Subjektive öffentliche Rechte des Monarchen beziehungsweise des Staates

In der staatswissenschaftlichen Literatur des 18. Jahrhunderts wurden die Hoheitsrechte der Landesfürsten ausführlich behandelt und möglichst umfassende Kataloge von Rechten geschaffen.[299] Erst Leist und Gönner benutzten eine andere Systematik und reduzierten die Anzahl der Hoheitsrechte.[300] Zu dieser Zeit war die Lehre von den Hoheitsrechten die

---

[294] G. *Jellinek*, System der subjektiven öffentlichen Rechte, S. 57.

[295] G. *Jellinek*, System der subjektiven öffentlichen Rechte, S. 60.

[296] G. *Jellinek*, System der subjektiven öffentlichen Rechte, S. 61.

[297] G. *Jellinek*, System der subjektiven öffentlichen Rechte, S. 63.

[298] G. *Jellinek*, System der subjektiven öffentlichen Rechte, S. 67.

[299] *Dennewitz*, Die Systeme des Verwaltungsrechts, S. 23.

[300] *Leist*, Lehrbuch des Teutschen Staatsrechts, S. 248 ff.; *Gönner*, Teutsches Staatsrecht, S. 418 - 449; vgl. dazu *Dennewitz*, Die Systeme des Verwaltungsrechts, S. 23.

„staatsrechtliche Hauptidee".[301] Auch Gerber ging auf die — bei ihm durch seine Trennung von öffentlichem Recht und Privatrecht zu subjektiven öffentlichen Rechten gewandelten — Rechte des Königs ein: Es bestehen Rechte auf Gehorsam und Treue,[302] die Herrschaft über das Staatsgebiet[303] und das Repräsentationsrecht des Monarchen[304]. Das subjektive öffentliche Recht der Beamten auf Gehorsam und Anerkennung ihrer Verfügungen und Anordnungen sei lediglich das Recht des Monarchen, das diese als ausübende und vollziehende Organe wahrnehmen.[305] Gehalt und Pension der Beamten seien nur Ansprüche gegen den Fiskus und damit privatrechtlich.[306] Korrespondierend zum Recht des Monarchen auf Gehorsam und Treue haben die der Regierung gegenüberstehenden Untertanen die Verpflichtung zu Gehorsam und Treue; daneben bestehen weitere Verpflichtungen gegenüber dem Staat, wie beispielsweise der Militärdienst und die Pflicht, Steuern zu zahlen.[307] Im Vordergrund stand bei Gerber das subjektive öffentliche Recht des Herrschers, er erkannte aber schon subjektive öffentliche Rechte der Untertanen an, auch wenn er nur am Rande auf sie einging. F. F. Mayer behandelte die Rechte der Monarchen und ihrer Beamten nicht, sondern nur die öffentlichen Verpflichtungen der Einzelnen, erwähnte aber nicht, daß diese Pflichten zugleich auf Seiten des berechtigten Staates Rechte verursachen können.[308]

Für Georg Jellinek war das subjektive (öffentliche) Recht des Staates auf Gehorsam das eigentliche subjektive öffentliche Recht des Staates. Der staatliche Rechtsanspruch gegen die individuelle Persönlichkeit auf Gehorsam sei der „gemeinsame Nenner" aller Pflichten gegenüber dem Staat,[309] einschließlich des auf „Anerkennung seiner obrigkeitlichen Ak-

---

[301] *O. Mayer*, Zur Lehre vom öffentlichrechtlichen Vertrage, AöR 3 (1888), S. 3 (28).

[302] *Gerber*, Über öffentliche Rechte, S. 49.

[303] *Gerber*, Über öffentliche Rechte, S. 49 f.

[304] *Gerber*, Über öffentliche Rechte, S. 50.

[305] *Gerber*, Über öffentliche Rechte, S. 58.

[306] *Gerber*, Über öffentliche Rechte, S. 59.

[307] *Gerber*, Über öffentliche Rechte, S. 62, 63.

[308] *F. F. Mayer*, Grundsätze des Verwaltungs-Rechts, S. 446 - 452; vgl. dazu *Ishikawa*, Friedrich Franz von Mayer, S. 97. Außerdem dienten die subjektiven öffentlichen Rechte dem Schutz der Individuen und Körperschaften, *F. F. Mayer*, Grundsätze des Verwaltungs-Rechts, S. 438.

[309] *G. Jellinek*, System der subjektiven öffentlichen Rechte, S. 197 f.

te".[310] Auffällig bei Georg Jellinek war, daß er alle Rechte des Staates auf ein einziges Recht zurückführt.

Loening behandelte die subjektiven öffentlichen Rechte des Staates und des Einzelnen weitgehend nebeneinander, mit einer Betonung der subjektiven öffentlichen Rechte des Einzelnen.[311] Er erkannte „das Recht des Staates auf Ausübung der Staatsgewalt und das Recht auf Unterwerfung der Untertanen unter die Staatsgewalt" als subjektive öffentliche Rechte an.[312] Bei G. Mayer findet sich der Begriff des subjektiven öffentlichen Rechts nicht im Inhalts- oder Stichwortverzeichnis, wie auch bei Bornhak nicht.[313] Laband diskutierte das Recht auf Ausübung der Präsidialbefugnisse und das Recht auf die Kaiserwürde als kaiserliche Rechte.[314]

Otto Mayer hielt demgegenüber den Begriff des subjektiven öffentlichen Rechtes des Staates für nicht systembildend, sondern sogar für irreführend. Weil der Staat rechtlich allmächtig wäre — eingeschränkt nur durch den Vorbehalt des Gesetzes —, könne die Aufzählung subjektiver Rechte des Staates nur Teilbereiche erfassen, also seine Machtfülle nicht verdeutlichen.[315] Kormann verteidigte die Auffassung, der Staat könne subjektive öffentliche Rechte haben und beurteilte die Staatsgewalt insgesamt als subjektives öffentliches Recht.[316]

Ottmar Bühler schränkte seine Arbeit auf die Behandlung der subjektiven öffentlichen Rechte des Einzelnen gegen des Staat oder sonstige Träger öffentlicher Gewalt ein. Mit dem Begriff seien üblicherweise nur

---

[310] *G. Jellinek*, System der subjektiven öffentlichen Rechte, S. 198, im Original gesperrt gedruckt.

[311] *Loening*, Lehrbuch des Deutschen Verwaltungsrechts, S. 8 - 18.

[312] *Loening*, Lehrbuch des Deutschen Verwaltungsrechts, S. 9.

[313] *G. Meyer*, Lehrbuch des Deutschen Verwaltungsrechts, 2. Aufl., Teil 1, S. VII - XI, Teil 2, S. V - VIII, 408 - 429, 4. Aufl., Bd. 1, S. V - VIII, Bd 2, S. V, 519 - 531; *Bornhak*, Preußisches Verwaltungsrecht, Bd. 2, S. 704 - 710.

[314] *Laband*, Das Staatsrecht des Deutschen Reiches, Bd. 1, S. 217, 215 f., allgemein zu den kaiserlichen subjektiven Rechten S. 215 - 233.

[315] *O. Mayer*, Deutsches Verwaltungsrecht, 3. Aufl., 1924, Bd. 1, S. 104 - 106; keine so grundsätzliche Ablehnung *O. Mayer*, Deutsches Verwaltungsrecht, Bd. 1, 1. Aufl., S. 105 - 109; dieses ist Folge seines Staatsverständnisses und der Ablehnung, den Staat als juristische Person anzusehen, *Schmidt-De Caluwe*, Der Verwaltungsakt in der Lehre Otto Mayers, S. 166 f.

[316] *Kormann*, Grundzüge eines allgemeinen Teils des öffentlichen Rechts, Annalen des Deutschen Reiches 1911, 904 (916).

die subjektiven öffentlichen Rechte des Einzelnen gemeint, selbst wenn man die Machtbefugnisse des Staates auch als subjektive öffentliche Rechte auffassen könne.[317] Er ging nur kurz auf die Ansprüche des Staates gegen die Untertanen ein, die grundsätzlich eine andere Qualität haben, als die subjektiven öffentlichen Rechte des Einzelnen. Insbesondere bestehe der Unterschied darin, daß der Staat weitestgehend seine Ansprüche ohne vorherige Klage mit Zwangsmitteln vollstrecken könne.[318]

Die Hoheitsrechte des Monarchen wurden bei Gerber zu subjektiven öffentlichen Rechten, auch wenn er diesen Begriff nicht benutzte. Er begrenzte diese Rechte und reduzierte ihre Anzahl. Daneben erkannte er erstmalig Rechte der Untertanen an, auch wenn das subjektive öffentliche Recht des Monarchen für Gerber im Vordergrund stand. Bei Jellinek wurde das subjektive öffentliche Rechte des Staates weniger betont, als das der Individuen. Otto Mayer wollte die Machtbefugnisse des Staates gar nicht als subjektive öffentliche Rechte ansehen. Bühler erwähnte demgegenüber die subjektiven öffentlichen Rechte des Staates gegen den Bürger kurz, behandelte hingegen die der Bürger gegen den Staat ausführlich. Es ist eine Entwicklung feststellbar: Die Darstellung der subjektiven öffentlichen Rechte des Monarchen beziehungsweise des Staates[319] rücken in den Hintergrund, die neu geschaffenen subjektiven öffentlichen Rechte des Einzelnen in den Vordergrund.

Die gemeinsame Darstellung der subjektiven öffentlichen Rechte des Staates und der Staatsbürger ist problematisch, weil keine einheitliche Systematik besteht. Gerade die vom Georg Jellinek versuchte Systematisierung, in der er beide Arten subjektiver öffentlicher Rechte nebeneinander stellt, zeigt, daß eine einheitliche Systematik an der Unterschiedlichkeit des Staates und des Einzelnen als Berechtigte scheitert. Dieses wird auch anhand der Äußerung Otto Mayers deutlich, daß die Allmacht des Staates nicht als subjektives öffentliches Recht zu fassen wäre. Bühlers Darstellung ausschließlich der subjektiven öffentlichen Rechte der Untertanen war insoweit stringenter. Eine derartige Beschränkung war aber zu der Zeit, als Jellineks „System der subjektiven öffentlichen Rechte" erschien, wohl noch nicht denkbar. Anders bei Bühler, der bereits schrieb, daß mit sub-

[317] *Bühler*, Die subjektiven öffentlichen Rechte, S. 6 f.

[318] *Bühler*, Die subjektiven öffentlichen Rechte, S. 155 f.

[319] Zur Ausbildung einer Rechtspersönlichkeit des Staates, Teil 2, B. I. 4.; vorher waren nur Rechte des Monarchen (nicht des Staates) anerkannt.

jektiven öffentlichen Rechten im wesentlichen die der Untertanen gemeint seien, weshalb er eine Beschränkung auf diese Rechte vornehmen konnte.

IV. Subjektive öffentliche Rechte des Einzelnen

1. Allgemeine Anerkennung der subjektiven öffentlichen Rechte des Einzelnen und ihre Voraussetzungen

Die subjektiven öffentlichen Rechte des Einzelnen bildeten sich langsam neben den subjektiven öffentlichen Rechten des Monarchen aus. Ursprünglich bestanden neben den Rechten des Monarchen nur die wohlerworbenen Rechte der Bürger. Nach der Trennung von Privatrecht und öffentlichem Recht wurde die rechtliche Zuordnung der wohlerworbenen Rechte problematisch.[320] Zu dieser Zeit begannen sich langsam subjektive öffentliche Rechte des Einzelnen auszubilden.

Bereits Robert von Mohl stellte fest, daß es zum „Wesen des Rechtsstaates" gehöre, daß auch dem Staatsbürger „nicht zu verletzende Rechte" zustehen.[321] Dieses war zwar eine Anerkennung subjektiver Rechte; ob R. v. Mohl hier jedoch bereits die subjektiven öffentlichen Rechte meinte, oder eher den Schutz wohlerworbener Rechte, ist unklar.[322] Dagegen spricht, daß man erst seit Gerbers „Über öffentliche Rechte" von subjektiven öffentlichen Rechten sprechen konnte:[323] Denn erst Gerber unterschied zwischen subjektiven Rechten des Privatrechts und des öffentlichen Rechts. Eine solche Unterscheidung wurde bei den wohlerworbenen Rechten nicht vorgenommen. Obwohl Gerber wahrscheinlich von der Rechtsfigur der wohlerworbenen Rechte ausging, war das von ihm geschaffene subjektive Recht des öffentlichen Rechts etwas Neues. Er gab den subjektiven öffentlichen Rechten eine spezifische Struktur, um sie von denen des Privatrechts abzugrenzen.[324] So schrieb er: „Die öffentlichen Rechte

[320] Zu den wohlerworbenen Rechten, Teil 2. A. I. 1. und Teil A. II. 1.; teilweise wurde nicht zwischen subjektiven öffentlichen Rechten und jura quaesita unterschieden, vgl. *von Stengel*, Die Verwaltungsgerichtsbarkeit und die öffentlichen Rechte, VerwArch 3 (1895), S. 177 (192, 199).

[321] *Mohl*, Das Staatsrecht des Königreiches Württemberg, 1. Bd, S. 323.

[322] *Dennewitz*, Die Systeme des Verwaltungsrechts, S. 50.

[323] Vgl. auch Teil 2, B. I. 1.

[324] Vgl. zu der Entwicklung der subjektiven öffentlichen Rechte im Vergleich zu den subjektiven Rechten des Zivilrechts: *Rupp*, Unsicherheiten zum Thema des sub-

(...) kommen dem Einzelnen nicht als Einzelnen zu, sie sind nicht in seinem gesonderten Rechtskreis lokalisirt, sondern gebühren ihm nur in seiner Verbindung mit einer Gesamtheit".[325] Die öffentlichen Rechte enthielten nicht ausschließlich Befugnisse, sondern auch zugleich bestimmte Verpflichtungen. Die öffentlichen Befugnisse würden in der Weise ausgeübt werden müssen, wie sie nach dem Bedürfnisse der Gesamtheit ausgeübt sein wollen.[326] Individualrechte bestehen nur dann, wenn eine stete und geregelte Ausübung die Anknüpfung an eine bestimmte Person erforderlich mache; die sonstigen allgemeinen Regeln können nur die Grundlage sein, aus welcher im einzelnen Falle Individualrechte hervorgehen können.[327] Von allen staatsrechtlichen Befugnissen der Untertanen können lediglich das politische Wahlrecht und das Recht, Mitglied einer Ständeversammlung zu sein — sofern diese als Individualrechte ausgestaltet seien — unmittelbare Wirkung haben.[328] Eine solche Einschränkung der subjektiven Rechte ist durch ihre Geltung im öffentlichen Recht zu erklären. Nur im Privatrecht stehen subjektive Rechte dem Einzelnen ausschließlich zu seinem persönlichen Nutzen zu. Denn das Privatrecht hatte sich zur Wahrung einer staatsfreien Sphäre des Einzelnen vom öffentlichen Recht abgespalten.[329] Anders im öffentlichen Recht: Das gesamte öffentliche Recht dient dem Schutz der Gemeinschaft. Nur bei einem spezifischen Grund für das Bestehen eines Individualrechts kann ein subjektives Recht im Bereich des öffentlichen Rechts entstehen.

Neu war die systematische Gleichbehandlung der Herrscherrechte und der Rechte des Einzelnen. Gerber behandelte sie als gleichrangig und benutzte auch gleiche Bezeichnungen. Zudem war Gerber der erste, der das öffentliche Recht — im Gegensatz zur Reichspublizistik und Policeywissenschaft — streng juristisch darstellte.[330] Insofern ist die Beurteilung richtig, daß die dogmatische Geschichte der subjektiven öffentlichen Rechte mit Gerber begann.[331] Auch in seinem Werk „Grundzüge

---

jektiven öffentlichen Rechts, FS für Badura, S. 995 - 1007.

[325] *Gerber*, Über öffentliche Rechte, S. 25 f.

[326] *Gerber*, Über öffentliche Rechte, S. 26.

[327] *Gerber*, Über öffentliche Rechte, S. 27 f.

[328] *Gerber*, Über öffentliche Rechte, S. 82.

[329] Teil 2. A. II. 3.

[330] Teil 2., B. I. 3.

[331] *Stolleis*, Geschichte des öffentlichen Rechts in Deutschland, Bd. 2, S. 373.

eines Systems des Deutschen Staatsrechts" ging Gerber auf die subjektiven öffentlichen Rechte ein.[332]

F. F. Mayer ging im „Verwaltungsrecht" von dem Subjekt der Verwaltung aus, also dem Einzelnen oder der Körperschaft und nennt deren rechtliche Berechtigungen und Pflichten. Damit stand auch das subjektive öffentliche Recht im Mittelpunkt seiner Betrachtungen.[333] Bereits in „Grundzüge des Verwaltungs-Rechts und-Rechtsverfahrens" setzte er ein rechtliches Interesse mit einem öffentlichen Recht im subjektiven Sinn gleich.[334] Otto von Sarwey erkannte grundsätzlich die Existenz von subjektiven öffentlichen Rechten an und definierte sie als ein rechtlich geschütztes Interesse.[335] Karl Freiherr von Stengel stellte zwar keine eigenen neuen Erkenntnisse dar,[336] ging in der Einleitung auf das subjektive öffentliche Recht ein, erläuterte dieses jedoch nicht näher.[337] Auch Loening befürwortete die Rechtsfigur des subjektiven öffentlichen Rechts.[338] Er meinte, die subjektiven öffentlichen Rechte des Einzelnen, wie Reise-, Presse- und Vereinsfreiheit, seien nur Ausprägungen des Rechts der Persönlichkeit, der Freiheit.[339] Auch G. Meyer erkannte subjektive Rechte des Einzelnen an, wie die Unverletzlichkeit der Wohnung oder die Freiheit der persönlichen und wirtschaftlichen Betätigung.[340] Demgegenüber war Bornhak der Überzeugung, daß es keine subjektiven Rechte des Individuums gegen den Staat geben könne, weil der Staat als Schöpfer der Rechtsordnung dieser übergeordnet und an diese nicht gebunden sei.[341]

---

[332] *Gerber*, Grundzüge eines Systems des Deutschen Staatsrechts, S. 16.

[333] *F. F. Mayer*, Grundsätze des Verwaltungs-Rechts, S. 23 f., 420 - 428, 438 - 446; vgl. dazu *Dennewitz*, Die Systeme des Verwaltungsrechts, S. 193; *Ishikawa*, Friedrich Franz von Mayer, S. 77.

[334] *F. F. Mayer*, Grundzüge des Verwaltungs-Rechts und-Rechtsverfahrens, S. 11.

[335] *Sarwey*, Allgemeines Verwaltungsrecht, S. 120.

[336] *Dennewitz*, Die Systeme des Verwaltungsrechts, S. 116.

[337] *Von Stengel*, Lehrbuch, des Deutschen Verwaltungsrechts, S. 31 - 48.

[338] *Loening*, Lehrbuch des Deutschen Verwaltungsrechts, S. 8, 18.

[339] *Loening*, Lehrbuch des Deutschen Verwaltungsrechts, S. 12.

[340] *G. Meyer*, Lehrbuch des Deutschen Staatsrechts, S. 17 f., Beispiele S. 565-577, insbesondere S. 566, 568 f.

[341] *Bornhak*, Preußisches Staatsrecht, Bd. 1, S. 268 f.; vgl. dazu *H. Bauer*, Geschichtliche Grundlagen der Lehre vom subjektiven öffentlichen Recht, S. 66 f.

Otto Mayer erkannte grundsätzlich subjektive öffentliche Rechte der Untertanen an; diese seien die Macht über die öffentliche Gewalt, die einem Untertanen zustehe, „um seines eigenen Vorteils willen".[342] Die den Vorbehalt des Gesetzes statuierenden Freiheitsrechte[343] seien keine subjektiven öffentlichen Rechte im eigentlichen Sinne, weil die Willensmacht fehle.[344] Der Anspruch auf Freiheit, auf Nichtstattfinden der öffentlichen Gewalt sei mangels Gegenstand keine Macht über die öffentliche Gewalt.[345] Demgegenüber erkannte Otto Mayer Mitwirkungsrechte als subjektive öffentliche Rechte an.[346] Daneben bildete er die Kategorie der abgesonderten öffentlichen Rechte, die nur zum Vorteil des Berechtigten bestehen und frei zu seiner Verfügung stehen würden, so beispielsweise die Enteignungsentschädigungen, Zeugengebühren, Beamtengehälter, Erstattung zuviel erhobener Steuern etc..[347] Georg Jellinek kritisierte Otto Mayers Auffassung, daß ein subjektives öffentliches Recht dem Einzelnen eine Macht über den Staat gebe.[348] Dieses liefe in letzter Konsequenz auf eine Negation des Staates hinaus.[349] Die subjektiven öffentlichen Rechte seien „vom Staate gewährt, von ihm anerkannt oder geschaffen" und

---

[342] *O. Mayer*, Deutsches Verwaltungsrecht, 3. Aufl., 1924, Bd. 1, S. 106 f.; noch nicht so präzise *O. Mayer*, Deutsches Verwaltungsrecht, Bd. 1, 1. Aufl., S. 110 f.; eng begrenzt erkannte er schon vorher subjektive Rechte des Einzelnen im Bereich des öffentlichen Rechts an, *O. Mayer*, Theorie des Französischen Verwaltungsrechts, S. 157 - 159.

[343] *O. Mayer*, Deutsches Verwaltungsrecht, 3. Aufl., 1924, Bd. 1, S. 107.

[344] *O. Mayer*, Deutsches Verwaltungsrecht, 3. Aufl., 1924, Bd. 1, S. 108.

[345] *O. Mayer*, Deutsches Verwaltungsrecht, 1. Aufl., S. 109, 3. Aufl., 1924, Bd. 1, S. 106 - 108.

[346] *O. Mayer*, Deutsches Verwaltungsrecht, 3. Aufl., 1924, Bd. 1, S. 108 f.; durch diesen Begriff wurde die Funktion des Einzelnen zur Wahrung der objektiven Rechtsordnung deutlich, die Otto Mayer annahm, vgl. dazu *Schmidt-De Caluwe*, Der Verwaltungsakt in der Lehre Otto Mayers, S. 164; weshalb die subjektiven öffentlichen Rechte auch nicht im Widerspruch zum Staat stehen, vgl. *Schmidt-De Caluwe*, Der Verwaltungsakt in der Lehre Otto Mayers, S. 171; Kritik an Otto Mayer und insbesondere der Rechtsfigur der „Mitwirkungsrechte" bei *Schmidt-De Caluwe*, Der Verwaltungsakt in der Lehre Otto Mayers, S. 180 - 183, 187.

[347] *O. Mayer*, Deutsches Verwaltungsrecht, 3. Aufl., 1924, Bd. 1, S. 111 f.

[348] *G. Jellinek*, Besprechung von Otto Mayer, Deutsches Verwaltungsrecht, VerwArch 5 (1897), S. 304 (307).

[349] *G. Jellinek*, Besprechung von Otto Mayer, Deutsches Verwaltungsrecht, VerwArch 5 (1897), S. 304 (308).

geben dem Einzelnen keine Macht über den Staat.[350] Georg Jellinek behandelte schwerpunktmäßig die subjektiven öffentlichen Rechte des Individuums gegen den Staat, obwohl er auch recht ausführlich auf die subjektiven öffentlichen Rechten des Staates einging.[351] Die Gleichsetzung der Systematik beider Arten von subjektiven öffentlichen Rechten wirkt unsystematisch, weil sowohl Entstehung als auch Abgrenzung der subjektiven öffentlichen Rechte des Staates und des Einzelnen unterschiedlich waren.

Demgegenüber verzichtete Bühler weitgehend auf die Darstellung der subjektiven öffentlichen Rechte des Staates. Mit dem subjektiven öffentlichen Rechten seien in aller Regel nur die subjektiven öffentlichen Rechte des Einzelnen gemeint.[352] Ottmar Bühler definierte das subjektive öffentliche Recht des Einzelnen folgendermaßen: „Ein Rechtssatz bringt subjektive öffentliche Rechte für den Untertanen dann und nur dann zur Entstehung, wenn er 1. zwingenden Charakter trägt, d.h. das freie Ermessen ausschließt, 2. zugunsten bestimmter Personen oder Personenkreise, zur Befriedigung ihrer Individualinteressen und nicht nur im Interesse der Allgemeinheit erlassen ist, und wenn er 3. im Interesse dieser Personen mit der Wirkung erlassen ist, daß sie sich auf ihn sollen berufen, mittels desselben ein bestimmtes Verhalten von der Verwaltungsbehörde sollen herbeiführen können."[353] Dabei seien aber weder Vollstreckbarkeit noch Klagbarkeit eine notwendige Voraussetzung.[354] Dieses von der Literatur teilweise verwendete Kriterium sei untauglich, wenn das subjektive öffentliche Recht seinerseits die Kompetenz der Verwaltungsgerichte bestimme.[355] Bühler ging bei seiner Definition von der — zu seiner Zeit vorherrschend werdenden — Interessenjurisprudenz aus, indem er auf das Interesse abstellte.[356]

---

[350] *G. Jellinek*, Besprechung von Otto Mayer, Deutsches Verwaltungsrecht, VerwArch 5 (1897), S. 304 (307).

[351] *G. Jellinek*, System der subjektiven öffentlichen Rechte, insbesondere S. 193 - 329.

[352] *Bühler*, Die subjektiven öffentlichen Rechte, S. 6 f.

[353] *Bühler*, Die subjektiven öffentlichen Rechte, S. 21.

[354] *Bühler*, Die subjektiven öffentlichen Rechte, S. 11; ebenso *Kormann*, Grundzüge eines allgemeinen Teils des öffentlichen Rechts, Annalen des Deutschen Reiches 1911, 904 (917).

[355] *Bühler*, Die subjektiven öffentlichen Rechte, S. 12.

[356] *König*, Drittschutz, S. 183.

Gieses Definition des subjektiven (öffentlichen) Rechts war etwas anders: „Unter einem subjektiven Recht verstehen wir diejenige Rechtslage, welche von der objektiven Rechtsordnung dadurch geschaffen wird, dass sie im Interesse einer bestimmten Person eine ein Gut derselben schützende und seinen Genuss sichernde Rechtsnorm setzt, sofern sie der so geschützten Person gleichzeitig die ausschließliche Willensmacht bzw. Befugnis verleiht, im Falle der Verletzung dieser Rechtsnorm den darin enthaltenen Imperativ aus eigener Initiative auszulösen und dem Verpflichteten gegenüber durchzusetzen."[357] Durch das Erfordernis der ausschließlichen Willensmacht war diese Definition eng gefaßt.

Das subjektive öffentliche Recht des Einzelnen wurde im Laufe der Zeit anerkannt und wissenschaftlich bearbeitet. Die Zunahme der Bedeutung verlief parallel mit der Abnahme der Bedeutung der subjektiven Rechte des Monarchen beziehungsweise des Staates. So schrieb bereits Bühler, daß mit dem subjektiven öffentlichen Recht meistens nur die des Einzelnen gemeint seien.[358] Daß die subjektiven öffentlichen Rechte des Einzelnen zunehmend anerkannt wurden, zeigt sich auch an den Versuchen, die Voraussetzungen dieser Rechtsfigur zu definieren.

2. *Die Kriterien des Schutzes der Interessen des Einzelnen und der Durchsetzbarkeit zur Abgrenzung von Rechten und Reflexen*

Die Abgrenzung zwischen subjektiven öffentlichen Rechten und reinen Reflexen, die gerade keine Rechte des Einzelnen waren, wurde als wesentliche Voraussetzung für das subjektive öffentliche Recht angesehen.

Die Erforderlichkeit einer Abgrenzung wurde aus dem Privatrecht übernommen. So bezeichnete bereits Ihering Reflexwirkungen als geschützte Interessen, die keine Rechte seien.[359] Diese Abgrenzung wollte er aber auf das Privatrecht beschränken.[360] Bereits F. F. Mayer grenzte die Rechte von den Interessen ab, und unterschied so zwischen Rechten und Reflexen.[361] Nach Georg Jellinek sei das subjektive öffentliche Recht von

---

[357] *Giese*, Die Grundrechte, S. 70, im Original gesperrt gedruckt.

[358] *Bühler*, Die subjektiven öffentlichen Rechte, S. 6 f.

[359] *Jhering*, Geist des römischen Rechts, 3. Teil, S. 351.

[360] *Jhering*, Geist des römischen Rechts, 3. Teil, S. 352; vgl. dazu *Henke*, Das subjektive öffentliche Recht, S. 35 f.

[361] *F. F. Mayer*, Grundzüge des Verwaltungs-Rechts und-Rechtsverfahrens, S. 61 f.; vgl. dazu *Ishikawa*, Friedrich Franz von Mayer, S. 101.

den Reflexen abzugrenzen, die dem objektiven öffentlichen Recht angehören.[362] Nur bei einer von der Rechtsordnung beabsichtigten Erweiterung der Rechtssphäre bestehe ein subjektives öffentliches Recht.[363] Formelle positive Ansprüche würden sich durch die Gewährung eines individualisierten Rechtsschutzanspruches auszeichnen,[364] materielle durch die Anerkennung eines Individualinteresses.[365] Bei den letzteren könne die Abgrenzung außerordentlich schwierig sein.[366] Subjektive Rechte können nur bei rechtlich anerkannter Willensmacht bestehen.[367] Dazu könne aber auch ein minderer Schutz als die staatliche Exekution zur Rechtsverwirklichung ausreichen.[368] Aus dem nicht vollständig entwickelten Rechtsschutz dürfe nicht auf das Fehlen von Individualansprüchen geschlossen werden.[369] Giese lobte G. Jellineks Abgrenzung von Recht und Reflex.[370] Ottmar Bühler sah dieses anders: Zunächst bezeichnete er die Unterscheidung zwischen subjektivem Recht und Interesse als wesentliche, die Eigentümlichkeiten besonders herausstellende Besonderheit. Die Ansicht, eine ausschließlich formelle Abgrenzung durchzuführen und dabei auf die verwaltungsgerichtlichen Rechtsschutzmöglichkeiten abzustellen, wie dieses beispielsweise Georg Jellinek vertrat, bewirke einen Zirkelschluß, weil Voraussetzung für den Rechtsschutz gerade das Vorliegen eines subjektiven öffentlichen Rechtes sei.[371] Eine Unterscheidung sei nur nach einem inneren Merkmal, also materiell möglich,[372] dabei sei entscheidend, ob der Einzelne den Anspruch geltend machen können solle.[373] Allerdings komme es nicht auf die Gesetzesformulierung an,[374] es müsse nicht explizit

---

[362] *G. Jellinek*, System der subjektiven öffentlichen Rechte, S. 68.

[363] *G. Jellinek*, System der subjektiven öffentlichen Rechte, S. 69 f.

[364] *G. Jellinek*, System der subjektiven öffentlichen Rechte, S. 70, 119.

[365] *G. Jellinek*, System der subjektiven öffentlichen Rechte, S. 70.

[366] *G. Jellinek*, System der subjektiven öffentlichen Rechte, S. 71.

[367] *G. Jellinek*, System der subjektiven öffentlichen Rechte, S. 349.

[368] *G. Jellinek*, System der subjektiven öffentlichen Rechte, S. 350.

[369] *G. Jellinek*, System der subjektiven öffentlichen Rechte, S. 351.

[370] *Giese*, Die Grundrechte, S. 67.

[371] *Bühler*, Die subjektiven öffentlichen Rechte, S. 18, 12.

[372] *Bühler*, Die subjektiven öffentlichen Rechte, S. 18.

[373] *Bühler*, Die subjektiven öffentlichen Rechte, S. 19.

[374] *Bühler*, Die subjektiven öffentlichen Rechte, S. 55.

die Berechtigung festgeschrieben sein, außer wenn das Gesetz einen Anspruch auf ein Verhalten der Verwaltung gegenüber Dritten begründen solle.[375] Fleiner hielt die Abgrenzung für sehr problematisch. Subjektive Rechte und Reflexe des objektiven Rechts würden sich nicht durch äußere Merkmale unterscheiden.[376] Von Stengel lehnte die Unterscheidung zwischen Recht und Reflex ab, weil der Begriff des subjektiven öffentlichen Rechts nicht davon abhängig gemacht werden könne, ob das Interesse der Gesamtheit oder nur das eines Einzelnen betroffen sei.[377] Dieses versuchte er — nicht sehr überzeugend — mit einem Vergleich zum Familienrecht zu begründen.[378]

Die Abgrenzung von subjektiven Rechten und Reflexen war für das öffentliche Recht wesentlich. Im Privatrecht sollte jede Pflicht auf der anderen Seite des Rechtsverhältnisses einen Anspruch begründen. Im öffentlichen Recht war jedoch eine andere Bewertung geboten: Weil viele Normen ausschließlich im öffentlichen Interesse erlassen wurden, sollten aus Pflichten nicht immer Ansprüche von Bürgern folgen. Nur wenn die Norm zumindest auch den Interessen des Einzelnen dienen sollte und sich dieser auf die Norm berufen können sollte — so die Definition von Bühler — , folgte aus einer Pflicht auch ein Anspruch. Das Problem bestand in der Abgrenzung, weil keine klaren Kriterien zur Bestimmung des Individualschutzes bestanden. Daneben war die Bestimmung des — von Bühler so benannten — Kriteriums der Rechtsmacht umstritten. Wenn man — wie beispielsweise G. Jellinek — nur formell auf die Zulässigkeit einer Klage oder eines Rechtsbehelfes abstellte, bestanden Probleme, weil Klagevoraussetzung oft das Bestehen eines subjektiven öffentlichen Rechtes war. Insofern bestand ein Zirkelschluß: Die Rechtsfolge wurde zur Voraussetzung gemacht. Grenzte man die Rechtsmacht materiell ab, stellte sich dasselbe Problem wie bei der Bestimmung des Individualschutzes. Die Kriterien, an denen die Einräumung einer Rechtsmacht festgestellt werden sollte, waren äußerst unbestimmt.

---

375 *Bühler*, Die subjektiven öffentlichen Rechte, S. 51 f.

376 *Fleiner*, Institutionen des Deutschen Verwaltungsrechts, 3. Aufl., S. 166.

377 *Von Stengel*, Die Verwaltungsgerichtsbarkeit und die öffentlichen Rechte, VerwArch 3 (1895), S. 177 (199).

378 *Von Stengel*, Die Verwaltungsgerichtsbarkeit und die öffentlichen Rechte, VerwArch 3 (1895), S. 177 (200).

3. *Das Kriterium des zwingenden Rechtssatzes zum Ausschluß eines subjektiven öffentlichen Rechts bei Ermessen*

Problematisch war des weiteren, ob bei einer Norm, die den Behörden einen Ermessensspielraum einräumte, ein subjektives öffentliches Recht bestehen konnte. Durch das Ermessen wurde eine behördliche Handlungspflicht vermindert, und das Recht, von der Verwaltung diese Handlung zu verlangen, eingeschränkt. Deshalb sollte Ermessen nicht oder nur sehr begrenzt gerichtlich überprüfbar sein.[379] Daneben war die Abgrenzung des Ermessens von den unbestimmten Rechtsbegriffen sowie anderen nicht feststehend definierten Begriffen noch unklar. Gerade wenn das Ermessen das subjektive öffentliche Recht ausschließen sollte, war fraglich, ob die ähnlichen Erscheinungen, wie beispielsweise die unbestimmten Rechtsbegriffe, dieselbe Wirkung haben sollten, oder wie sie gegebenfalls vom Ermessen abzugrenzen waren. Weil gerade bei den Maßbestimmungen besondere Mißbrauchsgefahren gegeben seien, befürwortete Gneist nicht nur eine Prüfung der Gesetzmäßigkeit des Verwaltungshandelns, sondern auch eine Überprüfung der unbestimmten Rechtsbegriffe, sowie der Grenzen des Ermessens.[380] Demgegenüber befürwortete Bähr eine reine Rechtskontrolle, die die unbestimmten Rechtsbegriffe nur teilweise und auch nur die äußersten Grenzen des Ermessens erfassen solle.[381] Bei einer Maßbestimmung oder der Zweckmäßigkeit eines Verwaltungsaktes bestand nach Sarwey kein subjektives öffentliches Recht; eine administrative Klage dagegen widerspreche der Aufgabe der Rechtsprechung.[382] Um eine Klage bei Ermessensvorschriften auszuschließen, wurde ein subjektives öffentliches Recht regelmäßig nur dann angenommen, wenn die interessenschützenden Gesetze keinen Ermessensspielraum besaßen. Auch Bühler schloß durch das Kriterium des zwingenden Charakters von Rechtsnormen das subjektive öffentliche Recht bei Ermessen aus.[383] Ähnlich sollte auch die Verletzung von zur Ausfüllung des Ermessens erlassenen Dienstvorschriften kein subjektives öffentliches

---

[379] Teil 2, A. II. 5.

[380] Teil 2, A. II. 5. a).

[381] Teil 2, A. II. 5. b).

[382] *Sarwey*, Allgemeines Verwaltungsrecht, S. 152 f.

[383] *Bühler*, Die subjektiven öffentlichen Rechte, S. 21; vgl. die Definition in Teil 2. B. IV. 1.

Recht begründen, weil die Dienstanweisung kein zwingender Rechtssatz sei, auf den sich ein Verwaltungsexterner berufen könne.[384] Trotzdem nahm Bühler einen „Anspruch auf richtige Ausübung des freien Ermessens" an.[385] Dieses sei lediglich ein formelles Recht auf Einhaltung des Verfahrens, insbesondere der Beachtung von Gründen und Gegengründen, führe aber nicht zu einer materiellen Überprüfung der Entscheidung der Behörde.[386] Insofern kam er zu einer Überprüfung der Ermessensausübung durch die Verwaltung, obwohl insoweit gerade kein subjektives öffentliches Recht gegeben war, das eine gerichtliche Überprüfung ermöglicht hätte. Anders als beim Ermessen ging Bühler von einer gerichtlichen Überprüfbarkeit der unbestimmten Rechtsbegriffe aus; diese schließen den Charakter eines Gesetzes als zwingenden Rechtssatz nicht aus.[387] Fleiner behandelte zwar sowohl das Ermessen, als auch das subjektive öffentliche Recht ausführlich, ging jedoch nicht auf das Verhältnis der beiden Rechtsfiguren zueinander ein.[388]

Möglicherweise wurde das Problem der Überprüfbarkeit von Ermessen erst durch den Einfluß der Verwaltungsgerichtsbarkeit erkannt. Bei dieser war in der Regel die Überprüfung von Ermessen ausgeschlossen.[389] Ohne gerichtliche Überprüfungsmöglichkeit sollte oftmals keine Rechtsmacht bestehen, die von der herrschenden Lehre als Voraussetzung für das Vorliegen eines subjektiven öffentlichen Rechts angesehen wurde. Demgegenüber erkannte Bühler, daß die Rechtsmacht nicht mit einer gerichtlichen Klagbarkeit gleichgesetzt werden durfte. Weil das subjektive öffentliche Recht Klagevoraussetzung sei, sei sonst ein Zirkelschluß gegeben.[390] Deshalb legte Bühler besonderen Wert auf die richtige Auslegung des Begriffs des zwingenden Rechtssatzes. Durch die Anerkennung dieses

[384] *Bühler*, Die subjektiven öffentlichen Rechte, S. 23, auch S. 24, Fn. 39.

[385] *Bühler*, Die subjektiven öffentlichen Rechte, S. 162, 219.

[386] *Bühler*, Die subjektiven öffentlichen Rechte, S. 219 f.

[387] *Bühler*, Die subjektiven öffentlichen Rechte, S. 28 f.

[388] *Fleiner*, Institutionen des Deutschen Verwaltungsrechts, 3. Aufl., Ermessen: S. 132 - 136, 244 f., subjektive öffentliche Rechte: S. 162 - 170.

[389] Vgl. zur die Rechtslage im Einzelnen:: Teil 2, C, I. 2 a) und b), bb); Teil 2, C. II. 1. 2. a) und b), aa); Teil 2, C. III. 1., 2. b) aa); Teil 2, C. IV. 1., 2. a) und b) aa); Teil 2, C. V. 2. a) und b), aa).

[390] Teil 2, B. IV. 2.

Kriteriums erzielte er einen Ausschluß des subjektiven öffentlichen Rechts bei Normen, die ein Ermessen einräumen.

4. Grundrechte

Ob Grundrechte subjektive öffentliche Rechte sind, war lange Zeit umstritten:[391] Daß die in den Landesverfassungen gewährten Grundrechte als subjektive öffentliche Rechte des Einzelnen anzusehen sei, wurde vielfach abgelehnt. Nach Gerber seien die „sogenannten Volksrechte" (Grundrechte) lediglich negative Rechte und „nur Negationen und Zurückweisungen der Staatsgewalt in die Gränzen der Befugnisse", nur „objektive, abstrakte Rechtssätze über die Ausübung der Staatsgewalt".[392] Die Festsetzung an sich sei noch kein öffentliches Recht, diese könne aber „unter Voraussetzung eines bestimmten Tatbestandes eine Berechtigung (ein Recht im subjektiven Sinne)" erzeugen.[393] Auch später erkannte er die „Volksrechte" nicht als subjektive öffentliche Rechte an.[394] Ähnlich sah Haenel Grundrechte nicht als subjektive Rechte des Individuums, sondern nur als Schranken der Staatsgewalt an.[395] Auch für Laband waren die Grundrechte lediglich Schranken der Staatsgewalt und — mangels Objekt — kein subjektives Recht des Einzelnen.[396] Nach Anschütz sei bei den Grundrechten zu differenzieren: Einige Grundrechte wenden sich ausschließlich an den Gesetzgeber,[397] andere seien vollständig objektives Recht.[398] Nur wenige Grundrechte seien subjektive Rechte; diese im geben wesentlichen Ansprüche auf Unterlassung, woraus der Grundsatz der Gesetzmäßigkeit der Verwaltung folge.[399]

---

[391] Vgl. dazu *Giese*, Die Grundrechte; *Stolleis*, Geschichte des öffentlichen Rechts in Deutschland, Zweiter Band, S. 371 - 376.

[392] *Gerber*, Über öffentliche Rechte, S. 63 f.

[393] *Gerber*, Über öffentliche Rechte, S. 65 f.

[394] *Gerber*, Grundzüge eines Systems des Deutschen Staatsrechts, S. 31 f.

[395] *Haenel*, Deutsches Staatsrecht, Bd. 1, S. 356 f.; vgl. dazu *Giese*, Die Grundrechte, S. 29.

[396] *Laband*, Das Staatsrecht des Deutschen Reiches, S. 150 f.; vgl. *Bühler*, Die subjektiven öffentlichen Rechte, S. 61, Fn. 78; *Giese*, Die Grundrechte, S. 27; *Stolleis*, Geschichte des öffentlichen Rechts in Deutschland, Zweiter Band, S. 373.

[397] *Anschütz*, Die Verfassungs-Urkunde für den Preußischen Staat, S. 94 f.

[398] *Anschütz*, Die Verfassungs-Urkunde für den Preußischen Staat, S. 95.

[399] *Anschütz*, Die Verfassungs-Urkunde für den Preußischen Staat, S. 97.

Für Bornhak konnten auch die Grundrechte keine subjektiven Rechte des Individuums gegen den Staat sein.[400] Er beurteilte auch sonst die Grundrechte äußerst gering: Die wenigsten Grundrechte seien geltendes Recht,[401] und sie gehören — entgegen ihrer Einordnung in die Verfassung — dem Verwaltungsrecht an.[402] Otto von Sarwey behandelte die Grundrechte nur aus verfassungsrechtlicher Sichtweise und ging dabei nicht auf subjektive öffentliche Rechte des Einzelnen ein.[403] Die Grundrechte waren für ihn nur Verwaltungsrechtsnormen, bzw. Direktiven für die Gesetzgebung, sie haben jedoch keine unmittelbare Wirkung.[404] Giese begründete mit verschiedenen Argumenten, daß die Grundrechte keine subjektiven öffentlichen Rechte seien: Sie stehen nicht zur freien Verfügung des Begünstigten, weil auch der Staat bei Verletzung tätig werden könne.[405] Außerdem seien die Grundrechte nach Giese zu allgemein und nur skizzenhaft formuliert. Zudem bestehen keine Institutionen, an die sich der Einzelne zur Beseitigung einer Rechtsverletzung wenden könne. Erst die Spezialgesetzgebung habe konkrete Rechtssätze und — insbesondere mit Einführung der Verwaltungsgerichtsbarkeit — auch Verfahren zu ihrer Durchsetzung gegenüber den Behörden geschaffen.[406] Die Grundrechte seien dadurch aber grundsätzlich nicht zu subjektiven Rechten geworden.[407] Nur vereinzelt seien Grundrechte durch die Einführung der Verwaltungsgerichtsbarkeit durchsetzbar geworden, grundsätzlich liege dieses aber nicht in der Kompetenz der Verwaltungsgerichte.[408] Grundrechte waren für Giese keine subjektiven öffentlichen Rechte, sondern sie stellen nur die staatliche Anerkennung einer Freiheitssphäre dar, die für das

---

[400] *Bornhak*, Preußisches Staatsrecht, Bd. 1, S. 276.

[401] *Bornhak*, Preußisches Staatsrecht, Bd. 1, S. 278 f.

[402] *Bornhak*, Preußisches Staatsrecht, Bd. 1, S. 279.

[403] *Sarwey*, Allgemeines Verwaltungsrecht, S. 120; vgl. dazu *Dennewitz*, Die Systeme des Verwaltungsrechts, S. 115; vgl. zu Sarweys Position zum subjektiven öffentlichen Recht auch unter Teil 2, A. II. 5. c).

[404] *Sarwey*, Allgemeines Verwaltungsrecht, S. 120.

[405] *Giese*, Die Grundrechte, S. 72 f.; teilweise greift Giese dabei auf seine Definition des subjektiven öffentlichen Rechts zurück, vgl. Teil 2, B. IV. 1.

[406] *Giese*, Die Grundrechte, S. 73.

[407] *Giese*, Die Grundrechte, S. 73.

[408] *Giese*, Die Grundrechte, S. 74.

Verwaltungshandeln beachtlich sei.[409] Nach Otto Mayer seien die den Vorbehalt des Gesetzes statuierenden Freiheitsrechte keine subjektiven öffentlichen Rechte im eigentlichen Sinne, weil es mangels Gegenstand keinen Anspruch auf Nichtstattfinden der öffentlichen Gewalt geben könne.[410]

Andererseits gab es auch Meinungen, die Grundrechte als subjektive öffentliche Rechte der Bürger anerkannten. So ging Georg Meyer davon aus, daß die Staatsherrschaft dem Einzelnen nicht nur Pflichten, sondern auch Rechte auferlege.[411] Für Gierke begründen Grundrechte eine staatsfreie Sphäre des Einzelnen und seien positive Rechte auf Unterlassung.[412] Auch für Loening seien Grundrechte subjektive öffentliche Rechte.[413] Nach Georg Jellinek vermittelen die Grundrechte keine Ansprüche gegen Gesetzgebung, Gerichte und Verwaltung. Aber bei Aufhebung der diese beschränkenden Normen können sie, sofern sie nicht konkreter gesetzlicher Ausgestaltung bedürften, sofort unmittelbar wirken, sofern sie nur Freiheiten schützen.[414] Ottmar Bühler stellte fest, daß die Grundrechte regelmäßig einen Anspruch auf Unterlassung geben und untersuchte die rechtliche Möglichkeit eines solchen Rechtes gegen den Staat.[415]

Die Grundrechte waren nicht allgemein als subjektive öffentliche Rechte anerkannt. Sie sollten in bestimmten Bereichen einen Gesetzesvorbehalt schaffen, in die die Exekutive nur aufgrund Gesetzes eingreifen durfte.

---

[409] *Giese*, Die Grundrechte, S. 76; die Ausführungen Gieses stehen in einem gewissen Widerspruch zu der — von Giese selbst gelobten — Unterscheidung G. Jellineks zwischen subjektivem öffentlichen Recht und Reflexrecht. Für G. Jellinek ist nur entscheidend, daß das Individuum diese Norm in seinem Interesse geltend machen kann. Giese geht jedoch davon aus, daß ausschließlich der Einzelne die Rechte geltend machen können muß. Davon spricht Jellinek gerade nicht, vgl. Teil 2, B. IV. 2.

[410] *O. Mayer*, Deutsches Verwaltungsrecht, 3. Aufl., 1924, Bd. 1, S. 106 - 108; ähnlich *O. Mayer*, Deutsches Verwaltungsrecht, Bd. 1, 1. Aufl., S. 109.

[411] *G. Meyer*, Lehrbuch des Deutschen Staatsrechts, § 213, S. 560; vgl. dazu *Giese*, Die Grundrechte, S. 37.

[412] *Gierke*, Labands Staatsrecht und die deutsche Rechtswissenschaft, Schmollers Jahrbuch für Gesetzgebung, Verwaltung und Volkswirtschaft im Deutschen Reich n.F. 7 (1883); 1097 - 1195, (1133 f.); vgl. *Stolleis*, Geschichte des öffentlichen Rechts in Deutschland, Zweiter Band, S. 373; *Giese*, Die Grundrechte, S. 41.

[413] *Loening*, Lehrbuch des Deutschen Verwaltungsrechts, S. 12 f.; vgl. dazu *Giese*, Die Grundrechte, S. 41.

[414] *G. Jellinek*, System der subjektiven öffentlichen Rechte, S. 97.

[415] *Bühler*, Die subjektiven öffentlichen Rechte, S. 63 f.

Nur diese Funktion als Schranke der Staatsgewalt war anerkannt. Weil ihnen ohnehin regelmäßig die prozessuale Durchsetzbarkeit fehlte, war der Streit über ihre Rechtsnatur nicht praktisch relevant. Das einfache Recht konnte die — nicht als höherrangig angesehenen — Grundrechte beschränken, so daß die Beurteilung als subjektives öffentliches Recht keine Verbesserung der Rechtsposition des Einzelnen brachte. Außerdem bestanden Rechtsschutzmöglichkeiten durch die — ab 1863 — in den einzelnen Ländern eingeführte Verwaltungsgerichtsbarkeit bei einer Verletzung eines durch einfaches Recht gewährten subjektiven öffentlichen Rechts. Aus dieser Sicht können die durch einfaches Gesetz gewährten subjektiven öffentlichen Rechte als verkümmertes Fragment der Grundrechtsforderungen ansehen werden.[416]

5. *Gesetzesvorbehalt*

Es soll auf die Frage eingegangen werden, inwieweit der Gesetzesvorbehalt als ein subjektives öffentliches Recht angesehen wurde. G. Jellinek erkannte einen sich aus den gewährten Freiheitsrechten ergebenden Anspruch auf Freiheit von gesetzwidrigem Zwang als einzig wahres Freiheitsrecht an.[417] Nach Bühler schaffe das Prinzip der Gesetzmäßigkeit der Verwaltung eine geschützte Sphäre des Einzelnen gegenüber nicht gesetzlich festgeschriebenen Beschränkungen der natürlichen Handlungsfreiheit.[418] Bei einer Verletzung des Gesetzmäßigkeitsprinzips folge daraus ein Unterlassungsanspruch bzw. ein Anspruch, die geforderte Handlung nicht vollziehen zu müssen,[419] also ein subjektives öffentliches Recht. Auch nach Loening war jede nicht durch einen Rechtssatz zugelassene Verletzung der Freiheit des Einzelnen eine Verletzung eines subjektiven öffentlichen Rechts. Die Freiheit dürfe nur nach den gesetzlichen Voraussetzungen und Formen durch die staatlichen Organe eingeschränkt werden, sonst werde nicht nur das objektive Recht gebrochen, sondern auch das subjek-

---

[416] *Stolleis*, Geschichte des öffentlichen Rechts in Deutschland, Zweiter Band, S. 375.

[417] *G. Jellinek*, System der subjektiven öffentlichen Rechte, S. 103 f.

[418] *Bühler*, Die subjektiven öffentlichen Rechte, S. 131.

[419] *Bühler*, Die subjektiven öffentlichen Rechte, S. 135 f.

tive Recht des Einzelnen verletzt.[420] Auch Anschütz sah die Grundrechte als Ansprüche auf Unterlassung an.[421]

Folge der Anerkennung des Gesetzesvorbehaltes als subjektives öffentliches Recht auf Unterlassung rechtswidriger Eingriffe war, daß bei Eingriffen kein besonderes subjektives öffentliches Recht erforderlich war, sondern sich allgemein auf den Gesetzesvorbehalt berufen werden konnte.[422] Die Adressatentheorie, nach der jeder Adressat eines belastenden Verwaltungsaktes ohne weitere Darlegungen eine Verletzung in einem subjektiven öffentlichen Recht geltend machen konnte, erhielt so ihren theoretischen Hintergrund.

V. Bewertung

Bei der juristischen Methode war die Entwicklung allgemeiner Lehren das vorrangige Erkenntnisinteresse. Diese wurden in einem allgemeinen Teil zusammengefaßt. Die Vertreter der staatswissenschaftlichen Methode übernahmen die Systematik, allgemeingültige Rechtsinstitute in einem allgemeinen Teil zusammenzufassen; dieser war aber nicht so ausgeprägt wie bei den Vertretern der juristischen Methode. Zu diesen allgemeinen Rechtsinstituten, die vorwiegend durch die juristische Methode geschaffen wurden, gehört auch das subjektive öffentliche Recht, wie insbesondere an Gerbers „Über öffentliche Rechte" deutlich wird. Das subjektive öffentliche Recht Gerbers unterscheidet sich von den wohlerworbenen Rechten insbesondere durch die Begrenzung auf das öffentliche Recht und die rechtswissenschaftlich-systematische Bewertung.

Die Ausbildung eines eigenständigen subjektiven öffentlichen Rechtes in Abgrenzung zum subjektiven Privatrecht ist historisch bedingt, weil das subjektive öffentliche Recht gerade zur Trennung des Privatrechts und des öffentlichen Rechts verwendet wurde.

Auch die einheitliche Ausbildung eines subjektiven öffentlichen Rechts gemeinsam für das Staats- und das Verwaltungsrecht hat historische Grün-

---

[420] *Loening,* Lehrbuch des Deutschen Verwaltungsrechts, S. 12.

[421] *Anschütz,* Die Verfassungs-Urkunde für den Preußischen Staat, S. 96.

[422] *H. Bauer,* Geschichtliche Grundlagen der Lehre vom subjektiven öffentlichen Recht, S. 100, der dieses jedoch erst zur Zeit der Weimarer Republik anerkennen will. Daß dieses jedoch bereits im Kaiserreich anerkannt war, zeigt auch die Anerkennung der Adressatentheorie durch die Rechtsprechung, Teil 2, C. I. 2. b) cc); Teil 2, C. IV. 2.

de. Im Zeitpunkt der Entwicklung des subjektiven öffentlichen Rechts hatte sich die Aufspaltung des öffentlichen Rechts noch nicht so weitgehend durchgesetzt, daß für beide Gebiete getrennte subjektive Rechte entstanden wären. Die konkrete Anwendbarkeit auf das Verfassungsrecht war jedoch problematisch, weil die Grundrechte weitgehend nicht als subjektive öffentliche Rechte angesehen wurden. Anerkannt waren die subjektiven öffentlichen Rechte im wesentlichen im Verwaltungsrecht. Hier waren sie von Anfang an Bestandteil eines Allgemeinen Verwaltungsrechts.

Die anfängliche Gleichstellung der subjektiven öffentlichen Rechte des Monarchen bzw. — nach Anerkennung der Rechtspersönlichkeit des Staates — der subjektiven öffentlichen Rechte des Staates mit denen der Untertanen änderte sich: Statt wie ursprünglich den Schwerpunkt bei den subjektiven öffentlichen Rechten des Monarchen beziehungsweise des Staates zu setzen, wurden später die subjektiven öffentlichen Rechte des Einzelnen in den Vordergrund gerückt. Insofern veränderte sich die Zielrichtung der subjektiven öffentlichen Rechte. Statt die Verpflichtung der Untertanen gegenüber dem Staat hervorzuheben, wurden später die Rechte des Einzelnen gegenüber dem Staat betont. Eine Freiheitssphäre des Einzelnen wurde so geschaffen und das Rechtsstaatsprinzip durchgesetzt. Die unterschiedliche Struktur beider Arten subjektiver öffentlicher Rechte ließ ihre gemeinsame Behandlung unsystematisch wirken. Bei den subjektiven öffentlichen Rechten des Einzelnen bestanden spezielle Probleme: Insbesondere die Abgrenzung von Rechten und Reflexen war wichtig, und das Verhältnis von subjektivem öffentlichen Recht und Ermessen war zu klären.

C. Einführung einer Verwaltungsgerichtsbarkeit

Festzustellen ist, welchen Einfluß die Einführung der Verwaltungsgerichtsbarkeit in den Ländern[423] auf die Ausbildung des subjektiven öffentlichen Rechts hatte. Ohne eine Verwaltungsgerichtsbarkeit besaßen die subjektiven öffentlichen Rechte keine praktische Relevanz. Die Errichtung einer gegenüber der ordentlichen Gerichtsbarkeit eigenständigen Verwaltungsgerichtsbarkeit geschah nach dem Vorbild von Gneists. Das justiz-

b) cc); Teil 2, C. V. 2. b) cc).

[423] Einen Überblick über die Errichtung der Verwaltungsgerichte in den einzelnen

staatliche Modell, den Rechtsschutz gegen Maßnahmen der Verwaltung den ordentlichen Gerichten zuzuweisen, konnte sich nicht durchsetzen.[424]

Neben der Frage der Ausbildung des subjektiven öffentlichen Rechts durch die Rechtsprechung soll die Frage geklärt werden, ob die Verwaltungsgerichtsbarkeit in den größten Ländern vorrangig dem Schutz subjektiver Rechte oder der objektiven Rechtmäßigkeitskontrolle diente.[425] Dadurch soll die Bedeutung des subjektiven öffentlichen Rechts im Rahmen des verwaltungsgerichtlichen Rechtsschutzes beurteilt werden. Die Behauptung, daß für das preußische System die Kontrolle der Verwaltung und für das süddeutsche System der Individualrechtsschutz maßgeblich waren,[426] soll überprüft werden.

I. Preußen

1. Überblick über den verwaltungsgerichtlichen Rechtsschutz

Insbesondere mit dem Preußischen Verwaltungsgerichtsgesetz vom 03.07.1875[427] wurde in Preußen begonnen, eine Verwaltungsgerichtsbar-

---

Ländern gibt: *Kohl*, Das Reichsverwaltungsgericht, S. 25 - 40.

424 *Stump*, Preußische Verwaltungsgerichtsbarkeit 1875 - 1914, S. 27 f., der die Ablehnung des justizstaatlichen Modelles auf die Liberalität der Kreisrichter zurückführt.

425 Etwas zu einfach macht es sich in diesem Punkt *G. Jellinek*, System der subjektiven öffentlichen Rechte, S. 80; Zu dem Problem, ob subjektive öffentliche Rechte dem objektiven oder subjektiven Rechtsschutz dienen, sagt er: „Will der Verwaltungskläger Schutz seines Rechtes oder den des staatlichen? Gesunde juristische Erkenntnis kann nur die erste Alternative bejahen." Grundsätzlich erkennt er an, daß die Verwaltungsgerichtsbarkeit vorrangig dem Interesse des Einzelnen, daneben auch dem staatliche Interesse an der Gesetzesverwirklichung dient, *G. Jellinek*, System der subjektiven öffentlichen Rechte, S. 385.

426 *Achterberg*, Strukturen der Geschichte des Verwaltungsrechts und der Verwaltungsrechtswissenschaft, DÖV 1979, 737 (740).

427 Gesetz, betreffend die Verfassung der Verwaltungsgerichte und das Verwaltungsstreitverfahren. Vom 03.07.1875, PrGS 1875, S. 375 - 392; Gesetz, betreffend die Zuständigkeit der Verwaltungsbehörden und der Verwaltungsgerichtsbehörden im Geltungsbereiche der Provinzial-Ordnung vom 26.06.1876. Vom 29.07.1876, PrGS 1876, S. 297 - 344; die Gesetze galten zunächst nur in den fünf östlichen Provinzen, vgl *Stump*, Preußische Verwaltungsgerichtsbarkeit 1875 - 1914, S. 30 f.; ihr Geltungsbereich wurde zwischen 1885 bis 1890 auch auf die anderen Provinzen ausgedehnt, vgl. *Stump*, Preußische Verwaltungsgerichtsbarkeit 1875 - 1914, S. 36, Fn. 92.
Erste Anfänge finden sich bereits in der Kreisordnung für die Provinzen Preußen, Brandenburg, Pommern, Posen, Schlesien und Sachsen. Vom 13.12.1872, PrGS 1872, S. 661 - 714 (§§ 140 - 166, 187 KrO, PrGS 1872, 702 - 707, 711).

keit einzuführen.[428] Nach § 1 des Gesetzes vom 03.07.1875 wurde „die Gerichtsbarkeit in streitigen Verwaltungssachen (...) durch die Verwaltungsgerichte ausgeübt".[429] Diese Norm wurde durch Gesetz vom 02.08.1880 geändert und besagte nun: „Der Entscheidung der Verwaltungsgerichte unterliegen die in den Gesetzen bezeichneten Streitsachen über Ansprüche und Verbindlichkeiten aus dem öffentlichen Recht (streitige Verwaltungssachen)."[430] Dieses stellt — durch die Berufung auf Ansprüche und Verbindlichkeiten — eine Versubjektivierung des Rechtsschutzes dar. Mit Gesetz vom 03.07.1875 wurde das Preußische Oberverwaltungsgericht geschaffen.[431] Dieses war als einzige Instanz völlig unabhängig von den Verwaltungsbehörden.[432]

Nicht alle Verfügungen in Verwaltungssachen konnten mit der Klage im Verwaltungsstreitverfahren angefochten werden. Es gab das Verwaltungsstreitverfahren, ein Beschlußverfahren und die Beschwerde. Die Beschwerde war gemäß § 50 Abs. 2 des Gesetzes über die allgemeine Landesverwaltung (LVG)[433] zulässig, wenn das Verwaltungsstreitverfahren ausgeschlossen und keine gesetzliche Zulassung neben diesem gegeben

---

Änderungen bzw. Neubekanntmachungen brachten folgende Gesetze: Gesetz über die Organisation der allgemeinen Landesverwaltung. Vom 26.07.1880, PrGS 1880, 291 - 314; Gesetz, zur Abänderung und Ergänzung des Gesetzes, betreffend die Verfassung der Verwaltungsgerichte und das Verwaltungsstreitverfahren, vom 3.7.1875 (PrGS 1875, 375) und Einführung desselben in dem gesamten Umfang der Monarchie. Vom 02.08.1880, PrGS 1880, 315 - 327; Gesetz, betreffend die Verwaltungsgerichte und das Verwaltungsstreitverfahren, PrGS 1880, 328 - 348, sowie Gesetz über die allgemeine Landesverwaltung vom 30.07.1883, PrGS 1883, S. 195 - 236; Gesetz über die Zuständigkeit der Verwaltungs- und Verwaltungsgerichtsbehörden vom 01.08.1883, PrGS 1883, S. 237 - 292.

[428] Vgl. zur Einführung einer Verwaltungsgerichtsbarkeit in Preußen *Rüfner*, Die Entwicklung der Verwaltungsgerichtsbarkeit, in: Deutsche Verwaltungsgeschichte, Band. 3, S. 909 (922 - 925); *Stump*, Preußische Verwaltungsgerichtsbarkeit 1875 - 1914, S. 26 - 31; zur Entwicklung von erneut beginnenden justizstaatlichen Tendenzen bis zur Einführung einer Verwaltungsgerichtsbarkeit, *Nowatius*, Die Einführung der Verwaltungsgerichtsbarkeit in Preußen, S. 41 - 141.

[429] Gesetz, betreffend die Verfassung der Verwaltungsgerichte und das Verwaltungsstreitverfahren. Vom 03.07.1875, PrGS 1875, S. 375 (375).

[430] Gesetz vom 02.08.1880 (a.a.O., Fn. 426), PrGS 1880, 315 (315); vgl. dazu *Bühler*, Die subjektiven öffentlichen Rechte, S. 270 f.

[431] §§ 17 - 30 des Gesetzes, betreffend die Verfassung der Verwaltungsgerichte und das Verwaltungsstreitverfahren. Vom 03.07.1875, PrGS 1875, S. 375 (378 - 380).

[432] Vgl. dazu die genaueren Ausführungen bei Teil 2, C. I. 3. e).

war. Das Beschlußverfahren fand vor Behörden statt nach §§ 115 — 126 LVG, das Verwaltungsstreitverfahren vor den Verwaltungsgerichten nach §§ 61 — 114 LVG. Nur das Verwaltungsstreitverfahren kann — wegen der Unabhängigkeit des OVG — als verwaltungsgerichtliche Kontrolle angesehen werden. Beim Beschlußverfahren handelte es sich um eine rein verwaltungsinterne Kontrolle grundsätzlich ohne mündliche Verhandlung gemäß § 119 LVG. Eine strikte organisatorische Trennung dieser beiden Verfahren war auf den unteren Ebenen nicht möglich, weil der Kreisausschuß und seit 1883 auch der Bezirksausschuß in beiden Verfahrensarten zuständig war, nach §§ 4, 7 LVG.[434] Für das Verwaltungsstreitverfahren galt das Enumerativprinzip, eine Klage war also nur aufgrund gesetzlicher Bestimmung zulässig gemäß § 50 Abs. 2 LVG. Solche Regelungen enthielt beispielsweise das Gesetz über die Zuständigkeit der Verwaltungs- und Verwaltungsgerichtsbehörden.[435] Im Gegensatz dazu war gegen polizeiliche Verfügungen eine Klage, wahlweise aber auch die Beschwerde statthaft gemäß §§ 127, 128 LVG.[436] Weil unter den Voraussetzungen der §§ 127, 128 LVG in dem umfangreichen Bereich der polizeilichen Verfügungen eine Klage nur bei einer Rechtsverletzung zulässig war, spricht man von einer partiellen Generalklausel.

Bereits in der Kreisordnung (KrO) von 1872 hatte für die streitigen Verwaltungssachen eine enumerative Aufzählung bestimmter Materien bestanden und daneben nach § 80 eine Generalklausel für Klagen gegen die polizeiliche Androhung und Festsetzung von Geldbußen zur Erzwingung von Handlungen.[437] Weitergehend waren nach §§ 135, 140 KrO von

---

[433] Vom 30.07.1883, PrGS 1883, S. 195 - 236.

[434] Vgl. zu den Unterschieden von Verwaltungsstreitverfahren und Beschlußverfahren: *Stump*, Preußische Verwaltungsgerichtsbarkeit 1875 - 1914, S. 120 - 129.

[435] Vom 01.08.1883, PrGS 1883, S. 237 - 292.

[436] Vgl. dazu *W. Jellinek*, Verwaltungsrecht, 3. Aufl., S. 316; ersetzt wurden die §§ 127 ff. LVG ohne Änderung des LVG durch die §§ 45 - 54 des preußischen Polizeiverwaltungsgesetzes vom 01.06.1931, PrGS 1931, S. 77 (86 f.); vgl. dazu *Rüfner*, Die Entwicklung der Verwaltungsgerichtsbarkeit, in: Deutsche Verwaltungsgeschichte, Band. 4, S. 639 (649).

[437] Kreisordnung für die Provinzen Preußen, Brandenburg, Pommern, Posen, Schlesien und Sachsen, vom 13.12.1872, PrGS 1872, S. 661 (681). Zuständig für diese Berufung war nach § 80 Abs. 3 KrO der Kreisausschuß beziehungsweise das Verwaltungsgericht. Der Kreisausschuß setzte sich nach § 131 Abs. 1 KrO zusammen aus dem Landrat, sowie sechs Mitgliedern, die von der Kreisversammlung aus der Zahl der Kreisange-

1876 bestimmte Verwaltungsangelegenheiten als Verwaltungsstreitsachen enumerativ zugewiesen, vgl. §§ 40 — 164, und nach § 30 KrO bestand eine Generalklausel für Polizeiverfügungen.[438] Diese Aufteilung in grundsätzlich geltendes Enumerativprinzip mit partieller Generalklausel für Polizeiverfügungen wurde auch später beibehalten.[439]

2. *Subjektives öffentliches Recht*

a) Gesetzeslage

Ausschließlich im Bereich der partiellen Generalklausel war eine mögliche Verletzung in einem subjektiven öffentlichen Recht Klagevoraussetzung. „Daß der angefochtene Bescheid ... den Kläger in seinen Rechten verletze", war nur Voraussetzung bei der Klage gegen polizeiliche Verfügungen nach § 127 Abs. 3 Zf. 1 LVG und §§ 128 Abs. 2, 127 Abs. 3 Zf. 1 LVG. Bei den anderen, enumerativ genannten Gegenständen war die Erhebung einer Klage, ebenso wie bei der Beschwerde, unabhängig von der Verletzung eines Rechts des Klägers möglich. Diese sind für die Erörterung des subjektiven öffentlichen Rechts unergiebig, deshalb wird zunächst nur auf die Klage gegen polizeiliche Verfügungen eingegangen.

Eine den Voraussetzungen des § 127 LVG entsprechende Vorschrift stand bereits im Organisationsgesetz vom 26.07.1880.[440] In der Vorgänger-

---

hörigen gewählt wurden; er besaß Aufgaben in der Kreiskommunal- und in der allgemeinen Landesverwaltung, nach §§ 134, 135 KrO. Das Verwaltungsgericht setzte sich demgegenüber zusammen aus einem richterlichen Beamten und einem Verwaltungsbeamten, die vom König ernannt wurden, sowie drei von der Provinzialverwaltung zu wählenden Mitgliedern nach §§ 188 KrO i.V.m. §§ 41 - 43 des Gesetzes, betreffend die Ausführung des Bundesgesetzes über den Unterstützungswohnsitz. Vom 8. März 1871, PrGS 1871, S. 130 (140 f.). Der Präsident der Regierung konnte dabei nach § 188 Zf. 1 KrO jederzeit den Vorsitz übernehmen, was zu einem Entfallen des Stimmrechts des Verwaltungsbeamten führte.

[438] Gesetz über die Organisation der allgemeinen Landesverwaltung. Vom 26.07.1880, PrGS 1880, 291 (303 f.).

[439] Enumerativprinzip: Gesetz, betreffend die Zuständigkeit der Verwaltungsbehörden und der Verwaltungsgerichtsbehörden im Geltungsbereiche der Provinzial-Ordnung vom 26.06.1876. Vom 29.07.1876, PrGS 1876, S. 297 - 344; Gesetz über die Zuständigkeit der Verwaltungs- und Verwaltungsgerichtsbehörden. Vom 01.08.1883, PrGS, 1883, S. 237 - 292.
Partielle Generalklausel in § 63 OrgG, Gesetz über die Organisation der allgemeinen Landesverwaltung. Vom 26.07.1880, PrGS 1880, S. 291 (305 f.); §§ 127 - 131 LVG: Gesetz über die allgemeine Landesverwaltung. Vom 30.07.1883, PrGS 1883, S. 195 226 - 228.

vorschrift § 30 des Gesetzes von 1876 fehlte noch die Voraussetzung der Rechtsverletzung.[441] Die Einführung der (möglichen) Verletzung eines subjektiven (öffentlichen) Rechts als Klagevoraussetzung ging auf die Rechtsprechung des PrOVG zurück. Der Begriff der „Rechtsverletzung“ sollte eine Verletzung in subjektiven öffentlichen Rechten bedeuten, und nicht die Verletzung bloßer Interessen genügen lassen.[442] Diese Formulierung bezog sich nicht auf die „wohlerworbenen Rechte“, sondern bedeutete einen Eingriff in einen rechtlich anerkannten Lebenskreis des Einzelnen.[443] Problematisch war jedoch, daß § 127 Abs. 3 Zf. 2 LVG — der die Überprüfung von Tatsachenfragen zuließ — nicht von der Erforderlichkeit einer Rechtsverletzung sprach, sondern nur § 127 Abs. 3 Zf. 1 LVG — der die Überprüfung von Rechtsfragen erlaubte — diese Klagevoraussetzung enthielt. Deshalb war die Auslegung des § 127 Abs. 3 Zf. 2 LVG streitig: Einerseits konnte man die Norm so verstehen, daß nur bei der gerichtlichen Überprüfung von Rechtsfragen eine Rechtsverletzung erforderlich war, für die gerichtliche Überprüfung von Tatsachenfragen jedoch nicht. Und daß bei der Überprüfung von Tatsachenfragen keine Beschränkung auf rein rechtliche Gesichtspunkte vorgeschrieben war, sondern auch die tatsächlichen Grundlagen der Ermessensausübung überprüft werden durften. Andererseits begrenzte § 127 Abs. 3 Zf. 1 LVG die Gerichte auf eine ausschließlich rechtliche Überprüfung. § 127 Abs. 3 Zf. 2 LVG erlaubte daneben die Überprüfung von Tatsachenfragen. Das könnte die Schlußfolgerung zulassen, § 127 Abs. 3 LVG sollte die gerichtliche Überprüfung des Ermessens ausschließen, indem er nur die Überprüfung von Rechts- und Tatsachenfragen zuließ.[444] Daß nach dem Wortlaut keine Rechtsverletzung zur Überprüfung von Tatsachenfragen erforderlich war, lag nur daran, daß man bei der Änderung der Norm im Jahre 1880 vergessen hatte, auch in Zf. 2 das Erfordernis einer Rechtsverletzung

---

[440] Gesetz über die Organisation der allgemeinen Landesverwaltung. Vom 26.07.1880, PrGS 1880, 291 (305 f.).

[441] Gesetz, betreffend die Zuständigkeit der Verwaltungsbehörden und der Verwaltungsgerichtsbehörden im Geltungsbereiche der Provinzial-Ordnung vom 26.06.1876. Vom 29.07.1876, PrGS 1876, S. 297 (303).

[442] *Bühler*, Die subjektiven öffentlichen Rechte, S. 292; *Loening*, Die Rechtskraft verwaltungsgerichtlicher Urtheile, VerwArch 7 (1899), S. 1 (68), auch Fn. 11.

[443] *V. Brauchitsch*, Die neuen Preußischen Verwaltungsgesetze, 1. Bd., § 127, Anm. 238, S. 173; vgl. auch *Henke*, Das subjektive öffentliche Recht, S. 63.

einzufügen.[445] Trotzdem überprüfte das PrOVG die Grenzen des Ermessens.[446]

b) Ausführungen des PrOVG zum subjektiven öffentlichen Recht

Bereits vor der gesetzlichen Einführung des Erfordernisses der Rechtsverletzung als Klagevoraussetzung sah das PrOVG die Verletzung subjektiver Rechte als Klagevoraussetzung an; eine Berührung subjektiver Interessen reichte nicht aus.[447] Nach Bühler lag dieses am Einfluß der herrschenden Lehre, aufgrund derer sich das PrOVG vom Einfluß Gneists löste.[448] Die Gesetzesänderung war nur eine Angleichung an die Rechtsprechung. Weil es an dieser Stelle nur auf den Zusammenhang zwischen subjektivem öffentlichen Recht und Ermessen ankommt, wird nur auf die Überprüfung des Ermessens bei polizeilichen Verfügungen eingegangen, denn nur in diesem Bereich war Voraussetzung für die Klage eine Rechtsverletzung nach § 127 Abs. 3 Zf. 1 LVG.

Das PrOVG benutzte zwar den Begriff des subjektiven (öffentlichen) Rechts, ohne jedoch auf die herrschende Lehre zurückzugreifen.[449] Es hat bis 1914 nie versucht, das subjektive (öffentliche) Recht zu definieren, weil es aufgrund der Gesetzeslage dazu lange keine Anlaß hatte.[450] Teilweise ließ es auch die Verletzung eines subjektiven Privatrechts als Rechtsverletzung ausreichen.[451] Um die genauen systematischen Voraussetzungen festzustellen, die das PrOVG annahm, soll auf die Kriterien von Bühler[452] zurückgegriffen werden.

---

[444] *Bühler*, Die subjektiven öffentlichen Rechte, S. 308 f.; *W. Jellinek*, Verwaltungsrecht, 3. Aufl., S. 303.

[445] *Bühler*, Die subjektiven öffentlichen Rechte, S. 310; a.A. *O. Mayer*, Deutsches Verwaltungsrecht, Bd. 1, 3. Aufl., S. 159 - 162.

[446] PrOVGE 6, 220 (226); 6, 349 (354); 7, 304 (306 f.); 9, 400 (404 f.); vgl. auch *Bühler*, Die subjektiven öffentlichen Rechte, S. 311, 315.

[447] PrOVGE 2, 351 (353 f.); 9, 400 (401).

[448] *Bühler*, Die subjektiven öffentlichen Rechte, S. 294; zum nur geringen Einfluß Gneists auf die Gesetze zur Errichtung einer preußischen Verwaltungsgerichtsbarkeit, vgl. Teil 2, A. II. 5. a).

[449] *Henke*, Das subjektive öffentliche Recht, S. 64.

[450] *Bühler*, Die subjektiven öffentlichen Rechte, S. 302 f.

[451] PrOVGE 3, 217 (225).

[452] Teil 2, B. IV. 1., 2., 3., S. 46 - 51.

aa) Rechtssatz des öffentlichen Rechts

Zunächst war nach Bühler Voraussetzung für ein subjektives öffentliches Recht ein zwingender Rechtssatz des öffentlichen Rechts. Nach der Rechtsprechung des PrOVG war ein Rechtssatz erforderlich, auf den sich der Einzelne berief;[453] eine „bloße Berührung subjektiver Interessen" reiche nicht für eine Rechtsverletzung aus, sondern es sei ein Eingriff in ein subjektives Recht erforderlich.[454] In dieses Recht mußte durch die Verfügung unmittelbar eingegriffen worden sein.[455] Als Rechtssatz ließ das PrOVG — wie bereits festgestellt — auch einen Rechtssatz des Privatrechts ausreichen.[456] Andererseits führte es aus, daß ein privatrechtlicher Anspruch nur im Wege des Zivilprozesses und nicht durch die Verwaltungsgerichtsbarkeit geltend gemacht werden könne.[457] Ob ein Rechtssatz des öffentlichen Rechts vorliegen mußte, war nach der Rechtsprechung des PrOVG nicht eindeutig zu beantworten.

Nach dem PrOVG war das subjektive (öffentliche) Recht von einem Rechtssatz abhängig. Bei einem Rechtssatz des Zivilrechts verwies es jedoch nicht immer an die Zivilgerichte, sondern ließ die Klage teilweise im Verwaltungsstreitverfahren zu.

bb) Das Kriterium des zwingenden Rechtssatzes zum Ausschluß eines subjektiven öffentlichen Rechts bei Ermessen

Bühler benutzte das Kriterium des „zwingenden Rechtssatzes", um das subjektive öffentliche Recht bei Ermessensnormen auszuschließen. Entgegen dem Modell Gneists, der die Ermessensausübung der Behörden wegen der Mißbrauchsgefahr gerichtlich überprüfen lassen wollte, war den Verwaltungsgerichten — nach der wohl vom Gesetzgeber gewollten Auslegung des § 127 Abs. 3 LVG[458] — die Überprüfung des Ermessens versagt. Diese sollte den Beschlußbehörden vorbehalten sein.[459] Die Gesetzgebung

---

[453] PrOVGE 2, 351 (353 f.); 3, 217 (222 f.); 6, 234 (237); 9, 400 (401); 15, 416 (419); 61, 175 (177 f.).

[454] PrOVGE 9, 400 (401); 15, 416 (418 f.).

[455] PrOVGE 38, 376 (379).

[456] PrOVGE 3, 217 (225).

[457] PrOVGE 3, 186 (187).

[458] Teil 2, C. I. 2. a).

[459] *Stump*, Preußische Verwaltungsgerichtsbarkeit 1875 - 1914, S. 45.

wollte damit den Unterschied zwischen verwaltender Tätigkeit und verwaltungsgerichtlicher Tätigkeit anerkennen.[460] Bei dieser Auslegung des § 127 Abs. 3 LVG, stellte sich die Frage nicht, ob die Verletzung in einem (subjektiven öffentlichen) Recht auch bei Ermessensnormen möglich war. Denn eine Überprüfung scheiterte bereits an dem Ausschluß der Überprüfung des Ermessens. Ein Eingehen auf die Frage, ob das Vorliegen eines subjektiven öffentlichen Rechts durch eine Ermessensnorm ausgeschlossen wurde, war entbehrlich. Weil die Überprüfung des Ermessens umfangreicher ausgeschlossen war und zeitlich früher bestand als die Voraussetzung der Rechtsverletzung für eine Klage, hätte das PrOVG keinen Anlaß gehabt, auf diese Frage einzugehen.

Dementsprechend lehnte das PrOVG eine Überprüfung des Ermessens grundsätzlich ab, weil dieses kein Gegenstand des Verwaltungsstreitverfahrens sei.[461] Jedoch könne im Verwaltungsstreitverfahren die fehlende Berechtigung der Behörde überprüft werden, also, ob die äußersten Grenzen des Ermessens überschritten seien, die Verfügung auf keinen objektiven sachlichen Motiven, sondern „auf Willkür oder sonstiger Pflichtwidrigkeit der Behörde" beruhe.[462] Die Ablehnung der Überprüfung des Ermessens begründete das PrOVG nicht mit dem fehlenden subjektiven Recht bei Ermessensvorschriften, sondern mit der begrenzten Überprüfungsmöglichkeit durch die Verwaltungsgerichte. Die Kompetenz zur Überprüfung der äußersten Grenzen des Ermessens entnahm das PrOVG dem Begriff der „Berechtigung" i.S.d. § 127 Abs. 3 Zf. 2 LVG.[463] Da aber nach § 127 Abs. 3 Zf. 2 LVG eine Rechtsverletzung nicht erforderlich war, stellte sich trotzdem die Frage nicht, ob das Ermessen das Vorliegen eines subjektiven öffentlichen Rechtes ausschloß. So sollte durch § 127

---

[460] *Stump*, Preußische Verwaltungsgerichtsbarkeit 1875 - 1914, S. 142. Auch wenn die Trennung zwischen Rechts- und Ermessensfrage im KompG von 1876 und ZustG von 1880 nicht klar durchgeführt wurde, so *Stump*, Preußische Verwaltungsgerichtsbarkeit 1875 - 1914, S. 143 f., 149, konnten sich Änderungsvorschläge mangels klarer Abgrenzbarkeit von Rechts- und Ermessensfragen nicht durchsetzen, vgl. zum Gesetzgebungsverfahren *Stump*, Preußische Verwaltungsgerichtsbarkeit 1875 - 1914, S. 152 - 160.

[461] PrOVGE 2, 390 (393 f.); ähnlich PrOVGE 3, 288 (201); 4, 370 (374); 6, 349 (354); 58, 273 (274); 61, 199 (201); 61, 202 (203).

[462] PrOVGE 2, 390 (393 f.); ähnlich PrOVGE 6, 220 (226); 6, 349 (354); 9, 400 (404); 58, 273 (274).

[463] PrOVGE 2, 390 (393 f.); 7, 304 (307) (noch zu § 30 ZustG); 32, 387 (390).

Abs. 3 Zf. 1 und 2 LVG nur ausgeschlossen sein, die Notwendigkeit und Zweckmäßigkeit zu überprüfen.[464]

In der Anfangszeit überprüfte das PrOVG nur die Einhaltung der äußersten Grenzen des Ermessens.[465] Nur allmählich begann es, die Nötigkeit nach § 10 II 17 ALR zu überprüfen. Das PrOVG sah den Begriff der „nöthigen Anstalten" jedoch wegen der Formulierung des § 10 II 17 ALR[466] als Tatbestandsmerkmal an.[467] Weil dadurch eine weitgehende Überprüfung der polizeilichen Maßnahmen möglich war, war eine darüber hinausgehende Kontrolle des Ermessens entbehrlich.[468]

Das PrOVG überprüfte die Grenzen des Ermessens, ging aber nicht auf das Verhältnis zwischen subjektivem (öffentlichen) Recht und Ermessen ein.

cc) Die Kriterien des Schutzes der Interessen des Einzelnen und der Durchsetzbarkeit zur Abgrenzung von Rechten und Reflexen

Weitere Voraussetzungen eines subjektiven öffentlichen Rechts sind nach Bühler, daß der Rechtssatz zur Befriedigung der Individualinteressen bestimmter Personen oder Personenkreise erlassen wurde, und daß diese Personen sich auf ihn berufen können.[469] Bei diesen von Bühler unterschiedenen Kriterien nahm das PrOVG keine Differenzierung vor. So lehnte es das Vorliegen eines subjektiven Rechts ab, weil kein Gesetz bestehe, „welches dem Kläger ein durch Klage geschütztes Recht zuerkenne".[470] Diese Argumentation enthielt den Zirkelschluß, bei dem die Klagbarkeit sowohl Voraussetzung als auch Rechtsfolge des subjektiven

---

[464] PrOVGE 20, 411 (424); ähnlich PrOVGE 15, 413 (415).

[465] Z.B. PrOVGE 2, 390 (393 f.).; 58, 273 (274).

[466] § 10 II 17 ALR: „Die nöthigen Anstalten zur Erhaltung der öffentlichen Ruhe, Sicherheit und Ordnung, und zur Abwendung der dem Publico, oder einzelnen Mitgliedern desselben, bevorstehenden Gefahr zu treffen, ist das Amt der Polizey.", zitiert nach *Hattenhauer (Hrsg.)*, Allgemeines Landrecht für die Preußischen Staaten, S. 626.

[467] PrOVGE 76, 435 (448 - 450); 77, 464 (466); 78, 267 (270); vgl. dazu auch *Bühler*, Die subjektiven öffentlichen Rechte, S. 295 f.; heute wird die Nötigkeit als ein Gesichtspunkt des Ermessens angesehen.

[468] *Bühler*, Die subjektiven öffentlichen Rechte, S. 311.

[469] Teil 2, B. IV. 1.

[470] PrOVGE 6, 134 (137).

Rechts war.[471] Im Bereich des Baupolizeirechts gebe es grundsätzlich keine durch §§ 127 ff. LVG geschützten Rechte des Einzelnen; nur bei Einräumung des Rechtsschutzes durch besondere Gesetze könne der Einzelne Rechtsschutz im Streitverfahren erlangen.[472] Die baupolizeilichen Vorschriften bestehen im öffentlichen Interesse; ein Dritter habe selbst dann kein subjektives Recht, wenn die Vorschriften „neben den zunächst maßgebenden öffentlichen allgemeinen bis zu einem gewissen Grade auch die besonderen Interessen der Nachbarn zu schützen bestimmt sein" mögen.[473] Auch ein nur mittelbares finanzielles Interesse gebe einem Dritten kein (subjektives öffentliches) Recht zur Anfechtung einer an einen anderen gerichteten Polizeiverfügung.[474] Der zuletzt genannte Interessenschutz der Norm ähnelt Bühlers Kriterium. Bei vielen Entscheidungen war dieses Kriterium nicht relevant; zumeist fehlte es bereits an einem Rechtssatz. Zudem grenzte das PrOVG das Kriterium der Rechtsverletzung dadurch ein, daß es einen unmittelbaren Eingriff in die subjektiven Rechte forderte.[475]

Das PrOVG differenzierte nicht zwischen den Kriterien des Interessenschutzes und der Rechtsmacht. Es legte beide Kriterien sehr eng aus.

dd) Adressatentheorie

Wenn sich Adressaten gegen eine Verfügung wehrten, wurden Anfechtungsklagen vom PrOVG regelmäßig als zulässig angesehen. Auf die Möglichkeit der Verletzung eines subjektiven öffentlichen Rechts ging es oft weder in der Zulässigkeit, noch in der Begründetheit ein, sondern prüfte lediglich die objektive Rechtmäßigkeit der angefochtenen Verfügung;[476] teilweise wurde bei Rechtswidrigkeit der Verfügung der Klage stattgegeben, ohne daß eine Rechtsverletzung festgestellt worden wäre.[477]

---

[471] Vgl. dazu Teil 2, B. IV. 2.

[472] PrOVGE 14, 378 (382); ähnlich PrOVGE 61, 175 (177 f.) (Anfechtung einer Genehmigung eines Sprengstofflagers).

[473] PrOVGE 2, 351 (354); darauf, daß eine Klagbarkeit von der Norm nicht intendiert war, stellt auch PrOVGE 4, 230 (233) ab (wegepolizeiliche Maßnahme).

[474] PrOVGE 65, 288 (291).

[475] PrOVGE 38, 376 (379); 61, 175 (178).

[476] PrOVGE 11, 293 - 297; 112, 306 - 316; 3, 316 - 322; 18, 298 - 302; 18, 422 - 428; 23, 321 - 330; 23, 399 407; 28, 401 - 405.

[477] PrOVGE 13, 316 - 322; 18, 298 - 302; 18, 422 - 428; vgl. auch *Bühler*, Die subjektiven

Das PrOVG prüfte im Sinne der Adressatentheorie dann die Verletzung eines subjektiven öffentlichen Rechts nicht, wenn der Adressat einer polizeilichen Verfügung gegen diese vorging. Wobei — entgegen der Adressatentheorie nach heutigem Verständnis — die Feststellung einer Rechtsverletzung in der Begründetheit nicht entscheidungserheblich war.

Daß ein Adressat einer polizeilichen Verfügung sich nicht auf ein besonderes subjektives öffentliches Recht berufen mußte — heute mit dem Begriff der „Adressatentheorie" betitelt—, folgt aus der Anerkennung des Grundsatzes der Gesetzmäßigkeit der Verwaltung als subjektives öffentliches Recht. Wenn man davon ausgeht, daß eine Polizeiverfügung einen Eingriff in Freiheit oder Eigentum bewirkt, ist dieser Grundsatz bei einer Polizeiverfügung anwendbar. Sofern man zudem diesen Grundsatz als subjektives öffentliches Recht ansieht,[478] ist bei jedem Adressaten einer polizeilichen Verfügung ein möglicher Eingriff in diesen Grundsatz als subjektives öffentliches Recht gegeben. Bei jedem Adressaten einer polizeilichen Verfügung ist also ein Eingriff in ein subjektives öffentliches Recht möglich, ohne daß auf dieses näher eingegangen werden mußte. Damit ist die Adressatentheorie anzuerkennen, wenn man den Grundsatz der Gesetzmäßigkeit der Verwaltung als subjektives öffentliches Recht anerkennt.

ee) Drittschutz

Wegen der Anerkennung der Adressatentheorie ist das Vorgehen von Drittbetroffenen gegen polizeiliche Verfügungen besonders interessant, weil insoweit ein subjektives öffentliches Recht für die Zulässigkeit der Klage erforderlich ist. Trotz Überschneidungen mit den vorher aufgeführten Kriterien soll hier genauer auf den Drittschutz eingegangen werden.

Das PrOVG erkannte grundsätzlich an, daß polizeiliche Verfügungen nicht nur vom Adressaten, sondern auch von Dritten angefochten werden können, wenn in die Rechte des Dritten durch die (Ausführung der) Verfügung eingegriffen werde.[479] Im Baurecht lehnte es jedoch das Bestehen von solchen subjektiven Rechten des Nachbarn ab, selbst wenn dieser

---

öffentlichen Rechte, S. 303; *Henke*, Das subjektive öffentliche Recht, S. 64.

[478] Vgl. dazu Teil 2, B. IV 5.

[479] PrOVGE 3, 186 (187); 15, 416 (419); ähnlich PrOVGE 38, 376 (378); 61, 175 (177); 70, 377 (377 f.).

sich auf eine baupolizeiliche Bestimmung berufe, die „bis zu einem gewissen Grade auch die besonderen Interessen der Nachbarn zu schützen bestimmt sein mag."[480] Grundsätzlich bestehe kein subjektives Recht des Einzelnen auf polizeiliches Einschreiten; es bestehe ein solcher Rechtsschutz nur auf den Gebieten, auf denen er durch besondere gesetzliche Bestimmung eingeführt worden sei und selbst in diesen Bereichen dann nicht, wenn das Einschreiten nur auf der polizeilichen Fürsorge beruhe.[481] Auch die Ablehnung eines subjektiven Rechtes auf Fortbestehen vorhandener Wege wurde mit dem Fehlen eines speziellen Gesetzes begründet.[482]

Grundsätzlich erkannte das PrOVG subjektive (öffentliche) Rechte Dritter grundsätzlich an und eröffnete so die Möglichkeit zur Klage gegen entsprechende Polizeiverfügungen. Jedoch waren solche subjektiven (öffentlichen) Rechte nur in sehr eng begrenztem Umfang gegeben.

c) Ergebnis

Das PrOVG führte entgegen dem Gesetzeswortlaut für Anfechtungsklagen gegen Polizeiverfügungen das Erfordernis einer Rechtsverletzung ein. Dieses wurde später auch gesetzlich festgeschrieben. Es definierte das subjektive (öffentliche) Recht nicht. Bei Adressaten von Polizeiverfügungen nahm es eine Möglichkeit zur Klageerhebung an, ohne diese näher theoretisch zu begründen. Klagemöglichkeiten Dritter lehnte es oft ab, insbesondere mit der Begründung, daß die Norm, auf die sich der Dritte berufe, nur im öffentlichen Interesse bestehe. Auf das Verhältnis von Ermessen und subjektiven (öffentlichen) Rechten ging es nicht explizit ein.

3. Schutz subjektiver Rechte oder objektive Rechtmäßigkeitskontrolle

Das preußische Rechtsschutzsystem soll an dieser Stelle daraufhin untersucht werden, ob es eher objektiv die Rechtmäßigkeit des Handelns der Verwaltung bezweckte oder der Schutz subjektiver Rechte vorrangig war. Nach der bezweckten Schutzrichtung können die Rechtsschutzsysteme eingeteilt werden:[483] Ob sie vorrangig den Schutz subjektiver Rechte be-

---

[480] PrOVGE 2, 351 (354); weitere Entscheidungen, siehe Teil 2, C. I. 2. b) cc).

[481] PrOVGE 14, 378 (382); 61, 175 (177 f.).

[482] PrOVGE 3, 186 (189); 4, 230 (233).

[483] Hier geht es um die Beurteilung des Rechtsschutzes vor den Verwaltungsgerichten eines Landes insgesamt. Eine Differenzierung nach den einzelnen Gegenständen soll

zwecken oder die Tätigkeit der Verwaltung auf die Rechtmäßigkeit ihres Handelns hin kontrollieren sollen.[484] Sinnvoll ist es, diese Unterscheidung nicht nur anhand einer möglicherweise gegebenen offensichtlichen Zielrichtung des Gesetzes zu bestimmen, sondern auch andere Faktoren des Rechtsschutzsystemes zu berücksichtigen.[485]

a) Vorrangiges Ziel der Verwaltungsgerichtsbarkeit

Zunächst ist ein mögliches vorrangiges Ziel des Rechtsschutzes festzustellen. Für Preußen wird oft festgestellt, daß der Verwaltungsgerichtsbarkeit ein System objektiven Rechtsschutzes zugrunde liege.[486] Diese Aussage ist jedoch nicht unbestritten. So stimmte nach Bühler für Preußen weder die ausschließliche Feststellung, daß die Verwaltungsgerichtsbarkeit dem Schutz der subjektiven Rechte des Einzelnen diene, noch die, daß sie ausschließlich der Kontrolle der Verwaltung, also dem objektiven Recht diene.[487] Beim ursprünglichen Verwaltungsstreitverfahren seien oft subjektive öffentliche Rechte von der Entscheidung des Gerichtes berührt, aber es gebe auch Fälle, in denen das objektive Recht geschützt werden solle.[488] Das PrOVG sah es hingegen als seine alleinige Aufgabe an, sub-

---

nicht vorgenommen werden, wie sie *W. Jellinek*, Der Schutz des öffentlichen Rechts durch ordentliche und Verwaltungsgerichte, VVDStRL 2 (1925), S. 8 (37-47, 48-78) durchführt.

[484] Vgl. zu derartigen Einteilungen: *Gerstner*, Die Drittschutzdogmatik im Spiegel des französischen und britischen Verwaltungsgerichtsverfahrens, S. 26 f.; *Kadelbach*, Allgemeines Verwaltungsrecht unter europäischem Einfluß, S. 379 f.; *Bleckmann*, Das Ziel des gerichtlichen Rechtsschutzes, in: *Mosler*, Gerichtsschutz gegen die Exekutive, Bd. 3, S. 21 - 47.

[485] Diese Kriterien sind übernommen von *Kadelbach*, Allgemeines Verwaltungsrecht unter europäischem Einfluß, S. 379 f.; auf das Kriterium der Zulässigkeit der Überprüfung an höherrangigem Recht soll hier mangels hinreichender Anhaltspunkte jedoch verzichtet werden.

[486] *Krebs*, Subjektiver Rechtsschutz und objektive Rechtskontrolle, FS für Ch.-F. Menger, S. 191 (195); *Menger*, Zur Geschichte der Verwaltungsgerichtsbarkeit in Deutschland, DÖV 1963, 726 (727); differenzierend (eher objektive Rechtskontrolle) *Schütz*, Die Antragsbefugnis bei der Normenkontrolle von Bebauungsplänen nach dem 6. VwGOÄndG, S. 134.

[487] *Bühler*, Die subjektiven öffentlichen Rechte, S. 289 f.; ähnlich *Friedrichs*, Verwaltungsrechtspflege, 1. Bd, § 151, S. 282.

[488] *Bühler*, Die subjektiven öffentlichen Rechte, S. 289.

jektive Rechte zu schützen.[489] Danach ist nicht festzustellen, welchen Zweck das preußische verwaltungsgerichtliche Verfahren vorrangig hatte.

b) Gesetzliche Zugangssperre mit Auswirkungen auf die Begründetheitsprüfung

Für einen subjektiven Rechtsschutz spricht bei der Beschränkung des Zuganges zu den Gerichten ein starker Zusammenhang von Klagezulassung und Begründetheitsprüfung, insbesondere mit einem subjektiven Recht als Gegenstand.[490] Dagegen sind bei einer objektiven Rechtmäßigkeitskontrolle oft keine subjektiven Beschränkungen des Zugangs zu den Gerichten gegeben, oder es bestehen maximal gewisse Zugangssperren, die das Gericht selbst errichtet hat. Auch die Geltung des Enumerativprinzips zur Einschränkung der verwaltungsgerichtlich kontrollierbaren Fälle spricht prinzipiell für eine objektive Rechtskontrolle,[491] die gerade nicht von subjektiven (öffentlichen) Rechten abhängig ist. Wohingegen eine Generalklausel, die üblicher Weise mit dem Erfordernis einer Rechtsverletzung verbunden ist, für einen subjektiven Rechtsschutz spricht.[492]

In Preußen galt nur für polizeiliche Verfügungen eine partielle Generalklausel. Sonst war eine Klage vor den Verwaltungsgerichten nur bei enumerativ aufgezählten Materien zulässig. Weil bei diesen Gegenständen eine Verletzung eines subjektiven Rechts nicht erforderlich ist, spricht die Geltung des Enumerativprinzips grundsätzlich für eine objektive Rechtskontrolle. Trotzdem ist bei diesen Materien der Kreis der Klageberechtigten oft eingeschränkt.[493] Aufgrund der oft an der Person des Klage-

[489] PrOVGE 2, 351 (353 f.); zugunsten der Annahme, daß die preußische Verwaltungsgerichtsbarkeit dem Schutz subjektiver öffentlicher Rechte diente, auch *von Stengel*, Die Verwaltungsgerichtsbarkeit und die öffentlichen Rechte, VerwArch 3 (1895), S. 177 (178).

[490] *Schütz*, Die Antragsbefugnis bei der Normenkontrolle von Bebauungsplänen nach dem 6. VwGOÄndG, S. 136.

[491] *Krebs*, Subjektiver Rechtsschutz und objektive Rechtskontrolle, FS für Ch.-F. Menger, S. 191 (193).

[492] *Krebs*, Subjektiver Rechtsschutz und objektive Rechtskontrolle, FS für Ch.-F. Menger, S. 191 (194).

[493] So steht beispielsweise nach dem Gesetz über die Zuständigkeiten der Verwaltungs- und Verwaltungsgerichtsbehörden. Vom 01.08.1883, PrGS, 1883, S. 237 - 292 die Klage nach § 4 Abs. 2 nur dem Kreise zu, nach § 19 Abs. 2 nur der Gemeinde, nach § 20 Abs. 4 nur den Betheiligten, nach § 25 Abs. nur den Betheiligten gegeneinander, nach § 35 Abs. 2 der Gemeinde beziehungsweise dem Besitzer des betroffenen

berechtigten anknüpfenden Klagevoraussetzungen dienen diese Kontrollmöglichkeiten nicht ausschließlich der objektiven Rechtskontrolle, sondern teilweise auch dem subjektiven Rechtsschutz. Diese Zulässigkeitsvoraussetzungen besitzen jedoch keine Auswirkung auf die Begründetheitsprüfung.

Das Erfordernis einer Rechtsverletzung im Rahmen der polizeilichen Generalklausel wurde erst durch die Rechtsprechung eingeführt, dann auch in das Gesetz aufgenommen. Im Rahmen der partiellen Generalklausel für polizeiliche Verfügungen konnte nach § 127 Abs. 3 Zf. 1 LVG „die Klage nur darauf gestützt werden, daß der angefochtene Bescheid (...) den Kläger in seinen Rechten verletze".[494] Neben diesem Kriterium stellte das Gesetz nicht noch zusätzlich das Erfordernis einer Rechtsverletzung als Begründetheitsvoraussetzung auf. Die Voraussetzung der Rechtsverletzung nach §§ 127, 128 LVG wurde von den Gerichten als Problem der Aktivlegitimation angesehen.[495] Dieses spricht im umfangreichen Bereich der Polizeiverfügungen nach der Gesetzesänderung eher für einen subjektiven Rechtsschutz.

Die Betrachtung der Zugangsbeschränkungen läßt die Schlußfolgerung zu, daß die preußische Verwaltungsgerichtsbarkeit teilweise dem subjektiven Rechtsschutz, in begrenztem Maße jedoch auch der objektiven Rechtskontrolle dienen sollte.

c) Dispositionsmaxime

Ein Zeichen für subjektiven Rechtsschutz ist die Bindung des Gerichtes an den Antrag des Klägers, also die Geltung der Dispositionsmaxime und nicht der Offizialmaxime.[496] In Preußen war streitig, ob die Dispositionsmaxime oder das Offizialprinzip galten; zumindest bei vermögensrechtlichen Streitigkeiten sollte die Dispositionsmaxime Anwendung fin-

---

Gutes, nach § 47 Abs. 2 und § 56 Abs. 4 nur dem in Anspruch Genommenen, nach § 48 Abs. 2 nur dem Schulverbande, nach § 114 Abs. 2 nur dem Antragsteller zu; daneben gibt es noch Klagen in der ursprünglichen Verwaltungsrechtspflege, bei denen die zuständige Behörde die Klage erheben muß, so nach §§ 119 Abs. 1, 120 Abs. 1, 126 Abs. 1. Demgegenüber sind nur §§ 28 Abs. 2, 34 Abs. 2, 36 Abs. 1, 44 Abs. 2, 82 Abs. 2, 117 Abs. 2 allgemein formuliert.

[494] Zum Streit um die Auslegung des § 127 Abs. 3 LVG: Teil 2, C. I. 2 a).

[495] Für eine materielle Frage (Sachlegitimation) in der Rechtsprechung des OVG hält dieses *Friedrichs*, Die Besonderheiten des preußischen Verwaltungsstreitverfahrens, VerwArch 6 (1898), S. 358 (402).

den, sowohl im Beschluß- wie im Verwaltungsstreitverfahren.[497] Hingegen waren Anerkenntnisurteile ausgeschlossen.[498] Dieses wird vom PrOVG zwar mit der Geltung der Untersuchungsmaxime begründet, es führte dazu aber aus, daß im Verwaltungsprozeß „die Parteien keine freie Verfügung über den Prozeßgegenstand" haben, weder allgemein noch bei Klagen auf Geldzahlungen.[499] Die Unzulässigkeit eines Anerkenntnisurteils schränkte die Dispositionsmaxime ein, weil die Beklagten insoweit nicht durch Stattgabe über den sachlichen Anspruch bestimmen konnten.[500] Die Dispositionsmaxime galt nur eingeschränkt, weshalb lediglich eine gewisse Tendenz zum subjektiven Rechtsschutz zu erkennen ist.

d) Automatischer Suspensiveffekt

Das Vorliegen eines automatischen Suspensiveffektes bei Klageerhebung läßt auf einen subjektiven Rechtsschutz schließen: Ein Suspensiveffekt der Klage spricht für eine Betonung der Rechte des Einzelnen, also einen subjektiven Rechtsschutz. Demgegenüber wird ohne Suspensiveffekt die Verwaltungseffizienz höher bewertet, was für eine objektive Rechtskontrolle spricht. Allgemein bedeutet die Möglichkeit, vorläufigen Rechtsschutz nicht nur im Ausnahmefall zu erlangen, einen Vorrang des Individualrechtsschutzes.[501] Nach § 53 LVG hatten Klage und Antrag auf mündliche Verhandlung, aber auch die Beschwerde, aufschiebende Wirkung. Dieses spricht für einen eher subjektiven Rechtsschutz.

e) Unabhängigkeit der Gerichte gegenüber der Verwaltung

Wenn die Gerichte von der Verwaltung unabhängig sind, dienen sie nicht der Selbstkontrolle der Verwaltung, also einer objektiven Kontrolle, sondern dem subjektiven Rechtsschutz. Wenn hingegen die Verwaltungsgerichte auch Teil der Verwaltung sind, dienen sie vorrangig der Selbst-

---

[496] *Schütz,* Die Antragsbefugnis bei der Normenkontrolle von Bebauungsplänen nach dem 6. VwGOÄndG, S. 136.

[497] *Stump,* Preußische Verwaltungsgerichtsbarkeit 1875 - 1914, S. 125 f.

[498] PrOVGE 69, 447; vgl. dazu *W. Jellinek,* Verwaltungsrecht, S. 312.

[499] PrOVGE 69, 447 (449).

[500] *Kopp/Schenke,* VwGO, § 86, Rdnr. 16; BVerwGE 104, 27 (28); (a. A. BVerwGE 62, 18 (19).

[501] *Schütz,* Die Antragsbefugnis bei der Normenkontrolle von Bebauungsplänen nach dem 6. VwGOÄndG, S. 136.

kontrolle der Verwaltung, also der objektiven Rechtmäßigkeitskontrolle.[502] Zur Feststellung, ob die Verwaltungsgerichtsbehörden in Preußen eher der Verwaltung zuzuordnen waren oder eher richterliche Unabhängigkeit besaßen, ist auf ihre Besetzung einzugehen. Die verschiedenen Verwaltungsgerichtsbehörden waren wie folgt zusammengesetzt: Der Kreisausschuß (an dessen Stelle teilweise der Stadtausschuß[503] zuständig war) bestand aus dem Landrat (Bürgermeister) und sechs (vier) Laienmitgliedern[504].[505] Beim Bezirksverwaltungsgericht mußte ein Mitglied die Befähigung zum Richteramt haben, eines die Befähigung zur Bekleidung höherer Verwaltungsämter und daneben mußten drei Laien beteiligt sein.[506] Durch das Gesetz vom 30. Juli 1883 (LVG) wurde statt des Bezirksverwaltungsgerichts der Bezirksausschuß eingesetzt, der — wie der Kreisausschuß (Stadtausschuß) — auch die Funktion der Beschlußbehörde wahrnahm.[507] Er bestand aus dem Regierungspräsidenten, zwei Beamten, von denen einer die Befähigung zum Richteramt und einer die Befähigung zur Bekleidung höherer Verwaltungsämter haben mußte, sowie vier Laien nach § 28 Abs. 2 LVG.[508] Beim Oberverwaltungsgericht gab es keine Laien, wie in der Konzeption von Gneist vorgesehen. Die Richter bestanden nach § 17 Abs. 1 Satz 2 VGG aus Beamten, von denen die eine Hälfte die Befähigung zum Richteramt und die andere Hälfte die Befähigung zur Bekleidung höherer Verwaltungsämter besitzen mußte.[509]

Eine Unabhängigkeit des Kreisausschusses (Stadtausschusses) war trotz der Laienbeteiligung nicht gegeben, weil der Landrat (bzw. Bürger-

502 *Schütz*, Die Antragsbefugnis bei der Normenkontrolle von Bebauungsplänen nach dem 6. VwGOÄndG, S. 136.

503 Zu den Besonderheiten des Stadtausschusses *Stump*, Preußische Verwaltungsgerichtsbarkeit 1875 - 1914, S. 92 - 95.

504 Zur Wahl der Laien *Stump*, Preußische Verwaltungsgerichtsbarkeit 1875 - 1914, S. 83 - 92.

505 *Stump*, Preußische Verwaltungsgerichtsbarkeit 1875 - 1914, S. 36; vgl. für den Stadtausschuß § 37 Abs. 1 LVG.

506 *Stump*, Preußische Verwaltungsgerichtsbarkeit 1875 - 1914, S. 36 f.

507 Zu den Hintergründen der Vereinigung von Bezirksrat und Bezirksverwaltungsgericht vgl. *Stump*, Preußische Verwaltungsgerichtsbarkeit 1875 - 1914, S. 43 - 67.

508 *Stump*, Preußische Verwaltungsgerichtsbarkeit 1875 - 1914, S. 38.

509 *Stump*, Preußische Verwaltungsgerichtsbarkeit 1875 - 1914, S. 37.

meister) den Vorsitz hatte.[510] Beim Bezirksverwaltungsgericht bestand eine personelle Trennung zu den Verwaltungsbehörden, beim Bezirksausschuß nicht mehr. Zudem wurde ein weitgehender Einfluß des Regierungspräsidenten sichergestellt.[511] Neben der fehlenden personellen Trennung kam es beim Bezirksausschuß und beim Kreisausschuß (Stadtausschuß) zu Funktionsüberschneidungen zwischen der Verwaltungstätigkeit und den verwaltungsgerichtlichen Sachen.[512] Diese Zuständigkeitsüberschneidungen boten jedoch gemäß § 62 Abs. 2 LVG keinen Grund zur Ablehnung wegen der Besorgnis der Befangenheit, hierzu bildet nur § 30 Satz 2 LVG eine Ausnahme.[513] Daneben war auch eine Beeinflussung der beiden anderen verbeamteten Mitglieder des Bezirksausschusses durch eine vorhergehende Beschäftigung mit der Materie möglich.[514]

Grundsätzlich galten zwar bei dem Kreis- (Stadt-) und Bezirksausschuß die richterlichen Disziplinarvorschriften, soweit die verwaltungsgerichtliche Tätigkeit betroffen war.[515] Jedoch bezogen sich diese nicht auf den Landrat und den Regierungspräsidenten, die als politische Beamte einfach absetzbar waren.[516] Beim PrOVG orientierten sich die Vorschriften über die Unabhängigkeit der Richter an denen des Reichsgerichtes, waren also weitergehend als die für die richterlichen Beamten.[517]

Die Unter- und Mittelinstanz der Verwaltungsgerichtsbehörden war durch die Verwaltung beeinflußbar bzw. Teil von ihr. Nur das PrOVG war unabhängig von der Verwaltungsorganisation, und seine Mitglieder vor staatlichen Einwirkungsmöglichkeiten gesichert. Nach dem Kriterium der Nähe zur Verwaltung ist festzustellen, daß die preußische Verwal-

---

[510] Nach § 28 Abs. 1 LVG (Bezirksausschuß), § 36 LVG (Kreisausschuß) und § 37 LVG (Stadtausschuß).

[511] *Stump*, Preußische Verwaltungsgerichtsbarkeit 1875 - 1914, S. 58 - 65.

[512] Ausführlich dazu *Stump*, Preußische Verwaltungsgerichtsbarkeit 1875 - 1914, S. 95 f.

[513] *Stump*, Preußische Verwaltungsgerichtsbarkeit 1875 - 1914, S. 59 - 61.

[514] Vgl. die Beispiele bei *Stump*, Preußische Verwaltungsgerichtsbarkeit 1875 - 1914, S. 78.

[515] Ausführlich dazu *Stump*, Preußische Verwaltungsgerichtsbarkeit 1875 - 1914, S. 68 - 70.

[516] *Stump*, Preußische Verwaltungsgerichtsbarkeit 1875 - 1914, S. 74 f.

[517] Orientierung am Entwurf für das GVG, vgl. *Stump*, Preußische Verwaltungsgerichtsbarkeit 1875 - 1914, S. 103; vgl. zur Unabhängigkeit des PrOVG auch *Ibler*, Rechtspflegender Rechtsschutz im Verwaltungsrecht, S. 210 - 212.

tungsgerichtsbarkeit eine Tendenz zur objektiven Rechtskontrolle aufweist.

Weitere Anhaltspunkte für die Nähe zur Verwaltung könnte die Tätigkeit der Verwaltungsgerichte geben: Neben der Überprüfung von Handlungen der Behörden waren den Verwaltungsgerichten die ursprünglichen Verwaltungsstreitsachen zugewiesen, also die erstmalige Vornahme von Verwaltungsakten durch die Gerichte.[518] Insbesondere im Gewerberecht — nach §§ 119, 120, 126 ZustGes 1883 — war die ursprüngliche Verwaltungsrechtspflege durch den Kreis- und den Bezirksausschuß gegeben. Dem PrOVG waren nur nach §§ 24, 25, 49 Kleinbahngesetz Streitsachen der ursprünglichen Verwaltungsrechtspflege zugewiesen.[519] Nachdem das erstinstanzliche Gericht den Verwaltungsakt erlassen hatte, folgte in den weiteren Instanzen ein normales Verwaltungsstreitverfahren. Das Verfahren der ursprünglichen Verwaltungsrechtspflege war nach Bühler „ein Schutzverfahren zur Verhütung der Verletzung der Rechte der Untertanen."[520] Dieses klingt nach subjektivem Rechtsschutz. Andererseits war streitig, ob insoweit den Gerichten und insbesondere dem PrOVG eine Entscheidung nach freiem Ermessen zustand,[521] wodurch sie eher der Verwaltung hätten zugerechnet werden müssen. Hierin lassen sich keine eindeutigen Anhaltspunkte für oder gegen eine objektive Rechtmäßigkeitskontrolle erkennen.

Ein weiteres Kriterium für die Nähe zur Verwaltung könnte sein, daß der Vorsitzende Rechtsmittel im öffentlichen Interesse einlegen konnte nach §§ 82 Abs. 1, 83 Abs. 1, 93 Abs. 2 LVG und bei dem Beschlußverfahren nach § 123 Abs. 1 LVG. Vorsitzende waren im Kreisausschuß der Landrat nach § 36 LVG und im Bezirksausschuß der Regierungspräsident nach § 30 LVG. Daß diese Rechtsmittel an die nächsthöhere Instanz einlegen

---

[518] *Bühler*, Die subjektiven öffentlichen Rechte, S. 274 f.; *Stump*, Preußische Verwaltungsgerichtsbarkeit 1875 - 1914, S. 161 f.

[519] *Bühler*, Die subjektiven öffentlichen Rechte, S. 276.

[520] *Bühler*, Die subjektiven öffentlichen Rechte, S. 289.

[521] Pro freies Ermessen: *Bühler*, Die subjektiven öffentlichen Rechte, S. 276 - 288, insbesondere 287 f.; contra: *W. Jellinek*, Gesetz, Gesetzesanwendung und Zweckmäßigkeitserwägung, S. 197 - 200 (früher ein Fall, jetzt keiner mehr); *W. Jellinek*, Verwaltungsrecht, 3. Aufl. S. 304 (keine Ermessenserwägungen bei ursprünglicher Verwaltungsrechtspflege).

konnten, diente nicht dem subjektiven Rechtsschutz, sondern dem Schutz der Interessen der Behörde, also der objektiven Rechtskontrolle.

Die fehlende personelle und organisatorische Trennung von Verwaltung und Verwaltungsgerichtsbarkeit in den unteren Instanzen spricht für eine objektive Rechtskontrolle, ebenso wie die Möglichkeit des Vorsitzenden, Rechtsmittel gegen die Urteile einzulegen. Andererseits spricht die Unabhängigkeit des PrOVG als letzter Instanz für einen subjektiven Rechtsschutz. Insgesamt ist eine Tendenz zur objektiven Rechtkontrolle festzustellen.

f) Wirkung der Urteile inter partes

Für eine objektive Rechtskontrolle spräche eine Wirkung der Entscheidungen allen gegenüber. Demgegenüber wäre eher ein Schutz subjektiver Rechte bezweckt, wenn der Klagezweck mit dem Obsiegen des Verletzten erfüllt wäre, also das Urteil nur eine Wirkung inter partes hätte.[522] Im Verwaltungsstreitverfahren bestand die Möglichkeit der Beiladung nach § 70 LVG, nicht jedoch beim Beschlußverfahren[523]; teilweise wird die Beiladung Dritter auch vorgeschrieben.[524] Dieses spricht für eine Wirkung der Entscheidungen nur inter partes, sonst wäre eine besonders geregelte und für einige Fälle ausdrücklich vorgeschriebene Beiladung nicht erforderlich gewesen. Nach diesem Kriterium diente die preußische Verwaltungsgerichtsbarkeit eher dem subjektiven Rechtsschutz.

g) Ergebnis

In Preußen ergänzten sich beim Schutz gegen Maßnahmen der Verwaltung die Beschwerde und die Klage. Die Beschwerde war eine verwaltungsinterne, überwiegend objektive Rechtmäßigkeitskontrolle.[525] Anders die Klage: Über sie entschied in der Revisionsinstanz das PrOVG als von den Behörden getrenntes, mit richterlicher Unabhängigkeit ausgestattetes Ge-

---

[522] So auch *Krebs*, Subjektiver Rechtsschutz und objektive Rechtskontrolle, FS für Ch.-F. Menger, S. 191 (193, 194); *Schütz*, Die Antragsbefugnis bei der Normenkontrolle von Bebauungsplänen nach dem 6. VwGOÄndG, S. 136.

[523] *Stump*, Preußische Verwaltungsgerichtsbarkeit 1875 - 1914, S. 126.

[524] So beispielsweise nach §§ 47 Abs. 2, § 56 Abs. 4, § 66 Abs. 2 des Gesetzes über die Zuständigkeit der Verwaltungs- und Verwaltungsgerichtsbehörden. Vom 01.08.1883, PrGS, 1883, S. 237 - 292.

[525] *Stump*, Preußische Verwaltungsgerichtsbarkeit 1875 - 1914, S. 129.

richt. Die subjektiven Kriterien, nach denen eine Klage zulässig war — bei der partiellen Generalklausel die Verletzung eines subjektiven öffentlichen Rechts, beim Enumerativprinzip in der Regel andere, oft subjektive Kriterien — sprechen weitgehend für einen subjektiven Rechtsschutz, ebenso wie der automatische Suspensiveffekt der Klage. Auch die Wirkung der Urteile nur inter partes spricht dafür. Jedoch war in den unteren Instanzen eine Trennung zu den Verwaltungsbehörden nicht strikt durchgeführt, was eher eine objektive Rechtskontrolle anzeigt. Die preußische Verwaltungsgerichtsbarkeit diente weder ausschließlich dem subjektiven Rechtsschutz, noch der objektiven Rechtskontrolle, sondern war insoweit ein Mischform mit einer Tendenz zum subjektiven Rechtsschutz.

4. *Bewertung der preußischen Entwicklung*

Das PrOVG führte das Erfordernis der Verletzung eines subjektiven (öffentlichen) Rechts als Klagevoraussetzung im Bereich der partiellen Generalklausel ein. Diese Bedingung wurde später gesetzlich festgeschrieben. Gerade in diesem Bereich bestand eine Tendenz zum subjektiven Rechtsschutz. Auch wenn ansonsten die preußische Verwaltungsgerichtsbarkeit nicht eindeutig dem subjektiven Rechtsschutz oder der objektiven Rechtskontrolle zugeordnet werden kann. Die Rechtsprechung des PrOVG zum subjektiven öffentlichen Recht war ausdifferenziert, schränkte die Klagemöglichkeiten jedoch oftmals ein.

II. Baden

1. *Überblick über den verwaltungsgerichtlichen Rechtsschutz*

Durch das Gesetz vom 05.10.1863[526] wurde in Baden eine Verwaltungsgerichtsbarkeit errichtet.[527] Diese wurde grundsätzlich von der Verwaltung

---

[526] Gesetz, die Organisation der inneren Verwaltung betreffend. Vom 05.10.1863, Großherzogl. Bad.Reg.Bl. 1863, 399 - 414; vgl. auch die unmittelbare allerhöchste Entschließung Seiner Königlichen Hoheit des Großherzogs. Vollzugsverordnung zum Gesetze über die Organisation der inneren Verwaltung; insbesondere die Einrichtung und Zuständigkeit der Behörden und das Verfahren betreffend. Vom 15.07.1864, Großherzogl. Bad.Reg.Bl. 1864, S. 333 - 371; zur Einführung der Verwaltungsgerichtsbarkeit in Baden vgl. *I. Bauer*, Von der Administrativjustiz zur Verwaltungsgerichtsbarkeit, S. 83 - 90.

[527] Dieses Gesetz beruhte letztendlich auf einem Entwurf, der bereits aus dem Jahre 1848 stammte, der aber damals nicht verabschiedet wurde, *Sydow*, Die Revolution

getrennt, auch wenn die Bezirksämter gerichtliche und Verwaltungstätigkeit nebeneinander ausübten.[528] Die Richter am Verwaltungsgerichtshof erhielten erst durch Gesetz vom 24.02.1880[529] die formelle Garantie der richterlichen Unabhängigkeit. Durch das Verwaltungsrechtspflegegesetz vom 14.06.1884 wurden die Kompetenzen ausgeweitet,[530] weil sich die Verwaltungsgerichtsbarkeit bewährt hatte.[531] Dieses Gesetz lehnte sich unter anderem bei der Ausgestaltung der enumerierten Rechtsgebiete und der Generalklausel für Polizeiverfügungen an das preußische Recht an, bei der die Überprüfung an die Möglichkeit einer Rechtsverletzung geknüpft war.[532] Auch in Baden galt das Enumerativprinzip nach § 1 Abs. 1, §§ 2, 3 des Gesetzes, die Verwaltungsrechtspflege betreffend[533] und eine partielle Generalklausel im Bereich des Polizeirechts nach § 4 Abs. 1 Zf. 1 des Gesetzes, die Verwaltungsrechtspflege betreffend[534]. Zwar

---

von 1848/49: Ursprung der modernen Verwaltungsgerichtsbarkeit, VerwArch 92 (2001), S. 389 (402, 395 f.); *Sydow*, Die Verwaltungsgerichtsbarkeit des ausgehenden 19. Jahrhunderts, S. 56 f.

528 *Kohl*, Das Reichsverwaltungsgericht, S. 29; *Montag*, Die Geschichte der Verwaltungsgerichtsbarkeit, VBlBW. 1992, 194 (391 f.).

529 Gesetz, den Verwaltungsgerichtshof und das verwaltungsgerichtliche Verfahren betreffend. Vom 24.02.1880, BadGVBl. 1880, S. 29 - 32; vgl. dazu *Montag*, Die Geschichte der Verwaltungsgerichtsbarkeit, VBlBW. 1992, 194 (392); vorher stand nach § 19 des Gesetzes, die Organisation der inneren Verwaltung betreffend. Vom 05.10.1863, Großherzogl. Bad.Reg.Bl. 1863, 399 (405) dem Ministerium des Innern die dienstliche Aufsicht über den Verwaltungsgerichtshof und dessen Mitglieder zu.

530 Gesetz, die Verwaltungsrechtspflege betreffend. Vom 14. Juni 1884, BadGVBl. 1884, S. 197 - 215.

531 *I. Bauer*, Von der Administrativjustiz zur Verwaltungsgerichtsbarkeit, S. 105.

532 Vgl. dazu *Bühler*, Die subjektiven öffentlichen Rechte, S. 468; eine Überprüfbarkeit von polizeilichen Verfügungen war nach den Zuständigkeiten des VGH noch nicht gegeben, § 15 des Gesetzes, die Organisation der inneren Verwaltung betreffend. Vom 05.10.1863, Großherzogl. Bad.Reg.Bl. 1863, 399 (404); nach §§ 5 und 6 dieses Gesetzes galt das Enumerativprinzip, Großherzogl. Bad.Reg.Bl. 1863, 399 (400 - 402). Aber in bestimmten polizeilichen Angelegenheiten fand die ursprüngliche Verwaltungsrechtspflege statt, nach § 7 dieses Gesetzes, Großherzogl. Bad.Reg.Bl. 1863, 399 (402).

533 Gesetz, die Verwaltungsrechtspflege betreffend. Vom 14. Juni 1884, BadGVBl. 1884, S. 197 (197 - 202); eine Aufzählung der durch spezielle Gesetze zugewiesenen Materien gibt *Kohlmeier*, Die Ausgestaltung der Verwaltungsrechtspflege in Baden, DÖV 1953, 618 (620 f.).

534 Gesetz, die Verwaltungsrechtspflege betreffend. Vom 14. Juni 1884, BadGVBl. 1884, S. 197 (202).

wurde für § 4 Abs. 1 Zf. 1 die Regelung des § 127 PrLVG als Vorbild genommen, jedoch wurden die Unklarheiten der preußischen Regelung geändert und eine Rechtsverletzung zur Voraussetzung bei allen Klagen gegen polizeiliche Verfügungen nach § 4 Abs. 1 Nr. 1 gemacht.[535] Daneben war der Verwaltungsgerichtshof nach § 4 Abs. 2 auf die Überprüfung von Gesetzesverletzungen und Tatsachenfragen beschränkt. Ferner war der Ausschluß der Überprüfung des Ermessens in § 4 Abs. 4 geregelt.[536] Den Verwaltungsgerichten oblag keine Überprüfung des Ermessens, sondern sie hatten fast ausschließlich nach Rechtsgrundsätzen zu entscheiden.[537]

2. *Subjektives öffentliches Recht*

Bei der Beschäftigung mit dem subjektiven öffentlichen Recht ist vorrangig auf § 4 Abs. 1 Zf. 1 des Gesetzes, die Verwaltungsrechtspflege betreffend, einzugehen, weil nur diese Norm explizit eine Rechtsverletzung als Voraussetzung festlegte.[538] Trotzdem hatten auch die anderen Klagevoraussetzungen zumeist zur Folge, daß nur subjektive Rechte geltend gemacht werden konnten.[539] Der BadVGH durfte nur Gesetzesverletzungen und Tatsachenfragen überprüfen, nicht jedoch das Ermessen. Hier soll nur auf die ausdrücklich geforderte Rechtsverletzung eingegangen werden, weil nur in diesem Bereich umfassende Ausführungen des BadVGH zum subjektiven öffentlichen Recht zu erwarten sind.

a) Gesetzeslage

§ 4 Abs. 1 Zf. 1 des Gesetzes, die Verwaltungsrechtspflege betreffend, bestimmte, daß „der Verwaltungsgerichtshof ... in erster und letzter Instanz über Klagen gegen polizeiliche Verfügungen ... , welche den Kläger

[535] Gesetz, die Verwaltungsrechtspflege betreffend. Vom 14. Juni 1884, BadGVBl. 1884, S. 197 (202); vgl. dazu *Bühler*, Die subjektiven öffentlichen Rechte, S. 470 f.

[536] Gesetz, die Verwaltungsrechtspflege betreffend. Vom 14. Juni 1884, BadGVBl. 1884, S. 197 (202); vgl. dazu auch *W. Jellinek*, Verwaltungsrecht, 3. Aufl. S. 303.

[537] *Bühler*, Die subjektiven öffentlichen Rechte, S. 465 f.; *Montag*, Die Geschichte der Verwaltungsgerichtsbarkeit, VBlBW. 1992, 194 (394).

[538] § 1 des Gesetzes, die Verwaltungsrechtspflege betreffend, spricht zwar von „Streitigkeiten über Ansprüche und Verbindlichkeiten aus dem öffentlichen Recht", diese Norm war jedoch nicht als Beschränkung auf subjektive öffentliche Rechte gemeint, *Bühler*, Die subjektiven öffentlichen Rechte, S. 473.

[539] *Bühler*, Die subjektiven öffentlichen Rechte, 468 - 472.

in seinen Rechten verletzen" erkannte. Nach den Motiven zu dieser Norm setzte die Rechtsverletzung eine Verletzung in einem subjektiven öffentlichen Recht voraus. Ein solches Recht war dann gegeben, wenn die Behörde an die Norm unmittelbar gebunden wurde und die Norm den Schutz des Einzelnen bezweckte.[540] Die Überprüfbarkeit von Ermessen war stark eingeschränkt: § 4 Abs. 4 bestimmte: „Insoweit die Behörden innerhalb der Grenzen ihrer Zuständigkeit nach Ermessen im Sinne des Gesetzes zu verfügen berechtigt sind, findet eine Klage nicht statt." Diese Regelung bezog sich nicht nur auf die genannten Polizeiverfügungen, sondern auch auf andere Materien, bei denen zur Klage eine Rechtsverletzung nicht erforderlich war. Deshalb läßt sich aus dem Gesetz keine Schlußfolgerung ziehen, ob bereits das Erfordernis der Verletzung in einem subjektiven öffentlichen Recht bei einer Ermessensnorm ausgeschlossen ist, oder ob insoweit auch auf § 4 Abs. 4 zurückzugreifen war. Bemerkenswert ist, daß neben § 4 Abs. 2, der die Klage auf Überprüfung von Gesetzesverletzungen und Tatsachenfragen beschränkte, die Regelung des § 4 Abs. 4 bestand, der die Überprüfung des Ermessens begrenzte. § 4 Abs. 2 wurde aus dem preußischen Recht übernommen und ähnelte dem § 127 Abs. 3 LVG,[541] der die Gerichte ausschließlich auf eine rechtliche Überprüfung beschränken sollte.[542] § 4 Abs. 4 hingegen wurde dem bayerischen und württembergischen Recht entlehnt.[543] § 4 Abs. 4 sollte den Ausschluß der Überprüfung von Ermessen ausdrücklich festlegen.[544] Durch den unterschiedlichen Ursprung der Absätze wurde dieselbe Materie doppelt mit unterschiedlichen Formulierungen geregelt.

b) Ausführungen des BadVGH zum subjektiven öffentlichen Recht

Es gibt nur sehr wenig Rechtsprechung des BadVGH, in der dieser zum subjektiven öffentlichen Recht Stellung nimmt.[545] Der BadVGH setzte eine

---

540 Nach *Bühler*, Die subjektiven öffentlichen Rechte, S. 472.

541 *Bühler*, Die subjektiven öffentlichen Rechte, S. 470 f.; *Held-Daab*, Das freie Ermessen, S. 111 f.; *Kohlmeier*, Die Ausgestaltung der Verwaltungsrechtspflege in Baden, DÖV 1953, 618 (619 f.).

542 Teil 2, C. I. 1., sowie Teil 2, C. I. 2. a).

543 *Bühler*, Die subjektiven öffentlichen Rechte, S. 472, 473; *Held-Daab*, Das freie Ermessen, S. 109.

544 *Held-Daab*, Das freie Ermessen, S. 109.

545 *Bühler*, Die subjektiven öffentlichen Rechte, S. 474.

Rechtsverletzung mit einem Eingriff in die Rechtssphäre gleich.[546] Als Voraussetzung für eine Klage sah er an, daß nicht nur ein allgemeines Gesetz verletzt war, sondern daß dieses allgemeine Gesetz „ein in den persönlichen Lebenskreis des Einzelnen fallendes Interesse (Lebensgut)" staatlich schütze.[547]

Bestimmte subjektive Rechte des Klägers erkannte der BadVGH grundsätzlich an, so beispielsweise ein subjektives Recht des Klägers auf den Betrieb eines Gewerbes,[548] das Recht der freien Bewegung oder der unbeschränkten Verfügung über sein Eigentum,[549] des weiteren Ansprüche auf Einhaltung eines vorgeschriebenen Verfahrens[550] und Rechte des Gewählten und der Wahlberechtigten auf Aufrechterhaltung der Wahl.[551]

aa) Das Kriterium des zwingenden Rechtssatzes zum Ausschluß eines subjektiven öffentlichen Rechts bei Ermessen

Zunächst soll auf das Bühlersche Kriterium des zwingenden Charakters eines Rechtssatzes eingegangen werden. § 4 Abs. 4 legte den Ausschluß der Überprüfung von Ermessen insbesondere bei Polizeiverfügungen ausdrücklich fest. Dieser Ausschluß bestand neben dem Erfordernis einer Rechtsverletzung, das bereits in § 4 Abs. 1, Zf. 1 VRPfG festgelegt war. Deshalb wäre nicht erforderlich gewesen, auf das fehlende subjektive Recht bei Ermessen einzugehen, da die Klage bereits nach § 4 Abs. 4 unzulässig war. Trotzdem führte der BadVGH aus, daß der Streit über ein gesetzlich eingeräumtes freies Ermessen „kein Streit über ein gesetzlich anerkanntes und geschütztes Recht des Klägers" sei, sondern nur seine faktischen Interessen betreffe.[552] Es bestehe auch kein Anspruch auf eine Ausnahmebewilligung, da diese im freien Ermessen der Polizeibehörden

---

[546] BadVGH III, Nr. 981; BadVGH, BadVerwZ 1923, S. 38 (39); BadVGH, BadVerwZ 1925, S. 151 (151).

[547] BadVGH I, Nr. 6.

[548] BadVGH I, Nr. 92; BadVGH BadVerwZ 1925, 151 (151).

[549] BadVGH, BadVerwZ 1923, S. 38 (39).

[550] BadVGH III, Nr. 55.

[551] BadVGH III, Nr. 104 und Nr. 105.

[552] BadVGH I, Nr. 3.

stehe; nur gegen eine willkürliche Rücknahme derselben bestehe jedoch nach § 4 Abs. 2 Schutz.[553]

Der BadVGH hielt nur die äußersten Grenzen des Ermessens für gerichtlich überprüfbar, nicht jedoch den den Umständen nicht entsprechenden Gebrauch des Ermessens.[554] Die Überschreitung der Grenzen des Ermessens zog er bei einer willkürlichen Anordnung.[555] Er überprüfte weder die Notwendigkeit noch die Zweckmäßigkeit von Polizeiverfügungen. Damit waren Ermessensentscheidungen praktisch einer gerichtlichen Überprüfung entzogen.[556] Das Willkürverbot bei der Ermessenskontrolle beruhte nach Bühler auf dem Einfluß des PrOVG.[557]

Der BadVGH nahm bei freiem Ermessen der Behörden den Ausschluß subjektiver öffentlicher Rechte an.

bb) Die Kriterien des Schutzes der Interessen des Einzelnen und der Durchsetzbarkeit zur Abgrenzung von Rechten und Reflexen

Die von Bühler getrennten Kriterien des Interessenschutzes und der Durchsetzbarkeit sollen hier gemeinsam behandelt werden, weil die Rechtsprechung oft keine genaue Abgrenzung vornahm. Damit nach der Rechtsprechung des BadVGH ein subjektives (öffentliches) Recht bestehe, müsse das allgemeine Gesetz „ein in den persönlichen Lebenskreis des Einzelnen fallendes Interesse (Lebensgut)" staatlich schützen.[558] Damit benutzte der BadVGH ein ähnliches Kriterium wie Bühler mit dem Kriterium des Schutzes der Interessen des Einzelnen. Auf das Kriterium der Durchsetzbarkeit ging der BadVGH nicht ein.

Nach dem BadVGH war der Schutz der Interessen des Einzelnen eine Voraussetzung des subjektiven (öffentlichen) Rechts. Mangels Rechtsprechung dazu läßt sich nur vermuten, daß das Kriterium der Durchsetzbarkeit keine notwendige Voraussetzung war.

---

553 BadVGH III, Nr. 339.

554 BadVGH I, Nr. 91.

555 BadVGH II, Nr. 34.

556 Vgl. dazu *I. Bauer*, Von der Administrativjustiz zur Verwaltungsgerichtsbarkeit, S. 102; *Sydow*, Die Verwaltungsgerichtsbarkeit des ausgehenden 19. Jahrhunderts, S. 94 f., 96.

557 *Bühler*, Die subjektiven öffentlichen Rechte, S. 487.

558 BadVGH I, Nr. 6; wobei der VGH nicht auf den Begriff des subjektiven (öffentlichen) Rechts abstellte, sondern nur auf die Rechtsverletzung.

cc) Adressatentheorie

Aus den Entscheidungen des BadVGH in der amtlichen Sammlung geht nicht hervor, ob er die Adressatentheorie anerkannte.

dd) Drittschutz

Auch zum Drittschutz ist nur wenig Rechtsprechung des BadVGH veröffentlicht. Grundsätzlich erkannte der BadVGH die Zulässigkeit von Klagen Dritter gegen polizeiliche Verfügungen an. Eine Verletzung in den Rechten des Klägers sei dann gegeben, wenn ein Eingriff in die „Rechts- und Willenssphäre des Dritten", also in den „ganzen subjektiven Rechtskreis des Staatsangehörigen" gegeben sei.[559] Als Rechte kommen beispielsweise das Recht zu freier gewerblicher Betätigung[560], sowie das Recht der freien Bewegung oder der unbeschränkten Verfügung über sein Eigentum[561] in Betracht. Jedoch hat der BadVGH den Schutz Dritter im Baurecht abgelehnt: Der Nachbar sei durch einen Baubescheid nicht in seinen subjektiven Rechten verletzt; seine persönliche Freiheit und die Verfügungsmöglichkeit über sein Eigentum werden nicht rechtlich beschränkt, und eine Berührung in seinen Interessen genüge nicht.[562] Grundsätzlich konnte ein Dritter der nicht Adressat einer polizeilichen Verfügung war, gegen diese Verfügung nach § 4 Abs. 1 Zf. 1 VRPflG dann klagen, wenn diese in seinen subjektiven Rechtskreis eingriff.

c) Ergebnis

Es existiert vergleichsweise wenig Rechtsprechung des BadVGH zum subjektiven (öffentlichen) Recht, obwohl eine Rechtsverletzung Klagevoraussetzung nach § 4 Abs. 1 Zf. 1 VRPflG war. Aus dem Erfordernis des Eingriffes in den Rechtskreis des Einzelnen, bzw. daß das Gesetz „ein in den persönlichen Lebenskreis des Einzelnen fallendes Interesse (Lebensgut)" staatlich schütze, lassen sich Anklänge an die Schutznormtheorie finden. Bei Ermessen war ein subjektives (öffentliches) Recht ausgeschlossen. Der BadVGH eröffnete auch Dritten eine Klagemöglichkeit, wenn in

---

559 BadVGH, BadVerwZ 1923, 38 (39); BadVerwZ 1925, S. 151 (151).

560 BadVGH, BadVerwZ 1925, S. 151 (151).

561 BadVGH, BadVerwZ 1923, S. 38 (39).

562 BadVGH III, Nr. 877; vgl. dazu auch *Sellmann*, Entwicklung und Problematik der öffentlich-rechtlichen Nachbarklage, DVBl. 1963, 273 (274).

ihren Rechtskreis eingegriffen wurde. Soweit sich die wenigen Urteile zusammenfassen lassen, ist festzustellen, daß die Grundsätze der Rechtsprechung des BadVGH im wesentlichen mit der Auffassung Bühlers übereinstimmen.

3. Schutz subjektiver Rechte oder objektive Rechtmäßigkeitskontrolle

a) Vorrangiges Ziel der Verwaltungsgerichtsbarkeit

Nach der überwiegenden Ansicht diente die badische Verwaltungsgerichtsbarkeit dem Schutz subjektiver öffentlicher Rechte.[563]

b) Gesetzliche Zugangssperre mit Auswirkungen auf die Begründetheitsprüfung

Eine enge Beziehung von Klagezulassung und Begründetheitsprüfung läßt auf einen subjektiven Rechtsschutz schließen. Für eine objektive Rechtskontrolle spricht hingegen, wenn keine subjektiven Beschränkungen des Zugangs zu den Gerichten bestehen oder höchstens durch die Gerichte selbst gewisse Zugangssperren errichtet wurden. Die Geltung des Enumerativprinzips spricht grundsätzlich für eine objektive Rechtskontrolle. In Baden galt das Enumerativprinzip mit einer partiellen Generalklausel für polizeiliche Verfügungen. Die enumerativ genannten Materien bestimmten regelmäßig explizit, wer in diesem Bereich klagebefugt war[564] oder schränkten den Anwendungsbereich so stark ein, daß Dritte kaum ein Interesse an einer Klage haben konnten. Regelmäßig sollten durch §§ 2, 3 des Gesetzes, die Verwaltungsrechtspflege betreffend, auch

---

[563] *Bühler*, Die subjektiven öffentlichen Rechte, S. 462; *Menger*, Zur Geschichte der Verwaltungsgerichtsbarkeit in Deutschland, DÖV 1963, 726 (727); *von Stengel*, Die Verwaltungsgerichtsbarkeit und die öffentlichen Rechte, VerwArch 3 (1895), S. 177 (181).

[564] Beispielsweise § 2 Zf. 6 „zwischen mehreren Gemeinden oder Gemarkungsinhabern", § 2 Zf. 8, „Ansprüche der Beamten und Bediensteten", § 2 Zf. 9 „Öffentlicher Bediensteter und öffentlich bestellter Gewerbetreibender", § 2 Zf. 10 „der Armenverbände unter sich oder mit der Staatskasse", § 2 Zf. 17 „der Grundbesitzer", § 2 Zf. 19 „Besitzer von Pferden oder Rindvieh", § 2 Zf. 22 „der Familien der Reservisten, Landwehrleute, Ersatzreservisten, Landsturmpflichtigen", § 2 Zf. 23 „gegenseitige Rechte und Verbindlichkeiten der Gemeinden", § 2 Zf. 25 „der Mitglieder israelitischer Religionsgemeinschaften", § 3 Zf. 3 „der Volksschullehrer", § 3 Zf. 5 „der Gemeinden", § 3 Zf. „örtlicher Kirchenfonds", § 3 Zf. 12 „der Kreise", § 3 Zf. 13, 14 „der Gemeinden", § 3 Zf. 19 „der Grundbesitzer", § 3 Zf. 20 „der Höchstbesteuerten", § 3 Zf. 30 „der Grundeigentümer".

subjektive Rechte geschützt werden.[565] Für polizeiliche Verfügungen galt — wie in Preußen — eine partielle Generalklausel, die als Klagevoraussetzung den Schutz subjektiver öffentlicher Rechte vorsah.[566] Nach dem BadVGH führte das Fehlen der Verletzung eines subjektiven öffentlichen Rechts zur Unzulässigkeit der Klage.[567] Auf die Auswirkungen des subjektiven öffentlichen Rechts auf die Begründetheit ging der BadVGH nicht ein.

Es bestand eine weitgehende gesetzliche Zugangssperre, die jedoch wohl keine Auswirkungen auf die Begründetheit hatte. Es ist eine Tendenz zum subjektiven Rechtsschutz zu erkennen.

c) Dispositionsmaxime

Auch aus der Bindung an den Antrag des Klägers kann auf den Zweck des Verfahrens geschlossen werden. Die Geltung der Dispositionsmaxime spricht für einen eher subjektiven Rechtsschutz, die des Offizialprinzips auf eine objektive Rechtskontrolle.

Nach § 5 Abs. 1 des Gesetzes, die Verwaltungsrechtspflege betreffend, entschieden „die Verwaltungsgerichte (...) nur über die von den Parteien vor sie gebrachten Streitpunkte." Dieses war eine gesetzliche Festlegung der Dispositionsmaxime und nicht des Beibringungsgrundsatzes. Mit dem Begriff der „Streitpunkte" war der Streitgegenstand gemeint. Denn § 5 Abs. 2 ordnete demgegenüber das Amtsermittlungsprinzip an.[568] Dieses hätte nicht gelten können, wenn mit dem Begriff der „vor die Verwaltungsgerichte gebrachten Streitpunkte", den die Parteien bestimmen sollten, der Tatsachenstoff gemeint gewesen wäre. Aus der Geltung der Dispositionsmaxime kann man auf einen eher subjektiven Rechtsschutz schließen.

---

[565] *Bühler*, Die subjektiven öffentlichen Rechte, S. 469 f.

[566] § 4 Abs. 1, Zf. 1 des Gesetzes, die Verwaltungsrechtspflege betreffend. Vom 14. Juni 1884, BadGVBl. 1884, S. 197 (202).

[567] BadVGH III, Nr. 993.

[568] Ebenso ist der Amtsermittlungsgrundsatz festgeschrieben in § 32 der unmittelbaren allerhöchsten Entschließung Seiner Königlichen Hoheit des Großherzogs. Vollzugsverordnung zum Gesetze über die Organisation der inneren Verwaltung; insbesondere die Einrichtung und Zuständigkeit der Behörden und das Verfahren betreffend. Vom 15.07.1864, Großherzogl. Bad.Reg.Bl. 1864, S. 333 (345).

d) Automatischer Suspensiveffekt

Auch aus dem Vorliegen eines automatischen Suspensiveffektes der Klage kann auf den Charakter des Rechtsschutzes geschlossen werden. Nach § 41 Zf. 9 des Gesetzes, die Verwaltungsrechtspflege betreffend, konnte die Verwaltungsbehörde beim Verfahren vor dem BadVGH in erster und letzter Instanz „die angefochtene Entscheidung oder Verfügung aus Gründen des öffentlichen Interesses in Vollzug" setzen. Im Normalfall mußte die Anfechtung also aufschiebende Wirkung gehabt haben.[569] Auch dieses spricht für einen subjektiven Rechtsschutz.

e) Unabhängigkeit der Gerichte gegenüber der Verwaltung

Wenn die Gerichte gegenüber der Verwaltung unabhängig sind, besteht ihr Zweck nicht in der Selbstkontrolle der Verwaltung, sondern es ist der subjektive Rechtsschutz des Einzelnen. Nur wenn die Verwaltungsgerichte als Teil der Exekutive agieren, dienen sie der objektiven Rechtskontrolle.

Die Verwaltungsgerichtsbarkeit in Baden bestand aus zwei Instanzen, dem Bezirksrat und dem Verwaltungsgerichtshof. Die Richter am BadVGH erhielten die Garantie der richterlichen Unabhängigkeit durch Gesetz vom 24.02.1880.[570] Zudem nahm der BadVGH keine Behördentätigkeit wahr.[571] Die Rechtslage bezüglich des Bezirksrates ist grundlegend anders. Der Bezirksrat bestand aus sechs bis neun ehrenamtlichen Mitgliedern sowie dem Bezirksbeamten als Vorsitzenden. Er war sowohl für die Ver-

---

[569] Vgl. dazu *Sydow*, Die Verwaltungsgerichtsbarkeit des ausgehenden 19. Jahrhunderts, S. 162, Fn. 37.

[570] Gesetz, den Verwaltungsgerichtshof und das verwaltungsgerichtliche Verfahren betreffend. Vom 24.02.1880, BadGVBl. 1880, S. 29 - 32; vgl. dazu *W. Jellinek*, Verwaltungsrecht, 3. Aufl., 1931, S. 94; *Kohl*, Das Reichsverwaltungsgericht, S. 29; *Montag*, Die Geschichte der Verwaltungsgerichtsbarkeit, VBlBW. 1992, 194 (392); es bestand jedoch die Möglichkeit der Versetzung der Richter auf mindestens gleichrangige Verwaltungsämter, *Sydow*, Die Verwaltungsgerichtsbarkeit des ausgehenden 19. Jahrhunderts, S. 138. Vor der Regelung von 1880 stand nach § 19 des Gesetzes, die Organisation der inneren Verwaltung betreffend. Vom 05.10.1863, Großherzogl. Bad.Reg.Bl. 1863, 399 (405) dem Ministerium des Innern die dienstliche Aufsicht über den Verwaltungsgerichtshof und dessen Mitglieder zu.

[571] Anders wäre die Regelung des § 16 Satz 2 des Gesetzes, die Organisation der inneren Verwaltung betreffend. Vom 05.10.1863, Großherzogl. Bad.Reg.Bl. 1863, 399 (404) nicht sinnvoll, daß Ersatzrichter nur aus den Rechtsgelehrten ernannt werden dürfen, die keine Verwaltungsämter innehaben.

waltungstätigkeit, als auch für die Verwaltungsstreitsachen zuständig.[572] Bedenklich war diese Doppelfunktion des Bezirksrates wegen der Möglichkeit, daß seine Mitglieder in beiden Funktionen mit einer Rechtssache befaßt werden konnten. Zwar wurden in dem Gesetz vom 05.10.1863 einige Beteiligungsverbote aufgestellt.[573] Jedoch bildete die amtliche Tätigkeit des Bezirksbeamten in der Sache keinen Ablehnungsgrund wegen der Besorgnis der Befangenheit nach § 11 Abs. 4 des Gesetzes, die Verwaltungsrechtspflege betreffend. Zudem stand — wie in Preußen — dem Vorsitzenden „aus Gründen des öffentlichen Interesses" nach § 32 dieses Gesetzes die Berufung an den Verwaltungsgerichtshof zu.[574]

Für eine objektive Rechtskontrolle spricht, daß beim Bezirksrat weder eine personelle, noch eine organisatorische Trennung von Verwaltung und Verwaltungsgerichtsbarkeit stattfand. Dafür spricht auch die Möglichkeit des Vorsitzenden des Bezirksrates, Rechtsmittel gegen die Urteile einzulegen. Für einen subjektiven Rechtsschutz spricht jedoch, daß der BadVGH als letzte Instanz Unabhängigkeit besaß. Insgesamt ist bei diesem Kriterium eine Tendenz eher zur objektiven Rechtskontrolle festzustellen.

f) Wirkung der Urteile inter partes

Die Wirkung der Urteile nur inter partes spricht für einen subjektiven Rechtsschutz; demgegenüber entfalten die Urteile bei einer objektiven Rechtskontrolle regelmäßig eine Wirkung allen gegenüber. Nach § 21 Satz 1 des Gesetzes, die Verwaltungsrechtspflege betreffend, war eine Beiladung auf Antrag oder von Amts wegen möglich. Nach Satz 3 war „die Entscheidung ... in diesem Falle auch dem Beigeladenen gegenüber giltig." Diese ausdrückliche Bestimmung, daß nur im Falle der Beiladung eine Entscheidung Dritten gegenüber Gültigkeit besaß, zeigte, daß eine Entscheidung grundsätzlich nur inter partes wirkte. Dieses spricht für einen subjektiven Rechtsschutz.

---

[572] *I. Bauer*, Von der Administrativjustiz zur Verwaltungsgerichtsbarkeit, S. 86 - 96.

[573] § 11 Abs. 1 und 2 des Gesetzes, die Organisation der inneren Verwaltung betreffend. Vom 05.10.1863, Großherzogl. Bad.Reg.Bl. 1863, 399 (403).

[574] Gesetz, die Verwaltungsrechtspflege betreffend. Vom 14. Juni 1884, BadGVBl. 1884, S. 197 (209).

g) Ergebnis

Die meisten Kriterien sprechen für einen subjektiven Rechtsschutz. Ein Argument dagegen ist die fehlende Trennung zu den Verwaltungsbehörden in der unteren Instanz. Der in zweiter Instanz zuständige BadVGH war jedoch ein von den Behörden getrenntes, mit richterlicher Unabhängigkeit ausgestattetes Gericht. Auch die Möglichkeit des Vorsitzenden, Berufung einzulegen, ändert an der Beurteilung nichts, daß der Verwaltungsrechtsschutz in Baden vorrangig zum Schutz subjektiver Rechte konzipiert war.

4. Bewertung der badischen Entwicklung

Die Verwaltungsgerichtsbarkeit in Baden diente vorrangig dem Schutz subjektiver Rechte. Die für den Bereich des Polizeirechts geltende partielle Generalklausel stellte gerade die (mögliche) Verletzung subjektiver öffentlicher Rechts als Klagevoraussetzung auf. In diesem Bereich ist sehr deutlich der Zweck der badischen Verwaltungsgerichtsbarkeit festzustellen, nämlich subjektive Rechte zu schützen. Hingegen ist in dem Bereich, auf den das Enumerativprinzip Anwendung findet, der Gedanke des subjektiven Rechtsschutzes deutlich schwächer ausgeprägt.

III. Bayern

1. Überblick über den verwaltungsgerichtlichen Rechtsschutz

Die Verwaltungsgerichtsbarkeit wurde in Bayern durch das Gesetz, vom 08.08.1878, betreffend die Errichtung eines Verwaltungsgerichtshofes und das Verfahren in Verwaltungsrechtssachen, eingeführt.[575] Einige Ände-

[575] Gesetz, vom 08.08.1878, betreffend die Errichtung eines Verwaltungsgerichtshofes und das Verfahren in Verwaltungsrechtssachen, BayGuVBl. 1878, S. 369 - 392; vgl. dazu die Vollzugsvorschriften zu dem Gesetze vom 08.08.1878, betreffend die Errichtung eines Verwaltungsgerichtshofes und das Verfahren in Verwaltungsrechtssachen, BayGuVBl. 1879, S. 1014 - 1030. Ein Entwurf von 1849, der das justizstaatliche Modell nach § 182 der Paulskirchenverfassung umsetzte, wurde dabei jedoch nicht mehr berücksichtigt, *Sydow*, Die Revolution von 1848/49: Ursprung der modernen Verwaltungsgerichtsbarkeit, VerwArch 92 (2001), S. 389 (403, 400); vgl. zum Gesetzgebungsverfahren *Sydow*, Die Verwaltungsgerichtsbarkeit des ausgehenden 19. Jahrhunderts, S. 61 - 65.

rungen brachten die Verordnung vom 31.08.1879[576] und das Gesetz vom 22.06.1910.[577]

Nach Art. 8 und 10 des Gesetzes vom 08.08.1878 bestand das Enumerativprinzip. Die Bezeichnung als Generalklausel[578] ist nur insoweit gerechtfertigt, weil neben den enumerativ genannten Gegenständen nach Art. 8 weitere Voraussetzung war, daß es sich um Rechtsansprüche oder Verbindlichkeiten handelte, wie es üblicherweise bei einer Generalklausel der Fall ist. An der Einordnung als Enumerativprinzip kann die zusätzliche Voraussetzung der Rechtsverletzung jedoch nichts ändern, weil die Klage nur in bestimmten, einzeln aufgezählten Fällen zugelassen ist. Insofern liegt eine Kombination des Enumerativprinzips und der Generalklausel vor.[579] Weil grundsätzlich die Ermessensentscheidungen der Verwaltungsbehörden nicht durch den Verwaltungsgerichtshof nach Art. 13 Abs. 1 Zf. 3) überprüft werden durften, waren viele Verwaltungsakte der Rechtskontrolle durch den Verwaltungsgerichtshof entzogen.[580] Die Kreisregierungen durften hingegen nach Art. 31 Abs. 3[581] in Verwaltungsrechtssachen auch Fragen des administrativen Ermessens überprüfen. Entsprechend stand den Ministerien zwar keine Oberaufsicht gegen Beschlüsse des VGH zu, jedoch war diese Oberaufsicht bei Ermessensnormen nach Art. 15 Abs. 1 und 2 den Ministerien eingeräumt worden.

---

[576] Königlich Allerhöchste Verordnung vom 31.08.1879, den Verwaltungsgerichtshof betreffend, BayGuVBl. 1879, S. 1007 - 1013.

[577] Gesetz über das Verwaltungsstreitverfahren, vom 13.06.1910, BayGuVBl. 1910, S. 287 f.

[578] *Bühler*, Die subjektiven öffentlichen Rechte, S. 371 f.

[579] *Kohl*, Das Reichsverwaltungsgericht, S. 33; Bezeichnung als „reines Enumerativsystem", *Rüfner*, Die Entwicklung der Verwaltungsgerichtsbarkeit, in: Deutsche Verwaltungsgeschichte, Band. 3, S. 909 (913, 918).

[580] Gesetz, vom 08.08.1878, betreffend die Errichtung eines Verwaltungsgerichtshofes und das Verfahren in Verwaltungsrechtssachen, BayGuVBl. 1878, S. 369 (378); *Braunwart*, Die Geschichte der Verwaltungsrechtspflege in Bayern, FS für den Bayerischen Verwaltungsgerichtshof, S. 1 (14 f.).

[581] Gesetz, vom 08.08.1878, betreffend die Errichtung eines Verwaltungsgerichtshofes und das Verfahren in Verwaltungsrechtssachen, BayGuVBl. 1878, S. 369 (384).

2. *Subjektives öffentliches Recht*

a) *Gesetzeslage*

Entgegen der sonstigen Ausgestaltung einer Klagezulassung nach dem Enumerativprinzip war nach Art. 8 eine Entscheidung über „Rechtsansprüche und Verbindlichkeiten in nachbenannten Angelegenheiten"[582] erforderlich. Diese Norm wurde so ausgelegt, daß eine Rechtsverletzung Voraussetzung für eine Klage war.[583] Nach Bühler war die dadurch entstehende Erschwerung des Zuganges zu den Gerichten negativ zu beurteilen. Gerade den sonst allgemein bestehenden Vorzug des Enumerativprinzips, daß keine Rechtsverletzung erforderlich war, besitze das bayerische Recht nicht: Trotz des Enumerativprinzips war eine Entscheidung nur über Rechtsansprüche und Verbindlichkeiten zulässig, damit war die Möglichkeit einer Rechtsverletzung Klagevoraussetzung.[584] Wie jedoch dieser Begriff der Rechtsverletzung auszulegen war, wurde weder gesetzlich bestimmt, noch waren Aussagen darüber in den Gesetzgebungsmaterialien vorhanden.[585]

b) *Ausführungen des BayVGH zum subjektiven öffentlichen Recht*

Der BayVGH prüfte, ob entsprechend Art. 8 bestimmte subjektive „Rechtsansprüche oder Verbindlichkeiten" vorlagen.[586] Bei dieser Prüfung definierte der BayVGH diese Anforderung jedoch nicht näher.

---

[582] Gesetz, vom 08.08.1878, betreffend die Errichtung eines Verwaltungsgerichtshofes und das Verfahren in Verwaltungsrechtssachen, BayGuVBl. 1878, S. 369 (371).

[583] Die bayerische Staatsregierung hatte sich gegen eine Generalklausel ausgesprochen, weil die Gefahr bestünde, daß die Gerichte sonst auch Ermessensfragen überprüften; dieses werde auch nicht durch das Kriterium der Rechtsverletzung ausgeschlossen, weil unklar sei, wie weit das subjektive öffentliche Recht reiche, *Sydow*, Die Verwaltungsgerichtsbarkeit des ausgehenden 19. Jahrhunderts, S. 90.

[584] *Bühler*, Die subjektiven öffentlichen Rechte, S. 372; *Rüfner*, Die Entwicklung der Verwaltungsgerichtsbarkeit, in: Deutsche Verwaltungsgeschichte, Band. 3, S. 909 (919); zwar fehlte bei Art. 10 eine solche Einschränkung, dieses wurde aber von der Rechtsprechung korrigiert, *Rüfner*, Die Entwicklung der Verwaltungsgerichtsbarkeit, in: Deutsche Verwaltungsgeschichte, Band. 3, S. 909 (919 f.).

[585] *Bühler*, Die subjektiven öffentlichen Rechte, S. 373.

[586] BayVGHE 11, 563 (564); 53, 53 (54); ähnlich zu Art. 44 Abs. 5 BayGO (vom 17.10.1927), BayVGHE 53, 163 (165).

aa) Das Kriterium des zwingenden Rechtssatzes zum Ausschluß eines subjektiven öffentlichen Rechts bei Ermessen

Nach Bühler war ein Rechtssatz mit zwingendem Charakter Voraussetzung eines subjektiven öffentlichen Rechts. Der BayVGH hielt eine Rechtsnorm, eine gesetzliche Bestimmung, für einen Rechtsanspruch für erforderlich.[587]

Daneben ist festzustellen, ob trotz Ermessens subjektive öffentliche Rechte bestehen konnten. Nach Art. 31 Abs. 3 sollte die mittlere Instanz Ermessens- und Rechtsfragen überprüfen.[588] Deshalb wurde die Klausel, daß „Verwaltungsrechtssachen ... alle bestrittenen Rechtsansprüche und Verbindlichkeiten" waren, nicht als Verbot der Ermessensprüfung ausgelegt.[589] Aber der BayVGH durfte nach Art. 13 Abs. 1 Zf. 3) des Gesetzes von 1878 keine Ermessensfragen überprüfen, woran er sich auch hielt.[590] Deshalb überprüfte der BayVGH nur, ob eine Behördenentscheidung im Ermessen liege und ob Ermessen ausgeübt worden wäre, weil es sich hierbei um Rechtsfragen handele.[591] Dementsprechend lehnte er eine Überprüfung des Entzuges der Jagdkarte ab, weil die maßgeblichen Erwägungen polizeilicher Zweckmäßigkeit eine nicht überprüfbare Ermessensfrage seien.[592] Auch dann sei eine nicht überprüfbare Ermessensfrage gegeben, wenn eine Streitfrage unter maßgeblicher Berücksichtigung des öffentlichen Interesses zu entscheiden sei, ohne daß die Voraussetzungen für eine Gefährdung des öffentlichen Interesses näher umschrieben werden.[593] Diese Beurteilung ändere sich auch nicht aufgrund einer Konkretisierung durch Direktiven der Verwaltungsbehörden, weil diese weder nach ihrem Zweck noch nach ihrer Form verwaltungsrechtlich verfolgbare Rechtsan-

---

587 BayVGHE 49, 25 (57).

588 Gesetz, vom 08.08.1878, betreffend die Errichtung eines Verwaltungsgerichtshofes und das Verfahren in Verwaltungsrechtssachen, BayGuVBl. 1878, S. 369 (384).

589 *Bühler*, Die subjektiven öffentlichen Rechte, S. 379, auch Fn. 164; *Held-Daab*, Das freie Ermessen, S. 105.

590 Gesetz, vom 08.08.1878, betreffend die Errichtung eines Verwaltungsgerichtshofes und das Verfahren in Verwaltungsrechtssachen, BayGuVBl. 1878, S. 369 (378); BayVGH 1, 30 (32); 1, 217 (220); 4, 312 (315); 11, 294 (295); 49, 25 (38); 53, 53 (54); vgl. dazu *Bühler*, Die subjektiven öffentlichen Rechte, S. 377; *Held-Daab*, Das freie Ermessen, S. 106.

591 BayVGHE 22, 19 (25); 23, 62 (65 f.); 25, 244 (248 f.).

592 BayVGHE 2, 481 (484).

593 BayVGHE 4, 312 (315).

sprüche schaffen sollen.[594] Demgegenüber sei bei den Voraussetzungen der Gewerbeordnung zu unterscheiden: Daß ein Lokal den polizeilichen Anforderungen genüge, sei eine Frage des Ermessens;[595] demgegenüber solle bei der Beurteilung der persönlichen Eigenschaften bzw. der Erfordernisse für eine Schankkonzession die behördliche Willkür ausgeschlossen werden, wodurch diese Bewertung nicht als Ermessensfrage, sondern als Rechtsfrage anzusehen sei.[596] Auch die gewerberechtliche Zuverlässigkeit sei eine Rechts- und keine Ermessensfrage, und damit überprüfbar.[597] Andererseits sei die Frage, ob ein „Bedürfnis" für bestimmte Veranstaltungen bestehe, eine Ermessensfrage und der BayVGH unzuständig.[598] Die Abgrenzung zwischen Ermessen und unbestimmten Rechtsbegriffen entwickelte sich in der Rechtsprechung des BayVGH erst. Deshalb war sie — aus heutiger Sicht — teilweise noch etwas ungenau. Trotzdem zeichnete sich ab, daß nur die äußersten Grenzen des Ermessens überprüfbar sein sollten, die unbestimmten Rechtsbegriffe jedoch vollständig kontrolliert wurden.[599]

Der BayVGH führte zum Problem des Bestehens subjektiver Rechte bei Ermessen aus: Eine auf freiem Ermessen beruhende Verfügung bewirke keine Rechtsverletzung, selbst wenn diese unzweckmäßig oder für die Beteiligten beschwerend sei, weil insoweit keine Rechte der Beteiligten bestehen oder diese durch das Recht beschränkt seien.[600] Die Streitigkeiten über die Ausnutzung einer Konzession über die Wasserbenutzung an öffentlichen Flüssen, die nach freiem Ermessen zu erteilen sei, begründe wegen des freien Ermessens bei der Erteilung der Konzession keinen Rechtsanspruch.[601] Andererseits erkannte der Verwaltungsgerichtshof ein Recht auf Vermarkung der Grundbesitzer an, wenn die Voraussetzungen

---

[594] BayVGHE 4, 312 (315).

[595] BayVGHE 1, 291 (294).

[596] BayVGHE 1, 291 (294 f., 297); 2, 140 (142 f.).

[597] BayVGHE 44, 99 (99).

[598] BayVGHE 46, 8 (11).

[599] Vgl. dazu auch *Sydow*, Die Verwaltungsgerichtsbarkeit des ausgehenden 19. Jahrhunderts, S. 95.

[600] BayVGHE 19, 319 (320); etwas anders klingt insoweit die Entscheidung BayVGHE 53, 53 (54), in der der BayVGH ein subjektives öffentliches Recht bejaht, die Klage aber wegen fehlender Zuständigkeit aufgrund Ermessens abweist.

[601] BayVGHE 11, 294 (295).

der Norm gegeben seien, weil die Entscheidung nach dem Vermarkungsgesetz nicht in freiem Ermessen stehe.[602] Ebenso erkannte der BayVGH einen „gewissen Rechtsanspruch auf Genehmigung" nach § 33 ReichsGewO an, weil diese nur in bestimmten Ausnahmefällen versagt werden dürfe.[603] Ein subjektives öffentliches Recht war nach der Rechtsprechung des BayVGH soweit ausgeschlossen, wie ein gerichtlich nicht überprüfbarer Spielraum bestand. Der BayVGH erkannte soweit subjektive Rechte an, wie das Ermessen gerichtlich überprüfbar war.

bb) Die Kriterien des Schutzes der Interessen des Einzelnen und der Durchsetzbarkeit zur Abgrenzung von Rechten und Reflexen

Nach Bühler mußte eine Norm dem Schutz der Interessen des Einzelnen dienen und auch durchsetzbar sein, um ein subjektives öffentliches Recht zu bewirken. Der BayVGH lehnte ein subjektives öffentliches Recht auf Wasserbenutzung mangels Schutz der Interessen des Einzelnen ab; es würden wasserpolizeiliche und volkswirtschaftliche Belange überwiegen, also das öffentliche Interesse.[604] So sei eine Klage nur zur „Wahrung persönlicher Rechte, nicht aber zur Wahrung öffentlicher Interessen" möglich.[605] Insofern benutzte der BayVGH das Kriterium des Interessenschutzes wie Bühler und grenzte auch den Schutz der Interessen des Einzelnen von dem der Öffentlichkeit ab.

cc) Adressatentheorie

Aus den Entscheidungen des BayVGH in der amtlichen Sammlung geht leider nicht hervor, ob er die Adressatentheorie anerkannte.

dd) Drittschutz

Der BayVGH nahm zur baurechtlichen Nachbarklage nicht Stellung, weil der BayVGH in Bausachen nicht angerufen werden konnte.[606] Die Klage einer Gemeinde für ihre Bürger wies der BayVGH ab, weil diese nicht

---

[602] BayVGHE 17, 156 (157).

[603] BayVGHE 32, 93 (95).

[604] BayVGHE 49, 25 (37).

[605] BayVGHE 49, 25 (56).

[606] *Sellmann*, Entwicklung und Problematik der öffentlich-rechtlichen Nachbarklage im Baurecht, DVBl. 1963, 273 (275).

der Wahrung persönlicher Rechte diene.[607] Gerade im Bereich des Drittschutzes existiert wenig Rechtsprechung des BayVGH.

c) Ergebnis

Trotz des Erfordernisses der „Rechtsansprüche und Verbindlichkeiten" als Klagevoraussetzung ging der BayVGH nur selten konkret auf das Erfordernis einer Rechtsverletzung ein. Eine Definition des subjektiven öffentlichen Rechts nahm er nicht vor. Die Voraussetzungen, die nach der Rechtsprechung des BayVGH erfüllt sein müssen, ähneln jedoch stark denen Bühlers; außer daß der BayVGH nicht die Rechtsmacht und die Durchsetzbarkeit problematisierte.

3. Schutz subjektiver Rechte oder objektive Rechtmäßigkeitskontrolle

a) Vorrangiges Ziel der Verwaltungsgerichtsbarkeit

Zunächst ist festzustellen, ob das vorrangige Ziel der bayerischen Verwaltungsgerichtsbarkeit der Schutz subjektiver Rechte oder die objektive Rechtmäßigkeitskontrolle war. Nach von Stengel sollte die bayerische Verwaltungsgerichtsbarkeit dem Schutz subjektiver öffentlicher Rechte dienen.[608] Dafür spricht die Klagevoraussetzung, daß immer ein subjektives (öffentliches) Recht (möglicherweise) verletzt sein mußte. Andererseits sah es der BayVGH als seine Aufgabe an, die Herrschaft des Gesetzes zu wahren und die öffentlichen Interessen zu sichern.[609] Auch bei der bayerischen Verwaltungsgerichtsbarkeit läßt sich das vorrangige Ziel nicht eindeutig feststellen.

b) Gesetzliche Zugangssperre mit Auswirkungen auf die Begründetheitsprüfung

Eine enge Beziehung von Klagezulassung und Begründetheitsprüfung spräche für einen subjektiven Rechtsschutz. Demgegenüber folgte aus dem Fehlen subjektiver Beschränkungen des Zugangs zu den Gerichten, daß eher eine objektive Rechtskontrolle vorläge. In Bayern galt das Enumerativprinzip, was für eine eher objektive Rechtskontrolle spricht. Jedoch

---

[607] BayVGHE 49, 25 (56).

[608] *Von Stengel*, Die Verwaltungsgerichtsbarkeit und die öffentlichen Rechte, VerwArch 3 (1895), S. 177 (178 f.).

[609] *Braunwart*, Die Geschichte der Verwaltungsrechtspflege in Bayern, FS für den Bayerischen Verwaltungsgerichtshof, S. 1 (25 f.).

waren die Zuständigkeitskataloge recht umfangreich,[610] wodurch die objektive Kontrolle nicht uneingeschränkt angenommen werden kann. Zudem war trotz der enumerativen Aufzählung der Gegenstände in Art. 8 Voraussetzung, daß Rechtsansprüche oder Verbindlichkeiten bei den aufgezählten Gegenständen bestanden. Diese Einschränkung der gerichtlichen Kontrolle spricht eher für einen Schutz subjektiver Rechte. Wenn die Verletzung eines subjektiven Rechts fehlte, wies der BayVGH die Klage als unzulässig ab.[611] Inwieweit das subjektive Recht Auswirkungen auf die Begründetheit hatte, läßt sich nicht feststellen.

Insgesamt ist eine gewisse Tendenz zum subjektiven Rechtsschutz festzustellen.

c) Dispositionsmaxime

Auch aus der Bindung an den Antrag des Klägers können Schlußfolgerungen zur Bestimmung des Zwecks der Verwaltungsgerichtsbarkeit gezogen werden. Eine Bindung an den Antrag des Klägers spräche für einen subjektiven Rechtsschutz; hingegen folgte aus der fehlenden Bindung an den Antrag des Klägers der Schwerpunkt bei einer objektiven Rechtskontrolle. Nach dem BayVGH galt die Offizialmaxime in Verwaltungsrechtssachen zur richtigen Ermittlung des Tatsachenstoffes.[612] Damit meinte der BayVGH jedoch nach heutiger Begriffsbildung nicht die Offizial- sondern die Inquisitionsmaxime, denn die Inquisitionsmaxime bestimmt, daß das Gericht den Tatsachenstoff zu ermitteln hat, demgegenüber besagt die Offizialmaxime, daß das Gericht den Gegenstand der Klage bestimmt. Nach Art. 20 erfolgte die Feststellung des Sachverhaltes von Amts wegen.[613]

---

[610] *Sydow*, Die Verwaltungsgerichtsbarkeit des ausgehenden 19. Jahrhunderts, S. 89 f.

[611] BayVGHE 4, 202 (204 f.).

[612] BayVGHE 18 269 (270).

[613] Gesetz, vom 08.08.1878, betreffend die Errichtung eines Verwaltungsgerichtshofes und das Verfahren in Verwaltungsrechtssachen, BayGuVBl. 1878, S. 369 (381); auch wenn der VGH nach Art. 40 Abs. 1 selbst keine Beweisaufnahme durchführte, sondern die Vorinstanzen nach Art. 27 Abs. 1 für die richtige Ermittlung des Sachverhaltes zuständig waren. Trotzdem mußte er nach Art. 14 Abs. 1 nicht nur die Rechtmäßigkeit des Verfahrens überprüfen, sondern alle Umstände, die sich auf die streitbefangenen Rechte bezogen.

Inwieweit der BayVGH an die Anträge der Beteiligten gebunden war oder über diese hinausgehen konnte, ergibt sich aus dem Gesetz nicht. Insofern kann keine Aussage über die Geltung der Dispositions- oder der Offizialmaxime getroffen werden. Schlußfolgerungen für die Schutzrichtung des gerichtlichen Verfahrens lassen sich daraus nicht ziehen.

d) Automatischer Suspensiveffekt

Ein automatischer Suspensiveffekt spräche für einen Schutz subjektiver Rechte, weil die Rechte der Einzelnen gegenüber der Verwaltungseffizienz höher bewertet wurden. Zumindest für die Beschwerden gegen End- und Zwischenbescheide wurde in Art. 24 die aufschiebende Wirkung festgelegt, „vorbehaltlich des Rechts der Verwaltungsbehörden bei Gefahr im Verzug oder bei drohendem Nachtheile für Leben, Gesundheit oder Eigenthum im öffentlichen Interesse vorsorgliche Anordnungen zu treffen."[614] Dieses betraf nach Art. 9 jedoch nur die Beschwerde, nicht die Berufung an den BayVGH in den in Art. 8 genannten Fällen. Nach Art. 46 war nur bei rechtskräftigen Entscheidungen eine Zwangsvollstreckung zulässig. Dieses spricht für die Unzulässigkeit der Vollstreckung, solange das Verwaltungsstreitverfahren andauerte, und damit für eine aufschiebende Wirkung. Der Schutz subjektiver Rechte stand nach dieser Fragestellung im Vordergrund.

e) Unabhängigkeit der Gerichte gegenüber der Verwaltung

Die Unabhängigkeit der Gerichte gegenüber der Verwaltung spräche für einen Schutz subjektiver Rechte, weil die Gerichte nicht den Zweck der Selbstkontrolle der Verwaltung verfolgten. Wenn die Verwaltungsgerichte demgegenüber ein Teil der Exekutive wären, läge eher eine objektive Rechtskontrolle nahe. In der unteren Instanz waren nur Beamte aus der Verwaltung tätig.[615] Dieses weist eine gewisse Tendenz zur objektiven Rechtskontrolle auf. Jedoch besaßen die Richter am BayVGH die Garantie der richterlichen Unabhängigkeit.[616] Denn nach Art. 2 Abs. 1 genossen

---

[614] Gesetz, vom 08.08.1878, betreffend die Errichtung eines Verwaltungsgerichtshofes und das Verfahren in Verwaltungsrechtssachen, BayGuVBl. 1878, S. 369 (382 f.).

[615] *Kohl*, Das Reichsverwaltungsgericht, S. 29.

[616] *W. Jellinek*, Verwaltungsrecht, 3. Aufl., 1931, S. 94; *Kohl*, Das Reichsverwaltungsgericht, S. 29.

die Mitglieder des BayVGH die den Richtern zustehenden Rechte und konnten nach Art. 2 Abs. 2 während der Dauer des Richteramtes nicht im Verwaltungsdienst verwendet werden. Zudem mußten die Richter des BayVGH nach Art. 3 Abs. 1 die Fähigkeit zum Richteramt besitzen. Die dienstliche Aufsicht über den BayVGH und seine Mitglieder übte nach Art. 5 Abs. 1 das Staatsministerium des Innern aus, in derselben Weise wie das Staatsministerium der Justiz über das oberste Landesgericht. Dieses spricht für eine organisatorische Trennung des BayVGH von der Verwaltung. Daneben war die richterliche Unabhängigkeit gesichert. Ferner galten nach Art. 18 Abs. 1 die §§ 41 ff. ZPO über Ausschluß und Ablehnung eines Richters entsprechend. Zudem war explizit geregelt, daß die Beschlüsse des BayVGH nicht durch die Ministerien — aufgrund der Oberaufsicht — aufgehoben werden konnten. Der BayVGH und seine Richter besaßen eine weitgehende Unabhängigkeit gegenüber der Verwaltung. Dieses spricht — jedoch wegen der fehlenden Unabhängigkeit der unteren Instanz nur eingeschränkt — für einen Schutz subjektiver Rechte als Zweck der Verwaltungsgerichtsbarkeit.

Anders als in Preußen gab es in Bayern keine ursprüngliche Verwaltungsrechtsprechung, so konnten die Verwaltungsgerichte nur über echte Streitigkeiten entscheiden.[617] Aber es gab einen Oberstaatsanwalt am Verwaltungsgerichtshof, „zur Vertretung der öffentlichen Interessen".[618] Er (bzw. seine Vertreter) durfte sich nach Art. 42 Abs. 1 zu jeder verhandelten Sache äußern. Zudem war er nach Art. 4 Abs. 2 verpflichtet, von den beteiligten Staatsministerien bekommene Instruktionen zu befolgen. Über die Staatsanwaltschaft am BayVGH stand dem Staatsministerium des Innern die dienstliche Aufsicht nach Art. 5 Abs. 2 zu. Die Einrichtung und Ausgestaltung einer solchen von den Ministerien abhängigen Staatsanwaltschaft spricht hingegen für eine objektive Rechtskontrolle.

Es besteht mit dem Kriterium der Unabhängigkeit der Gerichte gegenüber der Verwaltung kein eindeutiges Indiz für eine objektive Rechtskontrolle oder einen subjektiven Rechtsschutz durch die Verwaltungsgerichtsbarkeit. Die Unabhängigkeit des BayVGH als oberster Instanz in Verwaltungsrechtssachen nach Art. 7 Abs. 1 spricht jedoch für eine gewisse

---

[617] *Bühler*, Die subjektiven öffentlichen Rechte, S. 377.

[618] § 2 Abs. 3, § 6 der Königlich Allerhöchsten Verordnung, vom 31.08.1879, den Verwaltungsgerichtshof betreffend, BayGuVBl. 1879, S. 1007 (1007 f., 1008).

Tendenz zum Schutz subjektiver Rechte als Sinn der Verwaltungsgerichtsbarkeit. Dagegen spricht jedoch die fehlende Unabhängigkeit der unteren Instanz und das Bestehen einer Staatsanwaltschaft am BayVGH.

f) Wirkung der Urteile inter partes

Eine Wirkung der Urteile nur zwischen den Beteiligten des Rechtsstreites spricht für einen Schutz subjektiver Rechte als Zweck der Verwaltungsgerichtsbarkeit. Wenn hingegen eine Wirkung der Urteile allen gegenüber besteht, ist eine objektive Rechtskontrolle wahrscheinlich. Es ist im Gesetz weder festgelegt, daß die Entscheidungen allgemein wirken, noch ist die Möglichkeit einer Beiladung eingeräumt, die für eine Wirkung der Entscheidung nur inter partes spräche. Nach diesem Beurteilungskriterium lassen sich keine Argumente für den Zweck der Verwaltungsgerichtsbarkeit finden.

g) Ergebnis

Insgesamt ist eine eindeutige Zuordnung nicht möglich. Jedoch besteht eine Tendenz zum Schutz subjektiver Rechte als Zweck der Verwaltungsgerichtsbarkeit. Insbesondere spricht dafür, daß nach Art. 8 Voraussetzung eine Verwaltungsstreitsache ist, daß ein Rechtsanspruch oder eine Verbindlichkeit vorlag, daß der BayVGH unabhängig war und daß eine Vollstreckung nur bei rechtskräftigen Entscheidungen in Betracht kam.

4. Bewertung der bayerischen Entwicklung

In Bayern bestand die Besonderheit, daß für alle Klagen eine (mögliche) Rechtsverletzung („Rechtsansprüche oder Verbindlichkeiten") neben dem Vorliegen einer enumerativ genannten Materie gesetzliche Voraussetzung war. Trotzdem ist die Rechtsprechung zum subjektiven öffentlichen Recht ziemlich ungenau. Aber der Schutz subjektiver (öffentlicher) Rechte als Ziel der Verwaltungsgerichtsbarkeit wird so festgelegt, auch wenn der BayVGH sich selbst als objektive Rechtskontrollinstanz ansah. Auch die gesetzliche Ausgestaltung des gerichtlichen Verfahrens wies eine Tendenz zum Schutz subjektiver Rechte durch die bayerische Verwaltungsgerichtsbarkeit auf.

IV. Württemberg

Mit dem Gesetz über die Verwaltungsrechtspflege vom 16.12.1876[619] (VRG) wurde in Württemberg die Verwaltungsgerichtsbarkeit eingeführt.[620]

1. Überblick über den verwaltungsgerichtlichen Rechtsschutz

In Art. 10 VRG waren bestimmte Streitigkeiten enumerativ aufgezählt, bei denen die Kreisregierungen als Verwaltungsgerichte erster Instanz zuständig waren. Bei diesen war nicht Voraussetzung, daß eine Rechtsverletzung vorliegen mußte.[621] Demzufolge galt das Enumerativprinzip. Trotzdem war nicht nur in eng begrenzten speziell geregelten Fällen eine Klagemöglichkeit gegeben. Denn nach Art. 13 Abs. 1 VRG entschied „der Verwaltungsgerichtshof (...) über Beschwerden gegen Entscheidungen oder Verfügungen der Verwaltungsbehörden, wenn Jemand, sei es eine einzelne Person oder eine Korporation, behauptet, daß die ergangene auf Gründe des öffentlichen Wohls gestützte Entscheidung oder Verfügung rechtlich nicht begründet, und daß er hiedurch in einem ihm zustehenden Recht verletzt oder mit einer ihm nicht obliegenden Verbindlichkeit belastet sei." Diese Generalklausel galt damit für die Anfechtung von Entscheidungen oder Verfügungen, also — nach heutiger Terminologie — für Anfechtungsklagen. Erforderlich war weiterhin, daß der Kläger „in einem ihm zustehenden Recht verletzt" war oder mit einer ihm nicht obliegenden Verbindlichkeit belastet wurde. Erforderlich war also eine Verletzung in einem subjektiven Recht. Zwar mußte die Entscheidung oder Verfügung auf Grundlage des öffentlichen Rechts ergangen sein, um anfechtbar zu sein. Trotzdem wurden die subjektiven Rechte nicht auf subjektive öffentliche Rechte beschränkt; eine Verletzung subjektiver

---

[619] Gesetz über die Verwaltungsrechtspflege. Vom 16. Dezember 1876, RegBl. für das Kgr. Wttbg. 1876, S. 485 - 512.

[620] Vgl. zur Entstehung der Verwaltungsgerichtsbarkeit in Württemberg: *Fachet*, Verwaltungsgerichtshof, Kompetenzgerichtshof und Disziplinargerichte in Württemberg unter dem Nationalsozialismus, S. 1 - 28; bei der Einführung einer Verwaltungsgerichtsbarkeit wurde entfernt an Pläne angeknüpft, die zwischen 1848 und 1855 entwickelt, jedoch nicht umgesetzt wurden, *Sydow*, Die Revolution von 1848/49: Ursprung der modernen Verwaltungsgerichtsbarkeit, VerwArch 92 (2001), S. 389 (403, 396 f., 399); vgl. zum Gesetzgebungsverfahren *Sydow*, Die Verwaltungsgerichtsbarkeit des ausgehenden 19. Jahrhunderts, S. 58 - 61.

[621] *Bühler*, Die subjektiven öffentlichen Rechte, S. 320.

Rechte des Privatrechts genügte.[622] Daneben wurde die Wahrung der Zuständigkeit der bürgerlichen Gerichte durch Art. 2 VRG gesichert. Nach den Motiven sollte die Überprüfung des Ermessens bereits durch Art. 13 Abs. 1 VRG ausgeschlossen sein, also durch das Erfordernis der Rechtsverletzung; Abs. 2 beinhaltete nur eine Klarstellung.[623] Bühler schlußfolgerte daraus, daß für den Gesetzgeber der zwingende Rechtssatz Voraussetzung für ein subjektives Recht wäre.[624] Die Rechtsbeschwerde war ausdrücklich nach Art. 13 Abs. 2 VRG bei Ermessensentscheidungen ausgeschlossen. Fraglich war insoweit nur, ob ein Ermessensspielraum die Beschwerde unzulässig oder nur unbegründet machte.[625]

2. *Subjektives öffentliches Recht*

a) Gesetzeslage

Nur bei der Rechtsbeschwerde zum VGH gegen Verwaltungsakte war eine Verletzung in eigenen Rechten Voraussetzung nach Art. 13 Abs. 1 VRG. Eine Überprüfung des Ermessens war ausgeschlossen, wie Art. 13 Abs. 2 VRG klarstellte. Diese Norm war entbehrlich, weil die Überprüfung des Ermessens nach den Motiven des Gesetzgebers bereits durch das Erfordernis einer Rechtsverletzung nach Art. 13 Abs. 1 VRG ausgeschlossen war.

b) Ausführungen des Württembergischen VGH zum subjektiven öffentlichen Recht

Der Württembergische VGH ging nur selten ausdrücklich auf die Voraussetzungen des subjektiven öffentlichen Rechts ein,[626] auch wenn er grundsätzlich er ein subjektives öffentliches Recht anerkannte. So sah er in der Verpflichtung zu einer vermögensrechtlichen Leistung eine Verletzung in einem subjektiven Recht.[627] Er erkannte ein subjektives Recht zur Einleitung gewerblichen Abwassers an, das er aus dem Gemeingebrauch an

---

[622] *Bühler*, Die subjektiven öffentlichen Rechte, S. 324, 326.

[623] Vgl. *Bühler*, Die subjektiven öffentlichen Rechte, S. 327.

[624] *Bühler*, Die subjektiven öffentlichen Rechte, S. 327, 329.

[625] *Bühler*, Die subjektiven öffentlichen Rechte, S. 327; für unbegründet: Württembg. VGH, Jahrbücher 24, 358 (371, 373).

[626] *Bühler*, Die subjektiven öffentlichen Rechte, S. 340.

[627] Württembg. VGH, Württembg. Jahrbücher 7, 333 (338).

öffentlichem Wasser herleitete.[628] Auch sah er ein Fischereirecht als subjektives Recht i.S.d. Art. 13 Abs. 1 VRG an. Daneben setzte er ein „wohlerworbenes Recht" mit einem Recht nach Art. 13 Abs. 1 VRG gleich.[629] In diesen Entscheidungen definierte der Württembergische VGH das subjektive öffentliche Recht nicht.

aa) Das Kriterium des zwingenden Rechtssatzes zum Ausschluß eines subjektiven öffentlichen Rechts bei Ermessen

Teilweise erkannte der VGH ein subjektives (öffentliches) Recht nicht direkt aus dem Gesetz an, sondern erst dann, wenn durch die Umsetzung des Gesetzes eine Belastung eintrat.[630] Hierin kam ein actionenrechtliches Denken zum Ausdruck, daß das Recht erst mit der Verletzung entstehe. Nach dem VGH war anfangs ein Rechtssatz des öffentlichen Rechts keine zwingende Voraussetzung, es genüge auch eine Verletzung subjektiver Rechte des Privatrechts.[631]

Neben der Voraussetzung für eine Klage, daß nach Art. 13 Abs. 1 VRG ein subjektives (öffentliches) Recht verletzt war, war durch Art. 13 Abs. 2 des Gesetzes von 1876 die Überprüfung von Ermessen durch den VGH ausgeschlossen.[632] Diesen Ausschluß der Überprüfung erkannte der VGH an,[633] und er überprüfte lediglich, daß nicht aus reiner Willkür oder Mißbrauch gehandelt wurde.[634] Wegen des Ausschlusses der Überprüfung des Ermessens hätte der VGH nicht auf das Verhältnis von subjektivem Recht und Ermessen eingehen müssen. Trotzdem machte der VGH folgende Ausführungen: Ein Gesetz gebe einem Dritten weder direkt einen Anspruch, noch einen Anspruch auf Berücksichtigung durch die Polizei, weshalb die Norm nur öffentliche Interessen schütze und die Voraussetzungen zum Einschreiten im Ermessen der Polizei stehen.[635] Also ging

---

[628] Württembg. VGH, Württembg. Jahrbücher 9, 236 (247).

[629] Württembg. VGH, Württembg. Jahrbücher 24, 358 (364).

[630] Württembg. VGH, Württembg. Jahrbücher 20, 208 (209).

[631] *Bühler*, Die subjektiven öffentlichen Rechte, S. 324, 326; später genügte dieses nicht mehr, Württembg. VGH, WüRV 24 (1931), S. 187 (187).

[632] Vgl. dazu *Held-Daab*, Das freie Ermessen, S. 103.

[633] Württembg. VGH, Württembg. Jahrbücher 20, 190 (190); 24, 358 (371).

[634] Württembg. VGH, Württembg. Jahrbücher 24, 358 (371).

[635] Württembg. VGH, Württembg. Jahrbücher 20, 190 (192); i.E. entsprechend: Württembg. VGH nach *Graf*, Die Rechtsprechung des Verwaltungsgerichtshofs auf dem

auch der VGH davon aus, daß Ermessen subjektive Rechte nicht entstehen lasse.[636] Wobei nur das freie Ermessen der Behörde auf Rechtsfolgenseite das Bestehen eines subjektiven öffentlichen Rechts ausschließen sollte; bei dem stark eingeschränkten Ermessen auf Tatbestandsseite, der Subsumtion unter einen bestimmten Begriff, bestehe kein freies Ermessen, daß ein subjektives (öffentliches) Recht ausschließe.[637]

Für den VGH war ein zwingender Rechtssatz Voraussetzung eines subjektiven Rechts. Jedoch erfüllten anfangs auch subjektive Rechte des Privatrechts die Klagevoraussetzung nach Art. 13 VRG.

bb) Die Kriterien des Schutzes der Interessen des Einzelnen und der Durchsetzbarkeit zur Abgrenzung von Rechten und Reflexen

Daß der Schutz der Interessen des Einzelnen Voraussetzung für ein subjektives (öffentliches) Recht ist, wurde — nach Bühler — in den Motiven festgestellt.[638] Voraussetzung für die Anerkennung eines Rechtsanspruches war, daß ein besonderes Interesse durch die Bestimmung geschützt wurde, diese Norm also nicht nur im öffentlichen Interesse bestand.[639] Damit mußte eine Norm die Interessen von Einzelnen schützen, damit diese als ein subjektives öffentliches Recht durch den VGH anerkannt wurde.

cc) Adressatentheorie

Zwar erkannte der VGH kein generelles Prinzip der Gesetzmäßigkeit der Verwaltung an.[640] Andererseits prüfte er im Einzelfall ohne auf die Zulässigkeit der Klage eines Adressaten einzugehen, die Begründetheit eine Klage — und lehnte diese ab.[641] Insofern scheint der VGH die Adressatentheorie angewendet zu haben.

Gebiet der inneren Verwaltung im Jahr 1912, WüRV 1912, 142 (143), Urt. v. 02.10.1912.

636 So auch Württembg. VGH, WüRV 15 (1922), S. 31 (33).

637 Württembg. VGH, WüRV 15 (1922), S. 31 (34).

638 *Bühler*, Die subjektiven öffentlichen Rechte, S. 329.

639 Württembg. VGH, Württembg. Jahrbücher 9, 224 (226 f.).

640 *Bühler*, Die subjektiven öffentlichen Rechte, S. 341.

641 Württembg. VGH, Württembg. Jahrbücher 16, 349 (350).

dd) Drittschutz

Der VGH lehnte die Existenz subjektiver öffentlicher Rechte des Nachbarn im Baurecht grundsätzlich ab, weil er wohl davon ausging, daß die baupolizeilichen Vorschriften nur dem öffentlichen Interesse, aber nicht dem des Nachbarn dienen.[642] Zwar habe ein Nachbar ein Interesse an der Einhaltung der baurechtlichen Vorschriften; weil diese Vorschriften jedoch im öffentlichen Interesse erlassen worden seien, habe der Nachbar keinen Rechtsanspruch auf deren Einhaltung.[643] Aus den baupolizeilichen Vorschriften folge auch kein Rechtsanspruch des Nachbarn auf uneingeschränkten Licht- und Luftzutritt.[644] Hierbei ist jedoch eine Entwicklung der Rechtsprechung des VGH zu erkennen, denn er erkannte später deutlich eher ein Vorbringen des Klägers als mögliche Rechtsverletzung i.S.d. Art. 13 VRG an. Die Zulässigkeit der Klage war deshalb bereits bei einem entsprechenden Vortrag des Klägers gegeben.[645] Damit die Beschwerde begründet war, mußte die Rechtsverletzung auch tatsächlich bestehen, was hingegen sehr genau vom Württembergischen VGH geprüft wurde.[646] Diese Rechtsprechungsänderung führte zu einer Ausweitung der Zulässigkeit des Rechtsschutzes durch den VGH.[647]

Subjektive (öffentliche) Rechte Dritter lehnte der VGH zumindest im Baurecht weitestgehend ab und ermöglichte so nur einen sehr eingeschränkten Rechtsschutz.

---

[642] Württemberg. VGH, Jahrbücher 9, 224 (226 f.); Württembg. VGH Jahrbücher 7, 233 (235); abweichend Württembg. VGH, Jahrbücher Bd. 10, 219 (221 f.), der darauf abstellte, daß im Einzelfall Vermögensrechte der Nachbarn durch ein Bauverbot beeinträchtigt worden sein können; wohl auch Württembg. VGH nach *Graf*, Die Rechtsprechung des Verwaltungsgerichtshofs auf dem Gebiet der inneren Verwaltung im Jahr 1912, WüRV 1912, 142 (143), Urt. v. 27.03.1912; auch vorher ließ der Württembg. VGH jedoch theoretisch die Möglichkeit offen, daß die hohen Anforderungen an ein subjektives öffentliches Recht, die er stellt, erfüllt sein können, so auch *Laubinger*, Der Verwaltungsakt mit Doppelwirkung, S. 36.

[643] Württembg. VGH, Württembg. Jahrbücher 9, 224 (226 f.); Württembg. VGH, WüRV 23 (1930), S. 152 (152).

[644] Württembg. VGH, Württembg. Jahrbücher 9, 224 (227); Württembg. VGH, WüRV 23 (1930), S. 152 (152).

[645] Württembg. VGH, WüRV 23 (1930), S. 152 (152); schon etwas weitergehend Württembg. VGH, Jahrbücher, 10, S. 219 (221 f.).

[646] Württembg. VGH, WüRV 23 (1930), S. 152 (152).

[647] Vgl. dazu *Laubinger*, Der Verwaltungsakt mit Doppelwirkung, S. 37.

c) Ergebnis

Das subjektive öffentliche Recht wurde vom Württembergischen VGH sehr eng ausgelegt.[648] Damit wurde die Möglichkeit zur Klage gegen Verwaltungsakte nur in geringem Maße eröffnet.

3. Schutz subjektiver Rechte oder objektive Rechtmäßigkeitskontrolle

a) Vorrangiges Ziel der Verwaltungsgerichtsbarkeit

Nach v. Stengel diene die württembergische Verwaltungsgerichtsbarkeit dem Schutz subjektiver öffentlicher Rechte und damit dem subjektiven Rechtsschutz.[649] Danach war das vorrangige Ziel der württembergischen Verwaltungsgerichtsbarkeit der Schutz subjektiver Rechte.

b) Gesetzliche Zugangssperre mit Auswirkungen auf die Begründetheitsprüfung

Eine enge Beziehung von Klagezulassung und Begründetheitsprüfung spräche für einen subjektiven Rechtsschutz. Nur geringe, insbesondere nicht subjektive Beschränkungen des Zugangs zu den Gerichten machten eine objektive Rechtskontrolle wahrscheinlicher. Nach Art. 10 und 11 VRG galt das Enumerativprinzip, das eher für eine objektive Rechtskontrolle spricht. Dieses betraf vielfältige Fälle, die jedoch teilweise Rechte des Einzelnen zur Voraussetzung haben.[650] Daneben bestand mit Art. 13 VRG die Möglichkeit der Rechtsbeschwerde an den VGH. Dabei war u.a. Voraussetzung, daß eine Rechtsverletzung vorlag. Dieses spricht für einen subjektiven Rechtsschutz. Zumal keine Einschränkung auf bestimmte Arten der Anfechtungsklagen — beispielsweise auf das Polizeirecht — vorgenommen wurde. Damit die Beschwerde begründet war, mußte nach der Rechtsprechung des Württembergischen VGH die Rechtsverletzung auch tatsächlich bestehen.[651] Auch die Begründetheit der Klage hing von

[648] *Bühler*, Die subjektiven öffentlichen Rechte, S. 362.

[649] *Von Stengel*, Die Verwaltungsgerichtsbarkeit und die öffentlichen Rechte, VerwArch 3 (1895), S. 177 (180 f.).

[650] Beispielsweise: Streitigkeiten, betreffend das Gemeindebürger- oder Besitzrecht (Art. 10 Zf. 4 VRG), Ansprüche auf Teilnahme an Gemeindenutzungen (Art. 10 Zf. 5 VRG), öffentlichrechtliche Ansprüche Einzelner an die Gemeinde (Art. 10 Zf. 8 VRG), Rechtsansprüche auf den Genuß oder Mitgenuß von öffentlichen (…) Stiftungen (Art. 10 Zf. 18), das von Einzelnen in Anspruch genommene Recht auf Benützung eines öffentlichen Weges (Art. 10 Zf. 21) und andere.

[651] Württembg. VGH, WüRV 23 (1930), S. 152 (152).

einem subjektiven öffentlichen Recht ab. Dieses spricht für einen eher subjektiven Rechtsschutz.

c) Dispositionsmaxime

Die Geltung der Dispositionsmaxime spräche für einen subjektiven Rechtsschutz, die Geltung des Offizialprinzips für eine objektive Rechtskontrolle. In Art. 17 Abs. 1 VRG war festgelegt, daß die Verwaltungsgerichte nur auf Antrag der Beteiligten tätig werden durften. Zudem durften die Verwaltungsgerichte nach Art. 17 Abs. 2 VRG „bei der Entscheidung über bestimmte Gesuche der Parteien nicht hinausgehen." Die Beteiligten bestimmten das Klageziel und ob die Verwaltungsgerichte überhaupt tätig werden durften. Damit galt die Dispositionsmaxime. Dieses spricht für einen eher subjektiven Rechtsschutz.

d) Automatischer Suspensiveffekt

Die Geltung eines automatischen Suspensiveffekts von Anfechtungsklagen spräche — wegen der höheren Bewertung der Rechte Einzelner gegenüber der Verwaltungseffizienz — für einen subjektiven Rechtsschutz. Das Fehlen eines automatischen Suspensiveffektes ließe hingegen eine objektive Rechtskontrolle wahrscheinlicher erscheinen. In Art. 47 wird ausdrücklich bestimmt, daß die eingelegte Berufung (mit einer Ausnahme) die Vollstreckbarkeit der angefochtenen Entscheidung hemmt. Ob die Anhängigkeit von Streitigkeiten in erster Instanz aufschiebende Wirkung entfaltete, wird nicht explizit geregelt. Letztendlich ist eine aufschiebende Wirkung der eingelegten Berufung nur dann sinnvoll, wenn diese auch bei Erhebung der Klage bzw. Beschwerde bereits vor dem Berufungsverfahren eintritt. Beispielsweise die preußische Rechtslage spricht für eine solche Auslegung, daß die aufschiebende Wirkung vorher gegeben war, ohne daß dieses ausdrücklich erwähnt werden mußte.[652] Zudem ist die aufschiebende Wirkung während des Berufungsverfahrens zu berücksichtigen. Die Geltung des automatischen Suspensiveffektes spricht für eine Tendenz zum subjektiven Rechtsschutz.

[652] Eine Geltung des Suspensiveffektes der verwaltungsgerichtlichen Klage in Württemberg befürwortet auch *Sydow*, Die Verwaltungsgerichtsbarkeit des ausgehenden 19. Jahrhunderts, S. 162.

e) Unabhängigkeit der Gerichte gegenüber der Verwaltung

Nur wenn die Gerichte gegenüber der Verwaltung unabhängig sind, spricht dieses für einen subjektiven Rechtsschutz. Wenn hingegen die Verwaltungsgerichte auch als Teil der Exekutive agieren können, ist eher eine objektive Rechtskontrolle gegeben.

Bei den Kreisregierungen bestand keine richterliche Unabhängigkeit der Mitglieder. Dieses spricht für eine objektive Rechtskontrolle. Hingegen besaßen die Richter am VGH durch Art. 4 Abs. 2 VRG die Garantie der richterlichen Unabhängigkeit.[653] Dieses spricht für einen eher subjektiven Rechtsschutz. Insgesamt ist so eine leichte Tendenz zum subjektiven Rechtsschutz festzustellen.

f) Wirkung der Urteile inter partes

Eine Wirkung der Entscheidungen allen gegenüber spricht für eine objektive Rechtskontrolle. Werden jedoch nur die Beteiligten gebunden, ist dieses ein Argument, daß die Verwaltungsgerichtsbarkeit dem Schutz subjektiver Rechte dient.

Im Abschnitt der besonderen Bestimmungen für die Rechtsbeschwerden an den Verwaltungsgerichtshof wird in Art. 64 Abs. 2 VRG festgelegt, daß der Verwaltungsgerichtshof „die Beiladung Dritter, deren Interesse durch die zu erlassende Entscheidung berührt wird, verfügen" konnte. Dieses betrifft insbesondere die Klagen nach Art. 13 VRG. Fraglich ist jedoch, ob bei den in Art. 10 VRG enumerativ genannten Gegenständen überhaupt Dritte betroffen werden können. Oftmals sind nur bestimmte Rechtsverhältnisse unter den Beteiligten Klagegegenstand.[654] So ist die Klage nach Art. 10 Zf. 1 VRG nicht gegen das Oberamt zu richten, das die Befugnis erlassen hat, sondern gegen die Gemeinde bzw. den Neuheranziehenden zu richten, die so Beteiligte werden. Trotzdem läßt sich so keine abschließende Schlußfolgerung ziehen, daß auch vor den Kreisregierungen die Entscheidungen nur inter partes wirken. Hingegen spricht die Möglichkeit einer Beiladung für diese Wirkung der Entscheidungen nur inter partes. Dieses spricht für einen subjektiven Rechtsschutz als Zweck der Verwaltungsgerichtsbarkeit.

---

[653] Vgl. dazu *W. Jellinek*, Verwaltungsrecht, 3. Aufl., 1931, S. 94; *Kohl*, Das Reichsverwaltungsgericht, S. 29.

[654] Beispielsweise nach Art. 10 Zf. 2, 11, 12, 13, 14 VRG.

g) Ergebnis

Die Verwaltungsgerichtsbarkeit in Württemberg diente zu weiten Teilen einem Schutz subjektiver Rechte. Die Komponente der objektiven Rechtskontrolle ist weit in den Hintergrund gerückt.

4. Bewertung der württembergischen Entwicklung

Die (partielle) Generalklausel war sehr weitgehend ausgestaltet: Mit nur wenigen Ausnahmen war ein verwaltungsgerichtlicher Rechtsschutz immer dann möglich, wenn jemand — durch einen Verwaltungsakt — in seinen Rechten verletzt wurde, oder durch die Auferlegung einer Verbindlichkeit belastet wurde. Dieser hohen Bewertung der Rechte des Einzelnen durch den Gesetzgeber entspricht, daß der Schutz subjektiver Rechte der Zweck der Verwaltungsgerichtsbarkeit war. Der sehr weitgehenden Einräumung des Rechtsschutzes lief die — zumindest anfangs — vergleichsweise enge Auslegung des subjektiven Rechts durch den VGH zuwider. Letztendlich wurde der Schutz subjektiver Rechte damit wieder auf ein durchschnittliches Maß begrenzt.

V. Sachsen

Die Verwaltungsgerichtsbarkeit wurde in Sachsen erst 1900 durch das Gesetz, die Verwaltungsrechtspflege betreffend, eingeführt.[655] Das Sächsische Oberverwaltungsgericht wurde 1901 errichtet.[656]

1. Überblick über den verwaltungsgerichtlichen Rechtsschutz

Auch in Sachsen wurde — wie in Württemberg — zwischen Parteistreitigkeiten und der Anfechtung staatlicher Verwaltungsakte unterschieden. Die Zuständigkeit der Verwaltungsgerichte wurde enumerativ in § 21 des Gesetzes über die Verwaltungsrechtspflege (VRG) genannt.[657] Dieses betraf insbesondere spezielle Ansprüche und Streitigkeiten zwischen öffentlich-rechtlichen Körperschaften. Daneben waren in bestimmten, relativ weit gefaßten Fällen Anfechtungsklagen möglich nach §§ 73 ff. VRG.

---

[655] Gesetz über die Verwaltungsrechtspflege vom 19.07.1900, Sächs. GVBl. S. 486 - 512.

[656] *Klössel*, Das sächsische Oberverwaltungsgericht, VerwArch 8 (1900), S. 611 (611).

[657] Gesetz über die Verwaltungsrechtspflege; vom 19.07.1900, Sächs. GVBl. S. 486 (490 - 492).

W. Jellinek bezeichnete die Zulässigkeit von Klagen in Sachsen als „in der Mitte zwischen Preußen und Württemberg" stehend, weil die Generalklausel stark eingeschränkt wäre.[658]

2. *Subjektives öffentliches Recht*

a) Gesetzeslage

Nach dem Gesetzeswortlaut der §§ 73 ff. VRG war für eine Anfechtungsklage nicht eine Verletzung eines subjektiven Rechts erforderlich, sondern ausschließlich die Verletzung objektiven Rechts maßgeblich. Entgegen der gesetzlichen Regelung machte aber das Sächsische OVG die mögliche Verletzung eines subjektiven öffentlichen Rechtes bald zur Klagevoraussetzung, indem es die von § 73 geforderte Beteiligung als Verletzung in einem subjektiven öffentlichen Recht auslegte:[659] Das Sächsische OVG legte die Bestimmung des § 73, daß die Anfechtungsklage den Beteiligten zustehe, so aus, daß nur bei der Möglichkeit einer Verletzung in einem subjektiven öffentlichen Recht die Beteiligteneigenschaft gegeben sei.[660] Zudem konnte nach § 76 „die Anfechtungsklage (...) nur darauf gestützt werden, daß das bestehende Recht nicht oder nicht richtig angewendet worden sei und die angefochtene Entscheidung hierauf" beruhe.[661] Das Sächsische OVG führte die Klagevoraussetzung der möglichen Verletzung in einem subjektiven öffentlichen Recht entgegen dem Gesetzeswortlaut ein.

b) Ausführungen des Sächsischen OVG zum subjektiven öffentlichen Recht

Nach der Rechtsprechung des OVG war ein subjektives Recht des Einzelnen „die Befugnis des einzelnen — diesen als Rechtspersönlichkeit gedacht — für sich gewisse öffentlichrechtliche Normen anzurufen, die ihm vermöge ihrer besonderen Natur dergestalt eine rechtliche Macht über die öffentliche Gewalt verleihen, daß er letztere behufs Schutzes seiner Inter-

---

[658] *W. Jellinek*, Verwaltungsrecht, 3. Aufl., 1931, S. 314.

[659] Sächs. OVG, Jahrbücher 1, 112 (114); 3, 145 (149 f.); 13, 4 (8); 16, 200 (203); vgl. dazu *Bühler*, Die subjektiven öffentlichen Rechte, S. 422, 424; *Kohl*, Das Reichsverwaltungsgericht, S. 35; anders insoweit — jedoch unter Berufung auf Bühler — *Henke*, Das subjektive öffentliche Recht, S. 66.

[660] Vgl. beispielsweise Sächs. OVG, Jahrbücher 13, 4 (8, 11), vgl. auch Teil 2, C. V. 2. a).

[661] Gesetz über die Verwaltungsrechtspflege vom 19.07.1900, Sächs. GVBl. S. 486 (505).

essen zum Einschreiten zwingen darf."[662] Die Einräumung eines subjektiven Rechts geschehe nicht immer ausdrücklich, oft ergebe sie sich nur aus der Zweckbestimmung der Norm, oder sogar aus „Normen des ungeschriebenen Rechts".[663] Bei dieser Definition berief sich das OVG auf Georg Jellinek und Otto Mayer.[664] Sie stimmte aber auch weitgehend mit der Definition Bühlers überein.[665] Die Definition des subjektiven öffentlichen Rechts war sehr klar und präzise.

aa) Das Kriterium des zwingenden Rechtssatzes zum Ausschluß eines subjektiven öffentlichen Rechts bei Ermessen

Das OVG ging zwar davon aus, daß eine Voraussetzung für ein subjektives Recht ein Rechtssatz sei, es erachtete aber auch „Normen des ungeschriebenen Rechts" als ausreichend.[666]

Das Kriterium des zwingenden Rechtssatzes sollte nach Bühler ein subjektives öffentliches Recht bei Ermessen ausschließen. Nach § 76 VRG war eine Überprüfung des Ermessens durch das OVG ausgeschlossen.[667] Trotzdem nahm das Sächsische OVG eine Kontrolle des Ermessens vor.[668] Es überprüfte, ob die tatsächlichen Erwägungen stimmten, keine Rechtsirrtümer vorlagen und keine innerlich nicht zusammenhängenden Gegenstände berücksichtigt worden seien.[669] Daneben überprüfte es, ob das

---

[662] Sächs. OVG, Jahrbücher 13, 4 (10).

[663] Sächs. OVG, Jahrbücher 13, 4 (11).

[664] Sächs. OVG, Jahrbücher 13, 4 (10).

[665] Vgl. dazu Teil 2, B. IV. 1. (Wobei das Werk von *Bühler*, Die subjektiven öffentlichen Rechte im Jahre 1914 erschien; die Entscheidung Sächs. OVG, Jahrbücher 13, 4 ff. datiert vom 14.10.1908.)

[666] Sächs. OVG, Jahrbücher 13, 4 (11).

[667] Vgl. dazu auch *W. Jellinek*, Verwaltungsrecht, 3. Aufl. S. 303; *Held-Daab*, Das freie Ermessen, S. 103; *Oldiges*, Verwaltungsgerichtliche Ermessenskontrolle — Zum Ausbau des gerichtlichen Rechtsschutzes in der Rechtsprechung des Sächsischen Oberverwaltungsgerichts -, FS zum 100-jährigen Jubiläum des Sächsischen Oberverwaltungsgerichts, S. 195 (205 f.).

[668] Sächs. OVG, Jahrbücher 10, 200 (201 f.); vgl. dazu *Oldiges*, Verwaltungsgerichtliche Ermessenskontrolle — Zum Ausbau des gerichtlichen Rechtsschutzes in der Rechtsprechung des Sächsischen Oberverwaltungsgerichts -, FS zum 100-jährigen Jubiläum des Sächsischen Oberverwaltungsgerichts, S. 195 (204 - 218).

[669] Sächs. OVG, Jahrbücher 18, 200 (200); ähnlich Sächs. OVG, Jahrbücher 5, 42 (46); 10, 90 (92 f.); 10, 200 (201 f.).

gewählte Mittel zur Behebung eines polizeiwidrigen Zustandes zweckmäßig und notwendig sei und die Zwangsmittel nicht außer Verhältnis zu dem zu schützenden Interesse stehen, weil dieses verwaltungsgerichtlich überprüfbare Rechtsfragen seien.[670] Die Überprüfung des Ermessens durch das Sächsische OVG ging weiter als die der anderen Verwaltungsgerichte, obwohl sie im Widerspruch zu dem gesetzlichen Ausschluß der Überprüfung des Ermessens stand.[671] Das OVG schloß eine Rechtsverletzung bei Vorliegen von Ermessen aufgrund der genannten Definition aus, durch das Erfordernis des „zum Einschreiten zwingen".[672] Es ging davon aus, daß ein rechtlicher Anspruch bei Ermessen ausgeschlossen sei.[673] Jedoch sei bei Überschreitung der Grenzen des Ermessens durch die Behörde eine Rechtsverletzung gegeben.[674] Diese Argumentation war folgerichtig, denn das OVG überprüfte nach eigener Ansicht die rechtlichen Grenzen des Ermessens. Nur im nicht überprüfbaren Bereich des Ermessens konnte kein subjektives Recht bestehen. Im Ergebnis wurde damit vom OVG ein Recht auf ermessensfehlerfreie Entscheidung angenommen.[675] Zudem überprüfte das OVG unbestimmte Rechtsbegriffe.[676]

Grundlage für ein subjektives öffentliches Recht war nach dem Sächsischen OVG ein Rechtssatz, auch des ungeschriebenen Rechts. Ein zwingender Rechtssatz war Voraussetzung des subjektiven öffentlichen Rechts; dieser war bei Ermessen soweit gegeben, wie das Ermessen überprüfbar war.

---

[670] Sächs. OVG, Jahrbücher 8, 131 (135 f.).

[671] *Bühler*, Die subjektiven öffentlichen Rechte, S. 450, 454 f.

[672] Vgl. auch *Bühler*, Die subjektiven öffentlichen Rechte, S. 426.

[673] Sächs. OVG, Jahrbücher 16, 200 (204).

[674] Sächs. OVG, Jahrbücher 18, 200 (200).

[675] *Oldiges*, Verwaltungsgerichtliche Ermessenskontrolle — Zum Ausbau des gerichtlichen Rechtsschutzes in der Rechtsprechung des Sächsischen Oberverwaltungsgerichts -, FS zum 100-jährigen Jubiläum des Sächsischen Oberverwaltungsgerichts, S. 195 (217).

[676] Beispielsweise „sittlich anstößig", Sächs. OVG, Jahrbücher 1, 26 (31 f.); „Gemeinnützigkeit" Sächs. OVG, Jahrbücher 1, 65 (67 f.); „überwiegende Gründe des öffentlichen Wohls" Sächs. OVG, Jahrbücher 5, 152 (153).

bb) Die Kriterien des Schutzes der Interessen des Einzelnen und der Durchsetzbarkeit zur Abgrenzung von Rechten und Reflexen

Wie bereits angesprochen, war für das Sächsische OVG der Schutz der Interessen des Einzelnen eine Voraussetzung des subjektiven öffentlichen Rechtes.[677] So grenzte es bei baurechtlichen Normen die ausschließlichen Ordnungsvorschriften von den Rechtsvorschriften ab, die „gleichzeitig baurechtliche Grundsätze enthalten, die dem Schutze anderer Grundstücksbesitzer dienen."[678] Außerdem war die Schutzrichtung entscheidend, denn beispielsweise ein subjektives öffentliches Recht auf Erteilung bzw. Entzug einer Ausnahmegenehmigung besitze nur der Betroffene, nicht jedoch ein Dritter.[679] Auch dieses Kriterium entsprach der Definition Bühlers. Dabei nahm das OVG — im Vergleich zu den anderen höchsten Landesverwaltungsgerichten — einen sehr weitgehenden Schutz der Interessen des Einzelnen an. Es erkannte relativ vielen baurechtlichen Vorschriften nachbarschützende Wirkungen zu.[680]

Auch das Kriterium der Rechtsmacht war eine Voraussetzung des subjektiven öffentlichen Rechts nach der Rechtsprechung des Sächsischen OVG. Das OVG kennzeichnete das subjektive öffentliche Recht als die „Befugnis des Einzelnen, für sich gewisse öffentliche Rechtsnormen anzurufen, die ihm vermöge ihrer besonderen Natur dergestalt eine rechtliche Macht über die öffentliche Gewalt verleihen, daß er letztere behufs Schutzes seiner Interessen zum Einschreiten zwingen darf."[681]

cc) Adressatentheorie

Das OVG erkannte den Grundsatz der Gesetzmäßigkeit der Verwaltung an.[682] Als Folge ging es auch von der Adressatentheorie aus; der Adressat

---

[677] Sächs. OVG, Jahrbücher 3, 145 (148 f.); 16, 200 (203 f.).

[678] Sächs. OVG, Jahrbücher 9, 216 (218); ähnlich Sächs. OVG, Jahrbücher 4, 189 (190); 13, 304 (305); 20, 33 (33 f.); 27, 91 (93); 29, 30 (32); 29, 153 (157).

[679] Sächs. OVG, Jahrbücher 3, 145 (149).

[680] Vgl. die Aufzählung bei Sächs. OVG, Jahrbücher 9, 216 (218), sowie Sächs. OVG, Jahrbücher 4, 189 (190); 29, 30 (32); dazu auch *Enders*, Der Beitrag des Sächsischen Oberverwaltungsgerichts zur Dogmatik des subjektiven öffentlichen Rechts, FS zum 100-jährigen Jubiläum des Sächsischen Oberverwaltungsgerichts, S. 167 (179, 181).

[681] Sächs. OVG, Jahrbücher 16, 200 (203 f.).

[682] Sächs. OVG, Jahrbücher 1, 295 (297); 14, 106 (109 f.); daß eine Beschränkung von Freiheit und Eigentum nur durch Recht und Gesetz geschehen durfte, war bereits in § 27 Sächs. Verf. geregelt, nach Enders soll diese Norm einen subjektiv-rechtlichen

eines Verwaltungsaktes sei stets ein „Beteiligter“.[683] Das OVG ging vom Grundsatz der Gesetzmäßigkeit der Verwaltung aus und erkannte an, daß Adressaten von Verwaltungsakten klagebefugt waren, ohne daß eine Verletzung eines speziellen subjektiven öffentlichen Rechts möglich erscheinen mußte.

dd) Drittschutz

Wegen der Adressatentheorie war gerade das Problem des Drittschutzes für das subjektive öffentliche Recht entscheidend. Gerade beim baurechtlichen Nachbarschutz nahm das OVG sehr häufig subjektive Rechte der Nachbarn an.[684] Daneben erkannte es auch grundsätzlich einen Anspruch auf polizeiliches Einschreiten an.[685] Teilweise wurde der Drittschutz durch das Erfordernis der tatsächlichen Betroffenheit eingeschränkt.[686] Beim baurechtlichen Nachbarschutz sind — bis zur Zeit des Nationalsozialismus — zwei Phasen festzustellen.[687] Zunächst war lediglich erforderlich, daß die möglicherweise verletzte Norm die Interessen des Nachbarn schützen solle.[688] In der zweiten Phase war neben der genannten Voraussetzung erforderlich, daß auch tatsächlich nachteilige Wirkungen bestehen.[689]

Gehalt gehabt haben, *Enders*, Der Beitrag des Sächsischen Oberverwaltungsgerichts zur Dogmatik des subjektiven öffentlichen Rechts, FS zum 100-jährigen Jubiläum des Sächsischen Oberverwaltungsgerichts, S. 167 (176).

[683] So beispielsweise in Sächs. OVG, Jahrbücher 1, 26 (28 - 32); 1, 295 (297).

[684] Teil 2, C. V. 2. b) bb).

[685] Sächs. OVG, Jahrbücher 13, 4 (7 f.); *Enders*, Der Beitrag des Sächsischen Oberverwaltungsgerichts zur Dogmatik des subjektiven öffentlichen Rechts, FS zum 100-jährigen Jubiläum des Sächsischen Oberverwaltungsgerichts, S. 167 (182).

[686] Sächs. OVG, Jahrbücher, 16, 219 (220).

[687] Eigentlich drei Phasen, davon jedoch nur zwei vor der Zeit des Nationalsozialismus, *Laubinger*, Der Verwaltungsakt mit Doppelwirkung, S. 38 f.; *Enders*, Der Beitrag des Sächsischen Oberverwaltungsgerichts zur Dogmatik des subjektiven öffentlichen Rechts, FS zum 100-jährigen Jubiläum des Sächsischen Oberverwaltungsgerichts, S. 167 (183 - 190).

[688] Sächs. OVG, Jahrbücher 2, 77 (78); 9, 216 (218 f.); ähnlich Sächs. OVG 12, 19 (19 f.): ohne gesetzlichen Grund dürfe nicht in rechtlich geschützte Interessen des Einzelnen eingegriffen werden.

[689] Sächs. OVG, Jahrbücher 16, 218 (219); zur dritten Phase: Sächs. OVG, Jahrbücher 39, 1 ff., vgl. dazu Teil 2, E. II. 2. b).

Das OVG eröffnete damit — im Vergleich zu den anderen obersten Landesverwaltungsgerichten — einen sehr weiten Rechtsschutz, indem es sehr weitgehend subjektive öffentliche Rechte des Dritten annahm.

c) Ergebnis

Das Königlich Sächsische Oberverwaltungsgericht entstand relativ spät. Deshalb konnte es auf die Rechtsprechung anderer oberster Landesverwaltungsgerichte, insbesondere des Preußischen Oberverwaltungsgerichts zurückgreifen. Zudem hatte sich auch die Verwaltungsrechtswissenschaft weiterentwickelt. So benutzte das Sächsische OVG sehr genaue Definitionen des subjektiven öffentlichen Rechts. Die vom Sächsischen OVG verwendeten Kriterien entsprechen weitgehend denen Bühlers, der jedoch seinerseits schon auf die Rechtsprechung auch des Sächsischen OVG zurückgreifen konnte. Das Bühlers Theorien entstanden unter Rückgriff auf die ausführlich darstellte Rechtsprechung.[690] Die Ermessenskontrolle ist deutlich weitgehender als in Bayern oder Württemberg, aber auch noch weitgehender als in Preußen oder Baden, woraus eine ziemlich umfassende Anerkennung von subjektiven öffentlichen Rechten in diesem Bereich folgte. Subjektive Rechte eines Dritten wurden in erheblichem Umfang anerkannt.

3. Schutz subjektiver Rechte oder objektive Rechtmäßigkeitskontrolle

a) Vorrangiges Ziel der Verwaltungsgerichtsbarkeit

Nach dem Gesetz über die Verwaltungsrechtspflege, durch das der verwaltungsgerichtliche Rechtsschutz eingeführt wurde, diente dieser der objektiven Rechtskontrolle.[691] Durch die Rechtsprechung des OVG, die bei den Beteiligten die Möglichkeit einer Verletzung eines subjektiven öffentlichen Rechts forderte, bekam der Rechtsschutz eine subjektive Ten-

---

[690] Bühler selbst verwies darauf, daß er bei der Darlegung des subjektiven öffentlichen Rechts schon ausgiebig die Ergebnisse der Rechtsprechung der Verwaltungsgerichte verwendet hat, wobei der ursprüngliche Kern des Buches die Abschnitte über die Verwaltungsgerichtsbarkeit in Preußen und Württemberg waren und Bühler sich durch die herangezogene Rechtsprechung des Sächs. OVG bestätigt fand, *Bühler*, Die subjektiven öffentlichen Rechte, S. 507 f., Fn. 1.

[691] *Enders*, Der Beitrag des Sächsischen Oberverwaltungsgerichts zur Dogmatik des subjektiven öffentlichen Rechts, FS zum 100-jährigen Jubiläum des Sächsischen Oberverwaltungsgerichts, S. 167 (172 f.).

denz.[692] Ein vorrangiges Ziel der Verwaltungsgerichtsbarkeit läßt sich demnach nicht bestimmen.

b) Gesetzliche Zugangssperre mit Auswirkungen auf die Begründetheitsprüfung

Eine enge Beziehung von Klagezulassung und Begründetheitsprüfung spricht für einen subjektiven Rechtsschutz. Sofern keine subjektiven Beschränkungen des Zugangs zu den Gerichten bestehen, sondern höchstens durch die Gerichte selbst errichtete Zugangssperren, spricht dieses für eine objektive Rechtskontrolle. Die Klage bei den Verwaltungsgerichten und dem Oberverwaltungsgericht war nach dem Gesetzeswortlaut nicht von der Verletzung eines subjektiven öffentlichen Rechts abhängig. Daß ein Beteiligter i.S.d. § 73 eine Verletzung in einem subjektiven öffentlichen Recht geltend machen mußte, führte erst das OVG ein.[693] Daneben bestand eine Zulässigkeit einer Klage bei bestimmten Gegenständen. Diese enumerativ aufgeführten Gegenstände sprechen für eine eher objektive Rechtskontrolle. Die Beschränkung der Klagezulassung nur durch das Gericht ist zwar prinzipiell eher als objektive Rechtmäßigkeitskontrolle zu bewerten. Hier wurde aber das Erfordernis der Verletzung in einem subjektiven öffentlichen Recht eingeführt, was eher dem subjektiven Rechtsschutz entspricht. Insofern läßt sich nicht genau festlegen, ob insoweit eher eine objektive Rechtskontrolle oder ein Schutz subjektiver Rechte vorlag.

c) Dispositionsmaxime

Die Geltung der Dispositionsmaxime, also die Bindung des Gerichts an den Antrag des Klägers, spräche für einen subjektiven Rechtsschutz, die der Offizialmaxime für eine objektive Rechtskontrolle. Hierbei ist genau zu differenzieren, ob eine Norm die Offizialmaxime festlegte, ob die nicht relevante Inquisitionsmaxime gemeint war. So legte § 25 Abs. 1 Satz 1 die Untersuchungsmaxime fest, denn diese Norm betraf nur die Sachverhaltserforschung und besagte nichts über die Bindung an die Anträge der Beteiligten. Hingegen bestimmte § 25 Abs. 1 Satz 2, daß die Verwal-

---

[692] So verstand das Sächs. OVG den Zweck der Verwaltungsrechtspflege im Schutz subjektiver Rechte, Sächs. OVG, Jahrbücher 3, 145 (148); vgl. dazu oben, Teil 2, C. V. 2. a); s. auch *Enders*, Der Beitrag des Sächsischen Oberverwaltungsgerichts zur Dogmatik des subjektiven öffentlichen Rechts, FS zum 100-jährigen Jubiläum des Sächsischen Oberverwaltungsgerichts, S. 167 (173, 179).

tungsgerichte „zwar nicht über den Gegenstand der Verhandlung hinausgehen dürfen, im übrigen aber weder an die gestellten Anträge, noch die zu ihrer Rechtfertigung vorgebrachten Gründe gebunden sind." Das ist die Geltung der Offizialmaxime. Zudem war eine Klagerücknahme bei Vorliegen eines öffentlichen Interesses nur mit Zustimmung des Gerichtes möglich nach § 35 Abs. 1; diese war also der Disposition des Klägers entzogen.[694] Daß die Klage jedoch bei Fehlen eines öffentlichen Interesses zurückgenommen werden konnte, begrenzte die Offizialmaxime. Trotzdem spricht die grundsätzliche Geltung der Offizialmaxime eher für eine objektive Rechtskontrolle.

d) Automatischer Suspensiveffekt

Ein automatischer Suspensiveffekt spräche für eine höhere Bewertung der Rechte Einzelner gegenüber der Effizienz der Verwaltung, also für einen subjektiven Rechtsschutz. Der Suspensiveffekt wurde nicht positiv normiert, jedoch wurde in § 86 explizit festgelegt, daß eine Klage auf Wiederaufnahme des Verfahrens keine aufschiebende Wirkung hatte. Demnach hatten Klage und Berufung normalerweise eine aufschiebende Wirkung. Dieses spricht für einen subjektiven Rechtsschutz.

e) Unabhängigkeit der Gerichte gegenüber der Verwaltung

Wenn die Gerichte gegenüber Verwaltung unabhängig sind, spricht das für einen Rechtsschutz zugunsten des Einzelnen. Wenn demgegenüber die Verwaltungsgerichte auch als Teil der Exekutive agieren können, dienen sie der Selbstkontrolle der Verwaltung, also der objektiven Rechtskontrolle. Nur die Richter am OVG besaßen nach §§ 6, 7 und 8 die Garantie der richterlichen Unabhängigkeit.[695] An den Verwaltungsgerichten waren nur Beamte aus der Verwaltung tätig.[696] Zudem war es nach § 18 nicht möglich, ein Mitglied der Kreishauptmannschaft, als Verwaltungsgericht erster Instanz, deshalb auszuschließen oder abzulehnen, weil es amtlich mit der Sache befaßt gewesen ist. Insofern war eine gewisse Tendenz zur objektiven Rechtskontrolle festzustellen.

---

[693] Teil 2, C. V. 2. a).

[694] Vgl. dazu *W. Jellinek*, Verwaltungsrecht, 3. Aufl., 1931, S. 312.

[695] Vgl. dazu auch *W. Jellinek*, Verwaltungsrecht, 3. Aufl., 1931, S. 94; *Kohl*, Das Reichsverwaltungsgericht, S. 29.

f) Wirkung der Urteile inter partes

Eine Wirkung der Urteile nur inter partes spricht für einen subjektiven Rechtsschutz; für eine objektive Rechtskontrolle ist eine Wirkung allen gegenüber effektiver. Nach § 25 Abs. 2 durften die Urteile der Verwaltungsgerichte nur die Parteien betreffen; die Urteile sollten nur inter partes wirken. Zudem band das rechtskräftige Urteil nach § 61 für den Streitgegenstand nur die Parteien, die Verwaltungsgerichte und Verwaltungsbehörden. Weiterhin bestand auch die Möglichkeit, Dritte beizuladen nach § 45 Abs. 1. Diese Dritten wurden nach § 45 Abs. 2 durch die Beiladung zur Partei, so daß dann die Urteile auch sie betreffen durften. Diese Ausgestaltung des verwaltungsgerichtlichen Verfahrens, daß die Urteile nur zwischen den Parteien wirkten, spricht für einen eher subjektiven Rechtsschutz.

g) Ergebnis

Zusammenfassend läßt sich sagen, daß eine eindeutige Zuordnung nicht getroffen werden kann. Der Gesetzeswortlaut bezweckte ursprünglich eine objektive Rechtskontrolle. Dieses wurde jedoch für die Anfechtungsklagen durch die Rechtsprechung des OVG geändert. Daneben blieb das für einige Gegenstände eingeführte Enumerativprinzip bestehen. Insofern sind sowohl Kriterien des subjektiven Rechtsschutzes als auch der objektiven Rechtskontrolle erfüllt. Die Geltung der Offizialmaxime und die fehlende Unabhängigkeit der Kreishauptmannschaften als Verwaltungsgerichte sprechen für eine objektive Rechtskontrolle. Demgegenüber führen die Unabhängigkeit der Richter am OVG, der Suspensiveffekt und die Wirkung der Urteile nur inter partes eher zu der Bewertung, daß der subjektive Rechtsschutz Zweck der Verwaltungsgerichtsbarkeit war. Insofern ist die sächsische Verwaltungsgerichtsbarkeit zwischen objektiver Rechtskontrolle und subjektivem Rechtsschutz angesiedelt.

4. Bewertung der sächsischen Entwicklung

Nach der ursprünglichen Gesetzeslage sollte die sächsische Verwaltungsgerichtsbarkeit eher der objektiven Rechtskontrolle dienen. Das Sächsische OVG führte jedoch für die Anfechtung von Verwaltungsakten das Erfordernis einer Verletzung eines subjektiven öffentlichen Rechts ein. Dadurch gewann der Schutz subjektiver Rechte als Zweck der Verwaltungsgerichtsbarkeit an Bedeutung.

Die Darlegung der Voraussetzungen des subjektiven öffentlichen Rechts war beim Sächsischen OVG sehr präzise. Es erkannte subjektive öffentliche Rechte vergleichsweise weitgehend an und eröffnete so wieder umfangreiche Klagemöglichkeiten, insbesondere auch des Nachbarn im Baurecht.

VI. Bewertung

Bei der Einführung einer Verwaltungsgerichtsbarkeit war zumeist das Enumerativprinzip mit einer partiellen Generalklausel kombiniert. Bei der partiellen Generalklausel war oft eine mögliche Verletzung in einem subjektiven (öffentlichen) Recht Klagevoraussetzung. In Preußen und Sachsen, wo diese Voraussetzung — in Preußen zumindest anfangs — nicht explizit im Gesetz stand, legten die Oberverwaltungsgerichte die Gesetze so aus, daß die Möglichkeit einer Verletzung in einem subjektiven öffentlichen Recht Klagevoraussetzung wurde. Nach der ursprünglichen gesetzlichen Gestaltung des verwaltungsgerichtlichen Verfahrens diente die Verwaltungsgerichtsbarkeit in diesen beiden Ländern eher der objektiven Rechtskontrolle als dem Schutz subjektiver Rechte. Die — neu eingeführte — Verletzung eines subjektiven (öffentlichen) Rechts als Klagevoraussetzung spricht zwar für einen Schutz subjektiver Rechte als Zweck der Verwaltungsgerichtsbarkeit. Trotzdem änderte sich durch die Abweichung der Oberverwaltungsgerichte von den gesetzlichen Grundlagen der Zweck der Verwaltungsgerichtsbarkeit nicht vollständig. Auch in den anderen Ländern war eine ausschließliche Zuordnung nicht möglich. In allen Ländern waren in den Gesetzen über die Verwaltungsgerichtsbarkeit und in der verwaltungsgerichtlichen Rechtsprechung sowohl objektive als auch subjektive Aspekte enthalten.

Bei der Auslegung der Rechtsverletzung zeigen sich deutliche Unterschiede. Während in Preußen auch die Verletzung eines Privatrechts ausreichte und insbesondere der Bayerische VGH den Begriff nicht definierte, benutzte das Sächsische OVG die klarste Definition des subjektiven öffentlichen Rechts. Das Sächsische OVG wurde erst 1901 errichtet, weshalb es schon auf Georg Jellineks „System der subjektiven öffentlichen Rechte" zurückgreifen konnte, was das PrOVG in der Anfangszeit nicht konnte. Die Rechtsprechung legte die Voraussetzungen für eine Rechtsverletzung fest und begann so, das subjektive öffentliche Recht zu konkretisieren.

Henke meint, daß die Verwaltungsgerichte den Begriff der Rechtsverletzung erst durch Bühlers Werk als die Rechtsfigur des subjektiven öffentlichen Rechts ausgelegt haben.[697] Dem muß nach vorausgehender Darstellung widersprochen werden. Zwar wurden von der Rechtsprechung teilweise Rechte des Privatrechts anerkannt, vorrangig wurden jedoch subjektive öffentliche Rechte akzeptiert. Gerade die Rechtsprechung des Sächsischen OVG definierte eindeutig das subjektive öffentliche Recht noch vor Erscheinen von Bühlers „Die subjektiven öffentlichen Rechte und ihr Schutz in der Verwaltungsrechtsprechung". Bühler selbst sagte, er habe „die Ergebnisse der Rechtsprechung der Verwaltungsgerichte bei der Darlegung der Elemente des subjektiven öffentlichen Rechts schon ausgiebig mitverwertet", insbesondere die Ergebnisse der preußischen, württembergischen und sächsischen Verwaltungsrechtsprechung.[698]

Auffällig ist das Verhältnis von den subjektiven öffentlichen Rechten und dem Ermessen. Daß bei Ermessen ein subjektives öffentliches Rechts ausgeschlossen sei, wurde zwar schon frühzeitig befürwortet — so etwa von Sarwey. Er wollte damit die Überprüfung von Ermessen durch die Gerichte ausschließen. Erst durch die Übernahme dieser Klausel durch die Verwaltungsgerichtsbarkeit wurde diese Einschränkung des subjektiven öffentlichen Rechts auch praktisch relevant.

Oftmals war die Klage aufgrund der partiellen Generalklausel an eine Rechtsverletzung geknüpft, und daneben war eine Überprüfung des Ermessens gesetzlich ausgeschlossen. Diese Gründe standen nebeneinander, trotzdem betonten die obersten Verwaltungsgerichte, daß bei Ermessen mangels eines subjektiven öffentlichen Rechts eine Klage unzulässig sei. Auch die Intensität der gerichtlichen Überprüfung des Ermessens war relevant: Genau so weit, wie die obersten Verwaltungsgerichte das Ermessen überprüften, erkannten sie auch das subjektive öffentliche Recht an. Denn die Gerichte durften nur die Rechtmäßigkeit des Ermessens überprüfen. Soweit aber die Rechtmäßigkeit der Ermessensausübung überprüfbar und damit eine Rechtskontrolle möglich war, war der Rechtssatz für die Verwaltung bindend. Soweit die Verwaltung rechtlich gebunden war, konnten auch subjektive Rechte entstehen. Jedoch war zumindest der Kernbereich des Ermessens als Sphäre der Verwaltung nicht über-

---

[697] *Henke,* Das subjektive öffentliche Recht, S. 70 f.

[698] *Bühler,* Die subjektiven öffentlichen Rechte, S. 507 f., Fn. 1.

prüfbar; insoweit bestand auch kein subjektives öffentliches Recht des Einzelnen. Ein zwingender Rechtssatz — und damit ein subjektives öffentliches Recht — bestand danach, soweit das Ermessen gerichtlich überprüfbar oder kein Ermessen vorhanden war. Diese Definition des zwingenden Rechtssatzes war die von den Verwaltungsgerichten angewendete. Die Rechtsprechung hat so die Voraussetzungen eines subjektiven öffentlichen Rechts und die gerichtliche Überprüfbarkeit von Ermessensentscheidungen zur Übereinstimmung gebracht.

Problematisch war hierbei jedoch, daß die Verwaltungsgerichtsbarkeit in den einzelnen Ländern eine unterschiedlich weitgehende Kontrolle von Entscheidungen annahm, die im Ermessen der Behörde standen. Entsprechend wurden die subjektiven öffentlichen Rechte in der verwaltungsgerichtlichen Rechtsprechung der einzelnen Länger unterschiedlich weitgehend anerkannt.

D. Weiterentwicklung der Literatur und Einfluß der Weimarer Reichsverfassung

In der Folge der Revolution vom November 1918 wurde von der Nationalversammlung in Weimar eine neue Reichsverfassung ausgearbeitet, die reichseinheitlich geltende Grundrechte besaß.[699] Trotz des Umsturzes und der Einführung der Republik bewirkten diese Veränderungen zunächst keine Neuerungen in der rechtswissenschaftlichen Lehre vom subjektiven öffentlichen Recht. In der Verwaltungsrechtswissenschaft wurde die Kontinuität betont. So besagte das bekannte Zitat Otto Mayers: „Groß Neues ist ja seit 1914 und 1917 nicht nachzutragen, ‚Verfassungsrecht vergeht, Verwaltungsrecht besteht' ".[700] Zunächst änderten sich die Ansichten in der Literatur nicht. So veröffentlichte Fleiner 1919 und 1922

[699] Verfassung des Deutschen Reiches. Vom 11. August 1919, RGBl. 1919, S. 1383 - 1418, zweiter Hauptteil, Grundrechte und Grundpflichten der Deutschen (S. 1404 - 1415).

[700] *O. Mayer*, Deutsches Verwaltungsrecht, 3. Aufl. 1924, 1. Bd. S. VI (Vorwort); etwas anders klingt die Bemerkung, daß die Voraussetzung des Verwaltungsrechts der Verfassungsstaat sei, *O. Mayer*, a.a.O. S. 55, in der Mayer die Abhängigkeit des Verwaltungsrechts vom Verfassungsrecht anerkannte; vgl. dazu *Bachof*, Die Dogmatik des Verwaltungsrechts vor den Gegenwartsaufgaben der Verwaltung, VVDStRL 30 (1972), S. 193 (204).

unveränderte Neuauflagen.[701] Dieses begründete er damit, daß „die wissenschaftlichen Grundlagen des Buches (...) unerschüttert geblieben" seien.[702] Erst später erkannte er den Einfluß der Weimarer Reichsverfassung und setzte diesen theoretisch um. So erklärte er in der 1928 erschienenen 8. Auflage seiner „Institutionen des Deutschen Verwaltungsrechts": „Die Neugestaltung des Verfassungsrechts hat in Deutschland einen starken Einfluß auch auf das Verwaltungsrecht ausgeübt. Alte Rechtsinstitute haben einen veränderten Sinn bekommen, und neue Probleme sind aufgetaucht, die eine selbständige wissenschaftliche Behandlung erfordern."[703]

I. Methodenfragen

Um Kontinuitäten und Weiterentwicklungen richtig beurteilen zu können, ist auf die von den Autoren angewandte Methode einzugehen. Die Zahl der Gesetze nahm zu, und die Rechtsprechung mußte von der Literatur weitgehender beachtet werden. So verarbeitete das „Lehrbuch des deutschen und preußischen Verwaltungsrechts" von Julius Hatschek[704] als Grundlage überwiegend die Gesetze und Rechtsprechung Preußens.[705] Das Werk unterschied formal nicht zwischen einem allgemeinen und einem besonderen Teil,[706] setzte also nicht die juristische Methode um. Teilweise war es dadurch etwas unübersichtlich und einige Gegenstände wurden auseinandergerissen.[707] Insgesamt ist es eine positivistische Darstellung des Rechts.[708] Im Gegensatz dazu wandte Herrnritt die juristische Methode an. Dabei beschränkte er sich auf die „Grundlehren des Verwal-

---

[701] *Fleiner*, Institutionen des Deutschen Verwaltungsrechts, 4. Aufl., 1919, sowie 6. und 7. Aufl. 1922.

[702] *Fleiner*, Institutionen des Deutschen Verwaltungsrechts, 6. und 7. Aufl. 1922, S. I (Vorwort).

[703] *Fleiner*, Institutionen des Deutschen Verwaltungsrechts, 8. Aufl. 1928, S. I (Vorwort); vgl. dazu *Dennewitz*, Die Systeme des Verwaltungsrechts, S. 195.

[704] 2. Auflage 1922, die 1. Auflage von 1919 hieß noch „Institutionen des deutschen und preußischen Verwaltungsrechts".

[705] *Dennewitz*, Die Systeme des Verwaltungsrechts, S. 168.

[706] *Dennewitz*, Die Systeme des Verwaltungsrechts, S. 168 f.

[707] *Dennewitz*, Die Systeme des Verwaltungsrechts, S. 169; a.A. *Stolleis*, Geschichte des öffentlichen Rechts in Deutschland, Dritter Band, S. 238 („geschickter Aufbau").

[708] *Stolleis*, Geschichte des öffentlichen Rechts in Deutschland, Dritter Band, S. 238.

tungsrechts", weil es zu umfangreich geworden wäre, alle Teilbereiche des Verwaltungsrechts darzustellen.[709] W. Jellinek sah als Zweck an, einen Überblick über das Verwaltungsrecht zu geben. Indem er diesen geordneten Überblick über das Verwaltungsrecht schuf, wurde der Systemgedanke einer inneren Einheit weniger berücksichtigt.[710] Neben streng juristischen Argumenten zog er verstärkt auch teleologische Argumente und das Interesse zur Argumentation heran.[711] Jellinek benutzte die juristische Methode, aber bereits in abgeschwächter Form, weil er auch die Gesetzeslage darstellte.[712] Aufgrund dieser Einbeziehung der Gesetze kann eine Annäherung an oder eine Verbindung mit der staatswissenschaftlichen Methode festgestellt werden.[713] Er grenzte das von ihm dargestellte Verwaltungsrecht jedoch scharf von der Verwaltungslehre und der Verwaltungspolitik ab.[714]

Demgegenüber war die Darstellung des „Allgemeinen Verwaltungsrechts" von Merkl außergewöhnlich. Er war stark von Kelsen beeinflußt.[715] So war er ein überzeugter Positivist, was auch in dem „Allgemeinen Verwaltungsrecht" zum Ausdruck kam.[716] Insgesamt ist bei ihm eine Anlehnung an die juristische Methode festzustellen.[717]

---

[709] *Herrnritt*, Grundlehren des Verwaltungsrechtes, S. IV (Vorwort). Wobei Herrnritt nach dem Nebentitel des Werkes die in Österreich (Nachfolgestaaten) geltende Rechtsordnung und Praxis vorzugsweise berücksichtigen wollte, *Herrnritt*, Grundlehren des Verwaltungsrechts, S. I.

[710] *W. Jellinek*, Verwaltungsrecht, 1. Aufl., S. 108, 147, 3. Aufl. 1931, S. 114; vgl. dazu *Meyer-Hesemann*, Methodenwandel in der Verwaltungsrechtswissenschaft, S. 63 f.

[711] *W. Jellinek*, Verwaltungsrecht, 1. Aufl. 1928, S. 142 f., 3. Aufl., S. 149 - 155, 433 - 438; vgl. dazu *Meyer-Hesemann*, Methodenwandel in der Verwaltungsrechtswissenschaft, S. 75 f.

[712] *Meyer-Hesemann*, Methodenwandel in der Verwaltungsrechtswissenschaft, S. 55 f.; *Stolleis*, Geschichte des öffentlichen Rechts in Deutschland, Dritter Band, S. 239 f.; ähnlich bereits Fleiner, siehe Teil 2, B. I. 3.

[713] *Dennewitz*, Die Systeme des Verwaltungsrechts, S. 174; *Meyer-Hesemann*, Methodenwandel in der Verwaltungsrechtswissenschaft, S. 56, 60, 74.

[714] *W. Jellinek*, Verwaltungsrecht, 3. Aufl., 1931, S. 95 - 101.

[715] *Merkl*, Allgemeines Verwaltungsrecht, S. V; vgl. zur „Wiener Schule" auch *Stolleis*, Geschichte des öffentlichen Rechts in Deutschland, Dritter Band, S. 163 - 171.

[716] *Merkl*, Allgemeines Verwaltungsrecht, S. V f., 130.

[717] *Merkl*, Allgemeines Verwaltungsrecht, S. VII f.

Durch die neuen Gesetze und die teilweise Einbeziehung von Interessen war eine beginnende Loslösung von der juristischen Methode festzustellen; im Verwaltungsrecht wurden verschiedene Methoden angewendet, ohne daß ein Streit über die richtige Methode entstand.[718] Dieses lag möglicherweise daran, daß sich die juristische Methode vorher noch nicht als alleinig herrschend durchgesetzt hatte, sondern die staatsrechtswissenschaftliche Methode daneben Bestand hatte.[719]

Anders im Staatsrecht. Durch die Entstehung der Weimarer Republik zeigten sich die methodischen Gegensätze deutlich. Die Vorherrschaft des Positivismus zerfiel.[720] Viele Staatsrechtslehrer lehnten die Weimarer Republik ab.[721] Eine grundsätzliche Debatte über den Standpunkt des Staatsrechts entstand.[722] Die einzelnen Standpunkte waren stark differenziert und in mehrere Lager gespalten.[723] Die Probleme zeichneten sich insbesondere bei den Staatsrechtslehrertagungen 1926 und 1927 ab; in erster Linie bestanden Probleme der positivistischen Richtung mit der neuen, anti-positivistischen Richtung.[724] Dieser „Methoden- oder Richtungsstreit" der Weimarer Republik wirkte sich jedoch in der Verwal-

---

718 *Meyer-Hesemann*, Methodenwandel in der Verwaltungsrechtswissenschaft, S. 74.

719 Teil 2, B. I. 3.

720 *Stolleis*, Geschichte des öffentlichen Rechts in Deutschland, Dritter Band, S. 155; die Kritik an der juristischen Methode hatte bereits um die Jahrhundertwende wieder zugenommen, *Stolleis*, Verwaltungsrechtswissenschaft und Verwaltungslehre 1866 - 1914, Verwaltung 15 (1982), 45 (72 f.); vgl. beispielsweise *C. Schmitt*, Verfassungslehre, insbesondere S. 141 f.

721 *Meyer-Hesemann*, Methodenwandel in der Verwaltungsrechtswissenschaft, S. 71.

722 Vgl. zum Methodenstreit: *Meyer-Hesemann*, Methodenwandel in der Verwaltungsrechtswissenschaft, S. 71; *Stolleis*, Geschichte des öffentlichen Rechts in Deutschland, Dritter Band, S. 153 - 202; *Friedrich*, Der Methoden- und Richtungsstreit, AöR 102 (1977), S. 161 - 209; *Graner*, Die Staatsrechtslehre in der politischen Auseinandersetzung der Weimarer Republik.

723 *Stolleis*, Geschichte des öffentlichen Rechts in Deutschland, Dritter Band, S. 181.

724 Aussprache über „Die Gleichheit vor dem Gesetz im Sinne des Art. 109 Reichsverfassung", VVDStRL 3 (1927), S. 43 - 62; Aussprache über „Das Recht der freien Meinungsäußerung", VVDStRL 4 (1928), S. 74 - 97; Aussprache über „Der Begriff des Gesetzes in der Reichsverfassung", VVDStRL 4 (1928), S. 168 - 207; vgl. dazu *H. Bauer*, Geschichtliche Grundlagen der Lehre vom subjektiven öffentlichen Recht, S. 89; *Stolleis*, Geschichte des öffentlichen Rechts in Deutschland, Dritter Band, S. 189 - 193; zu den „Antipositivisten" vgl. *Stolleis*, Geschichte des öffentlichen Rechts in Deutschland, Dritter Band, S. 171 - 181; zum Positivismus vgl. *Stolleis*, Geschichte des öffentlichen Rechts in Deutschland, Dritter Band, S. 159 - 163.

tungsrechtswissenschaft nicht aus.[725] Im Verwaltungsrecht war der Wandel der Staatsform weniger einschneidend und auch die stärkere Bindung an das einfache Recht und die Rechtsprechung wirkten sich stabilisierend aus.[726]

Im Staatsrecht entstand eine umfassende Diskussion um Methodenfragen, die sich im Verwaltungsrecht jedoch nicht so wesentlich auswirkte.

II. Allgemeine Aussagen zum subjektiven öffentlichen Recht

Zunächst ist auf die allgemeinen Aussagen zum subjektiven öffentlichen Recht einzugehen, die nicht nur speziell für die subjektiven öffentlichen Rechte des Einzelnen oder die subjektiven öffentlichen Rechte des Staates gelten.[727] Teilweise wurden die subjektiven öffentlichen Rechte des Staates und der Einzelnen nebeneinander behandelt.[728] Beispielsweise definierte Herrnritt das subjektive öffentliche Recht als „eine Berechtigung, d.h. Einräumung einer Gewalt von seiten der Rechtsordnung ..., welche dem Staate oder einem öffentlichen Verbande im Staate als solchem oder welche dem Einzelnen vermöge seiner Mitgliedschaft innerhalb eines derartigen Verbandes" zustehe.[729] Er nahm also an, daß es subjektive öffentliche Rechte sowohl des Staates, als auch der Bürger gäbe. W. Jellinek unterschied öffentliche Pflichten, öffentliche Freiheit und subjektive öffentliche Rechte.[730] Träger dieser subjektiven öffentlichen Rechte können natürliche Personen, juristische Personen des Privatrechts und des öffentlichen Rechtes, einschließlich des Staates, sein.[731] Auch für W. Jellinek gab es subjektive öffentliche Rechte des Einzelnen und des Staates. Die

---

[725] *Meyer-Hesemann*, Methodenwandel in der Verwaltungsrechtswissenschaft, S. 73; *Stolleis*, Verwaltungsrechtswissenschaft und Verwaltungslehre 1866 - 1914, Verwaltung 15 (1982), 45 (75 f.).

[726] *Stolleis*, Geschichte des öffentlichen Rechts in Deutschland, Dritter Band, S. 209 f.

[727] Nicht alle gingen auf das subjektive öffentliche Recht ein, so beispielsweise Giese/Neuwiem/Cahn — nach dem Inhaltsverzeichnis und Sachregister, *Giese/Neuwiem/Cahn*, Deutsches Verwaltungsrecht, S. VII - XV, 454 - 470.

[728] *Richter*, Das subjektive öffentliche Recht, AöR 47 (1925), S. 1 (22 - 30).

[729] *Herrnritt*, Grundlehren des Verwaltungsrechts, S. 72 f., im Original gesperrt gedruckt.

[730] *W. Jellinek*, Verwaltungsrecht, 3. Aufl., 1931, S. 193 - 200, 200, 200 - 217.

[731] *W. Jellinek*, Verwaltungsrecht, 3. Aufl., 1931, S. 203.

öffentlichen Pflichten haben als Rechtssubjekt den Staat, einen sonstigen Träger öffentlicher Gewalt oder einen Einzelnen.[732] Die Zuordnung zu einem bestimmten Rechtssubjekt war für W. Jellinek nicht systembildend, sondern diene nur der Untergliederung.[733] Das subjektive öffentliche Recht sei das rechtliche Können.[734]

Das subjektive öffentliche Recht des Einzelnen, aber auch des Staates, war grundsätzlich anerkannt und wurde durch die Theorie stabilisiert. Auf die Probleme im Einzelnen komme ich noch zu sprechen.

III. Subjektive öffentliche Rechte des Einzelnen

Im folgenden sollen die systematischen Voraussetzungen subjektiver öffentlicher Rechte herausgearbeitet werden, sowie der Bezug der subjektiven öffentlichen Rechte zu den Grundrechten dargestellt werden. Einige Autoren behandelten die subjektiven öffentlichen Rechte nur kurz oder gar nicht. So ging beispielsweise Hatschek nicht auf das Rechtsinstitut des subjektiven öffentlichen Rechts ein.[735] Ähnlich erläuterte Adolf Merkl kaum die subjektiven öffentlichen Rechte des Einzelnen und deren Voraussetzungen, sondern vorrangig die subjektiven öffentlichen Rechte des Staates.[736] In den meisten Büchern wurden keine genaueren Ausführungen zu den Voraussetzungen eines subjektiven öffentlichen Rechts gemacht. Oft enthielten die Bücher kaum theoretische Ausführungen, sondern stellten im wesentlichen die Gesetzeslage dar und gingen nicht auf die gesetzlich nicht festgelegten subjektiven öffentlichen Rechte ein. Gerade die Kurzlehrbücher und Grundrisse enthielten keine langen theoretischen Ausführungen.

1. Allgemeine systematische Voraussetzungen

Die Voraussetzungen subjektiver öffentlicher Rechte sollen insbesondere in Bezug auf ihr Verhältnis zum Staat dargestellt werden. Weil der Staat die subjektiven öffentlichen Rechte des Einzelnen schuf und sie jederzeit

---

[732] *W. Jellinek*, Verwaltungsrecht, 3. Aufl., 1931, S. 194.

[733] *W. Jellinek*, Verwaltungsrecht, 3. Aufl., 1931, S. 194.

[734] *W. Jellinek*, Verwaltungsrecht, 3. Aufl., 1931, S. 200.

[735] *Hatschek*, Lehrbuch des deutschen und preussischen Verwaltungsrechts, Inhaltsverzeichnis III, IV, Sachregister 452 f.

[736] *Merkl*, Allgemeines Verwaltungsrecht, S. 129 - 140.

ändern konnte, war die Bindung des Staates an diese Normen problematisch. Dieses Problem wurde nur teilweise erkannt, so beispielsweise von Herrnritt. Dieser erklärte, daß die durch den Staat geschaffenen subjektiven öffentlichen Rechte auch gegen den Staat wirken können, denn die Staatsgewalt sei auch der staatlichen Rechtsordnung unterworfen; nur durch diese gesetzlichen Grenzen seien subjektive öffentliche Rechte denkbar.[737] Hofacker erkannte das Problem nicht. Einerseits meinte er, daß der Staat nur Aufgaben, aber keine Pflichten habe.[738] Trotzdem erkannte er die Möglichkeit des Bestehens subjektiver öffentlicher Rechte des Einzelnen an.[739] Obwohl die Existenz von Rechten des Einzelnen gegen den Staat voraussetzt, daß der Staat eine dem Recht entsprechende, zugunsten des Einzelnen wirkende Verpflichtung besitzt; nur so kann ein Recht entstehen. Demgegenüber erkannte Thoma das Problem, daß der Staat als Verpflichteter sich selbst entpflichten könne, weshalb keine spezifisch rechtliche Pflicht vorliege. Deshalb könne es innerstaatlich keine subjektiven Rechte gegenüber der souveränen Staatspersönlichkeit geben.[740] Nur soweit der Staat in anderen Funktionen oder Organen repräsentiert und dadurch normgebunden sei, können Rechte gegen ihn bestehen.[741] Es war weiterhin problematisch, zu erklären, wie der Staat an Rechtssätze gebunden würde, die er selbst aufheben könnte. Nur durch das Bestehen solcher Pflichten gegen den Staat konnte jedoch ein subjektives öffentliches Recht des Einzelnen entstehen.

2. *Die Kriterien des Schutzes der Interessen des Einzelnen und der Rechtsmacht zur Abgrenzung von Rechten und Reflexen*

Bei den subjektiven öffentlichen Rechten des Einzelnen war insbesondere die Abgrenzung von Rechten und Reflexen problematisch. Die beiden im wesentlichen von Bühler geprägten Kriterien der Rechtsmacht und des bezweckten Interessenschutzes[742] wurden auch von anderen Autoren

---

[737] *Herrnritt*, Grundlehren des Verwaltungsrechts, S. 72.

[738] *Hofacker*, Grundrechte und Grundpflichten der Deutschen, S. 11.

[739] *Hofacker*, Grundrechte und Grundpflichten der Deutschen, S. 13.

[740] *Thoma*, Das System der subjektiven öffentlichen Rechte und Pflichten, Handbuch des Deutschen Staatsrechts, Bd. 2, § 102, S. 607 (608).

[741] *Thoma*, Das System der subjektiven öffentlichen Rechte und Pflichten, Handbuch des Deutschen Staatsrechts, Bd. 2, § 102, S. 607 (609).

[742] Teil 2, B. IV. 1.

aufgegriffen. So war nach Thoma ein „Grundelement jedes subjektiven Rechtes (...) ein Verlangendürfen"; hingegen gebe eine rein faktische Begünstigung keine Befugnis, sondern sei nur ein Reflex.[743]

Fleiner unterschied zwischen Normen des objektiven Rechts und den subjektiven öffentlichen Rechten. Bei den erstgenannten komme der materielle Erfolg dem Einzelnen nur als Reflex der Gesetzesvollziehung zu. Bei subjektiven öffentlichen Rechten besitze der Bürger konkrete, abgegrenzte Ansprüche auf die im Gesetz genannten Leistungen, so daß der Einzelne gegenüber den Behörden diesen Anspruch geltend machen könne, wie ein Gläubiger einen Anspruch gegen einen Schuldner geltend machen könne.[744] Fleiner bemängelte jedoch, daß Recht und Reflex nicht aufgrund äußerer Merkmale unterscheidbar seien.[745] Grundsätzlich wurde Bühlers Kriterium des Interessenschutzes übernommen. So erkannte Herrnritt, daß eine öffentlich-rechtliche Norm, die ein privates Interesse schütze — im Gegensatz zum Privatrecht — nicht immer dem Einzelnen ein Recht gebe, sondern auch ausschließlich im Interesse der staatlichen Fürsorge liegen könne.[746] Ein subjektives öffentliches Recht sei nur dann anzunehmen, wenn bei einem Rechtssatz — auch des Gewohnheitsrechts — „nach seiner Form und seinem Inhalte die durch ihn eingeräumte Befugnis sowohl bezüglich ihres Trägers, als auch bezüglich ihres Gegenstandes so weit konkretisiert ist, daß sie in einer über den bloßen allgemeinen Ordnungsschutz hinausgehenden Weise geltend gemacht werden kann".[747] Die Reflexwirkungen, also die Vor- und Nachteile, die anderen Personen aus fremden subjektiven öffentlichen Rechten zugute kommen, begründen keine subjektiven öffentlichen Rechte.[748] Nach W. Jellinek müsse die Norm einen Interessenschutz bezwecken, um ein subjektives öffentliches Recht zu gewähren. Um das Vorliegen eines subjektiven öffentlichen Rechts zu bestimmen, sei zu fragen: „Hat das Gesetz die Interessen dessen schützen wollen, der jetzt sein ‚Recht' geltend macht? Wenn ja: Hat ihm das Gesetz die Macht verleihen wollen,

---

[743] *Thoma*, Das System der subjektiven öffentlichen Rechte und Pflichten, Handbuch des Deutschen Staatsrechts, Bd. 2, § 102, S. 607 (616).

[744] *Fleiner*, Institutionen des Deutschen Verwaltungsrechts, 8. Aufl. 1928, S. 172.

[745] *Fleiner*, Institutionen des Deutschen Verwaltungsrechts, 8. Aufl. 1928, S. 176.

[746] *Herrnritt*, Grundlehren des Verwaltungsrechts, S. 73.

[747] *Herrnritt*, Grundlehren des Verwaltungsrechts, S. 74.

[748] *Herrnritt*, Grundlehren des Verwaltungsrechts, S. 77.

durch eigene Willensbetätigung seine Interessen maßgeblich wahrzunehmen?"[749] Hier sind Ähnlichkeiten mit Bühlers Definition des subjektiven öffentlichen Rechts[750] erkennbar.

Demgegenüber wurde das von Bühler so benannte Kriterium der Rechtsmacht zunehmend als gerichtliche Durchsetzbarkeit ausgelegt.[751] Bühler konnte sich mit seiner Ansicht nicht durchsetzen, daß für die Rechtsmacht die Möglichkeit des Geltendmachens auch vor Behörden ausreiche. Weil oftmals der verwaltungsgerichtliche Rechtsschutz als einzig effektiver anerkannt wurde, sahen viele als Rechtsmacht ausschließlich die Möglichkeit der gerichtlichen Durchsetzung der Rechte an. Damit widersprachen sie Bühlers Konzeption. Im Bereich der partiellen Generalklausel — in Bayern bei allen Klagen — bestand die Gefahr von Zirkelschlüssen. Weil bei diesen eine Rechtsverletzung Voraussetzung für die Klage war, kam es hier zu dem genannten Zirkelschluß: Die Klagbarkeit war dann Voraussetzung des subjektiven öffentlichen Rechts, aber auch dessen Rechtsfolge. Wahrscheinlich gerade durch die Einführung einer Verwaltungsgerichtsbarkeit, bei der die Zulässigkeit der Klage teilweise von der Verletzung eines subjektiven öffentlichen Rechts unabhängig war — so im Bereich der Enumerativklausel —, konnte sich diese Auslegung des Begriffes der Rechtsmacht durchsetzen, die Bühler kritisierte.

Bei der abstrakten Bestimmung des Kriteriums des Interessenschutzes herrschte weitgehende Einigkeit mit den von Bühler aufgestellten Kriterien. Anders beim Kriterium der Rechtsmacht. Indem dieses oft als gerichtliche Durchsetzbarkeit ausgelegt wurde, drohte im Bereich der (partiellen) Generalklausel die Gefahr von Zirkelschlüssen.

3. *Das Kriterium des zwingenden Rechtssatzes zum Ausschluß eines subjektiven öffentlichen Rechts bei Ermessen*

Die Ermessenslehre entwickelte sich fort. Die Ansicht des preußischen OVG und von Gneists setzte sich langsam durch, daß auch das Ermessen — wenn auch in bestimmten Grenzen — zu überprüfen sei. Zwar hielt

---

[749] *W. Jellinek*, Verwaltungsrecht, 3. Aufl., 1931, S. 201.

[750] Teil 2, B. IV. 1.

[751] *Thoma*, Das System der subjektiven öffentlichen Rechte und Pflichten, Handbuch des Deutschen Staatsrechts, Bd. 2, § 102, S. 607 (616 f.); a. A. *Fleiner*, Institutionen des Deutschen Verwaltungsrechts, 8. Aufl. 1928, S. 176 f.; vgl. dazu *H. Bauer*, Geschichtliche Grundlagen der Lehre vom subjektiven öffentlichen Recht, S. 99.

Bühler an der Voraussetzung des zwingenden Rechtssatzes für das Vorliegen eines subjektiven öffentlichen Rechts fest;[752] ein subjektives öffentliches Recht sei weiterhin bei Ermessen ausgeschlossen.[753] Andererseits hielt er eine Änderung des Kriteriums des „zwingenden Rechtssatzes" als Ausschluß des subjektiven öffentlichen Rechtes bei Ermessensnormen für angebracht. Er änderte seine Meinung in der Frage der Ermessenskontrolle, so daß die Grenzen des Ermessens überprüfbar werden sollten.[754] Walter Jellinek lehnte subjektive öffentliche Rechte bei Ermessen mangels Willensmacht des Einzelnen ab. Es bestehe jedoch ein subjektives Recht, soweit Ermessensfehler zu überprüfen seien.[755] Solche Ermessensfehler seien „die gesetzwidrigen Erwägungen, die einer im Ergebnis nicht beanstandbaren Entschließung" vorangingen, also Rechtsirrtum und Ungehorsam.[756] Diese Ansicht entspricht weitgehend der Rechtsprechung,[757] auf die sich W. Jellinek auch berief.[758]

Die Unterscheidung von unbestimmten Rechtsbegriffen und Ermessen setzte sich erst durch. W. Jellinek unterschied danach, daß das Wesen des Ermessens die Mehrdeutigkeit sei. Es liege also weder bei eindeutigen Begriffen, noch bei allen unbestimmten Begriffen vor, denn oft sei deren Inhalt durch Auslegung zu ermitteln.[759] Das freie Ermessen sei „die vom Gesetze für maßgeblich erklärte, fehlerfrei zustande gekommene, individuelle Abgrenzung eines unbestimmten Begriffes innerhalb seiner äußersten Grenzen, insbesondere die individuelle Auffassung über den inneren Wert oder Unwert einer Verwirklichung."[760] So bestehe beispielsweise

---

[752] *Bühler*, Zur Theorie des subjektiven öffentlichen Rechts, Festgabe für Fleiner, S. 26 (36).

[753] Teil 2, B. IV. 3.

[754] *Bühler*, Zur Theorie des subjektiven öffentlichen Rechts, Festgabe für Fleiner, S. 26 (27); ähnlich *Bühler*, Der Einfluß des Steuerrechts auf die Begriffsbildung des öffentlichen Rechts, VVDStRL 3 (1927), S. 102 (112 f.).

[755] *W. Jellinek*, Verwaltungsrecht, 3. Aufl., 1931, S. 211; wobei auch Jellinek nicht auf die Gefahr eines Zirkelschlusses (s. Teil 2, C. IV.) einging.

[756] *W. Jellinek*, Verwaltungsrecht, 3. Aufl., 1931, S. 37; im Original gesperrt gedruckt.

[757] Teil 2. C. I. 2. b) bb); Teil 2, C. II. B. aa); Teil 2. b) aa); Teil 2, C V. 2. b) aa); die Rechtsprechung des BayVGH und des BadVGH wich etwas ab, Teil 2, C. III. 2. b) aa); Teil 2, C. IV. 2. b) aa).

[758] *W. Jellinek*, Verwaltungsrecht, 3. Aufl., 1931, S. 30, 40.

[759] *W. Jellinek*, Verwaltungsrecht, 3. Aufl., 1931, S. 31.

[760] *W. Jellinek*, Verwaltungsrecht, 3. Aufl., 1931, S. 32.

bei den Begriffen Notwendigkeit und Zweckmäßigkeit nicht immer freies Ermessen.[761]

Zwar wurde einer Kontrolle der Grenzen des Ermessens zunehmend zugestimmt. Problematisch war jedoch, daß keine klare Abgrenzung zwischen Ermessen und unbestimmten Rechtebegriffen vorhanden war, also die Grenzen des Ermessens nicht immer konkret feststellbar waren. Soweit das Ermessen gerichtlich überprüfbar war, sollten auch subjektive öffentliche Rechte — trotz Ermessens — entstehen können. Diese Ansicht entstand insbesondere durch einer Orientierung an der Rechtsprechung.

4. *Grundrechte*

Die Weimarer Reichsverfassung enthielt Grundrechte,[762] die dadurch erstmals reichseinheitlich galten. Die Ansichten über die Einstufung der Grundrechte als subjektive öffentliche Rechte waren jedoch uneinheitlich.

Zu Beginn der Weimarer Republik wurden die Grundrechte der Reichsverfassung eher nicht beachtet oder kritisiert.[763] Diese Behandlung war ähnlich der im Kaiserreich.[764] Diese Ähnlichkeiten hatten ihren Grund in der personellen Übereinstimmung, wie beispielsweise bei Anschütz. Von ihm stammte der Kommentar zur preußischen Verfassung, aber auch der zur "Verfassung des Deutschen Reiches" von 1919. In beiden behandelte er die Grundrechte ähnlich.[765] [766] Zudem behielt die Staatsrechtswissenschaft ihren Begriffsapparat überwiegend bei.[767]

---

[761] *W. Jellinek*, Verwaltungsrecht, 3. Aufl., 1931, S. 34.

[762] „Grundrechte und Grundpflichten der Deutschen", Art. 109 bis Art. 165 der Verfassung des Deutschen Reiches. Vom 11. August 1919, RGBl. 1919, S. 1383 (S. 1404 - 1415); vgl. zum Streit über die Einführung von Grundrechten: *Anschütz*, Die Verfassung des Deutschen Reiches, 14. Aufl., 1933, S. 508 - 510.

[763] *Stolleis*, Geschichte des öffentlichen Rechts in Deutschland, Dritter Band, S. 110.

[764] Teil 2, B. IV. 4.

[765] *Anschütz*, Die Verfassungsurkunde für den preußischen Staat; *Anschütz*, Die Verfassung des Deutschen Reichs; *H. Bauer*, Geschichtliche Grundlagen der Lehre vom subjektiven öffentlichen Recht, S. 85, 90.

[766] Als Gegenbeispiel ist Stier-Somlo hervorzuheben, der hervorhebt, daß die Weimarer Reichsverfassung auf der Revolution von 1918 beruht, also die fehlende Kontinuität betont, *Stier-Somlo*, Die Verfassung des Deutschen Reiches vom 11. August 1919, insbesondere S. 1 - 71; vgl. dazu *Stolleis*, Geschichte des öffentlichen Rechts in Deutschland, Dritter Band, S. 96.

[767] *Jesch*, Gesetz und Verwaltung, S. 7; *Meyer-Hesemann*, Methodenwandel in der

Teilweise wurden die Grundrechte nur eingeschränkt als subjektive öffentliche Rechte anerkannt. So bei Hofacker, der danach differenzierte, ob der Einzelne nur als Glied der Allgemeinheit genannt werde. In diesem Fall bestehe nur ausnahmsweise ein subjektives öffentliches Recht, weil „die Allgemeinheit nicht die Summe der einzelnen" sei.[768] Nur wenn die Deutschen als Einzelperson genannt werden, bestehe die Möglichkeit, daß es sich bei den Grundrechten um subjektive öffentliche Recht („Eigenrechte") handele.[769] Diese weitgehende Ablehnung von Grundrechten als subjektive öffentliche Rechte beruhte auf einer sehr engen Auslegung des Schutznorm-Kriteriums. Denn ausschließlich der Allgemeinheit dienende Normen sind danach keine subjektiven öffentlichen Rechte, sondern nur Reflexe.

Demgegenüber schrieb Bühler über Hofacker, daß die „Zeit der Irrungen der Theorie noch nicht ganz vorüber" sei.[770] Die von ihm vorgenommene Unterscheidung, daß nur wenige Grundrechte subjektive öffentliche Rechte seien, ließe sich nicht irgendwie überzeugend begründen.[771] Bühler hielt die Grundrechte der Weimarer Reichsverfassung grundsätzlich für subjektive öffentliche Rechte.[772] So handele es sich bei den Grundrechten zumeist nicht nur um Programmsätze, sondern diese sollen Rechte der Untertanen begründen, was durch die Begriffswahl bestätigt werde.[773] Damit diese Grundrechte wirklich gerichtlichen Schutz erfahren würden, hielt Bühler für sinnvoll, daß das geplante Reichsverwaltungsgericht eine Generalklausel bekomme und so die Grundrechte ihre Schutzfunktion entfalten können.[774] Auch Thoma sah die Grundrechte grundsätzlich als

---

Verwaltungsrechtswissenschaft, S. 67.

[768] *Hofacker*, Grundrechte und Grundpflichten der Deutschen, S. 13.

[769] *Hofacker*, Grundrechte und Grundpflichten der Deutschen, S. 13.

[770] *Bühler*, Zur Theorie des subjektiven öffentlichen Rechts, Festgabe für Fleiner, S. 26 (57).

[771] *Bühler*, Zur Theorie des subjektiven öffentlichen Rechts, Festgabe für Fleiner, S. 26 (58).

[772] *Bühler*, Zur Theorie des subjektiven öffentlichen Rechts, Festgabe für Fleiner, S. 26 (54).

[773] *Bühler*, Zur Theorie des subjektiven öffentlichen Rechts, Festgabe für Fleiner, S. 26 (55 f.).

[774] *Bühler*, Zur Theorie des subjektiven öffentlichen Rechts, Festgabe für Fleiner, S. 26 (57).

subjektive Rechte an.[775] Eine Änderung durch verfassungsänderndes Gesetz sei möglich, wobei jedoch der Wesensgehalt geschützt sei.[776] Herrnritt differenzierte danach, ob die Grundrechte nur den Grundsatz der Gesetzmäßigkeit der Verwaltung festlegen — dann begründen sie keine Rechte. Grundrechte seien nur dann subjektive Rechte, wenn sie eine „Erweiterung der bisherigen Rechtsstellung nur für einzelne Rechtssubjekte oder Personenkategorien" bezwecken.[777] W. Jellinek erkannte Grundrechte als subjektive öffentliche Rechte an.[778]

Zumeist wurden Grundrechte als subjektive öffentliche Rechte anerkannt. Es wurden jedoch unterschiedliche Differenzierungen vorgenommen, um die Grundrechte zu bestimmen, die keine subjektiven öffentlichen Rechte seien.

5. *Auswirkungen der Grundrechte auf die einfachgesetzlich gewährten subjektiven öffentlichen Rechte*

Sowohl die Verwaltungsrechtswissenschaft hielt an den Denkgewohnheiten der vorangegangenen Epoche fest,[779] als auch weitgehend die Staatsrechtswissenschaft.[780] Deshalb hatte die Änderung der Verfassungslage zunächst — insbesondere im Verwaltungsrecht — keine Auswirkungen.

Erst langsam wurde die Erforderlichkeit von Änderungen insbesondere durch den Einfluß der Weimarer Reichsverfassung erkannt und theoretisch umgesetzt. So erkannte Fleiner in der 1928 erschienen 8. Auflage seiner „Institutionen des Deutschen Verwaltungsrechts", daß das neue Verfassungsrecht Einfluß auf das Verwaltungsrecht habe.[781]

---

[775] *Thoma*, Die juristische Bedeutung der grundrechtlichen Sätze, in: *Nipperdey* (Hrsg.), Die Grundrechte und Grundpflichten der Reichsverfassung, Bd. 1, S. 1 (16, 18 f.).

[776] *C. Schmitt*, Inhalt und Bedeutung des zweiten Hauptteils der Reichsverfassung, Handbuch des Deutschen Staatsrechts, Bd. 2, § 101, S. 572 (587); vgl. dazu auch *H. Bauer*, Geschichtliche Grundlagen der Lehre vom subjektiven öffentlichen Recht, S. 93 f.

[777] *Herrnritt*, Grundlehren des Verwaltungsrechts, S. 76, im Original gesperrt gedruckt.

[778] *W. Jellinek*, Verwaltungsrecht, 3. Aufl., 1931, S. 204.

[779] Teil 2, D. (am Anfang).

[780] Teil 2, D. III. 4.; *Meyer-Hesemann*, Methodenwandel in der Verwaltungsrechtswissenschaft, S. 67.

[781] *Fleiner*, Institutionen des Deutschen Verwaltungsrechts, 8. Aufl. 1928, S. I (Vorwort), vgl. Teil 2, D. (am Anfang).

Die Grundrechte verstärkten — durch ihre Auswirkungen auf das einfache Recht[782] — den Schutz durch die einfachgesetzlichen subjektiven öffentlichen Rechte.[783]

6. Gesetzesvorbehalt

Der Gesetzesvorbehalt wurde aus der Gesamtschau der Grundrechte gebildet. Zunächst wurde statt des Schutzes durch die einzelnen Grundrechte — wenn überhaupt — nur der Gesetzesvorbehalt als subjektives öffentliches Recht anerkannt.[784] Wie gerade dargelegt, begann man während der Weimarer Republik die Grundrechte als subjektive öffentliche Rechte anzuerkennen.[785] Streitig war jedoch weiterhin, ob der Gesetzesvorbehalt ein subjektives öffentliches Recht sei. So widersprach Hofacker der Ansicht, daß der Grundsatz der Gesetzmäßigkeit der Verwaltung ein subjektives öffentliches Recht sei.[786] Bühler sei „zu seinen Rechten der einzelnen auf Freilassung von Verwaltungseingriffen nur durch eine Kette von gewagten Schlüssen und durch fehlerhafte Ableitungen aus einem selbsterfundenen Begriff der subjektiven öffentlichen Rechte" gelangt.[787] Trotz dieser Kritik durch Hofacker hielt Bühler an seiner Ansicht fest, daß der Gesetzesvorbehalt ein subjektives öffentliches Recht sei.[788] Andererseits meinte Thoma, der Rechtsanspruch auf gesetzmäßige Freiheit sei kein subjektives öffentliches Recht im eigentlichen Sinne.[789]

Ob der Gesetzesvorbehalt ein subjektives öffentliches Recht wäre, war weiterhin streitig.

---

[782] *Stolleis*, Geschichte des öffentlichen Rechts in Deutschland, Dritter Band, S. 110 f.

[783] *Stolleis*, Geschichte des öffentlichen Rechts in Deutschland, Dritter Band, S. 215.

[784] Teil 2., B. IV. 5.

[785] Teil 2 D. III. 4.

[786] *Hofacker*, Grundrechte und Grundpflichten des Deutschen, S. 8.

[787] *Hofacker*, Grundrechte und Grundpflichten der Deutschen, S. 12.

[788] *Bühler*, Zur Theorie des subjektiven öffentlichen Rechts, Festgabe für Fleiner, S. 26 (27); zu Hofacker: *Bühler*, Zur Theorie des subjektiven öffentlichen Rechts, Festgabe für Fleiner, S. 26 (57); vgl. oben, Teil 2, B. IV. 5.

[789] *Thoma*, Das System der subjektiven öffentlichen Rechte und Pflichten, Handbuch des Deutschen Staatsrechts, Bd. 2, § 102, S. 607 (619).

7. Ergebnis

Das subjektive öffentliche Recht des Einzelnen wurde gegenüber dem subjektiven öffentlichen Recht des Staates verstärkt in den Vordergrund gestellt. Problematisch war insbesondere die Abgrenzung zwischen Recht und Reflex. Grundsätzlich wurden subjektive öffentliche Rechte des Einzelnen inzwischen anerkannt, obwohl es deutliche Unterschiede bei den Voraussetzungen gab und insbesondere bei den Grundrechten streitig war, ob diese überhaupt subjektive öffentliche Rechte sein könnten, und welche dieser gegebenenfalls als subjektive öffentliche Rechte anzuerkennen waren.

IV. Subjektive öffentliche Rechte des Staates

Obwohl die subjektiven öffentlichen Rechte des Einzelnen das Wesentliche waren, gingen die Autoren teilweise recht ausführlich auf die subjektiven öffentlichen Rechte des Staates ein. So erläuterte Herrnritt die subjektiven öffentlichen Rechte des Staates:[790] Der Staat besitze subjektive öffentliche Rechte. Die einzelnen Hoheitsrechte seien aber nicht zu unterscheiden, weil die Souveränität alle Rechte enthalte und eine Hervorhebung einzelner überflüssig sei.[791] Anders als die meisten Autoren ging Adolf Merkl kaum auf die subjektiven öffentlichen Rechte des Einzelnen und deren Voraussetzungen ein, sondern behandelte vorrangig die subjektiven öffentlichen Rechte des Staates.[792] Er wollte den Einzelnen nicht durch die Gewährung subjektiver öffentlicher Rechte schützen, sondern durch die begrenzte Einräumung subjektiver öffentlicher Rechte des Staates. Das Bestehen subjektiver öffentlicher Rechte des Staates heiße, daß der Staat nur in bestimmten Bereichen berechtigt wäre; sofern keine subjektiven öffentlichen Rechte bestehen, sei er nicht berechtigt.[793] Falsch sei es, aus dem Begriff der „öffentlichen Gewalt" subjektive öffentliche Rechte des Staates gegen die Untertanen herzuleiten, die nicht aus dem positiven Recht stammen.[794] Da die Pflichten der Untertanen nur auf der Rechtsord-

[790] *Herrnritt*, Grundlehren des Verwaltungsrechts, S. 71.

[791] *Herrnritt*, Grundlehren des Verwaltungsrechts, S. 71.

[792] *Merkl*, Allgemeines Verwaltungsrecht, S. 129 - 140.

[793] *Merkl*, Allgemeines Verwaltungsrecht, S. 130.

[794] *Merkl*, Allgemeines Verwaltungsrecht, S. 131.

nung beruhen können, können auch aus dem Gewaltverhältnis oder Untertanenverhältnis keine subjektiven öffentlichen Rechte des Staates folgen; eine Gehorsamspflicht könne nur gegenüber einzelnen bestimmtem Rechtssätzen bestehen.[795] An dieser Argumentation zeigt sich Merkls rechtspositivistische Einstellung. Er betonte deutlich die Gesetzesabhängigkeit der subjektiven öffentlichen Rechte des Staates. Außerdem begrenzte Merkl anders als viele andere Autoren die Eingriffsbefugnisse des Staates durch die Anerkennung subjektiver öffentlicher Rechte des Staates. Auch auf das Verhältnis der Gliedstaaten zum Oberstaat in einem Bundesstaat wollte Merkl die Rechtsfigur der subjektiven öffentlichen Rechte anwenden.[796]

Thoma erkannte, daß die Systematik der subjektiven öffentlichen Rechte des Einzelnen und des Staates nicht gleichartig sein könne. Denn die subjektiven öffentlichen Rechte des Staates seien — im Gegensatz zu denen der Einzelnen — gerade nicht bei gerichtlicher Durchsetzbarkeit, sondern dann stärker geschützt, wenn die Gerichte nicht angerufen werden können.[797]

Einige Autoren gingen auf die subjektiven öffentlichen Rechte des Staates ein, obwohl dieser Teilbereich keine praktische Relevanz hatte; anders als die subjektiven öffentlichen Rechten des Einzelnen. Deshalb hatten die hier vertretenen unterschiedlichen Positionen auch keine praktischen Auswirkungen.

V. Bewertung

Insgesamt ist während der Weimarer Republik eine Konsolidierung festzustellen. Die Rechtsfigur des subjektiven öffentlichen Rechts wurde nicht mehr grundsätzlich in Frage gestellt und die Grundrechte wurden zunehmend als subjektive öffentliche Rechte angesehen. Selbst Hofacker, der die Anerkennung subjektiver öffentlicher Rechte eng begrenzte, bestritt nicht völlig, daß die Grundrechte der Weimarer Reichsverfassung zumindest teilweise auch subjektive öffentliche Rechte sein können. Andererseits entwickelte die Verwaltungsrechtslehre nach 1914 das subjektive öffentli-

---

[795] *Merkl*, Allgemeines Verwaltungsrecht, S. 132 f., 136.

[796] *Merkl*, Allgemeines Verwaltungsrecht, S. 135.

[797] *Thoma*, Das System der subjektiven öffentlichen Rechte und Pflichten, Handbuch des Deutschen Staatsrechts, Bd. 2, § 102, S. 607 (623).

che Recht kaum weiter.[798] Die systematischen Grundlagen Georg Jellineks und Ottmar Bühlers wurden zwar weitgehend anerkannt, aber eine darüber hinausgehende Systematisierung fand kaum statt.

Bauer will eine zunehmende Abdrängung des subjektiven öffentlichen Rechts in das Verwaltungsrecht während der Weimarer Republik bemerken.[799] Eine solche Abdrängung fand bereits während des Kaiserreiches statt. Zu dieser Zeit wurden die Grundrechte der Landesverfassungen noch nicht als subjektive öffentliche Rechte angesehen, und es fand eine Anerkennung der subjektiven öffentlichen Rechte fast ausschließlich im Verwaltungsrecht statt. Während der Weimarer Republik wurden die Grundrechte zunehmend als subjektive öffentliche Rechte anerkannt. Diese Gegentendenz, das subjektive öffentliche Recht aus dem bisher anerkannten Bereich des Verwaltungsrechts auch auf die Ebene des Verfassungsrechts auszuweiten, begann unter der Geltung der Weimarer Reichsverfassung.

E. Ablehnung der subjektiven öffentlichen Rechte und Einschränkung der Verwaltungsgerichtsbarkeit in der NS-Zeit

I. Literatur

Als Folge der „Machtergreifung" der Nationalsozialisten wurden viele grundlegende Werte des Rechtsstaates abgelehnt, wie beispielsweise die Demokratie und die Gewaltenteilung.[800] Ersetzt wurden sie durch neue Grundlagen, so durch die Begriffe der Volksgemeinschaft und des Gemeinnutzes[801] sowie durch das Führerprinzip;[802] diese Leitgedanken wurden dazu benutzt, erheblich die Interessen des Einzelnen einzuschrän-

---

[798] *Bühler*, Zur Theorie des subjektiven öffentlichen Rechts, Festgabe für Fleiner, S. 26 (34).

[799] *H. Bauer*, Geschichtliche Grundlagen der Lehre vom subjektiven öffentlichen Recht, S. 95 - 97.

[800] *Rüfner*, Die Entwicklung der Verwaltungsgerichtsbarkeit, in: Deutsche Verwaltungsgeschichte, Band 4, Seite 1099 (1100).

[801] *Rüfner*, Die Entwicklung der Verwaltungsgerichtsbarkeit, in: Deutsche Verwaltungsgeschichte, Band 4, S. 1099 (1100); *Stolleis*, Verwaltungsrechtswissenschaft und Verwaltungslehre im Nationalsozialismus, in: Deutsche Verwaltungsgeschichte, Band 4, S. 707 (708).

[802] *Frotscher/Pieroth*, Verfassungsgeschichte, Rdnr. 597.

ken.[803] Die daraus folgenden Auswirkungen auf das subjektive öffentliche Recht sollen dargestellt werden.

1. Allgemeine systematische Voraussetzungen

Einige wesentliche systematische Voraussetzungen für die Existenz subjektiver öffentlicher Rechte wurden in der Folge der nationalsozialistischen „Machtergreifung" bestritten.

a) Trennung öffentliches Recht und Privatrecht

Streitig war, ob die Trennung von öffentlichem Recht und Privatrecht im Nationalsozialismus noch sinnvoll sei.[804] Ernst Rudolf Huber lehnte die strikte Trennung von öffentlichem und privatem Recht im herkömmlichen Sinne ab. Trotzdem befürwortete er eine Gliederung, bei der er das staatliche Recht, also das Verfassungs- und Verwaltungsrecht, vom ständischen Recht und Gemeinrecht abgrenzte.[805] Nur sei diese Trennung nicht so strikt, wie bei der Spaltung in öffentliches und privates Recht.[806] Die Trennung der beiden Rechtsgebiete verlor an Bedeutung; so hob Forsthoff beispielsweise hervor, daß bei der Daseinsvorsorge die Rechtsform — öffentliches Recht oder Privatrecht — nicht erheblich sei.[807] Andererseits betonte Koellreutter, daß die Trennung von öffentlichem und privatem Recht durch die Belange der Volksgenossen gerechtfertigt sei.[808] Die Trennung der beiden Rechtsgebiete war zum Schutz der Bürger nicht mehr so wichtig wie früher.[809] Trotzdem blieb diese grundsätzlich anerkannt.

---

[803] *Rüfner*, Die Entwicklung der Verwaltungsgerichtsbarkeit, in: Deutsche Verwaltungsgeschichte, Band 4, Seite 1099 (1100).

[804] Eine Trennung ablehnend: *Galz*, Der Gegensatz von öffentlichem und privatem Recht, ZAkDR 1938, 581 (582); *Huber*, Einheit und Gliederung des völkischen Rechts, ZgStW 98 (1938), S. 310 (316 f.); vgl. dazu *Stolleis*, Geschichte des öffentlichen Rechts in Deutschland, Dritter Band, S. 338 f.

[805] *Huber*, Einheit und Gliederung des völkischen Rechts (Untertitel: Ein Beitrag zur Überwindung des Gegensatzes von öffentlichem und privatem Recht), ZgStW 98 (1938), S. 310 (316 f.).

[806] *Huber*, Einheit und Gliederung des völkischen Rechts, ZgStW 98 (1938), S. 310 (317).

[807] *Forsthoff*, Die Verwaltung als Leistungsträger, S. 36, ähnlich S. 38, 40.

[808] *Koellreutter*, Deutsches Verfassungsrecht, S. 15 f.

[809] Zur Bedeutung früher: Teil 2, A. II. 3.; Teil 2, B. I. 1.

b) Methodenfragen

Die juristische Methode wurde abgelehnt. Denn ihre Systematik beruhte auf dem Grundsatz der Gesetzmäßigkeit der Verwaltung und damit auf der — während des Nationalsozialismus abgelehnten — Gewaltenteilung.[810] Das Verwaltungsrecht des liberalen Rechtsstaates werde durch ein neues, nationalsozialistisches Verwaltungsrecht abgelöst.[811] Ein Verwaltungsrecht im herkömmlichen Sinne sei nicht mehr möglich, als ein „Beziehungssystem zwischen dem Staat als Rechtssubjekt und dem einzelnen als Rechtssubjekt".[812] Nicht nur die Gesetze, sondern auch die Rechtsanwendung und die Rechtswissenschaft sollten geändert werden.[813] So wurde die Entwicklung eines Allgemeinen Teils des Verwaltungsrechts als Grundlage einer einheitlichen und überprüfbaren Verwaltungspraxis als Teil des liberalen Verwaltungsrechts diskreditiert.[814]

Bei der bis zu dieser Zeit bestehenden Verwaltungsrechtswissenschaft war problematisch, daß sie das Problem der leistenden Verwaltung nicht systematisch bewältigen konnte.[815] Diesem Problem widmete sich Forsthoff 1938 in der Schrift „Die Verwaltung als Leistungsträger".[816] Forsthoff nahm keine Konstruktion der Begriffe vor, sondern er versuchte Bedeutungen in die Rechtsbegriffe hineinzuinterpretieren, die durch angebliche Ordnungen der Realität bestimmt waren.[817] So sollten außerrechtliche Gehalte bei der Auslegung der Norm berücksichtigt werden können.[818] Die von Forsthoff benutzten Ordnungen bzw. Institutionen entstanden

---

[810] *Forsthoff,* Die Verwaltung als Leistungsträger, S. 1.

[811] *Frank,* Vorwort, in: *Frank* (Hrsg.), Deutsches Verwaltungsrecht, S. IX.

[812] *Höhn,* Das subjektive öffentliche Recht und der neue Staat, DRW 1 (1936), 49 (60), im Original gesperrt gedruckt.

[813] *Blomeyer,* Vorwort (1935), in: *Köttgen*, Deutsche Verwaltung, S. V.

[814] *Stolleis,* Verwaltungsrechtswissenschaft und Verwaltungslehre im Nationalsozialismus, in: Deutsche Verwaltungsgeschichte, Band. 4, S. 707 (717).

[815] *Forsthoff,* Die Verwaltung als Leistungsträger, S. 12, 20, 42 f.; vgl. dazu *Meyer-Hesemann,* Methodenwandel in der Verwaltungsrechtswissenschaft, S. 83.

[816] *Forsthoff,* Die Verwaltung als Leistungsträger, 1938.

[817] *Forsthoff,* Die Verwaltung als Leistungsträger, beispielsweise S. 17; vgl. dazu *Meyer-Hesemann,* Methodenwandel in der Verwaltungsrechtswissenschaft, S. 85 f., 111 f.

[818] *Meyer-Hesemann,* Methodenwandel in der Verwaltungsrechtswissenschaft, S. 120.

aber erst durch eine normative Interpretation der Wirklichkeit.[819] Diese Methode entsprach dem konkreten Ordnungsdenken von Carl Schmitt in der Staatsrechtswissenschaft.[820] Carl Schmitt ging davon aus, daß die Ordnungen das ursprüngliche seien,[821] die durch die Herrschaft der Gesetze zerstört werde.[822] Das neue „konkrete Ordnungs- und Gestaltungsdenken"[823] sei auch im Staats- und Verwaltungsrecht anzuwenden, um „den Führergrundsatz" und „Begriffe wie Treue, Gefolgschaft, Disziplin und Ehre" durchzusetzen.[824]

Diese neue Methode stellte die Zielerreichung in den Vordergrund und stand im Widerspruch zum Positivismus und der juristischen Methode.[825] Das Verwaltungsrecht wurde als eine „Sammlung hinderlicher Formalien" angesehen.[826] Forsthoff meinte, die Orientierung an Freiheit und Eigentum habe einen Mangel an Empirie bei der verwaltungsrechtlichen Dogmatik bewirkt.[827] Die Neuorientierung der Verwaltungsrechtswissenschaft war oft auch an den Titeln erkennbar: Die Lehrbücher hießen oft statt (Deutsches) Verwaltungsrecht, bevorzugt (Deutsche) Verwaltung.[828] Entgegen den Prinzipien der juristischen Methode wurden wieder

---

[819] *Meyer-Hesemann*, Methodenwandel in der Verwaltungsrechtswissenschaft, S. 119.

[820] *C. Schmitt*, Über die drei Arten des rechtswissenschaftlichen Denkens, S. 57 - 64; vgl. dazu *Rüthers*, Entartetes Recht, S. 59 - 76.

[821] *C. Schmitt*, Über die drei Arten des rechtswissenschaftlichen Denkens, S. 12 — so beispielsweise die folgenden Ordnungen: Ehe, Familie, Betrieb u.a., vgl. *Stolleis*, Geschichte des öffentlichen Rechts in Deutschland, Zweiter Band, S. 325.

[822] *C. Schmitt*, Über die drei Arten des rechtswissenschaftlichen Denkens, S. 15.

[823] *C. Schmitt*, Über die drei Arten des rechtswissenschaftlichen Denkens, S. 58.

[824] *C. Schmitt*, Über die drei Arten des rechtswissenschaftlichen Denkens, S. 63; im Original gesperrt gedruckt.

[825] *Meyer-Hesemann*, Methodenwandel in der Verwaltungsrechtswissenschaft, S. 81, 119 f.

[826] *Stolleis*, Gemeinwohlformeln im nationalsozialistischen Recht, S. 233.

[827] *Forsthoff*, Die Verwaltung als Leistungsträger, S. 2 f.

[828] Beispielsweise: *Maunz*, Verwaltung; *Köttgen*, Deutsche Verwaltung; dieses entsprach der Umbenennung der Vorlesung, vgl. *Stolleis*, Verwaltungsrechtswissenschaft und Verwaltungslehre im Nationalsozialismus, in: Deutsche Verwaltungsgeschichte, Band. 4, S. 707 (722).

soziale, politische und ökonomische Aspekte einbezogen,[829] insbesondere, um die strikte positivistische Gesetzesbindung zu überwinden.

Die der besseren Kontrolle der Verwaltung dienenden Abstraktionen der juristischen Methode paßten nicht in das nationalsozialistische Rechtssystem.[830] So fand auch im Verwaltungsrecht ein Abwenden von dieser Methode statt. Dadurch wurden auch im Verwaltungsrecht die Ergebnisses des „Richtungsstreites" in der Staatsrechtslehre[831] nachvollzogen.[832] Stattdessen wurde auch im Verwaltungsrecht versucht, die Wirklichkeit unter bestimmte Ordnungen zu fassen, um durch diese neue Begriffsbildung die Gesetzesbindung zu unterlaufen.

c) Rechtspersönlichkeit des Staates

Die Rechtspersönlichkeit des Staates ist eine Voraussetzung der subjektiven öffentlichen Rechte.[833] Nach 1933 wurde die Rechtsfigur der juristischen Person des öffentlichen Rechts abgelehnt.[834] Insbesondere passe beim Staat diese rechtliche Fiktion nicht zu dem Gefolgschafts- und Führergedanken, bei dem der Einzelne als Teil der Gemeinschaft angesehen werde.[835] Der bisher anerkannte Staatsbegriff eigne sich nicht mehr, der das Individuum von dem Staat als juristischer Person trenne.[836] Denn der Begriff der Körperschaften des öffentlichen Rechts widerspreche der konkreten Gemeinschaft des nationalsozialistischen Staates.[837] Jedoch wurde

---

[829] *Meyer-Hesemann*, Methodenwandel in der Verwaltungsrechtswissenschaft, S. 99 f.; vgl. dazu beispielsweise die Ausführungen von *Forsthoff*, Die Verwaltung als Leistungsträger, S. 17.

[830] *Stolleis*, Geschichte des öffentlichen Rechts in Deutschland, Dritter Band, S. 369.

[831] Vgl. dazu Teil 2, D. I.

[832] *Stolleis*, Geschichte des öffentlichen Rechts in Deutschland, Dritter Band, S. 373.

[833] *Höhn*, Das subjektive öffentliche Recht und der neue Staat, DRW 1 (1936), 49 (50).

[834] *Höhn*, Der individualistische Staatsbegriff und die juristische Staatsperson, S. 227 f.; a.A. *Koellreutter*, Deutsches Verfassungsrecht, S. 24 f.

[835] *Frank*, Einleitung, in: *Frank* (Hrsg.), Deutsches Verwaltungsrecht, S. XII; *Höhn*, Das subjektive öffentliche Recht und der neue Staat, DRW 1 (1936), 49 (57).

[836] *Höhn*, Der individualistische Staatsbegriff und die juristische Staatsperson, S. 227 f.

[837] *Maunz*, Das Verwaltungsrecht des nationalsozialistischen Staates, in: *Frank*

dieser Auffassung die Unklarheit entgegengehalten, daß sie nicht darlegen könne, wodurch die Rechtsfigur der juristischen Person im Bereich des Völkerrechtes zu ersetzen sei.[838] Nur als juristische Person könne der Staat als Völkerrechtssubjekt anerkannt werden. Deshalb konnte zwar nicht vollständig abgelehnt werden, daß der Staat eine juristische Person sei, zumindest seien aber Rechte des Einzelnen gegen den Staat nicht mehr vorstellbar.[839] Ohne daß der Staat eine juristische Person wäre, können ihm keine individuellen Rechte zustehen, auch keine subjektiven öffentlichen Rechte.[840] Grundsätzlich konnten dann auch keine Rechte ihm gegenüber bestehen.

2. *Subjektive öffentliche Rechte des Einzelnen*

Wie schon an dem Streit über seine Voraussetzungen deutlich wird, war auch das subjektive öffentliche Recht umstritten.

a) Streit um den Fortbestand der subjektiven öffentlichen Rechte des Einzelnen

Die Rechtsfigur des subjektiven öffentlichen Rechts wurde während des Nationalsozialismus überwiegend als Teil des liberalen Verwaltungsrechts abgelehnt. Der liberale Gegensatz von Staat und Gesellschaft sei durch den Nationalsozialismus überwunden worden.[841] Es gebe keine staatsfreie Sphäre des Einzelnen mehr,[842] denn der Einzelne sei nur noch als Glied des Volkes eingebunden in eine Rechte- und Pflichtenstellung, bei der Rechte und Pflichten untrennbar miteinander verbunden seien.[843] Ein Ar-

---

(Hrsg.), Deutsches Verwaltungsrecht, § 2, S. 27 (33 f.).

[838] *Koellreutter*, Deutsches Verfassungsrecht, S. 24 f.

[839] *Höhn*, Das subjektive öffentliche Recht und der neue Staat, DRW 1 (1936), 49 (59).

[840] *Maunz*, Das Ende des subjektiven öffentlichen Rechts, ZgStW 96 (1936), 71 (94).

[841] *Frank*, Einleitung, in: *Frank* (Hrsg.), Deutsches Verwaltungsrecht, S. XII; *Maunz*, Das Verwaltungsrecht des nationalsozialistischen Staates, in: *Frank* (Hrsg.), Deutsches Verwaltungsrecht, S. 35; *Scheuner*, Die Rechtsstellung der Persönlichkeit, in: *Frank* (Hrsg.), Deutsches Verwaltungsrecht, S. 82 (89).

[842] *Huber*, Verfassungsrecht des Großdeutschen Reiches, S. 361; ähnlich *Maunz*, Das Ende des subjektiven öffentlichen Rechts, ZgStW 96 (1936), 71 (110).

[843] *Dennewitz*, Verwaltungsrecht, S. 91 f.; *Höhn*, Das subjektive öffentliche Recht und der neue Staat, DRW 1 (1936), S. 49 (57); *Huber*, Verfassungsrecht des Großdeutschen Reiches, S. 364 f.; *Köttgen*, Deutsche Verwaltung, S. 191; *Maunz*, Das Ende des subjektiven öffentlichen Rechts, ZgStW 96 (1936), 71 (97, 104); *Maunz*, Verwaltung, S. 52; *Scheuner*, Die Rechtsstellung der Persönlichkeit, in: *Frank* (Hrsg.), Deutsches

gument war auch, daß mit den Grundrechten die verfassungsrechtlichen Grundlagen der subjektiven öffentlichen Rechte weggefallen seien.[844] Indem die Freiheitsrechte weggefallen seien, sei auch die „rechtsstaatliche Erfindung“ der Unterscheidung zwischen subjektiven Rechten und Reflexwirkungen hinfällig.[845] Auch wenn veraltete Gesetze noch den Begriff der subjektiven öffentlichen Rechte benutzen, seien damit keine subjektiven öffentlichen Rechte im „liberalistischen“ Sinne gemeint.[846] Die Rechtsfigur des subjektiven öffentlichen Rechts sei ein „wichtiger Begriff des abstrahierenden und formallogisch generalisierenden Rechtspositivismus“; mit der Abschaffung dieser würde die „*wirkliche konkrete Gemeinschaft*“ als „*konkrete Ordnung*“ durchgesetzt.[847]

Teilweise wurde vertreten, daß die „Gliedstellung in der Gemeinschaft“ an die Stelle subjektiver öffentlicher Rechte trete,[848] die gegenüber den subjektiven öffentlichen Rechten wesensverschieden seien.[849] Außerdem wurde versucht, nur den Begriff in „Eigenrechte“ ohne wesentliche dogmatische Änderung umzuwandeln.[850] Zudem seien subjektive öffentliche Rechte grundsätzlich vorstellbar, soweit „die Belange der nationalen und sozialen Ordnung nicht gefährdet“ werden.[851] Ferner wurde damit argumentiert, daß subjektive öffentliche Rechte für die „Sphäre der Verwaltung“ unentbehrlich seien.[852]

Verwaltungsrecht, S. 82 (91); *Stuckart/von Rosen-Hoewel*, Verwaltungsrecht, S. 23 f.

[844] *Köttgen*, Deutsche Verwaltung, S. 191.

[845] *Scheuner*, Die Rechtsstellung der Persönlichkeit, in: *Frank* (Hrsg.), Deutsches Verwaltungsrecht, S. 82 (92).

[846] *Maunz*, Verwaltung, S. 51; *Maunz*, Das Ende des subjektiven öffentlichen Rechts, ZgStW 96 (1936), 71 (92 f.).

[847] *Maunz*, Das Ende des subjektiven öffentlichen Rechts, ZgStW 96 (1936), 71 (111), im Original kursiv gedruckt.

[848] *Maunz*, Verwaltung, S. 55; ablehnend: *Scheuner*, Die Rechtsstellung der Persönlichkeit, in: *Frank* (Hrsg.), Deutsches Verwaltungsrecht, S. 82 (86); *Maunz*, Das Ende des subjektiven öffentlichen Rechts, ZgStW 96 (1936), 71 (74).

[849] *Maunz*, Verwaltung, S. 51.

[850] *Hofacker*, Die subjektiven öffentlichen Rechte, DJZ 1935, Sp. 723 (725 - 727, insbesondere 726 f.), wobei Hofacker diesen Begriff schon vorher verwendete, vgl. Teil 2, D, III. 4.

[851] *Laforet*, Deutsches Verwaltungsrecht, S. 48.

[852] *W. Jellinek*, Nachtrag (1934), S. 15.

Köhler stellte — sehr geschickt — erst die alte Rechtslage dar[853] und diskutierte dann die Frage, ob es subjektive öffentliche Rechte im Nationalsozialismus überhaupt geben könne.[854] Auch er lehnte eine staatsfreie Individualsphäre aufgrund des Grundsatzes „Gemeinnutz geht vor Eigennutz" ab.[855] So wollte er die subjektiven öffentlichen Rechte nicht zum Freiheitsschutz des Einzelnen anerkennen,[856] sondern lediglich im Interesse des Staates und der Volksgemeinschaft.[857] Diese Befürwortung subjektiver öffentlicher Rechte — auch mit ausgetauschter Begründung — entsprach nicht den Ansichten der Nationalsozialisten. Jedoch wies Köhler im Vorwort darauf hin, daß er sich aufgrund seines Alters nicht mehr vollständig geistig umorientieren könne und deshalb auch nur teilweise den Einfluß der nationalsozialistischen Weltanschauung im Verwaltungsrecht berücksichtige.[858] Bei der Diskussion der alten Rechtslage ging er auch auf die Abgrenzung von subjektiven Rechten und Reflexen ein. Maßgeblich sei, daß dem gewaltunterworfenen Rechtssubjekt durch eine Rechtsvorschrift — oder in Umsetzung dieser durch einen Verwaltungsakt — eine die öffentliche Gewalt bindende Willensmacht zugestanden werde.[859] Regelmäßig bestehe nur dann eine solche Willensmacht, wenn verwaltungsgerichtlicher Rechtsschutz eingeräumt werde, sonst sei nur ein Reflexrecht gegeben.[860]

Zusammenfassend ist zu sagen, daß die Ablehnung subjektiver öffentlicher Rechte die überwiegende Ansicht war. Subjektive Rechte gegen den Staat widersprachen dem nationalsozialistischen Gedankengut. Unklar war jedoch, ob eine Ersetzung diese Rechtsfigur notwendig war, oder ob man gänzlich auf einen derartigen persönlichen Bezug einzelner Rechte verzichten konnte. Nur etwas versteckt war es noch möglich, an

---

[853] *Köhler*, Grundlehren des Deutschen Verwaltungsrechts, S. 215 - 223.

[854] *Köhler*, Grundlehren des Deutschen Verwaltungsrechts, S. 225.

[855] *Köhler*, Grundlehren des Deutschen Verwaltungsrechts, S. 225.

[856] *Köhler*, Grundlehren des Deutschen Verwaltungsrechts, S. 226

[857] *Köhler*, Grundlehren des Deutschen Verwaltungsrechts, S. 226.

[858] *Köhler*, Grundlehren des Deutschen Verwaltungsrechts, S. III (Vorwort).

[859] *Köhler*, Grundlehren des Deutschen Verwaltungsrechts, S. 221.

[860] *Köhler*, Grundlehren des Deutschen Verwaltungsrechts, S. 222; zum Problem des Zirkelschlusses bei dieser Argumentation, s. oben, Teil 2, B. IV. 2.; Teil 2, D. III. 2.

der Rechtsfigur des subjektiven öffentlichen Rechts festzuhalten. Deshalb wurden ihre Voraussetzungen nur sehr selten dargestellt.

b) Grundrechte

Die Grundrechte der Weimarer Reichsverfassung sollten nicht mehr gelten. Zur Begründung wurde dabei auf die Reichstagsbrandverordnung[861] abgestellt, die aber nur die wichtigsten Grundrechte außer Kraft setzte.[862] Die anderen Grundrechte seien durch die Revolution als Rechtsquelle aufgehoben worden.[863] Daneben wurden die Argumente gegen die subjektiven öffentlichen Rechte auch zur Ablehnung der Grundrechte benutzt. Die Grundrechte seien als verfassungsrechtliche Steigerung der subjektiven öffentlichen Rechte mit der Gemeinschaft unvereinbar.[864] So seien in der nationalsozialistischen Rechtsordnung Freiheitsrechte des Einzelnen undenkbar.[865] Bestimmte Grundrechte könnten jedoch Bestand haben, wenn ihr Gehalt nationalsozialistisch umgedeutet werde, wie beispielsweise bei der Ehe oder dem Eigentum.[866]

Die Grundrechte konnten aufgrund der Ablehnung des subjektiven öffentlichen Rechtes nicht als subjektive öffentliche Rechte des Einzelnen anerkannt werden. Nur wenige der Grundrecht wurden — jedoch mit einem deutlich geänderten Inhalt — befürwortet.

c) Gesetzesvorbehalt

Der Gesetzesvorbehalt sollte im Nationalsozialismus nicht gelten. Mit der Ablehnung von Gewaltenteilung und Grundrechten hatte auch der Gesetzesvorbehalt, der sicherstellen sollte, daß die Verwaltung nicht ohne parlamentarische Ermächtigung in Grundrechte eingreifen durfte, seinen

---

861 Verordnung des Reichspräsidenten vom 28. Februar 1933, RGBl. I, 83.

862 *Frank*, Einleitung, in: *Frank* (Hrsg.), Deutsches Verwaltungsrecht, S. XII; *Huber*, Verfassungsrechtliche Grundlagen des Großdeutschen Reiches, S. 361; *W. Jellinek*, Nachtrag (1934), S. 24; *Koellreutter*, Deutsches Verfassungsrecht, S. 86 f.; vgl. dazu *Frotscher/Pieroth*, Verfassungsgeschichte, Rdnr. 567.

863 *Frank*, Einleitung, in: *Frank* (Hrsg.), Deutsches Verwaltungsrecht, S. XII.

864 *Köttgen*, Deutsche Verwaltung, S. 191.

865 *Huber*, Verfassungsrecht des Großdeutschen Reiches, S. 361; *Scheuner*, Die Rechtsstellung der Persönlichkeit, in: *Frank* (Hrsg.), Deutsches Verwaltungsrecht, S. 82 (92).

866 *Huber*, Verfassungsrecht des Großdeutschen Reiches, S. 362, 373.

Sinn verloren. Die Wirksamkeit des vom Reichskanzler (und Reichspräsidenten) Hitler geäußerten Willens hänge nicht von der Ausdrucksform ab, sondern dieser könne stets Recht neu schaffen bzw. ändern.[867] Der Grundsatz der Gesetzmäßigkeit der Verwaltung sei durch den Grundsatz der Rechtmäßigkeit ersetzt worden, der auch die nationalsozialistische Weltanschauung umfasse.[868]

Zudem wurde aufgrund der Ablehnung subjektiver öffentlicher Rechte der Gesetzesvorbehalt nicht als ein solches angesehen. Sogar Köhler, der die subjektiven öffentlichen Rechte grundsätzlich anerkannte, hielt den Gesetzesvorbehalt nur für einen Reflex des Rechts.[869]

Der Gesetzesvorbehalt sollte nicht mehr gelten; erst recht wurde er nicht mehr als subjektives öffentliches Recht anerkannt.

3. *Subjektive öffentliche Rechte des Staates*

Auch die Existenz subjektiver öffentlicher Rechte des Staates wurde abgelehnt.[870] Das Verwaltungsrecht sei eine reine Pflichtenordnung, zu der auch keine subjektiven öffentlichen Rechte des Staates passen.[871] Der Steueranspruch oder andere Ansprüche des Staates bräuchten nicht als subjektive öffentliche Rechte konstruiert zu werden, da sie keinen anderen Inhalt haben, als die Pflicht, das bestehende Recht zu befolgen.[872]

4. *Diskussion um die Abschaffung der Verwaltungsgerichtsbarkeit*

Der nationalsozialistischen Weltanschauung entsprach die Ablehnung von Gewaltentrennung und gegen den Staat gerichteten subjektiven Rechten.[873] Diese Minderbewertung der subjektiven Rechte führte zu einem Abbau

[867] Vgl. dazu *Stolleis*, Gemeinwohlformeln im nationalsozialistischen Recht, S. 239.

[868] *Frick*, Probleme des neuen Verwaltungsrechts, DV 1936, 329 (331).

[869] *Köhler*, Grundlehren des Deutschen Verwaltungsrechts, S. 215 f.

[870] *Köttgen*, Deutsche Verwaltung, S. 192; *Maunz*, Verwaltung, S. 51; *Maunz*, Das Ende des subjektiven öffentlichen Rechts, ZgStW 96 (1936), 71 (93 f.); *Scheuner*, Die Rechtsstellung der Persönlichkeit, in: *Frank*, Deutsches Verwaltungsrecht, S. 82 (89).

[871] *Köttgen*, Deutsche Verwaltung, S. 192.

[872] *Maunz*, Das Ende des subjektiven öffentlichen Rechts, ZgStW 96 (1936), 71 (93 f.).

[873] Teil 2, E. I. 2. a), c), Teil 2, E. I. 3.

des Rechtsschutzes vor den Verwaltungsgerichten durch die nationalsozialistische Gesetzgebung.[874]

Die Verwaltungsgerichtsbarkeit sollte nach überwiegender Meinung nicht mehr dem Schutz subjektiver öffentlicher Rechte dienen.[875] Teilweise wurde als neuer Zweck eine objektive Rechtskontrolle befürwortet.[876] So diene die Verwaltungsgerichtsbarkeit der „Verwirklichung des Rechts schlechthin",[877] „der Aufrechterhaltung der allgemeinen Volksordnung",[878] oder „der Wahrung der Volksgemeinschaft"[879]. Politische Fragen sollten trotz Weiterbestehens der Verwaltungsgerichtsbarkeit nicht gerichtlich überprüfbar sein.[880] Andererseits wurde der Fortbestand der Verwaltungsgerichtsbarkeit abgelehnt,[881] weil für eine objektive Rechtskontrolle keine von der Verwaltung getrennte Verwaltungsgerichtsbarkeit erforderlich sei,[882] und eine Gerichtsbarkeit die „Autorität der Füh-

---

[874] *W. Jellinek*, Nachtrag (1934), S. 3 f.; *Rüfner*, Die Entwicklung der Verwaltungsgerichtsbarkeit, in: Deutsche Verwaltungsgeschichte, Band. 4, S. 1099 (110 - 1102).

[875] *Maunz*, Neue Grundlagen des Verwaltungsrechts, S. 55; *Maunz*, Zum Neubau des deutschen Verwaltungsrechts, DJZ 1934, Sp. 1046 (1051); *Scheuner*, Die Rechtsstellung der Persönlichkeit, in: *Frank*, Deutsches Verwaltungsrecht, S. 82 (96 f.); *Stuckart/Rosen-Hoewel*, Verwaltungsrecht S. 24; *Köhler*, Grundlehren des Deutschen Verwaltungsrechts, S. 277 f.

[876] *Frick*, Probleme des neuen Verwaltungsrechts, DV 1936, 329 (332 f.); *Koellreutter*, Verfassungsschutz — Zum Wandel der deutschen völkischen Verfassung, RVerwBl. 1938, S. 302 (305 - 307); *Maunz*, Zum Neubau des deutschen Verwaltungsrechts, DJZ 1934, Sp. 1046 (1050 f.); vgl. dazu *Stolleis*, Gemeinwohlformeln im nationalsozialistischen Recht, S. 243; *Stolleis*, Die Verwaltungsgerichtsbarkeit im Nationalsozialismus, FS für Menger, S. 57 (57 f.); *Stolleis*, Geschichte des öffentlichen Rechts in Deutschland, Dritter Band, S. 364; nur selten wurde sich für eine unabhängige Verwaltungsgerichtsbarkeit ausgesprochen, so *Reuß*, Die Zukunft der Verwaltungsgerichtsbarkeit, RVerwBl. 1937, 649 (650 f.).

[877] *Maunz*, Neue Grundlagen des Verwaltungsrechts, S. 55; ähnlich *Scheuner*, Die Rechtsstellung der Persönlichkeit, in: *Frank*, Deutsches Verwaltungsrecht, S. 82 (96).

[878] *Stuckart/Rosen-Hoewel*, Verwaltungsrecht, S. 24; ähnlich *Frick*, Probleme des neuen Verwaltungsrechts, DV 1936, 329 (332).

[879] *Köhler*, Grundlehren des Deutschen Verwaltungsrechts, S. 277 f.; ähnlich *Frick*, Probleme des neuen Verwaltungsrechts, DV 1936, 329 (332).

[880] *Frick*, Probleme des neuen Verwaltungsrechts, DV 1936, 329 (334).

[881] *Höhn*, Das subjektive öffentliche Recht und der neue Staat, DRW 1 (1936), 49 (65-73, insbesondere 72 f.); *Muth*, Zum Streit um die Verwaltungsgerichtsbarkeit, DR 1938, S. 25 (26).

[882] *Höhn*, Das subjektive öffentliche Recht und der neue Staat, DRW 1 (1936), 49

rung" gefährde.[883] Zudem wurde die Verwaltungsgerichtsbarkeit als „liberalistisch" diffamiert.[884]

Die Verwaltungsgerichtsbarkeit sollte nur noch der objektiven Rechtskontrolle dienen, nicht aber dem Schutz subjektiver Rechte. Teilweise wurde ihr Bestand auch vollständig abgelehnt, weil eine objektive Rechtskontrolle durch von der Verwaltung getrennte Gerichte nicht erforderlich wäre.

5. Ergebnis

Der liberale Rechtsstaat wurde abgelehnt. Die rechtlichen Instrumente zu seiner Sicherung — u.a. subjektive öffentliche Rechte und eine unabhängige Verwaltungsgerichtsbarkeit — konnten nur mit der Begründung befürwortet werden, daß sie der Volksgemeinschaft dienten. Die Bürger sollten nicht mehr vor dem Staat geschützt werden, weshalb auch der Gesetzesvorbehalt entbehrlich wurde. Zudem sollte die Rechtssetzung durch Hitler von der gewählten Ausdrucksform unabhängig sein, was auch den Gesetzesvorbehalt entwertete.

Wie im Kaiserreich ist während des Nationalsozialismus eine Zurückdrängung des subjektiven öffentlichen Rechts in das Verwaltungsrecht zu erkennen, soweit es überhaupt noch anerkannt wurde. Grundrechte waren — mit ihrem herkömmlichen Bedeutungsinhalt — mit dem nationalsozialistischen Grundsatz „Gemeinnutz vor Eigennutz" nicht zu vereinbaren. Im Verwaltungsrecht war die Rechtsfigur des subjektiven öffentlichen Rechts streitig. Überwiegend wurde sie zwar abgelehnt. Jedoch brauchte man ein entsprechendes Kriterium, um die Zulässigkeit einer Klage im Rahmen der partiellen Generalklausel zu begrenzen. Zu diesem Problem äußerte sich die Literatur jedoch nicht.

II. Verwaltungsgerichtsbarkeit

Während des Nationalsozialismus wurde die Überprüfbarkeit verwaltungsbehördlicher Maßnahmen eingeschränkt sowie die Zusammensetzung der Verwaltungsgerichte und der Aufbau der Verwaltungsgerichts-

---

(65).

[883] *Höhn*, Das subjektive öffentliche Recht und der neue Staat, DRW 1 (1936), 49 (70), im Original gesperrt gedruckt.

[884] *Sommer*, Die Verwaltungsgerichtsbarkeit, DVerwBler 1937, 425 (425); vgl. dazu *Kohl*, Das Reichsverwaltungsgericht, S. 407.

barkeit geändert. Diese Änderungen werden nachfolgend im Einzelnen dargestellt.

1. Überblick über die Gesetzeslage und Änderungen der Rechtsprechung
a) Direkte Einschränkung der Überprüfbarkeit
Bereits 1933 wurde der Verwaltungsrechtsweg eingeschränkt: In Sachsen wurde der Rechtsschutz „gegen polizeiliche Verfügungen auf Grund der Verordnung der Reichspräsidenten zum Schutz von Volk und Staat“[885] bzw. der zugehörigen Vollzugsbestimmungen ausgeschlossen.[886] In Preußen waren Klagen vor den Verwaltungsgerichten 1933 noch nicht ausgeschlossen; nach § 1 Abs. 3 des Gesetz zur Errichtung eines Geheimen Staatspolizeiamtes war für derartige Klagen stets der Bezirksausschuß in Berlin zuständig.[887] Trotzdem wurde in Preußen die verwaltungsgerichtliche Klage gegen eine Verfügung des Staatspolizeiamtes als unzulässig angesehen, weil die Geheime Staatspolizei durch das Gesetz über die geheime Staatspolizei[888] eine Sonderpolizeibehörde geworden sei, für die die partielle Generalklausel nicht gelte.[889] Auch die Einziehung von Gegenständen aufgrund des Gesetzes über die Einziehung kommunistischen Vermögens[890] sei mangels ausdrücklicher Zuweisung wegen des Enumerativprinzips nicht verwaltungsgerichtlich überprüfbar.[891] Grundsätzlich reiche aber die Eigenschaft als „politische“ Verfügung nicht ausreichen, um die Anfechtbarkeit auszuschließen.[892] Im Jahre 1936 wurde § 7 Gestapo-Gesetz eingeführt, der anordnete, daß „Verfügungen und Angelegenheiten der Geheimen Staatspolizei (...) nicht der Nachprüfung durch die Ver-

[885] Verordnung des Reichspräsidenten zum Schutz von Volk und Staat vom 28.02.1933, RGBl. I, S. 83 („Reichstagsbrandverordnung“).

[886] § 2 des Gesetzes zur Änderung des Gesetzes über die Verwaltungsrechtspflege. Vom 14.12.1933, Sächs. GBl. 1933, S. 194.

[887] Gesetz über die Errichtung eines geheimen Staatspolizeiamtes. Vom 26.04.1933, PrGS 1933, S. 122 f.; zutreffend insoweit PrOVGE 94, 134 (137).

[888] Gesetz über die Geheime Staatspolizei. Vom 30.11.1933, PrGS 1933, 413.

[889] PrOVGE 96, 83 (86).

[890] Gesetz über die Einziehung kommunistischen Vermögens. Vom 26.05.1933, RGBl. 1933, I, S. 293.

[891] PrOVGE 94, 140 (141 - 143).

[892] PrOVGE 96, 83 (87).

waltungsgerichte" unterliegen.[893] Nach dem PrOVG war damit auch die Überprüfbarkeit bereits schwebender Verfahren ausgeschlossen,[894] sowie von Verfügungen ordentlicher Polizeibehörden, wenn diese für die Geheime Staatspolizei tätig wurden.[895]

Die Entwicklung in Baden war ähnlich. Zunächst war durch Gesetz die verwaltungsgerichtliche Anfechtung von Verfügungen der Geheimen Staatspolizei zugelassen.[896] Erst 1937 wurde die Anfechtbarkeit polizeilicher Verfügungen des Landeskriminalamtes — Geheime Staatspolizei — ausgeschlossen.[897] Später wurde die Anfechtbarkeit u.a. von Maßnahmen der politischen Polizei insgesamt aufgehoben.[898]

In der Begründetheit gingen die Gerichte von einer geringen Prüfungsintensität aus. So sollte für Anordnungen aufgrund der Verordnung des Reichspräsidenten zum Schutz von Volk und Staat[899] eine nur mittelbare Gefahr ausreichen und die Ermessensgrenzen auf politischem Gebiete sehr weit sein.[900] Jedoch erkannte das PrOVG eine Begrenzung auf die Gefahrenabwehr auch bei Maßnahmen nach § 1 der Verordnung des Reichspräsidenten zum Schutz von Volk und Staat an.[901]

Allgemein war nach 1933 ein allmählicher Rückbau des verwaltungsgerichtlichen Rechtsschutzes zu verzeichnen: Mit dem Erlaß von Gesetzen zur Neuordnung einzelner Sachgebiete wurde der verwaltungsgerichtli-

---

[893] Gesetz über die geheime Staatspolizei. Vom 10.02.1936, PrGS 1936, 21 (22); dazu PrOVG JW 1936, 2189 (2190); JW 1939, 382 (383); vgl. dazu *Stolleis*, Geschichte des öffentlichen Rechts in Deutschland, Dritter Band, S. 336; *Külz*, Verwaltungskontrolle unter dem Nationalsozialismus, KJ 2 (1969), 367 (369).

[894] PrOVGE 97, 103 (105).

[895] PrOVGE 101, 116 (118 f.); 103, 137 (138).

[896] § 11 Landeskriminalpolizeigesetz, Gesetz über die Landeskriminalpolizei (vom 22.08.1933), BadGVBl. S. 167 (168).

[897] Art. 1 § 6a der Verordnung (vom 25.10.1937) zur Änderung der Verordnung über das Geheime Staatspolizeiamt, BadGVBl. 1937, S. 288 (288).

[898] Art. 1 Zf. 2) der Verordnung zur Änderung des Gesetzes, die Verwaltungsrechtspflege betreffend (vom 10.02.1938), BadGVBl. 1938, S. 7 (7); sowie durch Gesetz (vom 15.03.1938) zur Änderung des Gesetzes über die Landeskriminalpolizei (vom 22.08.1933, BadGVBl. 1933, S. 167), BadGVBl. 1933, S. 23 (23); Verordnung (vom 30.03.1938) zur Aufhebung der Verordnung über das Geheime Staatspolizeiamt, BadGVBl. 1938, S. 31 (31).

[899] Vom 28.02.1933, RGBl. 1933, I, S. 83.

[900] PrOVGE 94, 134 (139).

[901] PrOVGE 95, 131 (136 f.).

che Rechtsschutz in diesen Bereichen versagt.[902] Im Krieg wurde die Verwaltungsgerichtsbarkeit weiter zurückgedrängt. So wurde 1939 die Anfechtungsklage, soweit sie nach den Landesgesetzen zulässig war,[903] von der vorherigen Zulassung durch die Beschwerdebehörde abhängig gemacht.[904] Dieses war eine sehr einschneidende Beschränkung der Verwaltungsgerichtsbarkeit. Streitig war, ob diese Einschränkungen lediglich kriegsbedingt waren, oder ob sie auch nach dem Krieg bestehen bleiben sollten. Nach der wohl herrschenden Meinung handelte es sich nur um kriegebedingte Einschränkungen.[905]

Die Möglichkeit, staatliches Handeln durch die Verwaltungsgerichte überprüfen zu lassen, wurde im Laufe der Zeit immer stärker eingeschränkt.

b) Indirekte Einschränkungen

Der Verwaltungsrechtsschutz wurde auch durch andere Maßnahmen vermindert. Einerseits wurden die Mitglieder der preußischen Bezirks-, Kreis- und Stadtausschüsse — seit diesem Zeitpunkt in Verwaltungsgerichte umbenannt — auf Zeit ernannt, statt gewählt.[906] Aufgrund der Ernennung bestand die Möglichkeit der politischen Einflußnahme.

Daneben wurde der verwaltungsgerichtliche Rechtsschutz auch anders entwertet — so ein Beispiel von W. Jellinek: Zwar könne ein Schauspie-

---

[902] *W. Jellinek,* Nachtrag (1934), S. 10; *Kirchberg,* Der Badische Verwaltungsgerichtshof im Dritten Reich, S. 55 - 58; *Kohl,* Das Reichsverwaltungsgericht, S. 403; *Meyer-Hesemann,* Methodenwandel in der Verwaltungsrechtswissenschaft, S. 95.

[903] Es ging nicht ganz eindeutig aus dem Gesetz hervor, daß die Zulassung durch die Behörden an die Zulässigkeit der Klage nach Landesrecht gebunden war; dieses war die Ansicht des BadVGH, vgl. dazu *Kirchberg,* Der Badische Verwaltungsgerichtshof im Dritten Reich, S. 110, und die wohl h.M., vgl. *Reuß,* Die Verwaltungsgerichte im Krieg, VerwArch 45 (1940), S. 154 (162).

[904] IV. Abs. 2, 3 des Erlasses des Führers und Reichskanzlers über die Vereinfachung der Verwaltung. Vom 28.08.1939, RGBl. 1939, I, S. 1535 (1536); § 1 Satz 3 der zweiten Verordnung zur Vereinfachung der Verwaltung. Vom 06.11.1939, RGBl. 1939, I, S. 2168 (2168), mit einer gewissen Einschränkung in § 4 Abs. 1 der Verordnung; vgl. dazu *Kirchberg,* Der Badische Verwaltungsgerichtshof im Dritten Reich, S. 107 - 110; *Kohl,* Das Reichsverwaltungsgericht, S. 440 - 445.

[905] *Reuß,* Die Verwaltungsgerichte im Krieg, VerwArch 40 (1945), S. 154 (155 f.); vgl. dazu *Kirchberg,* Der Badische Verwaltungsgerichtshof im Dritten Reich, S. 103 f.; *Kohl,* Das Reichsverwaltungsgericht, S. 448 - 450.

[906] *W. Jellinek,* Nachtrag (1934), S. 8.

lunternehmer die Entziehung der Genehmigung nach § 32 GewO auf dem Verwaltungsrechtsweg anfechten. Jedoch müsse er zur Berufsausübung[907] Mitglied der Reichstheaterkammer sein. Ob er die für die Mitgliedschaft nötige Eignung besitze, entscheide der Präsident der Reichstheaterkammer ohne Möglichkeit einer gerichtlichen Überprüfung. So ließ die Gesetzgebung über die Berufsverbände den Einzelnen ohne gerichtlichen Rechtsschutz.[908]

Weiterhin wurde die Unabhängigkeit der Gerichte durch einen Reichstagsbeschluß aufgehoben, in dem Hitler als oberster Gerichtsherr, der an keine Rechtsvorschriften gebunden wäre, proklamiert wurde.[909] Zugleich wurde Hitler das Recht eingeräumt, jeden Richter ohne Rücksicht auf dessen Rechte oder ein vorgeschriebenes Verfahren zu bestrafen und ihn dazu insbesondere aus Amt, Rang und Stellung zu entfernen.[910] So konnten unliebsame Richter, die einen — aus Sicht Hitlers zu weitgehenden — Rechtsschutz gegenüber dem Staat gewährten, problemlos entlassen werden.

Auch auf indirektem Wege wurde eine Einschränkung der verwaltungsgerichtlichen Überprüfbarkeit erreicht.

c) Errichtung des Reichsverwaltungsgerichts

Zwar war bereits im Kaiserreich und während der Weimarer Republik geplant, ein Reichsverwaltungsgericht zu errichten;[911] diese Pläne wurden jedoch erst 1941 umgesetzt.[912] Das Reichsverwaltungsgericht (RVG) ersetzte insbesondere das PrOVG, den VGH in Wien, den Reichsdienst-

---

[907] Nach dem Reichskulturkammergesetz. Vom 22.09.1933, RGBl. 1933, I, S. 661 - 662 und der ersten Verordnung zur Durchführung des Reichskulturkammergesetzes. Vom 01.11.1933, RGBl. I, S. 797 - 800.

[908] *W. Jellinek*, Nachtrag (1934), S. 10.

[909] Reichstagsbeschluß vom 26.04.1942, RGBl. 1942, I, S. 247.

[910] Reichstagsbeschluß vom 26.04.1942, RGBl. 1942, I, S. 247.

[911] *Kohl*, Das Reichsverwaltungsgericht, S. 107 - 396; zur Weimarer Republik vgl. Art 31 Abs. 2 WRV, Art. 166 WRV, vom 11.08.1919, RGBl. 1919, I, S. 1383 (1389, 1415).

[912] Erlaß des Führers und Reichskanzlers über die Errichtung des Reichsverwaltungsgerichts. Vom 03.04.1941, RGBl. 1941, I, S. 201 - 202; Erste Verordnung zur Durchführung und Ergänzung des Erlasses des Führers und Reichskanzlers über die Errichtung des Reichsverwaltungsgerichts. Vom 29.04.1941, RGBl. 1941, I, S. 224 - 226.

strafhof und das Reichswirtschaftsgericht.[913] Die anderen Landesverwaltungsgerichte wurden nicht aufgelöst oder dem RVG unterstellt.[914] Die Verwaltungsgerichtsbarkeit mit dem RVG an der Spitze sollte nicht vorrangig der Kontrolle der Verwaltung, sondern der Unterstützung dieser dienen.[915] Neben der Einsparung sollte mit der Errichtung des Reichsverwaltungsgerichts auch eine stärkere Beeinflussung der Richter ermöglicht werden. Deshalb wurden die ordentlichen Mitglieder von Hitler ernannt.[916] Die Richter wurden bei der Rechtsauslegung an die nationalsozialistische Weltanschauung gebunden.[917] Das RVG hatte eine nur äußerst geringe Arbeitsauslastung,[918] was die geringen Möglichkeiten aufzeigt, verwaltungsgerichtlichen Rechtsschutz zu erlangen.

2. Subjektives öffentliches Recht

a) Gesetzeslage

Bei der Darstellung der Gesetze betreffend die subjektiven öffentlichen Rechte und die Verwaltungsgerichtsbarkeit sind nur die Änderungen zwischen 1933 und 1945 bezeichnend, die insbesondere die Zulässigkeit der Klagen betrafen.[919] Im Bereich der (partiellen) Generalklauseln und des subjektiven öffentlichen Rechts als Klagevoraussetzung gab es jedoch keine Änderungen. Die Verfahrensordnungen der Landesverwaltungsgerichtsbarkeiten blieben insoweit unverändert. Im wesentlichen wurde der Rechtsweg nur partiell eingeschränkt.[920] An dieser Rechtslage änderte

---

[913] § 1 des Erlasses des Führers und Reichskanzlers über die Errichtung des Reichsverwaltungsgerichts. Vom 03.04.1941, RGBl. 1941, I, S. 201 (201).

[914] *Kirchberg*, Der Badische Verwaltungsgerichtshof im Dritten Reich, S. 113 f., Fn. 419.

[915] *Kohl*, Das Reichsverwaltungsgericht, S. 451.

[916] Vgl. § 4 Abs. 3 Satz 1 des Erlasses des Führers und Reichskanzlers über die Errichtung des Reichsverwaltungsgerichts. Vom 03.04.1941, RGBl. 1941, I, S. 201 (202); vgl. zur Zusammensetzung der Mitglieder des RVG, *Kohl*, Das Reichsverwaltungsgericht, S. 463 - 476.

[917] § 7 Satz 2 des Erlasses des Führers und Reichskanzlers über die Errichtung des Reichsverwaltungsgerichts. Vom 03.04.1941, RGBl. 1941, I, S. 201 (202).

[918] *Kohl*, Das Reichsverwaltungsgericht, S. 503 f.

[919] Der Rechtsweg ohne die Änderungen während des Nationalsozialismus wird oben dargestellt, Teil 2, C.

[920] So beispielsweise in Preußen durch die Gesetze PrGS 1933, 479 (481 f.); PrGS 1934, 407; schwerwiegender war die Einschränkung durch Zf. IV Erlasses des Führers

die Einschränkung des verwaltungsgerichtlichen Verfahrens von 1939 nichts; denn die Anfechtung im Beschwerdewege war danach nur zulässig, soweit vorher die Anfechtung einer Verfügung im verwaltungsgerichtlichen Verfahren zulässig gewesen wäre. Nur soweit die Anfechtung im Beschwerdewege zulässig war, konnte die Beschwerdebehörde statt der Beschwerde das verwaltungsbehördliche Verfahren zulassen.[921] Auch die Errichtung des Reichsverwaltungsgerichtes änderte nichts: Nach der Errichtung galt im wesentlichen das Verfahrensrecht des jeweils ersetzten Gerichts für das Reichsverwaltungsgericht fort.[922] Die Gesetzeslage zur Zulässigkeit einer Klage vor den Verwaltungsgerichten hatte sich nicht geändert, oft war also weiterhin eine Rechtsverletzung erforderlich.[923]

b) Ausführungen der obersten Verwaltungsgerichte zum subjektiven öffentlichen Recht

Die Ablehnung des subjektiven öffentlichen Rechts in der Literatur hatte auch Auswirkungen auf die Rechtsprechung. Nachdem sich das PrOVG nach 1933 zunächst nicht zum Problem des Fortbestandes des subjektiven öffentlichen Rechts äußerte,[924] änderte sich diese Zurückhaltung mit einer Entscheidung vom 10.10.1940. Nach der Auffassung des PrOVG könne nach nationalsozialistischer Anschauung kein subjektives öffentliches Recht mit überkommenem Inhalt bestehen. Der Einzelne könne „als Glied des Staatsorganismus keine Stellung außerhalb des Staates einnehmen

---

und Reichskanzlers über die Vereinfachung der Verwaltung. Vom 28.08.1939, RGBl. 1939, I, S. 1535 f., sowie der zweiten Verordnung zur Vereinfachung der Verwaltung. Vom 06.11.1939, RGBl. 1939, I, S. 2168.

[921] Zf. IV Abs. 2 des Erlasses des Führers und Reichskanzlers über die Vereinfachung der Verwaltung. Vom 28.08.1939, RGBl. 1939, I, S. 1535 (1536); Art. I, § 1 Sätze 2 und 3 der Zweiten Verordnung über die Vereinfachung der Verwaltung. Vom 06.11.1939, RGBl. 1939, I, S. 2168 (2168); siehe dazu oben, Teil 2, E. II. 1. a).

[922] *Brunner*, Verwaltungsgerichtsbarkeit in Sachsen während des Dritten Reiches und des SED-Regimes, in: Sächsische Justizgeschichte Bd. 1, S. 33 (34); nur geringe Änderungen durch den Erlaß des Führers und Reichskanzlers über die Errichtung des Reichsverwaltungsgerichts. Vom 03.04.1941, RGBl. 1941, I, S. 201 - 202; erste Verordnung zur Durchführung und Ergänzung des Erlasses des Führers für die Errichtung des Reichsverwaltungsgerichts. Vom 29.04.1941, RGBl. 1941, I, S. 224 - 226.

[923] So in Preußen, Teil 2, C. I. 2. a), in Baden, Teil 2, C. II. 2. a), in Bayern, Teil 2, C. III. 2. a), in Württemberg, Teil 2. IV. 2. a), anders in Sachsen, wo nur ein „Beteiligter" erforderlich war, Teil 2. C. V. 2. a).

[924] PrOVGE 101, 203 (205): offengelassen, ob die Gewerbefreiheit ein subjektives

und daher keinen eine solche Stellung voraussetzenden Rechtsanspruch gegen den Staat haben."[925]

Das Sächsische OVG änderte schon früher als das PrOVG seine Rechtsprechung. Es hatte den Begriff des „Beteiligten" in § 73 Sächs. Verwaltungsrechtpflegegesetz so ausgelegt, daß zur Zulässigkeit der Klage die Möglichkeit einer Verletzung in einem subjektiven öffentlichen Recht erforderlich wäre.[926] Diese Ansicht änderte es 1935: Die einschränkende Auslegung dieses Begriffes habe keine Stütze im Gesetz.[927] Denn die subjektiven öffentlichen Rechte seien weder ausdrücklich gesetzlich anerkannt, noch rechtlich festgelegt und auch ihr Inhalt, Wesen und Umfang sei nie vollständig eindeutig gewesen.[928] An ihre Stelle sollte die Berührung des „Lebenskreises" treten.[929] Beispielsweise könne jede Bauvorschrift den Einzelnen begünstigen, eine Abweichung ihn belasten.[930] Der Einzelne könne sich dann auf die Verletzung einer Vorschrift des objektiven Rechts berufen, wenn er Nachteile in schutzbedürftigen Belangen erleide.[931] Nach dieser Rechtsprechung war keine Rechtsverletzung mehr erforderlich, sondern eine Verletzung des objektiven Rechts, die tatsächliche Nachteile für den Einzelnen hatte, ausreichend. Dieses Kriterium ist gegenüber der Verletzung in subjektiven öffentlichen Rechten umfassender und kann teilweise dazu führen, daß die Nachbarbelange eher die des Bauwilligen überwiegen.

öffentliches Recht ist.

[925] PrOVGE 105, 285 (288 f.); das PrOVG legte in dieser Entscheidung auch die alte Rechtslage mit Anerkennung subjektiver öffentlicher Rechte dar. Nach dieser wäre das PrOVG zu keinem anderen Ergebnis als nach neuer Rechtslage gekommen.

[926] Teil 2, C. V. 2. a), b).

[927] Sächs. OVG, Jahrbücher, 39, 1 (3).

[928] Sächs. OVG, Jahrbücher 39, 1 (4).

[929] Sächs. OVG, Jahrbücher, 39, 1 (5 f.).; vgl. zu dieser Entscheidung auch *Enders*, Der Beitrag des Sächsischen Oberverwaltungsgerichts zur Dogmatik des subjektiven öffentlichen Rechts, FS zum 100-jährigen Jubiläum des Sächsischen Oberverwaltungsgerichts, S. 167 (186 - 190); *Laubinger*, Der Verwaltungsakt mit Doppelwirkung, S. 39 f.

[930] Sächs. OVG, Jahrbücher 39, 298 (299).

[931] Sächs. OVG, Jahrbücher, 39, 298 (299 f.), wobei das Sächs. OVG zu keinem anderen Ergebnis als nach alter Rechtslage gekommen ist, Sächs. OVG, Jahrbücher 39, 298 (300).

Der BadVGH legte das Erfordernis der Rechtsverletzung so aus, daß eine mögliche Verletzung in einem subjektiven öffentlichen Recht nicht erforderlich sei, sondern daß eine mögliche Verletzung in der Rechts- und Willenssphäre entscheidend sei.[932] Dieses entsprach seiner früheren Rechtsprechung.[933] Insofern stellte sich das Problem, ob das subjektive öffentliche Recht im nationalsozialistischen Staat noch anzuerkennen sei, für den BadVGH nicht. Trotzdem zweifelte der BadVGH den Fortbestand der Gewerbefreiheit an.[934] Auch nach der Rechtsprechung des Sächsischen OVG wurde durch die nationalsozialistische Rechtsanschauung die Gewerbefreiheit eingeschränkt.[935]

Ob die subjektiven öffentlichen Rechte in bestimmten Bereichen aufgrund der nationalsozialistischen Staatsauffassung überhaupt noch anerkannt werden konnten, ließen sowohl das Sächsische, als auch das PrOVG offen.[936] Die Ablehnung der subjektiven öffentlichen Rechte führte bei den beiden grundlegenden Urteilen im konkreten Fall jedoch nicht zu einer Verkürzung des Rechtesschutzes des Einzelnen.[937]

Die fehlende Anerkennung subjektiver öffentlicher Rechte und von Freiheiten konnte im Einzelfall zu geringen Verkürzungen der Gewichtung geführt haben, eine starke Einschränkung des Rechtsschutzes ist dadurch jedoch nicht ersichtlich. Gerade die beiden wesentlichen Entscheidungen, die das subjektive öffentliche Recht ablehnen, können daher möglicherweise eher als formale Bekenntnisse zum Nationalsozialismus eingestuft werden, als daß sie diese Anschauung teilten.[938]

---

[932] BadVGH RVerwBl. 59 (1938), S. 1047 (1048); BadVGH RVerwBl. 60 (1939), 645 (646); vgl. dazu *Kirchberg*, Der Badische Verwaltungsgerichtshof im Dritten Reich, S. 86 f.

[933] Teil 2, C, II . 2. b).

[934] BadVGH RVerwBl. 1937, 1048 (1049).

[935] Sächs. OVG RVerwBl. 1937, 181 (181 f.).

[936] PrOVGE 105, 285 (289); Sächs. OVG, Jahrbücher 39, 1 (5).

[937] Einzig die Begrenzung des Grundsatzes der Baufreiheit könnte zu eine Verkürzung der Rechte führen, wirkte sich jedoch noch nicht konkret im Urteil aus, Sächs. OVG, Jahrbücher 39, 1 (6 - 14).

[938] Vgl. dazu *Stolleis*, Gemeinwohlformeln im nationalsozialistischen Recht, S. 243 f.

3. Zweck der Verwaltungsgerichtsbarkeit: Schutz subjektiver Rechte oder objektive Rechtmäßigkeitskontrolle

Der Zweck der Verwaltungsgerichtsbarkeit soll untersucht werden: Ob dieser vorrangig in der objektiven Rechtskontrolle oder im subjektiven Rechtsschutz zu sehen ist. Auch in diesem Bereich sollen vorrangig die Änderungen der Gesetze und der Rechtsprechung zwischen 1933 und 1945 behandelt werden, denn nur diese Zeit ist für die Beurteilung der nationalsozialistischen Anschauungen relevant.

In der Literatur wurde der Gedanke der objektiven Rechtskontrolle hervorgehoben, insbesondere von den Autoren, die sich für eine Beibehaltung der Verwaltungsgerichtsbarkeit aussprachen. Der Schutz subjektiver Rechte konnte aufgrund der überwiegenden Ablehnung des subjektiven öffentlichen Rechts nicht mehr als Zweck des verwaltungsgerichtlichen Rechtsschutzes anerkannt werden.[939] Deshalb stellt sich die Frage, ob diese Betonung der objektiven Rechtskontrolle sich auch auf die Rechtsprechung und Gesetzgebung zur Verwaltungsgerichtsbarkeit ausgewirkt hat.

a) Vorrangiges Ziel der Verwaltungsgerichtsbarkeit

Zunächst soll das vorrangige Ziel der Verwaltungsgerichtsbarkeit festgestellt werden. Das PrOVG sah die Verwaltungsgerichtsbarkeit als „Hüterin der objektiven Ordnung“ an.[940] Auch das Sächsische OVG änderte seine Auffassung dahingehend, daß die Anfechtungsklage nicht mehr von einem subjektiven öffentlichen Recht abhängig sei,[941] und die „bestehenden Rechtsschutzeinrichtungen in erster Linie nicht um des einzelnen, sondern um der Gesamtheit willen geschaffen“ worden seien.[942] Die Anfechtungsklage diene „ausschließlich der ‚Rechtswahrung‘ im Interesse der Volksgemeinschaft“[943]

Nach der Rechtsprechung war das Ziel der Verwaltungsgerichtsbarkeit nicht der subjektive Rechtsschutz, sondern die objektive Kontrolle des Verwaltungshandelns.

---

[939] Vgl. Teil 2, E. I. 4.

[940] PrOVGE 105, 285 (289).

[941] Sächs. OVG, Jahrbücher, 39, 1 (3-5).

[942] Sächs. OVG, Jahrbücher, 39, 1 (4).

[943] Sächs. OVG, Jahrbücher, 39, 1 (5), im Original gesperrt gedruckt.

b) Gesetzliche Zugangssperre mit Auswirkungen auf die Begründetheitsprüfung

Eine gesetzliche Zugangssperre mit Auswirkung auf die Begründetheitsprüfung spräche für einen subjektiven Rechtsschutz. Demgegenüber hätten rein gerichtliche Zulassungsbeschränkungen eher eine objektive Rechtskontrolle zur Folge. Die Gesetzeslage zum Zugang zu den Verwaltungsgerichten bestand fort: Selbst als die Klagevoraussetzung eingeführt wurde, daß die Klage vor den Verwaltungsgerichten von der Widerspruchsbehörde zuzulassen war, waren die bisher bestehenden Klagevoraussetzungen weiter zu erfüllen.[944] Nach der Gesetzeslage hätte also bei den (partiellen) Generalklauseln weiterhin geprüft werden müssen, ob ein subjektives öffentliches Recht möglicherweise verletzt war. Die Gerichte gingen oftmals nicht auf das Problem der subjektiven öffentlichen Rechte ein.[945] Das Sächsische OVG, bei dem die Zulässigkeit der Klage nicht an eine Rechtsverletzung geknüpft war, legte den Begriff des „Beteiligten" nicht mehr als Erfordernis einer möglichen Verletzung in einem subjektiven öffentlichen Recht aus sondern als tatsächliche Berührung des Lebenskreises des Einzelnen.[946] Dieser Begriff wurde nicht näher konkretisiert, wahrscheinlich wäre das auch kaum möglich gewesen. Das PrOVG sagte nur, daß „die Verfolgung von Rechten im Verwaltungsstreitverfahren ... nicht von der Zugehörigkeit der Rechte zu den subjektiven öffentlichen Rechten abhängig" sei.[947] Welche Rechte stattdessen in Betracht kämen, erläuterte das PrOVG jedoch nicht.

Soweit eine Ersetzung des Kriteriums des subjektiven öffentlichen Rechtes für sinnvoll erachtet wurde, blieb unklar, wodurch stattdessen die Zulässigkeit einer Klage begrenzt werden sollte. Die ersatzweise befürworteten Begrenzungen wurden nicht näher dargelegt, scheinen jedoch weniger strenge Zulässigkeitsvoraussetzungen zu sein, als die bisher geforderten subjektiven öffentlichen Rechte. Zwar bestanden die gesetzlichen Zulässigkeitsschranken fort, sie wurden jedoch durch eine geänderte

---

[944] Siehe dazu oben, Teil 2, E. II. 1. a).

[945] Außer den genannten Entscheidungen waren — insbesondere unter Benutzung der Register — keine weiteren Entscheidungen zu finden, die sich mit der Frage des Weiterbestehens des subjektiven öffentlichen Rechts im Nationalsozialismus auseinandersetzten.

[946] Sächs. OVG, Jahrbücher, 39, 1 (5 f.).

[947] PrOVGE 105, 285 (289).

Auslegung erweitert. Oftmals wurde nicht auf sie eingegangen; zudem hatten sie weithin keine Auswirkung auf die Begründetheitsprüfung. Insofern ist eine Festlegung zwischen subjektivem Rechtsschutz und objektiver Rechtskontrolle nicht eindeutig möglich. Eine Entwicklungstendenz zur objektiven Rechtskontrolle ist jedoch festzustellen.

c) Dispositionsmaxime

Die Geltung der Dispositionsmaxime spricht für eine Herrschaft der Beteiligten über den Streitgegenstand und damit für eine subjektive Rechtskontrolle. Die Geltung der Offizialmaxime bedeutet, daß das Gericht den Streitgegenstand bestimmt, also eine objektive Rechtskontrolle besteht. Die Geltung war in den einzelnen Ländern unterschiedlich, teilweise wurde die Dispositionsmaxime anerkannt,[948] teilweise die Offizialmaxime,[949] oder eine Zuordnung war nicht möglich[950]. Die Gesetze wurden insoweit nicht geändert, die Maximen blieben in Geltung. Eine eindeutig Beurteilung, ob eine objektive Rechtskontrolle oder ein Schutz subjektiver Rechte vorliegt, ist wegen der Unterschiede nicht möglich. Mangels Gesetzesänderungen läßt sich auch kein spezifisch nationalsozialistischer Einfluß feststellen.

d) Automatischer Suspensiveffekt

Der Suspensiveffekt der Klage soll für einen subjektiven Rechtsschutz stehen. Der automatische Suspensiveffekt der Klage galt in Preußen, Baden und Sachsen[951] auch weiterhin. Selbst mit der Zulassung der Klage durch die Verwaltungsbehörden wurde die aufschiebende Wirkung nicht aufgehoben. Dieses Kriterium der Weitergeltung der aufschiebenden Wirkung spricht für einen subjektiven Rechtsschutz. Die Weitergeltung ist jedoch nicht spezifisch nationalsozialistisch, weil sie nicht geändert wurde.

---

[948] Wie beispielsweise in Bayern, Teil 2, C. III. c).

[949] Wie beispielsweise in Sachsen, Teil 2, C. V. 3. c).

[950] Wie in Preußen, Teil 2, C. I. 3. d); PrOVGE 98, 66 (69) spricht zwar von der Geltung der Offizialmaxime. In diesem Fall könnte jedoch der Amtsermittlungsgrundsatz gemeint gewesen sein, weil sich die Entscheidungsgründe insoweit auf die Beweiserhebung bezogen.

[951] Preußen: Teil 2, C. I. 3. d); Baden: Teil 2, C. II. 3. d); Sachsen: Teil 2, C. V. 3. d).

e) Unabhängigkeit der Gerichte gegenüber der Verwaltung

Die Unabhängigkeit der Gerichte gegenüber der Verwaltung spräche für einen subjektiven Rechtsschutz, die Verbindung von Verwaltungsgerichten mit der Verwaltung für eine objektive Rechtskontrolle. Der verwaltungsgerichtliche Rechtsschutz wurde 1939 von der vorherigen Zulassung durch die Beschwerdebehörde abhängig gemacht, die statt der Beschwerde die verwaltungsgerichtliche Anfechtungsklage zulassen konnte.[952] Durch diese Abhängigkeit der verwaltungsgerichtlichen Entscheidung von den Verwaltungsbehörden wurden die Verwaltungsgerichte in das verwaltungsbehördliche Verfahren eingeordnet. Es bestand keine von der Verwaltung unabhängige Verwaltungsgerichtsbarkeit mehr. Demzufolge sah das PrOVG 1940 das Verwaltungsstreitverfahren als „ein mit besonderen Garantien ausgestaltetes Verwaltungsverfahren" an.[953] Auch die Errichtung des Reichsverwaltungsgerichts sollte nicht der Kontrolle der Verwaltung dienen, sondern deren Unterstützung.[954] Diese Einordnung der Verwaltungsgerichtsbarkeit in die Verwaltung spricht für eine objektive Rechtskontrolle.

f) Wirkung der Urteile inter partes

Die Wirkung der Urteile nur inter partes spräche für einen subjektiven Rechtsschutz, die Wirkung erga omnes für eine objektive Rechtskontrolle. Die Wirkung der Urteile nur inter partes wurde nicht geändert. So diskutierte das PrOVG beispielsweise die Zulässigkeit und Möglichkeit einer Beiladung im konkreten Fall.[955] Es lehnte dabei nicht die Notwendigkeit der Rechtsfigur der Beiladung aufgrund einer Wirkung der Urteile erga omnes ab. Die Wirkung der Urteile nur inter partes blieb bestehen, was für einen subjektiven Rechtsschutz spricht. Aber auch dieses Kriterium wurde während des Nationalsozialismus nicht geändert, weshalb darin keine spezifisch nationalsozialistische Wertung zu erkennen ist.

---

[952] Zf. IV. des Erlasses des Führers und Reichskanzlers über die Vereinfachung der Verwaltung. Vom 28.08.1939, RGBl. 1939, I, S. 1535 (1536), sowie der zweiten Verordnung zur Vereinfachung der Verwaltung. Vom 06.11.1939, RGBl. 1939, I, S. 2168 (2168).

[953] PrOVGE 105, 285 (290).

[954] Teil E, II. 1. c).

[955] PrOVGE 97, 44 (46 - 48).

g) Ergebnis

Aufgrund der Ablehnung des subjektiven öffentlichen Rechts konnte im Nationalsozialismus als Sinn der Verwaltungsgerichtsbarkeit nur eine objektive Rechtskontrolle befürwortet werden. Soweit Änderungen stattfanden — durch die Gesetzgebung oder Rechtsprechung — wiesen diese eine Tendenz zur objektiven Rechtskontrolle auf. Jedoch richtete sich das verwaltungsgerichtliche Verfahren in nicht geringem Umfang nach den nicht geänderten Gesetzen über die Verwaltungsgerichtsbarkeit. Aufgrund der Weitergeltung dieser Bestimmungen sind noch gewisse Tendenzen zur subjektiven Rechtskontrolle festzustellen. Trotzdem kann aus dem Fehlen der Änderungen nicht auf die nationalsozialistischen Prinzipien geschlossen werden, weil es sich wohl nicht um eine bewußte und dauerhafte Beibehaltung handelte. Dazu waren die beibehaltenen Prinzipien zu unterschiedlich und teilweise auch widersprüchlich. So widerspricht beispielsweise die Beibehaltung der Möglichkeit einer Rechtsverletzung bei der Klagebefugnis der nationalsozialistischen Auffassung. Letztendlich war diese Voraussetzung nicht sehr wesentlich, seitdem die Zulassung zur verwaltungsgerichtlichen Klage von den Behörden im Einzelfall ausgesprochen werden mußte. Insgesamt sind die Änderungen einer objektiven Rechtskontrolle zuzuordnen.

III. Bewertung der Folgen für das subjektive öffentliche Recht

Die weitgehend theoretisch fundierte Begründung der Ablehnung des subjektiven öffentlichen Rechts wurde tatsächlich nur teilweise durchgesetzt. Gerade im Bereich der Verwaltungsgerichtsbarkeit bestanden Probleme, den Begriff der Rechtsverletzung ohne Rückgriff auf das subjektive öffentliche Recht zu bestimmen. Auch der Begriff des „Beteiligten" war ohne das subjektive öffentliche Recht schwierig einzugrenzen. Es gab nur einzelne Entscheidungen, die überhaupt auf den Begriff des subjektiven öffentlichen Rechts eingingen, ihn dann auch ablehnten. Dieses führte jedoch nicht zu einer Einschränkung von Klägerrechten oder der Zulässigkeit der Klage. Die stattdessen benutzten Kriterien waren zumeist konturenlos, und Klagen waren mindestens in demselben Umfang zulässig wie nach der vorherigen Rechtslage.

Die Gesetzesänderungen und teilweise auch die Rechtsprechung stärkten die Tendenz zur objektiven Rechtskontrolle. Insbesondere die Eingliederung der Verwaltungsgerichtsbarkeit in die Verwaltung war hierfür maßgeblich. Trotzdem bestanden viele Gesetze von vor 1933 fort, so daß es nicht zu einer ausschließlich objektiven Rechtskontrolle kam, sondern weiterhin gewisse subjektive Elemente vorhanden waren.

Auch an den Änderungen während des Nationalsozialismus zeigt sich wieder der Zusammenhang zwischen einem subjektiven öffentlichen Recht als Klagevoraussetzung und der Ausgestaltung und organisatorischen Ausformung der Verwaltungsgerichtsbarkeit. Bei beiden war eine Entwicklung zur objektiven Rechtskontrolle hin festzustellen.

F. Die subjektiven Rechte des Staats- und Verwaltungsrechts in der DDR[956]

I. Systematische Voraussetzungen für die Entstehung subjektiver öffentlicher Rechte

Das Rechtssystem der DDR unterschied sich in weiten Teilen von den vorherigen Rechtsordnungen. Diese abweichenden Voraussetzungen wirkten sich auf die subjektiven Rechte aus. Die Trennung von Privatrecht und öffentlichem Recht, die ursprünglich entstanden war, um mit dem Privatrecht eine staatsfreie Sphäre zu schaffen, wurde abgelehnt.[957] Es sollte ein „einheitliches sozialistisches Rechtssystem" bestehen, das nur in verschiedene Rechtszweige aufgeteilt war,[958] so in Staatsrecht, Zivilrecht, Arbeitsrecht, Wirtschaftsrecht u.a.. Dabei wurde das Staatsrecht als grundlegender Rechtszweig angesehen.[959] Jedoch wurde nicht von spezifisch subjektiven öffentlichen Rechten gesprochen, sondern nur — auch im Bereich des Staatsrechts — von subjektiven Rechten der Bürger.

Es bestanden weitere methodische Besonderheiten, die Auswirkungen auf die Ausbildung von subjektiven Rechten hatten. In der DDR wurde davon ausgegangen, daß Staat und Bürger keine gegensätzlichen Interes-

---

[956] Das Recht in der SBZ/DDR hatte keine Einflüsse auf die heutige Rechtslage, deshalb wird dieses nur äußerst kurz dargestellt.

[957] *Akademie für Staats- und Rechtswissenschaft der DDR* (Hrsg.), Staatsrecht der DDR, S. 24 f.

[958] *Akademie für Staats- und Rechtswissenschaft der DDR* (Hrsg.), Staatsrecht der DDR, S. 20 f.; ähnlich bereits *Deutsches Institut für Rechtswissenschaft* (Hrsg.), Das Verwaltungsrecht der Deutschen Demokratischen Republik, S. 22.

[959] *Akademie für Staats- und Rechtswissenschaft der DDR* (Hrsg.), Staatsrecht der DDR, S. 21.

sen besäßen, sondern die persönlichen und gesellschaftlichen Interessen übereinstimmten. Gerade die subjektiven öffentlichen Rechte hatten sich jedoch im Spannungsfeld des Gegensatzes vom monarchischen Staat zu den Bürgern entwickelt. Deshalb ist eine systematische Voraussetzung ein theoretisch vorhandenes Spannungsverhältnis zwischen dem Staat und den Bürgern. Dieser Gegensatz wurde jedoch in der DDR für die „sozialistische Gesellschaft" abgelehnt. Folge davon war, daß keine subjektiven öffentlichen Rechte im eigentlichen Sinne anerkannt waren: Unbeschränkte subjektive Rechte bestanden nicht, sondern es wurde stets von einer einheitlichen Rechte- und Pflichtenstellung der Bürger[960] ausgegangen.

Das Verwaltungsrecht wurde viele Jahre lang nicht als eigenständiger Zweig des sozialistischen Rechtssystems anerkannt. Zwar wurde noch 1957 ein Grundriß des Verwaltungsrechts von Deutschen Institut für Rechtswissenschaft herausgegeben,[961] jedoch konnte nach 1958 aufgrund entsprechender Äußerungen Walter Ulbrichts das Verwaltungsrecht nicht mehr als eigenständiger Rechtszweig anerkannt werden.[962] Erst nach der Ablösung Ulbrichts durch Erich Honecker lebte die Diskussion um ein Verwaltungsrecht erneut auf.[963] 1979 erschien daraufhin ein Lehrbuch

---

[960] *Akademie für Staats- und Rechtswissenschaft der DDR* (Hrsg.), Staatsrecht der DDR, S. 190.

[961] *Deutsches Institut für Rechtswissenschaft* (Hrsg.), Das Verwaltungsrecht der Deutschen Demokratischen Republik, Allgemeiner Teil, 1957; Besprechung: *Ule*, VerwArch 49 (1958), 253 - 291, der zutreffend (S. 286 - 287) die fehlende wissenschaftliche Sprache aufgrund der Polemik gegen die Bundesrepublik bemängelt; aus den im folgenden genannten Gründen folgtenauf den Grundriß nicht — wie angekündigt — ein Grundriß des Verwaltungsrechts der Deutschen Demokratischen Republik — Besonderer Teil — in Einzelheften der einzelnen Verwaltungszweige und das in Aussicht genommene umfangreiche Lehrbuch des Verwaltungsrechts der Deutschen Demokratischen Republik — Allgemeiner Teil —, vgl. die Ankündigung in *Deutsches Institut für Rechtswissenschaft* (Hrsg.), Das Verwaltungsrecht der Deutschen Demokratischen Republik, S. 5 f. (Vorwort).

[962] Der damalige Erste Sekretär des Zentralkommittees der SED hatte sich auf der Babelsberger Konferenz der Deutschen Akademie für Staats- und Rechtswissenschaft „Walter Ulbricht" am 2. und 3. April 1958 gegen ein selbständiges Verwaltungsrecht ausgesprochen, vgl. dazu *Ule*, Gesetzlichkeit in der Verwaltung durch Verwaltungsverfahren und gerichtliche Kontrolle in der DDR, DVBl. 1985, 1029 (1037).

[963] *Brunner*, Einführung in das Recht der DDR, S. 37; das Verwaltungsrecht wurde auf dem VIII. Parteitag der SED (15.-19. 06.1971) als eigenständiger Rechtszweig bestätigt, *Ule*, Gesetzlichkeit in der Verwaltung durch Verwaltungsverfahren und

zum „Verwaltungsrecht", herausgegeben von der Akademie der Staats- und Rechtswissenschaft der DDR.[964] Erst in dieser Zeit wurde das Verwaltungsrecht als eigenständiger Rechtszweig wieder anerkannt.[965]

Die Anerkennung der Rechtspersönlichkeit des Staates ist eine weitere Voraussetzung für das zwischen dem Staat und dem Einzelnen bestehende subjektive öffentliche Recht. Anerkannt wurde in der DDR jedoch nicht die Rechtspersönlichkeit des Staates gegenüber den Bürgern, sondern nur eine „verwaltungsrechtliche Rechtsfähigkeit und Handlungsfähigkeit der Organe des Staatsapparates sowie der Leiter und Mitarbeiter" nach deren rechtlichen Kompetenzen.[966] Deshalb konnten Verwaltungsrechtsverhältnisse auch nur zwischen einem Organ oder Mitarbeiter des Staatsapparates und einem Bürger bzw. zwischen zwei Staatsorganen bestehen.[967] Die Möglichkeit des Bestehens von Rechtsverhältnissen gegenüber dem Staat ist eine Prämisse für das Bestehen subjektiver öffentlicher Rechte. Auch in diesem Punkt sind Besonderheiten im Recht der DDR festzustellen.

II. Geltung von Grundrechten und eines Gesetzesvorbehaltes

Zwar wurden in allen Verfassungen Grundrechte genannt, jedoch seit der Verfassung von 1968 nur im Zusammenhang mit „Grundpflichten".[968]

---

gerichtliche Kontrolle in der DDR, DVBl. 1985, 1029 (1037).

[964] *Akademie für Staats- und Rechtswissenschaft der DDR* (Hrsg.), Verwaltungsrecht. Lehrbuch.

[965] *Akademie für Staats- und Rechtswissenschaft der DDR* (Hrsg.), Verwaltungsrecht. Lehrbuch, S. 42 f.

[966] *Akademie für Staats- und Rechtswissenschaft der DDR* (Hrsg.), Verwaltungsrecht. Lehrbuch, S. 53; ähnlich bereits *Deutsches Institut für Rechtswissenschaft* (Hrsg.), Das Verwaltungsrecht der Deutschen Demokratischen Republik, S. 21; für diese „Verwaltungsrechtsfähigkeit" unerheblich war, ob das staatliche Organ zivilrechtliche Rechtsfähigkeit besaß, ob es also eine juristische Person war, *Deutsches Institut für Rechtswissenschaft* (Hrsg.), Das Verwaltungsrecht der Deutschen Demokratischen Republik, S. 21.

[967] *Akademie für Staats- und Rechtswissenschaft der DDR* (Hrsg.), Verwaltungsrecht. Lehrbuch, S. 53; ähnlich *Deutsches Institut für Rechtswissenschaft* (Hrsg.), Das Verwaltungsrecht der Deutschen Demokratischen Republik, S. 19.

[968] Art. 19 - 40 der Verfassung der DDR vom 06.04.1968, GBl. DDR 1968, I, S. 199 (208 - 212) legte Grundrechte und -pflichten fest; geändert 07.10.1974, GBl. DDR 1974, I, S. 425 (427), jedoch wurden 1974 keine wesentlichen Änderungen der Grundrechte und -pflichten vorgenommen. Demgegenüber legte Art. 6 - 49 der Verfassung der DDR vom 07.10.1949, GBl. DDR 1949, S. 4 (6 - 9) im wesentlichen die Grundrechte

Die Grundrechte waren subjektive Rechte der Bürger.[969] Sie dienten aber nicht der Sicherung einer staatsfreien Sphäre,[970] sondern sie wurden als „subjektive Rechte sozialistischen Charakters" angesehen, die den Zweck der Mitwirkung „an der Gestaltung der sozialistischen Gesellschaft" verfolgten. Die Grundpflichten waren „auf ein unerläßliches, aktives Verhalten in der sozialistischen Gemeinschaft"[971] gerichtet, dienten also demselben Zweck, wie die Grundrechte. Deshalb bildeten Grundrechte und Grundpflichten auch eine untrennbare Einheit.[972] Gerichtlich durchsetzbar waren die Grundrechte — außer in wenigen Ausnahmefällen — nicht. Zwar bestand eine Verpflichtung der Staatsorgane, die Grundrechte im Rahmen der „sozialistische Gesetzlichkeit" zu beachten.[973] Jedoch durften die Grundrechte nicht „unter Verletzung der sozialistischen Moral mißbraucht werden";[974] durch diese Generalklausel war eine fast unbegrenzte Einschränkung der Grundrechte möglich. Der Begriff der Grundrechte wurde zwar in der DDR weiterhin verwendet, sie besaßen jedoch nicht mehr ihre eigentliche Funktion des Schutzes vor dem Staat.

Der Grundsatz des Vorbehaltes des Gesetzes galt nicht,[975] sondern lediglich der Grundsatz des Vorrangs des Gesetzes.[976] Es bestand kein

---

ohne Grundpflichten fest; geändert 26.09.1955, GBl. DDR 1955, I, S. 653 (insbesondere Ergänzung des Art. 5 um die Pflicht zum „Dienst zum Schutze des Vaterlandes und der Errungenschaften der Werktätigen").

[969] *Akademie für Staats- und Rechtswissenschaft der DDR* (Hrsg.), Staatsrecht der DDR, S. 185.

[970] *Akademie für Staats- und Rechtswissenschaft der DDR* (Hrsg.), Staatsrecht der DDR, S. 185.

[971] *Akademie für Staats- und Rechtswissenschaft der DDR* (Hrsg.), Staatsrecht der DDR, S. 191.

[972] *Akademie für Staats- und Rechtswissenschaft der DDR* (Hrsg.), Staatsrecht der DDR, S. 190.

[973] *Akademie für Staats- und Rechtswissenschaft der DDR* (Hrsg.), Staatsrecht der DDR, S. 224.

[974] *Akademie für Staats- und Rechtswissenschaft der DDR* (Hrsg.), Staatsrecht der DDR, S. 191.

[975] *Ule*, Gesetzlichkeit in der Verwaltung durch Verwaltungsverfahren und gerichtliche Kontrolle in der DDR, DVBl. 1985, 1029 (1029); wobei 1957 noch angenommen wurde, daß Verwaltungsakte eine gesetzliche Grundlage haben mußten, *Deutsches Institut für Rechtswissenschaft* (Hrsg.), Das Verwaltungsrecht der Deutschen Demokratischen Republik, S. 193.

[976] *Akademie für Staats- und Rechtswissenschaft der DDR* (Hrsg.), Verwaltungsrecht.

Schutz vor Eingriffen in Grundrechte, die ohne gesetzliche Grundlage geschahen, und insoweit auch kein subjektives Recht.

III. Subjektive Rechte im Verwaltungsrecht

Das Verwaltungsrecht konkretisierte die Grundrechte und -pflichten aus der Verfassung und ergänzte diese auch durch weitere Rechte und Pflichten.[977] Diese verwaltungsrechtlichen Rechte und Pflichten bestimmten die verwaltungsrechtliche Rechtsstellung des Bürgers.[978] Auch im Verwaltungsrecht wurden die Rechte nur zusammen mit den Pflichten erörtert. Jedoch wurden die genauen rechtlichen Voraussetzungen für die Entstehung subjektiver Rechte nicht dargelegt.

Es waren ausschließlich subjektive Rechte der Bürger anerkannt. Subjektive Rechte juristischer Personen oder des Staates werden weder im Lehrbuch des Verwaltungsrechts, noch im Lehrbuch des Staatsrechts erwähnt.[979] Zwar besaß der Staat keine subjektiven Rechte, jedoch hatten die staatlichen Organe Aufgaben, die als „Rechte und Pflichten" des Organes bezeichnet wurden.[980] Interessant ist dieser Gleichklang zwischen den Aufgaben der staatlichen Organe, die als Rechte und Pflichten bezeichnet wurden und den Rechten und Pflichten der Bürger, die auf ein aktives Verhalten in der sozialistischen Gesellschaft gerichtet waren. Insofern wurden die Bürger auch nur als Funktionsträger innerhalb der sozialistischen Gesellschaft angesehen, die Funktionen ähnlich wie Staatsorgane besaßen. In dieses Bild paßt auch, daß die Rechte der Bürger

---

Lehrbuch, S. 87.

[977] *Akademie für Staats- und Rechtswissenschaft der DDR* (Hrsg.), Verwaltungsrecht. Lehrbuch, S. 189.

[978] *Akademie für Staats- und Rechtswissenschaft der DDR* (Hrsg.), Verwaltungsrecht. Lehrbuch, S. 189; die gemeinsame Erwähnung der Rechte und Pflichten findet sich bereits in *Deutsches Institut für Rechtswissenschaft* (Hrsg.), Das Verwaltungsrecht der Deutschen Demokratischen Republik, S. 16, 21.

[979] Lediglich im Grundriß von 1957 wurden die Rechte und Pflichten „nichtstaatlicher Organisationen" angesprochen, *Deutsches Institut für Rechtswissenschaft* (Hrsg.), Das Verwaltungsrecht der Deutschen Demokratischen Republik, S. 16.

[980] *Akademie für Staats- und Rechtswissenschaft der DDR* (Hrsg.), Staatsrecht der DDR, S. 473 f.; *Akademie für Staats- und Rechtswissenschaft der DDR* (Hrsg.), Verwaltungsrecht. Lehrbuch, S. 93 f.; *Deutsches Institut für Rechtswissenschaft* (Hrsg.), Das Verwaltungsrecht der Deutschen Demokratischen Republik, S. 16.

gerade nicht eine staatsfreie Sphäre gewähren, sondern nur der Mitwirkung an der sozialistischen Gesellschaft dienen sollten.

IV. Verwaltungsgerichtsbarkeit

Eine Verwaltungsgerichtsbarkeit bestand in der DDR nur für vergleichbar kurze Zeit. 1946/47 wurde sie in Thüringen, Brandenburg, Mecklenburg und Sachsen wiedererrichtet.[981] Jedoch wurden die Verwaltungsgerichte als Länderorgane bereits 1952 mit der Aufhebung der Länder in der DDR abgeschafft.[982] Eine gerichtliche Kontrolle des Verwaltungshandelns war danach nur in wenigen Ausnahmefällen möglich, in denen die ordentlichen Gerichte auf dem Gebiet des Verwaltungsrechts entscheiden durften.[983] Nach der Wiederanerkennung des Verwaltungsrechts als eines eigenständigen Rechtszweiges begann eine Diskussion um die Wiedereinführung einer Verwaltungsgerichtsbarkeit.[984]

---

[981] In Thüringen bereits 1946, anfangs unter Verwendung einer Generalklausel, später nur noch für enumerativ genannte Materien. In den anderen Ländern beruhte die Errichtung einer Verwaltungsgerichtsbarkeit auf dem Gesetz Nr. 36 vom 10.10.1946 des Alliierten Kontrollrates, ABl. der Militärregierung Deutschlands (Britisches Kontrollgebiet) 1946, Nr. 14, S. 315 und auf dem Befehl Nr. 173/47 der Sowjetischen Militäradministration in Deutschland. In den anderen Ländern galt von Anfang an das Enumerativprinzip. Thüringen: Gesetz vom 26.11.1945, Thür. GS 1946, S. 53; geändert durch Gesetz vom 07.10.1948, Thür. RegBl. 1948, I, S. 102; Brandenburg: Verwaltungsgerichtsgesetz vom 12.10.1947, Bbg. GVBl. 1947, I, S. 27, i.d.F. vom 06.12.1947, Bbg. GVBl. I, S. 36; Mecklenburg: Verwaltungsgerichtsgesetz vom 18.09.1947, RegBl. 1947, S. 259; Sachsen: Verwaltungsgerichtsgesetz vom 30.10.1947, Sächs. GBl. 1947, S. 509, alle zitiert nach *Ule*, Gesetzlichkeit in der Verwaltung durch Verwaltungsverfahren und gerichtliche Kontrolle in der DDR, DVBl. 1985, 1029 (1035).

[982] *Ule*, Gesetzlichkeit in der Verwaltung durch Verwaltungsverfahren und gerichtliche Kontrolle in der DDR, DVBl. 1985, 1029 (1036); die Auflösung der Länder wurde durch das Gesetz über die weitere Demokratisierung des Aufbaus und der staatlichen Organe in den Ländern der Deutschen Demokratischen Republik, vom 23.07.1952, GBl. DDR, S. 613 - 614 festgelegt, in dem jedoch die Auflösung der Verwaltungsgerichtsbarkeit nicht explizit genannt wurde.

[983] *Deutsches Institut für Rechtswissenschaft* (Hrsg.), Das Verwaltungsrecht der Deutschen Demokratischen Republik, S. 317 - 321; *Akademie für Staats- und Rechtswissenschaft der DDR* (Hrsg.), Verwaltungsrecht. Lehrbuch, S. 338.

[984] Beispielsweise *Büchner-Uhder*, Zur Extensität des Verwaltungsrechts, Staat und Recht 33 (1984), 581 (584 - 586), der einer Einführung einer Verwaltungsgerichtsbarkeit eher ablehnend gegenübersteht; vgl. dazu auch *Ule*, Gesetzlichkeit in der Verwaltung durch Verwaltungsverfahren und gerichtliche Kontrolle in der DDR, DVBl. 1985,

Mit Gesetz vom 14.12.1988 wurde eine Verwaltungsgerichtsbarkeit mit Wirkung vom 01.07.1989 wieder eingeführt.[985] Dieses Gesetz sah für enumerativ genannte Verwaltungsentscheidungen einen verwaltungsgerichtlichen Rechtsschutz vor. Parallel zu diesem Gesetz wurden in einem Gesetz und einer Verordnung die Materien bestimmt, auf die das Gesetz Anwendung finden sollte:[986] Für 13 Materien wurde ein verwaltungsgerichtlicher Rechtsschutz eingeführt.[987] Antragsbefugt waren ausschließlich „Bürger" nach § 3 Abs. 1 des Gesetzes zur gerichtlichen Nachprüfung von Verwaltungsentscheidungen in der DDR, wodurch insbesondere die Möglichkeit ausgeschlossen wurde, daß juristische Personen eine gerichtliche Nachprüfung verlangen konnten.[988] Eine weitere Eingrenzung des Kreises der Antragsbefugten war nicht gesetzlich festgelegt. Jedoch waren

1029 (1038 - 1041); *Ule*, Gerichtliche Nachprüfung von Verwaltungsentscheidungen in der DDR, DVBl. 1989, 581 (581 - 584).

[985] Gesetz über die Zuständigkeit und das Verfahren der Gerichte zur Nachprüfung von Verwaltungsentscheidungen vom 14.12.1988, GBl. DDR, 1988, I, S. 327 - 328.

[986] Gesetz zur Anpassung von Regelungen über Rechtsmittel der Bürger und zur Festlegung der gerichtlichen Zuständigkeit für die Nachprüfung von Verwaltungsentscheidungen, vom 14.12.1988, GBl. DDR, 1988, I, S. 329, mit Anlage, GBl. DDR, 1988, I, S. 329 - 330; Verordnung zur Anpassung von Regelungen über Rechtsmittel der Bürger und zur Festlegung der gerichtlichen Zuständigkeit für die Nachprüfung von Verwaltungsentscheidungen, vom 14.12.1988, GBl. DDR, 1988, I, S. 330, mit Anlage GBl. DDR, 1988, I, S. 330 - 333.

[987] Beispielsweise konnten gerichtlich angefochten werden: Entscheidungen über Grund und Höhe von Schadensersatzansprüchen nach dem Staatshaftungsgesetz; Feststellungsbescheide über die Höhe des Entschädigungsanspruches für die Bereitstellung von Grundstücken; über Entschädigungsansprüche nach § 18 des Gesetzes über die Aufgaben und Befugnisse der Deutschen Volkspolizei; Entscheidungen über die Ablehnung von Anträgen auf Gewerbegenehmigungen und den Widerruf dieser Genehmigungen; Entscheidungen auf Zustimmung zur Errichtung oder Veränderung von Bauwerken, gegen den Widerruf dieser Zustimmung und gegen Maßnahmen bei widerrechtlich errichteten Bauwerken sowie die Androhung und Festsetzung von Zwangsgeld; bestimmte Entscheidungen nach der Grundstücksverkehrsverordnung, nach der Wohnraumlenkungsverordnung, nach der Jugendhilfeverordnung; Entscheidungen über die Versagung der Erlaubnis zur Durchführung einer Veranstaltung sowie über die Untersagung der Durchführung und über die Auflösung; Entscheidungen über die staatliche Anerkennung einer Vereinigung und den Widerruf der staatlichen Anerkennung sowie die Zustimmung zur Mitgliedschaft von Bürgern in internationalen und ausländischen Vereinigungen und Entscheidungen über die Erfassung als kriminell gefährdeter Bürger und der Erteilung von Auflagen; vgl. dazu auch die Aufzählung bei *Ule*, Gerichtliche Nachprüfung von Verwaltungsentscheidungen in der DDR, DVBl. 1989, 581 (584 f.).

vor der Anrufung des Gerichts vorgesehene verwaltungsinterne Rechtsmittel einzulegen nach § 3 Abs. 1. Da diese Rechtsmittel von einer Berührung subjektiver Rechte oder rechtlich geschützter Interessen abhängig waren,[989] waren auch nur die Bürger antragsbefugt, „deren Rechte und rechtlich geschützte Interessen durch die Entscheidung unmittelbar berührt wurden".[990]

Die sonstigen Möglichkeiten, das Handeln der Verwaltung überprüfen zu lassen, waren verwaltungsinterne Beschwerdemöglichkeiten: Zum einen bestand die Möglichkeit, gegen bestimmte, durch Rechtsvorschrift festgelegte Einzelentscheidungen, bei den Organen des Staatsapparates ein Rechtsmittel einzulegen.[991] Wie bereits ausgeführt, war eine Berührung von subjektiven Rechte oder rechtlich geschützten Interessen erforderlich, d.h. nur der Adressat oder sonst von einer staatlichen Maßnahme Betroffene durfte ein Rechtsmittel einlegen.[992] Daneben war — insbesondere wenn ein solches Rechtsmittel nicht zulässig war — die Möglichkeit einer

---

[988] *Lübchen/Brachmann*, Zuständigkeit und Verfahren der Gerichte zur Nachprüfung von Verwaltungsentscheidungen, NJ 1989, 13 (15).

[989] *Akademie für Staats- und Rechtswissenschaft der DDR* (Hrsg.), Verwaltungsrecht. Lehrbuch, S. 339; davor wurde der Kreis der Berechtigten noch enger gefaßt; es war nur derjenige berechtigt, ein Rechtsmittel einzulegen, der durch Gesetz zugelassen war oder, wenn das Gesetz keinen Berechtigten nannte, war ausschließlich der Adressat des Individualaktes berechtigt, *Deutsches Institut für Rechtswissenschaft* (Hrsg.), Das Verwaltungsrecht der Deutschen Demokratischen Republik (von 1957), S. 313.

[990] *Lübchen/Brachmann*, Zuständigkeit und Verfahren der Gerichte zur Nachprüfung von Verwaltungsentscheidungen, NJ 1989, 13 (15).

[991] *Akademie für Staats- und Rechtswissenschaft der DDR* (Hrsg.), Verwaltungsrecht. Lehrbuch, S. 339, 341; *Deutsches Institut für Rechtswissenschaft* (Hrsg.), Das Verwaltungsrecht der Deutschen Demokratischen Republik, S. 311 - 317.

[992] *Akademie für Staats- und Rechtswissenschaft der DDR* (Hrsg.), Verwaltungsrecht. Lehrbuch, S. 339, 342, nach dem Grundriß von 1957 war (ohne gesetzliche Regelung) sogar ausschließlich der Adressat befugt, ein Rechtsmittel einzulegen, *Deutsches Institut für Rechtswissenschaft* (Hrsg.), Das Verwaltungsrecht der Deutschen Demokratischen Republik, S. 313. Diese Entwicklung, daß zunächst nur der Adressat eine Überprüfung des Verwaltungshandelns beantragen konnte und erst später dieses Recht auch Dritten eingeräumt wurde, die in ihren Rechten verletzt waren, ähnelt der der Einführung einer Verwaltungsgerichtsbarkeit während des Kaiserreiches. Das weitere Verfahren bei den Rechtsmitteln in der DDR war folgendes: Wenn das über das Rechtsmittel entscheidende Organ nicht abhalf, mußte das übergeordnete Organ endgültig über das Rechtsmittel entscheiden, *Akademie für Staats- und Rechtswissenschaft der DDR* (Hrsg.), Verwaltungsrecht. Lehrbuch, S. 342, *Deutsches Institut für Rechtswissenschaft* (Hrsg.), Das Verwaltungsrecht der Deutschen Demokratischen Republik, S. 314 f.

Eingabe an die staatlichen Organe möglich, die zu einer internen Überprüfung führte.[993]

V. Ergebnis

Zwar wurde das gesamte Rechtssystem als einheitliches angesehen, aber es waren unterschiedliche Rechtszweige anerkannt, so der des Staatsrechts und zeitweise der des Verwaltungsrechts. Die subjektiven Rechte des Staats- und Verwaltungsrechts wurden als Einheit mit den den Rechten entsprechenden Pflichten angesehen. Die Grundrechte dienten nicht der Freiheitssicherung, sondern dem Einzelnen wurde eine Obliegenheit zur Mitwirkung im Staat durch die einheitliche Rechte- und Pflichtenstellung auferlegt. Die grundlegende Wesensänderung der subjektiven Rechte — sofern diese überhaupt noch als solche bezeichnet werden könnten — resultierte aus der Ansicht, daß der Staat und seine Bürger im Sozialismus keine gegenteiligen Interessen hätten. Deshalb wurde auch lange Zeit eine Verwaltungsgerichtsbarkeit für entbehrlich gehalten, und selbst nach ihrer Wiedereinführung waren nur wenige enumerativ genannte Verwaltungsentscheidungen gerichtlich überprüfbar. Erforderlich für eine solche verwaltungsgerichtliche Überprüfung war eine Berührung in subjektiven Rechten oder rechtlich geschützten Interessen.

G. Ausweitung des subjektiven öffentlichen Rechts und des Verwaltungsrechtsschutzes in der Bundesrepublik

I. Literatur

1. Methodenfragen

a) Allgemein

Die Verwaltungsrechtswissenschaft entwickelte sich weiter: Die juristische Methode wurde weiterhin kritisiert. Forsthoff hielt auch in seinem Lehrbuch des Verwaltungsrechts der juristischen Methode vor, daß die Verwaltungsrechtswissenschaft den Anschluß an die Verwaltungslehre verloren habe.[994] In demselben Sinne bemängelt Bachof, daß das Verwal-

---

[993] *Akademie für Staats- und Rechtswissenschaft der DDR* (Hrsg.), Verwaltungsrecht. Lehrbuch, S. 202 - 206, 344.

[994] *Forsthoff*, Lehrbuch des Verwaltungsrechts, I, S. 46; Forsthoff hatte während des Nationalsozialismus bereits ähnliche Kritik geübt, s.o., Teil 2, E. I. 1. b).

tungsrecht wichtige Erkenntnisquellen verloren habe, indem die Staatswissenschaften, insbesondere die Verwaltungslehre, durch die juristische Methode zurückgedrängt worden seien.[995] Insbesondere Forsthoffs Kritik der juristischen Methode hat eine stärkere Berücksichtigung der Wirklichkeit im Verwaltungsrecht bewirkt.[996] Andererseits befürwortet Jesch die juristisch dogmatische Methode als einzig sinnvolle, um den rechtlichen Gehalt von Rechtsnormen zu bestimmen.[997] Jedoch will auch er den Einfluß anderer Wissensgebiete gegebenenfalls berücksichtigen.[998] Auch Badura kritisiert grundlegend, die Dogmatik des Verwaltungsrechts sei formal, begriffsjuristisch und zweckentleert.[999] Zudem habe sich die Verwaltungsrechtswissenschaft nicht von den „Fesseln des dogmatischen Begriffsnetzes Otto Mayers gelöst".[1000] Indem der Rechtsstaat — wie bei Otto Mayer — in den Vordergrund gestellt worden sei, sei der Sozialstaat und damit die Leistungsverwaltung nicht hinreichend beachtet worden.[1001] Auch werde durch die Methode die gestaltende Verwaltung noch nicht voll erfaßt.[1002] Bei der Systematik seien auch der verwaltungsrechtliche Vertrag, das schlichte Verwaltungshandeln, die Zusage und die Plangewährleistung einzubeziehen,[1003] sowie das Behörden- und Organisationsrecht nicht zu vernachlässigen.[1004] Dazu seien die verwaltungsrechtlichen Instrumentarien anzupassen und zu komplettieren, jedoch sei eine Änderung der Dogmatik nicht erforderlich.[1005] Weiterhin wird grundlegende

---

[995] *Bachof*, Die Dogmatik des Verwaltungsrechts vor den Gegenwartsaufgaben der Verwaltung, VVDStRL 30 (1972), S. 193 (216).

[996] *Meyer-Hesemann*, Methodenwandel in der Verwaltungsrechtswissenschaft, S. 142.

[997] *Jesch*, Gesetz und Verwaltung, S. 54 f., 60.

[998] *Jesch*, Gesetz und Verwaltung, S. 55 f., 60 - 62.

[999] *Badura*, Das Verwaltungsrecht des liberalen Rechtsstaates, S. 16 ff.

[1000] *Schmidt*, Die Programmierung von Verwaltungsentscheidungen, AöR 9 (1971), 321 (321); vgl. zur Kritik an der Verwaltungsrechtswissenschaft: *Meyer-Hesemann*, Methodenwandel in der Verwaltungsrechtswissenschaft, S. 140 f.

[1001] *Bachof*, Die Dogmatik des Verwaltungsrechts vor den Gegenwartsaufgaben der Verwaltung, VVDStRL 30 (1972), S. 193 (240, These 7).

[1002] *Forsthoff*, Lehrbuch des Verwaltungsrechts, I, S. 73.

[1003] *Bachof*, Die Dogmatik des Verwaltungsrechts vor den Gegenwartsaufgaben der Verwaltung, VVDStRL 30 (1972), S. 193 (232).

[1004] *Bachof*, Die Dogmatik des Verwaltungsrechts vor den Gegenwartsaufgaben der Verwaltung, VVDStRL 30 (1972), S. 193 (233).

[1005] *Brohm*, Die Dogmatik des Verwaltungsrechts vor den Gegenwartsaufgaben der

Kritik geübt,[1006] und es wird behauptet, es sei nicht möglich, auf ausschließlich positivistischer Basis ein Verwaltungsrechtssystem zu begründen.[1007]

Daneben wird versucht, das Grundgesetz einzubeziehen. So soll die freiheitlich-demokratische Verfassung auf die Dogmatik des Verwaltungsrechts Einfluß haben.[1008] Die Methode müsse die rechtsstaatliche Formalität beachten[1009] sowie die Wertungen des demokratischen Gesetzgebers berücksichtigen.[1010]

Vorherrschend ist die Interessen- und Wertungsjurisprudenz,[1011] die auf die Entscheidung einer konkreten Rechtsfrage gerichtet ist, nicht auf eine systematische Grundlagenbestimmung.[1012] Zur Rechtsanwendung wird im Verwaltungsrecht die teleologische Methode befürwortet.[1013] Eine derart wertende Entscheidung bei der Rechtsanwendung ist dann anzweifelbar, wenn die Norm keine hinreichenden Anhaltspunkte bietet, um den von ihr gegebenen weiten Rahmen von Entscheidungen auszufüllen.[1014] Problematisch bei der Wertungsjurisprudenz ist daneben, daß durch die Zielrichtung der Einzelfallentscheidung die Ausbildung systematischer Grundlagen vernachlässigt wird. Ohne eine Gesamtbetrachtung ist die Weiterentwicklung von Rechtsinstituten nur schwierig möglich. Gebildet wurden viele Rechtsinstitute des Verwaltungsrechts — wie das

---

Verwaltung VVDStRL 30 (1972), S. 245 (257).

[1006] Vogel stellt in Frage, ob überhaupt ein verwaltungsrechtliches System bestünde, *Vogel*, Aussprache zu „Die Dogmatik des Verwaltungsrechts vor den Gegenwartsaufgaben der Verwaltung", VVDStRL 30 (1972), S. 324 f., und Winkler stellte die Existenz eines geschlossenen Systems der Verwaltungsrechtsdogmatik in Abrede, *Winkler*, Aussprache zu „Die Dogmatik des Verwaltungsrechts vor den Gegenwartsaufgaben der Verwaltung", VVDStRL 30 (1972), S. 336.

[1007] *Forsthoff*, Lehrbuch des Verwaltungsrechts, I, S. 56.

[1008] *Jesch*, Gesetz und Verwaltung, S. VIII (Einleitung); *Rupp*, Grundfragen der heutigen Verwaltungsrechtslehre, S. 309.

[1009] *Meyer-Hesemann*, Methodenwandel in der Verwaltungsrechtswissenschaft, S. 137, 139.

[1010] *Brohm*, Die Dogmatik des Verwaltungsrechts vor den Gegenwartsaufgaben der Verwaltung, VVDStRL 30 (1972), S. 245 (251 f.).

[1011] *König*, Drittschutz, 184.

[1012] *Meyer-Hesemann*, Methodenwandel in der Verwaltungsrechtswissenschaft, S. 146.

[1013] *Forsthoff*, Lehrbuch des Verwaltungsrechts, I, S. 160.

[1014] *König*, Drittschutz, S. 184.

subjektive öffentliche Recht — unter dem Einfluß der juristischen Methode. Deren Ziel war es, eine Gesamtbetrachtung aus juristischer Sicht vorzunehmen. Aufgrund der Wertungsjurisprudenz ist es jedoch schwierig, neue Rechtsinstitute auszubauen oder andere passend weiterzuentwikkeln, da dieses nur aus einer Gesamtschau des Verwaltungsrechts und dessen Rechtsinstituten möglich ist; eine auf die Lösung von Einzelfällen gerichtete Methode ist hierzu nicht so gut geeignet.

Zusammenfassend ist zu sagen, daß in erheblichem Maße Kritik an der juristischen Methode geübt wird, weil diese mit ihrer spezifisch juristischen Betrachtungsweise Defizite bei der Berücksichtigung der Verwaltungslehre verursacht hätte. Die teleologische Betrachtung zielt jedoch grundsätzlich nicht auf eine systematische Weiterbildung des Verwaltungsrechts ab, sondern dient primär der Einzelfallentscheidung.

b) Lehre vom Verwaltungsrechtsverhältnis

Eine übergreifende Systematik bietet die Lehre vom Verwaltungsrechtsverhältnis. Nach dieser stellt das Rechtsverhältnis die grundlegende Rechtsfigur des Verwaltungsrechts dar.[1015] Es soll nicht nur jeweils der einzelne Behördenakt separat betrachtet werden, sondern das gesamte Verwaltungsrechtsverhältnis, wie insbesondere das zwischen der Verwaltung und dem Bürger. Die Rechtmäßigkeit oder Rechtswidrigkeit eines Verhaltens könne auch im Verwaltungsrecht nur in einem Rechtsverhältnis beurteilt werden.[1016] Für das subjektive öffentliche Recht ist zumindest zutreffend, daß ein subjektives Recht nur in einem Rechtsverhältnis bestehen kann, nur mit den Rechten einer Person entsprechenden Pflichten anderer.[1017] Die Auswirkungen der Lehre vom Verwaltungsrechtsverhältnis auf das subjektive öffentliche Recht werden noch genauer erörtert.

[1015] *Achterberg*, Allgemeines Verwaltungsrecht, § 20 Rdnr. 32 f.; *H. Bauer*, Altes und Neues zur Schutznormtheorie, AöR 113 (1988), 582 (611 f.); *Giacometti*, Allgemeine Lehren des rechtsstaatlichen Verwaltungsrechts, S. 318 - 336; *Henke*, Wandel der Dogmatik des öffentlichen Rechts, JZ 1992, 541 (542).

[1016] *Rupp*, Grundfragen der heutigen Verwaltungsrechtslehre, S. 15 - 18.

[1017] Vgl. beispielsweise *Bachof*, Reflexwirkungen und subjektive Rechte im öffentlichen Recht, Gedächtnisschrift für Walter Jellinek, S. 287 (289); *Eyermann*, VwGO, § 42, Rdnr. 83, Bearb.: *Happ*; *Wolff/Bachof/Stober*, Verwaltungsrecht, I, § 43, Rdnr. 26; anders *Giacometti*, Allgemeine Lehren des rechtsstaatlichen Verwaltungsrechts, S. 308 f., 311, der das zweiseitige Rechte- und Pflichtenverhältnis für das öffentliche Recht verneint und damit subjektive öffentliche Rechte ablehnt. Das subjektive Recht kann nur in

2. *Allgemeine Aussagen zum subjektiven öffentlichen Recht*

Die Voraussetzung des subjektiven öffentlichen Rechts, daß der Staat eine juristische Person ist, wird wieder anerkannt. Insgesamt nimmt die grundsätzliche Infragestellung des subjektiven öffentlichen Rechts weiter ab. Nur Giacometti stellt das subjektive öffentliche Recht noch in Frage. Dieser bestreitet die Möglichkeit subjektiver öffentlicher Rechte, sowohl des Staates als auch der Bürger.[1018] Der Staat könne nicht das staatliche Recht setzen und diesem unterworfen sein.[1019] Der Individualschutz durch Normen sei ausschließlich ein Reflex des objektiven Rechts.[1020] Dieses Argument, daß der Staat nicht dem von ihm selbst gesetzten und jederzeit von ihm wieder änderbaren Recht unterworfen sein könne, wurde bereits im Kaiserreich und der Weimarer Republik genannt. Die Änderungsmöglichkeit hindert jedoch nicht die Möglichkeit des Staates, solange die Rechtssätze bestehen, sich auch an diese zu binden. Daneben wird in Frage gestellt, ob der Unterschied zwischen subjektivem und objektivem Recht überhaupt noch praktisch sinnvoll sei.[1021] Außerdem sei nach Achterberg — einem Vertreter der Lehre vom Verwaltungsrechtsverhältnis — die Rechtsfigur des subjektiven öffentlichen Rechts überflüssig.[1022] Sie entspringe einem überholten, aus dem Privatrecht stammenden Begriffsdenken; daneben habe sich durch die starke Ausweitung des Begriffes der Unterschied zwischen dem öffentlichen und dem Privatrecht erheblich verringert.[1023] Andererseits wird die Rechtsfigur des subjektiven öffentlichen Rechts für unverzichtbar gehalten, damit der Einzelne nicht nur ein Objekt staatlicher Machtausübung sei.[1024] Zudem sei das subjektive öffentliche Recht „ein unverzichtbares Institut des Verwaltungsrechts".[1025]

---

einem Rechtsverhältnis bestehen, wobei es dieses Rechtsverhältnis auch selbst begründen kann.

[1018] *Giacometti*, Allgemeine Lehren des rechtsstaatlichen Verwaltungsrechts, S. 306 - 317.

[1019] *Giacometti*, Allgemeine Lehren des rechtsstaatlichen Verwaltungsrechts, S. 306 f.

[1020] *Giacometti*, Allgemeine Lehren des rechtsstaatlichen Verwaltungsrechts, S. 313.

[1021] *Brohm*, Die Dogmatik des Verwaltungsrechts vor den Gegenwartsaufgaben der Verwaltung VVDStRL 30 (1972), S. 245 (273, Fn. 80).

[1022] *Achterberg*, Allgemeines Verwaltungsrecht, § 20, Rdnr. 68, S. 391.

[1023] *Achterberg*, Allgemeines Verwaltungsrecht, § 20, Rdnr. 70, S. 392.

[1024] *Erichsen*, Das Verwaltungshandeln, § 11, Rdnr. 30, S. 249.

[1025] *Schmidt-Aßmann*, Das allgemeine Verwaltungsrecht als Ordnungsidee, S. 67.

Die Grundlagen und das grundsätzliche Bestehen des subjektiven öffentlichen Rechts werden kaum noch angezweifelt, auch wenn einzelne Bedenken gegenüber dem Sinn dieser Rechtsfigur geäußert werden.

3. Subjektive öffentliche Rechte des Einzelnen

Zu den Voraussetzungen subjektiver öffentlicher Rechte des Einzelnen entstanden verschiedenste Ansichten; weitgehend wurde jedoch an die frühere Rechtsprechung und Literatur angeknüpft. Bühler hält an seiner Definition des subjektiven öffentlichen Rechts fest: „Subjektives öffentliches Recht ist diejenige Stellung des Untertanen zum Staat, in der er auf Grund eines Rechtsgeschäftes oder eines zwingenden zum Schutze seiner Individualinteressen erlassenen Rechtssatzes, auf den er sich der Verwaltung gegenüber soll berufen können, vom Staat etwas verlangen kann oder ihm gegenüber etwas tun darf."[1026] Neuere Definitionen vermeiden den Begriff des „Untertanen", ähneln sonst aber der Definition Bühlers stark.[1027] So ist beispielsweise nach Erichsen ein eine Verhaltenspflicht festschreibender Rechtssatz erforderlich, der auch der Befriedigung von Individualinteressen dient, und dessen Träger eine Rechtsmacht zur Durchsetzung dieser Interessen eingeräumt ist.[1028] Nach einer anderen Ansicht sei eine Abgrenzung von subjektiven öffentlichen Rechten und rechtlich geschützten Interessen nicht sinnvoll, da die interessenschützenden Rechtssätze subjektive öffentliche Rechte seien.[1029] Nach dieser Meinung sind also weitere Voraussetzungen außer des Kriteriums des Interessenschutzes nicht erforderlich.

Erst nach und nach wurde erkannt, daß das subjektive öffentliche Recht nicht nur prozessuale Voraussetzung für die Zulässigkeit einer Klage, sondern auch ein materieller Anspruch ist.[1030] Das subjektive öffentliche Recht läßt sich daher nicht eindeutig dem Verwaltungsprozeßrecht oder dem materiellem Verwaltungsrecht zuordnen.

[1026] *Bühler*, Altes und Neues über Begriff und Bedeutung der subjektiven öffentlichen Rechte, Gedächtnisschrift für Walter Jellinek, S. 269 (274); vgl. dazu Teil 2, B. IV. 1.

[1027] Vgl. beispielsweise *Eyermann*, VwGO, § 42, Anm. 83, 83b, Bearb.: *Happ*.

[1028] *Erichsen*, Das Verwaltungshandeln, § 11, Rdnr. 31, S. 250.

[1029] Alternativkommentar zum Grundgesetz, Art. 19 Abs. 4, Rdnr. 66, Bearb.: *Ramsauer*.

[1030] *Rupp*, Grundfragen der heutigen Verwaltungsrechtslehre, S. 157 f.

Rupp vertritt eine etwas andere Ansicht zur Entstehung subjektiver öffentlicher Rechte: Ein subjektives öffentliches Recht entstehe erst durch die Verletzung eines Status. Der Status sei von den Reflexen nach dem Interesse des Verwaltungsgesetzes abzugrenzen.[1031] Seiner Meinung nach differenziere die herrschende Meinung nicht zwischen „Status“ und dem subjektiven öffentlichen Recht.[1032] Dieses sei jedoch erforderlich, weil das subjektive öffentliche Recht erst aus einer Verletzung des Status entstehe.[1033] Dabei greift Rupp auf die Statuslehre G. Jellineks zurück. Zur Feststellung, ob ein Reflex oder ein Status gegeben ist, seien die Kriterien von Bühler oder Bachof für die subjektiven öffentlichen Rechte heranzuziehen.[1034]

Grundlegend andere Kriterien sollten nach einigen Vertretern der Lehre vom Verwaltungsrechtsverhältnis gelten. Die Feststellung, ob ein subjektives öffentliches Recht vorliege, sei nicht nach einer bestimmten Norm des objektiven Rechts zu treffen, sondern es solle eine Gesamtbetrachtung des gesamten Verwaltungsrechtsverhältnisses stattfinden.[1035] Bei mehrseitigen Verwaltungsrechtsverhältnissen sei danach auch eine andere Definition anwendbar: „Das subjektive öffentliche Recht im multipolaren Verwaltungsrechtsverhältnis (ist) seinem *Inhalt* nach als *rechtliche Fähigkeit* zu definieren, *die eigenen Privatinteressen auf Kosten des privaten Konfliktgegners verwirklichen zu dürfen und gegen den Staat als Pflichtsubjekt durchsetzen zu können.*“[1036] Der Sinn dieses Vorschlages ist fraglich. Das subjektive öffentliche Recht entstand insbesondere im Bereich des Drittschutzes bei Anfechtungsklagen. Die Bühlersche Definition fand also im wesentlichen auf den Rechtsschutz Dritter Anwendung. Eine Ausweitung des subjektiven öffentlichen Rechts auf mehrseitige Verwaltungsrechtsverhältnisse ist insofern nicht erforderlich.

[1031] *Rupp*, Grundfragen der heutigen Verwaltungsrechtslehre, S. 245 f.

[1032] *Rupp*, Grundfragen der heutigen Verwaltungsrechtslehre, S. 161.

[1033] *Rupp*, Grundfragen der heutigen Verwaltungsrechtslehre, S. 164 f., 171.

[1034] *Rupp*, Grundfragen der heutigen Verwaltungsrechtslehre, S. 223.

[1035] *H. Bauer*, Altes und Neues zur Schutznormtheorie, AöR 113 (1988), 582 (611 f.); *Henke*, Das subjektive öffentliche Recht, S. 54, 61; zu den Auswirkungen im einzelnen siehe unter Teil 2, F. I. 1. b).

[1036] *Schmidt-Preuß*, Kollidierende Privatinteressen im Verwaltungsrecht, S. 187, im Original kursiv gedruckt; wobei die andere Formel weiterhin auf zweiseitige Verwaltungsrechtsverhältnisse Anwendung finden soll, *Schmidt-Preuß*, Kollidierende Privatinteressen im Verwaltungsrecht, S. 193.

a) Rechtssatz des öffentlichen Rechts

Zunächst muß als Voraussetzung für ein subjektives öffentliches Recht ein Rechtssatz vorliegen. In Betracht kommen Parlamentsgesetze ohne Verfassungsrang, Vorschriften des Verfassungsrechts, Normen des europäischen Gemeinschaftsrechts, dabei sind sowohl die direkt in den Verträgen zur Gründung der Gemeinschaften enthaltenen als auch von den Organen der europäischen Gemeinschaften gesetzten Vorschriften zu beachten.[1037] Streitig ist, ob auch ungeschriebene Rechte[1038] sowie Rechtsverordnungen und Satzungen ausreichen.[1039] Dafür spricht, daß aus dem Gewohnheitsrecht, ebenso wie aus Rechtsverordnungen und Satzungen, auch Pflichten des Einzelnen resultieren können. Deshalb können aus ungeschriebenen, sowie untergesetzlichen Rechtsnormen auch Rechte folgen. Ein Rechtssatz ist grundsätzlich Voraussetzung für ein subjektives öffentliches Recht, da dieses nur durch einen Rechtssatz, nicht aber — zumindest direkt — durch Verwaltungsvorschriften geschaffen werden kann.[1040] Aus Verwaltungsvorschriften kann nur durch den Anspruch auf Gleichbehandlung[1041] oder bei Konkretisierung einer gesetzlichen Verpflichtung[1042] ein subjektives öffentliches Recht folgen. Beispielsweise kann ein Abweichen von Verwaltungsvorschriften zur Ermessensausübung ein Verstoß gegen den Gleichheitsgrundsatz darstellen.[1043]

Ein Rechtssatz des öffentlichen Rechts ist weiterhin Voraussetzung des subjektiven öffentlichen Rechts. Im Bereich der Rechtsquellen ist eine im Vergleich zu Bühler ausdifferenzierte Dogmatik entstanden.

[1037] *Kopp/Schenke*, VwGO, § 42, Rdnr. 88.

[1038] *Forsthoff*, Lehrbuch des Verwaltungsrechts, I, S. 188; *Kopp/Schenke*, VwGO, § 42, Rdnr. 155, diese Frage stelle sich jedoch nur selten.

[1039] Zustimmend: *Maunz/Dürig*, Grundgesetz, Art. 19 IV, Rdnr. 131, Bearb.: *Schmidt-Aßmann*; ablehnend *Schmidt-Preuß*, Kollidierende Privatinteressen im Verwaltungsrecht, S. 231 - 234.

[1040] *Bachof*, Reflexwirkungen und subjektive Rechte im öffentlichen Recht, Gedächtnisschrift für Walter Jellinek, S. 287 (295).

[1041] *Bachof*, Reflexwirkungen und subjektive Rechte im öffentlichen Recht, Gedächtnisschrift für Walter Jellinek, S. 287 (295); *Wolff/Bachof/Stober*, Verwaltungsrecht, I, § 43, Rdnr. 28.

[1042] *Bachof*, Reflexwirkungen und subjektive Rechte im öffentlichen Recht, Gedächtnisschrift für Walter Jellinek, S. 287 (295).

[1043] *Jesch*, Gesetz und Verwaltung, S. 231 - 233.

b) Das Kriterium des Schutzes der Interessen des Einzelnen zur Abgrenzung von Rechten und Reflexen

Im öffentlichen Recht folgt — anders als im bürgerlichen Recht — nicht aus jeder Pflicht auch ein Recht eines Einzelnen, weil viele Pflichten im allgemeinen Interesse bestehen und keine besondere Berechtigung eines Einzelnen begründen sollen.[1044] Deshalb ist bei den subjektiven öffentlichen Rechten — anders als im Zivilrecht — eine Abgrenzung zwischen Rechten und Reflexen erforderlich.[1045] Zur Abgrenzung von Rechten und Reflexen wird auch weiterhin das Kriterium des Schutzes von Individualinteressen verwendet.[1046] Schwierig ist, daß die Zielsetzung, dem Interessenschutz Einzelner zu dienen, aus den Rechtssätzen zumeist nicht eindeutig hervorgeht.[1047] Diese ist nach der herrschenden Meinung nach der Schutznormtheorie zu bestimmen, nach der der „Rechtssatz — zwar nicht ausschließlich, aber auch — konkret bestimmbaren Individualinteressen zu dienen bestimmt" sein muß.[1048] Wie festzustellen ist, wann eine Norm ein Individualinteresse schützen soll, wird etwas unterschiedlich beurteilt. Diese Entscheidung könne ausschließlich „von Fall zu Fall nach der Logik

---

[1044] *Bachof*, Reflexwirkungen und subjektive Rechte im öffentlichen Recht, Gedächtnisschrift für Walter Jellinek, S. 287 (289 f.); ähnlich *Wolff/Bachof/Stober*, Verwaltungsrecht, I, § 43, Rdnr. 8 f.

[1045] *Rupp*, Grundfragen der heutigen Verwaltungsrechtslehre, S. 222.

[1046] Der Begriff „Reflexe" wird hier zur Abgrenzung vom Begriff der (subjektiven öffentlichen) Rechte verwendet. Bei der Verwendung insbesondere des Begriffes „Rechtsreflex" bestehen terminologische Unklarheiten: Dieser wird oft zur Abgrenzung vom (subjektiven öffentlichen) Recht benutzt, so beispielsweise durch *Bachof*, Reflexwirkungen und subjektive Rechte im öffentlichen Recht, Gedächtnisschrift für Walter Jellinek, S. 287 (291), der ebenda auch auf die Mißverständlichkeit hinweist. Andererseits unterscheidet Bühler zwischen Rechtsreflex und Reflexrecht, wobei das letztere wegen der Wirkung nicht nur zugunsten der Allgemeinheit, sondern auch zugunsten Einzelner als subjektives öffentliches Recht gewertet wird, vgl. *Bühler*, Altes und Neues über Begriff und Bedeutung der subjektiven öffentlichen Rechte, Gedächtnisschrift für Walter Jellinek, S. 269 (278 - 281).

[1047] *Bachof*, Reflexwirkungen und subjektive Rechte im öffentlichen Recht, Gedächtnisschrift für Walter Jellinek, S. 287 (294).

[1048] *Bachof*, Reflexwirkungen und subjektive Rechte im öffentlichen Recht, Gedächtnisschrift für Walter Jellinek, S. 287 (296 f.); ähnlich *Erichsen*, Das Verwaltungshandeln, § 11, Rdnr. 31 f., S. 250; *Eyermann*, VwGO, § 42, Anm. 86, Bearb.: *Happ*; *Forsthoff*, Lehrbuch des Verwaltungsrechts, I, S. 188; *Kopp/Schenke*, VwGO, § 42, Rdnr. 83; *Wolff/Bachof/Stober*, Verwaltungsrecht, I, § 43, Rdnr. 12; Alternativkommentar zum Grundgesetz, Art. 19 Abs. 4, Rdnr. 64, Bearb.: *Ramsauer*.

der Vorschrift" getroffen werden.[1049] Bei der Auslegung, ob die Norm individualschützend ist, sind die verschiedenen juristischen Auslegungsmethoden anzuwenden. Der Wille des historischen Gesetzgebers solle nur eingeschränkt Berücksichtigung finden. Vorrangig sei jedoch, wenn der Gesetzgeber die Schutzwürdigkeit eines Interesses bestimmt hätte.[1050] Hingegen sei bei Ablehnung der Schutzwürdigkeit des Interesses der Wille des historischen Gesetzgebers nicht zu beachten.[1051] Letztendlich ist streitig, ob von gesetzgeberischen Festlegungen, ob eine Norm ein subjektives öffentliches Recht geben soll, abgewichen werden darf.[1052] Bei der Auslegung seien weitere Grundsätze zu beachten: So bestehe eine Vermutung, daß ein Rechtssatz, der ein Interesse schütze, diesen Interessenschutz auch bezwecke.[1053] Die gewollten Begünstigungen seien — aufgrund der Auswirkungen des Grundgesetzes — stets subjektive öffentliche Rechte, während die ungewollten, rein tatsächlichen Begünstigungen reine Reflexe seien, und keinen Schutz der Interessen der Einzelnen bezwek-

---

[1049] *Forsthoff*, Lehrbuch des Verwaltungsrechts, I, S. 189.

[1050] *Bachof*, Reflexwirkungen und subjektive Rechte im öffentlichen Recht, Gedächtnisschrift für Walter Jellinek, S. 287 (296); *Maunz/Dürig*, Grundgesetz, Art. 19 IV, Rdnr. 138, Bearb.: *Schmidt-Aßmann*; *Wolff/Bachof/Stober*, Verwaltungsrecht, I, § 43, Rdnr. 10; abweichend: *Schmidt-Aßmann*, Das allgemeine Verwaltungsrecht als Ordnungsidee, S. 70: der Wille des historischen Gesetzgebers sei nicht vorrangig.

[1051] *Bachof*, Reflexwirkungen und subjektive Rechte im öffentlichen Recht, Gedächtnisschrift für Walter Jellinek, S. 287 (297); in diesem Sinne auch *Maunz/Dürig*, Grundgesetz, Art. 19 Abs. IV, Rdnr. 138, Bearb.: *Schmidt-Aßmann*; *Wolff/Bachof/Stober*, Verwaltungsrecht, I, § 43, Rdnr. 16; ablehnend Bauer, die Nichtberücksichtigung des Willens des historischen Gesetzgebers sei nicht verständlich, *H. Bauer*, Altes und Neues zur Schutznormtheorie, AöR 113 (1988), S. 582 (597 f.).

[1052] (Der Gesetzgeber muß zumindest in gewissen Grenzen die Möglichkeit haben, zu bestimmen, ob ein subjektives Recht vorläge oder nicht.) *W. Jellinek*, 3. Aussprache über Begriff und Wesen des sozialen Rechtsstaates, VVDStRL 12 (1954), S. 85 (119); (der Gesetzgeber könne durch Ablehnung der Rechtsmacht das Entstehen eines subjektiven öffentlichen Rechtes verhindern): *Bühler*, Altes und Neues über Begriff und Bedeutung der subjektiven öffentlichen Rechte, Gedächtnisschrift für Walter Jellinek, S. 269 (282); a.A. (aus Art. 19 Abs. 4 GG folge, daß dem Gesetzgeber die Disposition über die subjektiven öffentlichen Rechte entzogen sei) *Bartlsperger*, Subjektives öffentliches Recht und störungspräventive Baunachbarklage, DVBl. 1971, 723 (730).

[1053] *Bachof*, Reflexwirkungen und subjektive Rechte im öffentlichen Recht, Gedächtnisschrift für Walter Jellinek, S. 287 (296); *Wolff/Bachof/Stober*, Verwaltungsrecht, I, § 43, Rdnr. 10; *Rupp*, Kritische Bemerkungen zur Klagebefugnis im Verwaltungsprozeß, DVBl. 1982, 144 (147 f.).

ken.[1054] Nur rechtliche Interessen seien schutzwürdig, hierbei sei jedoch die Abgrenzung zwischen wirtschaftlichen und rechtlichen Interessen problematisch.[1055]

Die von der Schutznormtheorie aufgestellten Abgrenzungskriterien werden vielfach kritisiert: Die Einschränkung der Klagebefugnis verhindere einen umfassenden gerichtlichen Rechtsschutz und verursache damit Vollzugsdefizite, insbesondere im Umweltbereich.[1056] Sening hält die Schutznormtheorie für unvereinbar mit seiner — sehr weiten — Auslegung des Art. 20 GG.[1057] Jedoch beruht der von Sening abgelehnte subjektive Rechtsschutz durch die deutsche Verwaltungsgerichtsbarkeit auf Art. 19 Abs. 4 GG und hat damit Verfassungsrang. Zudem ist fraglich, ob eine Ausweitung der Klagebefugnis insoweit überhaupt eine Änderung bei Vollzugsdefiziten bringe.[1058]

Preu beurteilt als Schwäche der Schutzzweckformel, daß ein Schutz von Individualinteressen nur durch eine objektive Kontrolle nicht denkbar sei, weil eine Individualinteressen schützende Norm immer ein subjektives Recht sei.[1059] Diese Kritik überzeugt nicht völlig, da für das Bestehen eines subjektiven öffentlichen Rechts — zumindest nach den Kriterien Bühlers[1060] — nicht nur der Schutzzweck der Norm relevant ist, sondern zudem die Kriterien der Rechtsmacht und Durchsetzbarkeit erfüllt sein müssen, auch wenn diese Kriterien inzwischen teilweise abgelehnt werden. Danach sind auch individualschützende Normen denkbar, die kein subjektives öffentliches Recht sind. Zudem habe die Schutznormlehre Probleme, solche Normen zu beurteilen, bei denen nur ein Teil drittschüt-

---

[1054] *Bachof*, Reflexwirkungen und subjektive Rechte im öffentlichen Recht, Gedächtnisschrift für Walter Jellinek, S. 287 (299).

[1055] *Rupp*, Grundfragen der heutigen Verwaltungsrechtslehre, S. 247.

[1056] *Sening*, Abschied von der Schutznormtheorie im Naturschutzrecht, NuR 1980, 102 (102 f.).

[1057] *Sening*, Abschied von der Schutznormtheorie im Naturschutzrecht, NuR 1980, 102 (105 f.).

[1058] *König*, Drittschutz, S. 104.

[1059] *Preu*, Subjektivrechtliche Grundlagen des öffentlichrechtlichen Drittschutzes, S. 125 - 128; er schlägt deshalb eingrenzende Kriterien vor, *Preu*, Subjektivrechtliche Grundlagen des öffentlichrechtlichen Drittschutzes, S. 129.

[1060] Vgl. die Kriterien Bühlers Teil 2, B. IV. 1; Teil 2, D. III.; Teil 2, F. I. 3.; diese finden jedoch nicht mehr ungeteilte Anerkennung.

zend sei und ein subjektives öffentliches Recht bewirke.[1061] Trotzdem bietet sich hier eine Beurteilung nach der Schutzrichtung an, wobei jedoch die Teilbereiche einzeln zu betrachten sind. Ein erhebliches Problem stellt sich dadurch nicht für die Schutznormlehre.

Kritisiert wird weiterhin, daß die Abgrenzungskriterien der Schutznormtheorie nicht eindeutig seien, weshalb oftmals unklar sei, wann eine Norm ein subjektives Recht gewähre.[1062] Bei der Abgrenzung von öffentlichen Interessen und Individualinteressen sei problematisch, daß das Kriterium des „Interesses" nicht geklärt sei und keinen rechtlichen Gehalt besitze.[1063] Andererseits sind die geschützten Interessen von ihrer Schutzrichtung her festgelegt, weshalb die fehlende Bestimmbarkeit des Begriffes „Interessen" unproblematisch sei.[1064] Jedoch seien die öffentlichen Interessen nicht hinreichend von den Interessen des Einzelnen unterscheidbar und es bestehen trotz sorgfältiger Auslegung Problemfälle.[1065] Dieses sei die Folge, weil die Gewichtung der Auslegungsmethoden nach der Schutznormtheorie fragwürdig sei,[1066] und bei der Auslegung oft widersprüchliche Grundsätze gelten würden.[1067] Die Auslegungsprobleme sind jedoch nicht primär Probleme der Schutznormtheorie, sondern der Auslegungsmethoden. Wenn der Gesetzgeber keine sehr detaillierte Regelung getroffen hat, können bei der Auslegung — aufgrund unterschiedlicher Schwerpunktsetzung — auch verschiedene Ergebnisse herauskommen. Der Streit, welche Auslegungsmethode mit welchem Gewicht zu

---

[1061] *Preu*, Subjektivrechtliche Grundlagen des öffentlichrechtlichen Drittschutzes, S. 213 f.

[1062] *Brohm*, Die Dogmatik des Verwaltungsrechts vor den Gegenwartsaufgaben der Verwaltung VVDStRL 30 (1972), S. 245 (272); ähnlich *Wolff/Bachof/Stober*, Verwaltungsrecht, I, § 43, Rdnr. 16, die Abgrenzung sei teilweise problematisch.

[1063] *H. Bauer*, Altes und Neues zur Schutznormtheorie, AöR 113 (1988), S. 582 (593 f.); ähnlich *Reiling*, Interesse als Rechtsbegriff?, DÖV 2004, 181 (insb. 184 f.); *Stern*, Das Staatsrecht der Bundesrepublik Deutschland III/1, § 65, III 4, S. 547 f. (Bearb.: *Sachs*).

[1064] *Stern*, Das Staatsrecht der Bundesrepublik Deutschland III/1, § 65, III 4, S. 548 (Bearb.: *Sachs*).

[1065] *König*, Drittschutz, S. 117, 119.

[1066] *H. Bauer*, Altes und Neues zur Schutznormtheorie, AöR 113 (1988), S. 582 (596 - 599).

[1067] *H. Bauer*, Altes und Neues zur Schutznormtheorie, AöR 113 (1988), S. 582 (599 - 603).

berücksichtigen ist, stellt jedoch kein spezifisches Problem der Schutznormlehre dar. Selbst bei einer weitgehenden Änderung der Kriterien dieser Theorie bliebe die Möglichkeit widersprüchlicher Ergebnisse durch Auslegung bestehen.

Aufgrund der genannten Kritik sind verschiedene Änderungsvorschläge gemacht worden, die kurz angesprochen werden sollen: So argumentiert Bleckmann zugunsten einer Ergänzung der Schutznormtheorie. Die Begrenzung durch die Schutznormtheorie reiche nicht aus; daneben sei zur Einschränkung „eine Theorie der schützenswerten faktischen Interessen" erforderlich.[1068] Dazu solle der Begriff der „eigenen Angelegenheiten"[1069] weiterentwickelt werden.[1070] Ob nach der Schutznormtheorie die Allgemeinheit oder ein Individualinteresse betroffen sei, könne nicht nur durch eine Gesetzesinterpretation festgestellt werden; diese führe nicht zu eindeutigen Ergebnissen.[1071] Stattdessen sei nach den allgemeinen Grundrechtslehren und dem Demokratieprinzip zu bestimmen, ob ein schützenswertes materielles Interesse vorliege.[1072]

Auch Preu befürwortet eine Ergänzung der Schutznormtheorie. Um festzustellen, ob eine Norm eine subjektive Berechtigung bezwecke und Rechtsmacht gewähre, sei eine Auslegung nicht hinreichend, sondern eine solche Feststellung könne nur durch eine Entscheidung des Rechtsanwenders getroffen werden.[1073] Durch die Subsumtion könne nur die gesetzgeberische Konfliktentscheidung nachvollzogen werden, ohne daß dadurch geklärt werde, ob der Schutz des Betroffenen bezweckt sei.[1074] Entscheidend sei, die widerstreitenden Interessen und Güter zu bewerten

---

[1068] *Bleckmann*, Die Klagebefugnis im verwaltungsgerichtlichen Anfechtungsverfahren, VBlBW. 1985, 361 (362 f.).

[1069] Dieser Begriff stammt von *Henke*, Das subjektive öffentliche Recht, dieses wird noch genauer diskutiert.

[1070] *Bleckmann*, Die Klagebefugnis im verwaltungsgerichtlichen Anfechtungsverfahren, VBlBW. 1985, 361 (363).

[1071] *Bleckmann*, Die Klagebefugnis im verwaltungsgerichtlichen Anfechtungsverfahren, VBlBW. 1985, 361 (362).

[1072] *Bleckmann*, Die Klagebefugnis im verwaltungsgerichtlichen Anfechtungsverfahren, VBlBW. 1985, 361 (362 f.).

[1073] *Preu*, Subjektivrechtliche Grundlagen des öffentlichrechtlichen Drittschutzes, S. 124 f.

[1074] *Preu*, Subjektivrechtliche Grundlagen des öffentlichrechtlichen Drittschutzes, S. 125.

und abzuwägen.[1075] In einer Gesamtbetrachtung seien insbesondere der inhaltliche Bezug des Rechtssatzes zu den Grundrechten, die Nähe zwischen dem Verstoß gegen den Normbefehl und dem Schutzgut und die Zielgerichtetheit der Beeinträchtigung relevant.[1076] Dabei komme es nicht darauf an, ob die Norm drittschützend sei, sondern ob die durch die Norm festgelegte Pflicht diese Eigenschaft hätte.[1077] Ob diese Pflicht zugunsten des Einzelnen bestehe, sei bei jeder konkreten Pflichtverletzung nach dem Regelungsziel der Norm zu bestimmen.[1078] Diese Gesamtbetrachtung unter Berücksichtigung der Grundrechte und faktischen Interessen ähnelt der von Bleckmann vorgeschlagenen.

Daneben wird eine Erweiterung der Schutznormtheorie für den Bereich der drittschützenden Normen für erforderlich gehalten. Denn die Definition nach der Schutzzwecklehre passe ausschließlich auf das zweiseitige Verwaltungsrechtsverhältnis zwischen dem Einzelnen und dem Staat.[1079] Deshalb werde die Konfliktlage in mehrseitigen Verwaltungsrechtsverhältnissen nach der Schutznormtheorie nicht gerecht beurteilt.[1080]

Deshalb soll eine „Drittschutznormtheorie" angewendet werden, nach der eine Norm dann drittschützend ist, „wenn der im Streit stehende Rechtssatz zumindest auch dazu bestimmt ist, den Interessen bestimmter Dritter derart zu dienen, daß die Träger der Individualinteressen die Einhaltung des Rechtssatzes verlangen können und die Dritten dem begünstigten Personenkreis angehören".[1081] Das Vorliegen eines subjektiven öffentlichen Rechts bestimme sich auch beim Dritten nach dem Schutzzweck der Norm, hierbei seien aber besonders die Grundrechte zu be-

---

[1075] *Preu,* Subjektivrechtliche Grundlagen des öffentlichrechtlichen Drittschutzes, S. 125.

[1076] *Preu,* Subjektivrechtliche Grundlagen des öffentlichrechtlichen Drittschutzes, S. 148 - 156.

[1077] *Preu,* Subjektivrechtliche Grundlagen des öffentlichrechtlichen Drittschutzes, S. 230.

[1078] *Preu,* Subjektivrechtliche Grundlagen des öffentlichrechtlichen Drittschutzes, S. 231.

[1079] *Schmidt-Preuß,* Kollidierende Privatinteressen im Verwaltungsrecht, S. 17 f.

[1080] *Schmidt-Preuß,* Kollidierende Privatinteressen im Verwaltungsrecht, S. 84 - 86, 130.

[1081] *Wolff/Bachof/Stober,* Verwaltungsrecht, I, § 43, Rdnr. 18.

rücksichtigen.[1082] Nach anderer Ansicht werden beim mehrseitigen Verwaltungsrechtsverhältnis die privaten gegnerischen Interessen nicht hinreichend berücksichtigt.[1083] Voraussetzung eines subjektiven öffentlichen Rechts in mehrseitigen Verwaltungsrechtsverhältnissen sei, „daß eine Organisationsnorm *die kollidierenden Privatinteressen in ihrer Gegensätzlichkeit und Verflochtenheit wertet, begrenzt, untereinander gewichtet und derart in ein normatives Konfliktschlichtungsprogramm einordnet, daß die Verwirklichung der Interessen des einen Privaten notwendig auf Kosten des anderen geht.*"[1084] Daß die Kriterien nach der Schutznormlehre ausschließlich auf zweiseitige Verwaltungsrechtsverhältnisse passen, ist aus historischer Sicht falsch. Die von der Rechtsprechung aufgestellten und von Bühler klar herausgearbeiteten Kriterien betrafen im wesentlichen den Drittschutz. Für die Adressaten von Verwaltungsakten wurde nicht geprüft, ob diese sich auf die subjektiven öffentlichen Rechte berufen konnten.[1085] Auf ein subjektives öffentliches Recht kam es deshalb vorwiegend bei Anfechtungsklagen von Drittbetroffenen an. Insbesondere aus der Rechtsprechung hierzu hat Bühler die Kriterien entwickelt. Deshalb ist die auf Bühler beruhende Schutznormlehre auch auf dreiseitige Verwaltungsrechtsverhältnisse anwendbar. Deshalb können diese Kriterien — unter Berücksichtigung der Aktualisierung durch die herrschende Meinung — auch weiterhin auf dreiseitige Verwaltungsrechtsverhältnisse angewendet werden.

Andere Vertreter der Lehre vom Verwaltungsrechtsverhältnis halten Änderungen der Schutznormlehre für erforderlich. Insbesondere soll das Kriterium des Schutzes subjektiver Interessen durch unterschiedliche Konzeptionen ersetzt werden. Nach Henke soll das Vorliegen eines subjektiven öffentlichen Rechts nicht danach bestimmt werden, ob das Gesetz dem Schutz der Interessen Einzelner diene. Entscheidend sei vielmehr, daß der Einzelne „in seinen eigenen Angelegenheiten" durch die Verletzung eines Gesetzes betroffen sei.[1086] Wenn eine Gesetzesverletzung die Freiheit des Einzelnen als Status verletze, müsse aus dieser Verletzung ein indivi-

---

[1082] *Wolff/Bachof/Stober*, Verwaltungsrecht, I, § 43, Rdnr. 17.

[1083] *Schmidt-Preuß*, Kollidierende Privatinteressen im Verwaltungsrecht, S. 210.

[1084] *Schmidt-Preuß*, Kollidierende Privatinteressen im Verwaltungsrecht, S. 247 f., im Original kursiv gedruckt.

[1085] Vgl. Teil 2, C. I. 2. b) dd); Teil 2, C. V. 2. b) cc), (insbesondere Preußen und Sachsen).

[1086] *Henke*, Das subjektive öffentliche Recht, S. 72.

duelles und subjektives Recht gegen den Staat folgen.[1087] Ein solcher Reaktionsanspruch entstehe aber nur unter bestimmten Voraussetzungen: Neben der Verletzung einer Rechtsnorm durch die Verwaltung sei Voraussetzung, daß der Status individualisiert sei.[1088] Dazu müsse der Bürger durch den Gesetzesverstoß „in seinen eigenen Angelegenheiten betroffen" sein,[1089] wobei die tatsächliche, nicht die rechtliche Betroffenheit maßgeblich sei.[1090] Außerdem müsse die Angelegenheit, in der der Einzelne betroffen wäre, Gegenstand des verletzten Gesetzes sein.[1091] Die Willensmacht sei — bei einer solchen Trennung zwischen Status und subjektivem öffentlichen Recht, wie Henke sie vornimmt — auf den verletzten Anspruch gerichtet, nicht auf das durch die Verletzung erzeugte Recht.[1092] Zwar meint Henke, durch seine Konstruktion sei eindeutiger feststellbar, ob ein subjektives öffentliches Recht vorliege als nach der herkömmlichen Theorie.[1093] Andererseits ist die Feststellung, ob eine bestimmte, durch Bewertung eines Lebenssachverhaltes zu ermittelnde Angelegenheit der Gegenstand eines Gesetzes ist ähnlich unsicher wie die Feststellung, ob ein Gesetz auch dem Schutz der Interessen des Einzelnen dienen soll. Der Lebenssachverhalt ist zu bewerten, worin schon die ersten Unsicherheiten liegen. Dann ist festzustellen, ob dieser Gegenstand des Gesetzes ist. Auch in diesem Fall ist die Norm bezogen auf den Einzelfall auszulegen. Dabei bestehen ähnliche Beurteilungsprobleme, wie bei der Feststellung, ob diese Norm auch den Schutz von Individualinteressen bezweckt. Die „Betroffenheit in eigenen Angelegenheiten" als gesetzesunabhängiges Kriterium einzuführen, bringe nicht mehr Rechtssicherheit als die Schutznormtheorie, da dieses Kriterium zumindest ebenso unbestimmt sei.[1094] Die von Henke vorgenommene Abgrenzung bleibt unklar.[1095] Die Schutz-

---

[1087] *Henke*, Das subjektive öffentliche Recht, S. 53.

[1088] *Rupp*, Grundfragen der heutigen Verwaltungsrechtslehre, S. 176.

[1089] *Henke*, Das subjektive öffentliche Recht, S. 60.

[1090] *Henke*, Das subjektive öffentliche Recht, S. 61.

[1091] *Henke*, Das subjektive öffentliche Recht, S. 74.

[1092] *Rupp*, Grundfragen der heutigen Verwaltungsrechtslehre, S. 170.

[1093] *Henke*, Das subjektive öffentliche Recht, S. 77.

[1094] *Erichsen*, Das Verwaltungshandeln, § 11, Rdnr. 37, S. 255; *Maunz/Dürig*, Grundgesetz, Art. 19 Abs. IV, Rdnr. 130, Bearb.: *Schmidt-Aßmann*.

[1095] *König*, Drittschutz, S. 149.

normtheorie führt hingegen zu mehr Rechtssicherheit. Da es nicht auf — oftmals unterschiedliche — Lebenssachverhalte ankommt, sondern auf bestimmte Vorschriften, kann einfacher eine ständige Rechtsprechung und damit Rechtssicherheit entstehen. Bei der Vielzahl von Lebenssachverhalten ist eine Wiederholung weniger wahrscheinlich als die mehrfache Anwendung einer — bestimmte Lebenssachverhalte zusammenfassenden — Norm. Die von Henke vorgeschlagenen Kriterien überzeugen unter dem Gesichtspunkt der Rechtssicherheit nicht.

Auch Bauer will durch Berücksichtigung des Verwaltungsrechtsverhältnisses auf die Schutznormtheorie verzichten. Ob subjektive öffentliche Rechte vorliegen, sei nach den speziell auf das konkrete Rechtsverhältnis anwendbaren Normen zu bestimmen.[1096] Die Berechtigung sei den vielen geschriebenen und ungeschriebenen Normen des Rechtsverhältnisses zu entnehmen.[1097] Verfassungs- und Verwaltungsrecht können zusammen betrachtet werden, ohne daß das Verfassungsrecht — wie nach der Schutznormtheorie — nur zweitrangige Berücksichtigung finde.[1098] Zudem sollen die tatsächlichen Lebensverhältnisse auf die Rechtsanwendung einwirken.[1099]

Die Herleitung der Rechte wird jedoch nicht hinreichend deutlich: Bauer bespricht als Beispiel, ob dem Adressaten eines nicht auf Gesetz beruhenden polizeilichen Eingriffs ein subjektives öffentliches Recht zustehe.[1100] Bei der Erörterung stellt Bauer nur auf die durch Grundrechte geschützte Freiheit ab, ohne konkret auf die einschlägigen Grundrechte einzugehen oder diese auch nur zu benennen. Bei einem weiteren Beispiel will er bei sozialhilferechtlichen Ansprüchen die „Leitgedanken des Grundgesetzes" anwenden,[1101] ohne die betreffenden Verfassungsbestimmungen zu nennen.

Durch die Einbeziehung des Verwaltungsrechtsverhältnisses wird die Anzahl der zu berücksichtigenden Normen erweitert. Ohne eine konkrete Darlegung der einzelnen in Betracht kommenden Normen bleibt alles

---

[1096] *H. Bauer*, Altes und Neues zur Schutznormtheorie, AöR 113 (1988), S. 582 (612).

[1097] *H. Bauer*, Altes und Neues zur Schutznormtheorie, AöR 113 (1988), S. 582 (612).

[1098] *H. Bauer*, Altes und Neues zur Schutznormtheorie, AöR 113 (1988), S. 582 (613).

[1099] *H. Bauer*, Altes und Neues zur Schutznormtheorie, AöR 113 (1988), S. 582 (614).

[1100] *H. Bauer*, Altes und Neues zur Schutznormtheorie, AöR 113 (1988), S. 582 (615 f.).

[1101] *H. Bauer*, Altes und Neues zur Schutznormtheorie, AöR 113 (1988), S. 582 (620).

sehr unbestimmt. Bei einer Berufung allgemein auf Grundrechte oder das Grundgesetz — wie Bauer sie in den genannten Beispielen vornimmt — kann eine Beurteilung, ob die vorgeschlagene Theorie bei problematischen Fällen wirklich zu überzeugenden Ergebnissen kommt, nicht vorgenommen werden. Auch wenn dieses nur eine relativ kurze Darstellung ist, bleibt diese insgesamt zu unscharf. So wird nicht hinreichend deutlich, ob eine Ersetzung der Schutznormtheorie praktisch sinnvoll realisierbar wäre. Die von Bauer aus dem Verwaltungsrechtsverhältnis abgeleiteten Ansprüche haben keinen konkreten gesetzlichen Hintergrund, sie werden nur allgemein aus dem Verwaltungsrechtsverhältnis und den dieses bestimmenden Normen abgeleitet, ohne daß die Herleitung der von Bauer aufgeführten Ansprüche konkret faßbar wäre. Es wird auch nicht deutlich, welche Voraussetzungen konkret vorliegen müssen, damit ein subjektives öffentliches Recht entsteht.[1102] Nach der Schutznormtheorie dürfte — trotz der teilweise widersprüchlichen Auslegungskriterien — einfacher vorhersehbar sein, ob eine einzelne Norm als subjektives öffentliches Rechts ausgelegt wird, als bei der Feststellung, ob ein subjektives öffentliches Recht nach der Ansicht von Bauer gegeben ist. Denn die Beurteilung solch komplexer Strukturen wie der eines ganzen Verwaltungsrechtsverhältnisses einschließlich aller anzuwendenden Normen und tatsächlichen Verhältnisse ist deutlich schwieriger, als die Auslegung einer Norm. Daneben ist die Übertragbarkeit auf andere, ähnliche Fälle bei einer Beurteilung nach dem gesamten Verwaltungsrechtsverhältnis erheblich problematischer, als bei der Auslegung einer Norm, weil erstere kaum verallgemeinerungsfähig sein dürfte. Dieses sind die Folgen einer Versubjektivierung der Betrachtung durch die Lehre vom Verwaltungsrechtsverhältnis.[1103] Anders bei der Auslegung von Normen: Diese erfahren — zumindest nach einer höchstrichterlichen Entscheidung — oft eine dauerhafte eindeutige Auslegung.

Nach einigen weiteren Ansichten soll die Schutzzwecklehre erheblich ausgeweitet werden: Bartlsperger will die individuelle Betroffenheit durch

[1102] Kritik an Bauer üben auch *Preu*, Subjektivrechtliche Grundlagen des öffentlichrechtlichen Drittschutzes, S. 31; *Schmidt-Preuß*, Kollidierende Privatinteressen im Verwaltungsrecht, S. 22 f.

[1103] Diese verstärkt die Versubjektivierung, vgl. dazu *Masing*, Die Mobilisierung des Bürgers für die Durchsetzung des Rechts, S. 112 f.

den Vollzug einer Norm als subjektives öffentliches Recht anerkennen.[1104] Dazu muß die Norm den Einzelnen direkt oder durch ihren Vollzug betreffen.[1105] Ähnlich will Bernhardt die Adressatentheorie nicht nur bei Adressaten, sondern auch bei Drittbetroffenen anwenden, weil auch für diese Art. 2 Abs. 1 GG gelte.[1106] Für Dritte sei jedoch zusätzlich erforderlich, daß sie in ihren schutzwürdigen Belangen betroffen seien.[1107] Auch Sening möchte Klagen nicht nur von Adressaten, sondern auch von Dritten bei einer Berührung von deren Rechten aus Art. 2 Abs. 1 GG, zulassen.[1108] Diese Ausweitung der Schutznormtheorie bewirkt, daß jede Norm als subjektives öffentliches Recht auszulegen wäre, sofern der Einzelne in seinen faktischen Belangen betroffen ist. An dieser Ansicht wurde kritisiert, daß die Schutznormtheorie letztendlich ihres zur Abgrenzung erforderlichen Inhalts beraubt werde.[1109] Eine derartige Ausweitung komme einer Popularklage nahe. Es bestehe kaum eine Möglichkeit zur effektiven Begrenzung des Rechtsschutzes. Jedoch ist eine Begrenzung des Rechtsschutzes auch nicht bezweckt, weil diese Vorschläge eine Ausweitung der verwaltungsgerichtlichen Kontrolle bewirken sollen, auch um Vollzugsdefizite im Umweltbereich zu verringern.

Die Theorien, die die Schutznormtheorie ersetzen sollen, besitzen erhebliche Kritikpunkte. Ihre Kriterien führen nicht zu eindeutigeren Ergebnissen und bewirken, daß eine Abgrenzung weniger eindeutig ist als nach der Schutznormtheorie.

[1104] *Bartlsperger*, Subjektives öffentliches Recht und störungspräventive Baunachbarklage, DVBl. 1971, 723 (729 f.).

[1105] *Bartlsperger*, Subjektives öffentliches Recht und störungspräventive Baunachbarklage, DVBl. 1971, 723 (731).

[1106] *Bernhardt*, Zur Anfechtung von Verwaltungsakten durch Dritte, JZ 1963, 302 (306).

[1107] *Bernhardt*, Zur Anfechtung von Verwaltungsakten durch Dritte, JZ 1963, 302 (307).

[1108] *Sening*, Abschied von der Schutznormtheorie im Naturschutzrecht, NuR 1980, 102 (105). Er möchte durch die Klagen Einzelner den Umweltschutz besser durchsetzen lassen, *Sening*, Abschied von der Schutznormtheorie im Naturschutzrecht, NuR 1980, 102 (102).

[1109] Ähnlich *Masing*, Die Mobilisierung des Bürgers für die Durchsetzung des Rechts, S. 114 f.

c) Das Kriterium der Durchsetzbarkeit und der Rechtsmacht zur Abgrenzung von Rechten und Reflexen

Bachof meint daß das Kriterium der Rechts- bzw. Willensmacht als Voraussetzung des subjektiven öffentlichen Rechts grundsätzlich anerkannt sei.[1110] Problematisch sei jedoch, daß die Zielsetzung der Rechtssätze, ob sich der Einzelne auf sie berufen können soll, zumeist nicht eindeutig hervorgehe.[1111]

Durch die Einführung einer Generalklausel in § 40 Abs. 1 Satz 1 VwGO, die durch Art. 19 Abs. 4 Satz 1 GG gefordert wird, hat sich die Gefahr eines Zirkelschlusses verstärkt, sofern der Begriff der Rechtsmacht als Möglichkeit des gerichtlichen Geltendmachens ausgelegt wird[1112]. Deshalb kann die Rechtswegeröffnung nicht die Voraussetzung für das subjektive öffentliche Recht sein, sondern das subjektive öffentliche Recht ist Voraussetzung für die Zulässigkeit der Klage,[1113] weil dieses sonst zu dem genannten Zirkelschluß führe.[1114] Deshalb sei der Begriff der Rechtsmacht als die Möglichkeit auszulegen, sich auf die Rechtsfolgen einer Rechtsnorm gegenüber der öffentlichen Gewalt zu berufen.[1115] Um das actionenrechtliche Denken auszuschließen, sei die Rechtsmacht als materielles Recht aufzufassen, als „Berechtigung, eine normative Konfliktentscheidung (...) geltend zu machen".[1116] Deshalb könne der Gesetzgeber nicht durch Ausschließen der Klagbarkeit die Eigenschaft eines subjektiven öffentlichen Rechtes aufheben;[1117] nur in seltenen Fällen könne er eine Begünstigung ohne subjektives öffentliches Recht einräumen.[1118] Daraus folge die Ver-

---

[1110] *Bachof*, Reflexwirkungen und subjektive Rechte im öffentlichen Recht, Gedächtnisschrift für Walter Jellinek, S. 287 (293).

[1111] *Bachof*, Reflexwirkungen und subjektive Rechte im öffentlichen Recht, Gedächtnisschrift für Walter Jellinek, S. 287 (294).

[1112] Vgl. dazu Teil 2, B. IV. 2., Teil 2, D. III. 2.

[1113] *Forsthoff*, Lehrbuch des Verwaltungsrechts, I, S. 187.

[1114] *Bachof*, Reflexwirkungen und subjektive Rechte im öffentlichen Recht, Gedächtnisschrift für Walter Jellinek, S. 287 (300).

[1115] *Wolff/Bachof/Stober*, Verwaltungsrecht, I, § 43, Rdnr. 12.

[1116] *Scherzberg*, Grundlagen und Typologie des subjektiven öffentlichen Rechts, DVBl. 1988, S. 129 (132).

[1117] *Bachof*, Reflexwirkungen und subjektive Rechte im öffentlichen Recht, Gedächtnisschrift für Walter Jellinek, S. 287 (304).

[1118] *Bachof*, Reflexwirkungen und subjektive Rechte im öffentlichen Recht, Gedächtnisschrift für Walter Jellinek, S. 287 (305 f.).

mutung, daß eine individualschützende Norm auch Rechtsmacht gewähre.[1119] Aufgrund dieser Vermutung werden die Kriterien der Rechtsmacht und Durchsetzbarkeit teilweise als nicht zur Abgrenzung des subjektiven öffentlichen Rechts erforderlich angesehen.[1120] Problematisch sei jedoch, daß der Gesetzgeber nicht Begünstigungen ohne Durchsetzungsmöglichkeit gewähren könne.[1121] Andererseits soll diese Vermutung insbesondere bei mehrseitigen Verwaltungsrechtsverhältnissen nicht gelten, weil sie auf Störungen durch den Staat, nicht aber bei Privaten untereinander passe.[1122] Ein weiteres Problem sei, daß die Klagebefugnis kein Merkmal des subjektiven öffentlichen Rechts sei, andererseits bei einer Klagebefugnis auch immer ein subjektives öffentliches Recht gegeben sein soll, und die Klagebefugnis die einzig zweckmäßige Rechtsmacht sei.[1123] Andererseits könne die Rechtsmacht auch aufgrund anderer Ursachen bestehen, als durch gerichtlichen Rechtsschutz, beispielsweise durch Verwaltungsverfahren.[1124]

Die Kriterien der Rechtsmacht und der Durchsetzbarkeit haben nur noch eine geringe Bedeutung. Prinzipiell wird das Bestehen der Rechtsmacht und der Durchsetzbarkeit bei individualschützenden Normen vermutet, so daß die Notwendigkeit dieser Kriterien in Frage gestellt wird.

[1119] *Bachof,* Die verwaltungsgerichtliche Klage auf Vornahme einer Amtshandlung, S. 73.

[1120] *Wolff/Bachof/Stober,* Verwaltungsrecht, Bd. 1, § 43, Rdnr. 27; *Maurer,* Allgemeines Verwaltungsrecht, § 8, Rdnr. 8 (diese Kriterien sind nicht zu prüfen, obwohl er sie vorher erwähnt, in § 8, Rdnr. 2); vgl. dazu *Stern,* Das Staatsrecht der Bundesrepublik Deutschland III/1, § 65 III 3, S. 535 (Bearb.: *Sachs*).

[1121] *Fischer,* Die Auswirkungen der Rechtsprechung des Bundesverfassungsgerichts auf die Dogmatik des Allgemeinen Verwaltungsrechts, S. 116 f.; *Stern,* Das Staatsrecht der Bundesrepublik Deutschland III/1, § 65 II 3, S. 537 f. (Bearb.: *Sachs*): eine solche Pflicht, Begünstigungen mit Möglichkeiten zur Durchsetzbarkeit zu verbinden, folge auch nicht aus dem Grundgesetz.

[1122] *Schmidt-Preuß,* Kollidierende Privatinteressen im Verwaltungsrecht, S. 208 f.

[1123] *Henke,* Das subjektive öffentliche Recht, S. 2; solange am Kriterium der Rechtsmacht festgehalten würde, bestände auch bei Anerkennung der Vermutung der Zirkelschluß fort, *Henke,* Das subjektive öffentliche Recht, S. 3.

[1124] Bonner Kommentar zum Grundgesetz, Art. 19 Abs. 4, Rdnr. 290, Bearb.: *Schenke;* dieses entspricht der Auslegung Bühlers, vgl. Teil 2, B. IV. 2.; Teil 2, D. III. 2.

d) Das Kriterium des zwingenden Rechtssatzes zum Ausschluß eines subjektiven öffentlichen Rechts bei Ermessen und bei Abwägungsspielräumen

Bühlers Kriterium des zwingenden Rechtssatzes stand der Überprüfung von Ermessensentscheidungen entgegen. Trotzdem wurde bereits während der Weimarer Republik die Überprüfung der Grenzen des Ermessens für zulässig angesehen.[1125] Ein subjektives öffentliches Recht sollte trotz Ermessens soweit bestehen, wie die Ermessensfehler gerichtlich überprüfbar seien.[1126]

Bei der weiteren Entwicklung der Überprüfung des Ermessens, der unbestimmten Rechtsbegriffe, der Abwägungsentscheidungen und der Beurteilungsspielräume hat sich zunächst die Unterscheidung zwischen Ermessen und unbestimmten Rechtsbegriffen durchgesetzt.[1127] Unbestimmte Rechtsbegriffe existieren auf der Tatbestands- und auf der Rechtsfolgenseite.[1128] Überwiegend wird ihre vollständige Überprüfbarkeit angenommen.[1129] Denn die unbestimmten Rechtsbegriffe seien nur auszulegen, die Verwaltung besitze keine Wahlmöglichkeit zwischen verschiedenen Alternativen.[1130] Es bestehen nur die beiden Möglichkeiten, daß entweder die Voraussetzungen des unbestimmten Rechtsbegriffes vorliegen oder nicht, einen Beurteilungsspielraum dazwischen gebe es nicht.[1131] Die vollständige Überprüfbarkeit bewirkt, daß auch keine Einschränkungen

---

[1125] Vgl. oben, Teil 2, D. III. 3.

[1126] *Bachof*, Die verwaltungsgerichtliche Klage auf Vornahme einer Amtshandlung, S. 70; vgl. zu dem hierbei möglicherweise bestehenden Zirkelschluß oben, Teil 2, C. IV.

[1127] Vgl. dazu *Peters*, Lehrbuch der Verwaltung, S. 10 f.; *Forsthoff*, Lehrbuch des Verwaltungsrechts, I, S. 85 f.; vgl. dazu auch *Faber*, Verwaltungsrecht, S. 100 - 102.

[1128] Bonner Kommentar zum Grundgesetz, Art. 19 Abs. 4, Rdnr. 334, Bearb.: *Schenke*.

[1129] *Bachof*, Beurteilungsspielraum, Ermessen und unbestimmter Rechtsbegriff im Verwaltungsrecht, JZ 1955, 97 (98); Bonner Kommentar zum Grundgesetz, Art. 19 Abs. 4, Rdnr. 337, Bearb.: *Schenke*; *Forsthoff*, Lehrbuch des Verwaltungsrechts, I, S. 86; *Peters*, Lehrbuch der Verwaltung, S. 11; für eine nur eingeschränkte Überprüfbarkeit unbestimmter Rechtsbegriffe: *Ule*, Zur Anwendung unbestimmter Rechtsbegriffe, Gedächtnisschrift für Walter Jellinek, S. 309 (325).

[1130] *Forsthoff*, Lehrbuch des Verwaltungsrechts, I, S. 86.

[1131] Bonner Kommentar zum Grundgesetz, Art. 19 Abs. 4, Rdnr. 337, Bearb.: *Schenke*; eine Ausnahme erkennt die Rechtsprechung bei äußerst komplexen Begriffen an, deren Überprüfung die Funktionsgrenze der Rechtsprechung überschritte; dann soll der Verwaltung ein geringer Entscheidungsspielraum zustehen, BVerfGE 64, 261 (279); 84, 34 (49 f.).

bzgl. des Bestehens und der Reichweite subjektiver öffentlicher Rechte gemacht werden müssen, wenn die relevante Norm unbestimmte Rechtsbegriffe enthält. So kann auch bei unbestimmten Begriffen ein subjektives öffentliches Recht bestehen.[1132]

Auf der Tatbestandsseite besteht grundsätzlich keine Wahlmöglichkeit der Verwaltung. Deshalb kann Ermessen nur auf der Rechtsfolgenseite eingeräumt sein. Eine gewisse Entscheidungsfreiheit bei den Tatbestandsvoraussetzungen gewähren lediglich die nur in Ausnahmefällen bestehenden Beurteilungsspielräume.[1133] Diese sind dann gegeben, wenn aus der Natur der Sache eine vollständige gerichtliche Überprüfung ausgeschlossen ist, beispielsweise bei Prüfungen, weil die Prüfungssituation nicht zur Überprüfung wiederholbar ist, oder bei Entscheidungen von Gremien mit spezieller Zusammensetzung.[1134] Auch diese sind nur begrenzt überprüfbar. Bei diesen soll ebenfalls — trotz nicht vollständiger Überprüfbarkeit — ein „Recht auf beurteilungsfehlerfreie Entscheidung" als subjektives öffentliches Recht bestehen.[1135]

Ermessen kann nur auf Rechtsfolgenseite bestehen. Dann ist es pflichtgebunden, ein Handeln aus sachfremden Erwägungen verboten.[1136] Zudem müssen die Grenzen des Ermessens gerichtlich überprüft werden können.[1137] Wenn die anderen Voraussetzungen des subjektiven öffentlichen

---

[1132] *Bühler*, Altes und Neues über Begriff und Bedeutung der subjektiven öffentlichen Rechte, Gedächtnisschrift für Walter Jellinek, S. 269 (275).

[1133] *Bachof*, Beurteilungsspielraum, Ermessen und unbestimmter Rechtsbegriff im Verwaltungsrecht, JZ 1955, 97 (98 f.); a.A. Ibler, der den — auch nur beschränkten — Ausschluß der gerichtlichen Überprüfbarkeit ablehnt, *Ibler*, Rechtspflegender Rechtsschutz im Verwaltungsrecht, S. 426 - 428.

[1134] Bonner Kommentar zum Grundgesetz, Art. 19 Abs. 4, Rdnrn. 345, 347, 349, Bearb.: *Schenke*.

[1135] *Kopp/Schenke*, VwGO, § 42, Rdnr. 93.

[1136] *Forsthoff*, Lehrbuch des Verwaltungsrechts, I, S. 97.

[1137] *Bachof*, Reflexwirkungen und subjektive Rechte im öffentlichen Recht, Gedächtnisschrift für Walter Jellinek, S. 287 (295); *Bühler*, Altes und Neues über Begriff und Bedeutung der subjektiven öffentlichen Rechte, Gedächtnisschrift für Walter Jellinek, S. 269 (276 f.).
Demgegenüber hält Ehmke die Abgrenzung von unbestimmten Rechtsbegriffen und Ermessen für ungeeignet, *Ehmke*, „Ermessen" und „unbestimmter Rechtsbegriff" im Verwaltungsrecht, S. 34. Er befürwortet eine von den Verwaltungsgerichten selbst festzulegende Prüfungstiefe bei Ermessen und unbestimmten Rechtsbegriffen, *Ehmke*, „Ermessen" und „unbestimmter Rechtsbegriff" im Verwaltungsrecht, S. 47. Er begründet diese Ansicht damit, daß die Verwaltungsgerichtsbarkeit nicht nur subjektive

Rechts gegeben sind — zumindest eine auch die Interessen des Einzelnen schützende Norm —, kann bei Rechtssätzen mit Ermessensspielräumen ein subjektives öffentliches Recht auf ordnungsgemäße Gesetzesausführung bzw. auf fehlerfreien Ermessensgebrauch bestehen.[1138] Aus diesem könne bei Ermessenreduzierung eine „volle Einräumungsberechtigung" entstehen.[1139] Auch bei mehrseitigen Verwaltungsrechtsverhältnissen soll trotz des Ermessens dann ein subjektives öffentliches Recht auf fehlerfreie Ermessensausübung gegeben sein, wenn ohne das Ermessen ein subjektives öffentliches Recht bestehe.[1140]

Auch Abwägungsspielräume sollen nicht vollständig überprüfbar sein. Unter welchen Voraussetzungen ein subjektives öffentliches Recht auf fehlerfreie Abwägung, insbesondere aus § 1 Abs. 6 BauGB und im Fachplanungsrecht, anzuerkennen ist, ist streitig.[1141] Eine Ansicht will nur

öffentliche Rechte zu sichern, sondern auch allgemein das Handeln der Verwaltung zu überprüfen habe, *Ehmke*, „Ermessen" und „unbestimmter Rechtsbegriff" im Verwaltungsrecht, S. 46.
Abweichend davon sieht Rupp die Ausübung von Ermessen als Rechtsverwirklichung an, sofern diese im Verhältnis Staat zu Bürger stattfinde, *Rupp*, Grundfragen der heutigen Verwaltungsrechtslehre, S. 206; eine weitgehende Überprüfung des Ermessens befürworten auch *Bettermann*, Rechtsgleichheit und Ermessensfreiheit, Staat, 1 (1962), S. 79 86); *Kopp*, Die Grenzen der richterlichen Nachprüfung wertender Entscheidungen der Verwaltung, DÖV 1966, 317 (320 f.); Rupps Ausführungen klingen zwar nach einer Befürwortung der vollständigen Überprüfung des Ermessens, dieser sieht sich selbst jedoch nicht als Anhänger dieser These, *Rupp*, Aussprache zu „Die Dogmatik des Verwaltungsrechts vor den Gegenwartsaufgaben der Verwaltung", VVDStRL 30 (1972), S. 339.

[1138] *Forsthoff*, Lehrbuch des Verwaltungsrechts, I, S. 188 f.; *Kopp/Schenke*, VwGO, § 42, Rdnr. 93; *Jesch*, Gesetz und Verwaltung, S. 229; *Maunz/Dürig*, Grundgesetz, Art. 19 IV, Rdnr. 135, Bearb.: *Schmidt-Aßmann*; daneben soll ein Ermessensfehler auch dann eine Verletzung in einem subjektiven öffentlichen Recht darstellen, wenn ein am Verfahren Beteiligter betroffen wäre; *Forsthoff*, Lehrbuch des Verwaltungsrechts, I, S. 189; weitergehend *Rupp*, Grundfragen der heutigen Verwaltungsrechtslehre, S. 207, der ein subjektives Recht auf ermessens-, zweck- und sachgerechte Entscheidung anerkennt. Demgegenüber lehnt Kohlmann ein subjektives öffentliches Recht auf fehlerfreien Ermessensgebrauch ab, *Kohlmann*, Das subjektiv-öffentliche Recht auf fehlerfreien Ermessensgebrauch, S. 100; dieses folge weder aus Art. 2 Abs. 1 GG, noch Art. 20 Abs. 3 GG, noch aus Art. 3 Abs. 1 GG, *Kohlmann*, Das subjektiv-öffentliche Recht auf fehlerfreien Ermessensgebrauch, S. 59 f., 92 f.

[1139] *Wolff/Bachof/Stober*, Verwaltungsrecht, I, § 43, Rdnr. 59; ähnlich *Steinberg*, Grundfragen des öffentlichen Nachbarrechts, NJW 1984, 457 (462 f.).

[1140] *Schmidt-Preuß*, Kollidierende Privatinteressen im Verwaltungsrecht, S. 219.

[1141] An dieser Entwicklung war die Rechtsprechung maßgeblich beteiligt, vgl. *Schütz*,

dann einen solchen Anspruch anerkennen, wenn die abwägungserheblichen Belange bereits subjektive öffentliche Rechte seien; wenn ausschließlich private Belange betroffen seien, erzeuge diese Norm auch kein subjektives öffentliches Recht.[1142] Andererseits sollen alle im Rahmen von Planungsentscheidungen betroffenen Belange[1143] bzw. verletzten privaten Belange[1144] durch § 1 Abs. 6 BauGB rechtlich geschützt sein. Bei der Rechtsfigur des subjektiven Rechts auf fehlerfreie Abwägung sind die Voraussetzungen im Einzelnen noch nicht geklärt.

Das subjektive öffentliche Recht auf fehlerfreie Ermessensausübung wird inzwischen weitgehend anerkannt. Demgegenüber wird das subjektive öffentliche Recht auf fehlerfreie Abwägung noch heftig diskutiert. Während die Rechtsfigur des Ermessens schon seit langem existiert, entstand das Problem der Abwägung erst später. Erst mit der Einführung von Rechtsschutzmöglichkeiten gegen Maßnahmen der Infrastrukturverwaltung wurde das Problem des Verhältnisses von Abwägungsspielräumen und subjektiven öffentlichen Rechten relevant. Deshalb ist die Diskussion über das Verhältnis dieser Rechtsfigur — anders als beim Ermessen — noch nicht endgültig geklärt. Zwar wurde auch das Problem des subjektiven öffentlichen Rechts bei Beurteilungsspielräumen später erkannt. Dieses subjektive öffentliche Recht ist — im Gegensatz zur Problematik der subjektiven öffentlichen Rechte bei Abwägungsspielräumen — im wesentlichen nicht anders zu beurteilen als das subjektive öffentliche Recht bei Ermessensspielräumen, weshalb keine so heftige Diskussion entbrannte.

Die Antragsbefugnis bei der Normenkontrolle von Bebauungsplänen nach dem 6. VwGOÄndG, S. 165 f.; praktische Auswirkungen hat der Streit insbesondere seit der Änderung der Antragsbefugnis in § 47 Abs. 2 Satz 1 VwGO. Die Entwicklung der Rechtsprechung wird noch genauer dargelegt.

[1142] *Schütz*, Die Antragsbefugnis bei der Normenkontrolle von Bebauungsplänen nach dem 6. VwGOÄndG, S. 231, 238, 260; vgl. die ausführliche Darstellung der Meinungen bei *Schütz*, Die Antragsbefugnis bei der Normenkontrolle von Bebauungsplänen nach dem 6. VwGOÄndG, S. 203 - 218.

[1143] *Kopp/Schenke*, VwGO, § 42, Rdnr. 93; *Hüttenbrink*, Das Recht auf fehlerfreie Abwägung als subjektiv-öffentliches Recht i.S. der Antragsbefugnis gemäß § 47 Abs. 2 VwGO n.F., DVBl. 1997, 1253 (1257); kritisch dazu *Stüer*, Antragsbefugnis im Normenkontrollverfahren. Stürzt die Abwägungs- und Rechtsschutzpyramide ein?, BauR 1999, 1221 (insbesondere 1224 - 1227).

[1144] *Wolff/Bachof/Stober*, Verwaltungsrecht, I, § 43, Rdnr. 56 a.

e) Grundrechte

Während der Weimarer Republik war streitig, ob Grundrechte subjektive öffentliche Rechte waren. Unter dem Grundgesetz werden die Grundrechte[1145] überwiegend als subjektive (öffentliche) Rechte angesehen.[1146] Auch auf die Grundrechte ist die Schutznormlehre anzuwenden, wobei sich die dazu notwendige Auslegung ausschließlich auf die Verfassung beziehen soll.[1147] Voraussetzung für die Anerkennung von Grundrechten als subjektiven öffentlichen Rechten ist das Vorliegen einer objektiven Grundrechtsnorm, die die Begünstigung eines Einzelnen bezweckt, und für die die Möglichkeit besteht, sich auf diese zu berufen.[1148] Die Grundrechte erfüllen — sofern man dieses noch fordert — grundsätzlich auch das Kriterium der Durchsetzbarkeit, insbesondere aufgrund teleologischer Auslegung dieser Vorschriften[1149] und der Rechtsweggarantie des Art. 19 Abs. 4 GG.

Eine andere, weitergehende Frage ist die der unmittelbaren Anwendbarkeit der Grundrechte. Vorrangig vor den diesen sollen die subjektiven öffentlichen Rechte ohne Verfassungsrang anwendbar sein, weil die Grundrechte erst einer Ausgestaltung durch den Gesetzgeber bedürften.[1150]

[1145] Die Grundrechte — aber auch Regelungen über ihre Einschränkbarkeit — sind in Teil I (Art. 1 bis 19 GG) festgelegt. Daneben bestehen noch grundrechtsgleiche Rechte in Art. 20 Abs. 4 , 33, 38, 101, 103 und 104 GG.

[1146] Alternativkommentar zum Grundgesetz, Art. 19 Abs. 4, Rdnr. 69, Bearb.: *Ramsauer*; *Eyermann*, VwGO, § 42, Anm. 83a, Bearb.: *Happ*; *Kopp/Schenke*, VwGO, § 42, Rdnr. 121; *Krebs*, Subjektiver Rechtsschutz und objektive Rechtskontrolle, FS für Ch.-F. Menger, S. 191 (205 f.); *Ramsauer*, Die Rolle der Grundrechte im System der subjektiven öffentlichen Rechte, AöR 111 (1986), 501 (514 f.); *Schmidt-Preuß*, Kollidierende Privatinteressen im Verwaltungsrecht, S. 37; *Stern*, Das Staatsrecht der Bundesrepublik Deutschland III/1, § 65 II 2, S. 530 - 532 (Bearb.: *Sachs*).

[1147] *Stern*, Das Staatsrecht der Bundesrepublik Deutschland III/1, § 65, III 4, S. 541 (Bearb.: *Sachs*).

[1148] *Stern*, Das Staatsrecht der Bundesrepublik Deutschland III/1, § 65, III 4, S. 543 (Bearb.: *Sachs*).

[1149] *Stern*, Das Staatsrecht der Bundesrepublik Deutschland III/1, § 65, III 4, S. 552 (Bearb.: *Sachs*).

[1150] *Krebs*, Subjektiver Rechtsschutz und objektive Rechtskontrolle, FS für Ch.-F. Menger, S. 191 (205 f.); *Preu*, Subjektivrechtliche Grundlagen des öffentlichrechtlichen Drittschutzes, S. 29; *Ramsauer*, Die Rolle der Grundrechte im System der subjektiven öffentlichen Rechte, AöR 111 (1986), 501 (514); *Schmidt-Preuß*, Kollidierende Privatinteressen im Verwaltungsrecht, S. 37 f.; *Steinberg*, Grundfragen des öffentlichen Nachbarrechts, NJW 1984, 457 (461); *Wahl*, Die doppelte Abhängigkeit des subjektiven

Der Gesetzgeber ist zwar gemäß Art. 1 Abs. 3 GG unmittelbar durch die Grundrechte gebunden, doch besitzt er — aufgrund der Gesetzesvorbehalte oder bei der Herstellung einer praktischen Konkordanz von mindestens zwei Grundrechten — einen gewissen Gestaltungsspielraum; dieser soll nicht durch eine unmittelbare Anwendung der Grundrechte eingeschränkt werden.[1151] Der Gesetzgeber hat — in den genannten Grenzen — zu entscheiden, wann und wem ein subjektives öffentliches Recht auf Einhaltung einer bestimmten Norm eingeräumt wird.[1152] Dabei darf er einen Mindeststandart nicht unterschreiten, jedoch über diesen hinausgehen.[1153] Nur soweit durch die einfachen Gesetze Lücken bestehen, ist ein Rückgriff auf die in der Verfassung gewährten Mindeststandarts möglich.[1154] Vorrangig ist — soweit möglich — eine verfassungskonforme Auslegung der Normen des einfachen Rechts, die die Grundrechte berücksichtigt.[1155] Erst bei einer erheblichen, unzumutbaren Beeinträchtigung der Grundrechte darf der Richter die fehlende gesetzliche Entscheidung ersetzen, weil ein eine solche Beeinträchtigung rechtfertigendes Gesetz aufgrund des Verstoßes gegen das Grundrecht verfassungswidrig wäre.[1156] [1157] Folge ist jedoch, daß das einfache Recht vorrangig, das Ver-

---

öffentlichen Rechts, DVBl. 1996, 641 (644 f.); *Wolff/Bachof/Stober*, Verwaltungsrecht, I, § 43, Rdnr. 2; ähnlich *Schmidt-Aßmann*, Das allgemeine Verwaltungsrecht als Ordnungsidee, S. 69.

[1151] *Preu*, Subjektivrechtliche Grundlagen des öffentlichrechtlichen Drittschutzes, S. 29; *Schmidt-Preuß*, Kollidierende Privatinteressen im Verwaltungsrecht, S. 37 f.

[1152] *Ramsauer*, Die Rolle der Grundrechte im System der subjektiven öffentlichen Rechte, AöR 111 (1986), 501 (510).

[1153] *Schmidt-Preuß*, Kollidierende Privatinteressen im Verwaltungsrecht, S. 40.

[1154] *Wahl*, Die doppelte Abhängigkeit des subjektiven öffentlichen Rechts, DVBl. 1996, 641 (650 f.); zustimmend für die Klagebefugnis nach § 42 Abs. 2 VwGO: *Kopp/Schenke*, VwGO, § 42, Rdnr. 117, 121-123; *Schmidt-Preuß*, Kollidierende Privatinteressen im Verwaltungsrecht, S. 40; ähnlich *Preu*, Subjektivrechtliche Grundlagen des öffentlichrechtlichen Drittschutzes, S. 29; *Schmidt-Preuß*, Kollidierende Privatinteressen im Verwaltungsrecht, S. 37 f.; Alternativkommentar zum Grundgesetz, Art. 19 Abs. 4, Rdnr. 70, Bearb.: *Ramsauer*; ohne Eingrenzung auf Mindeststandards: *König*, Drittschutz, S. 225 f., 228.

[1155] *Ramsauer*, Die Rolle der Grundrechte im System der subjektiven öffentlichen Rechte, AöR 111 (1986), 501 (527 f.).

[1156] *Krebs*, Subjektiver Rechtsschutz und objektive Rechtskontrolle, FS für Ch.-F. Menger, S. 191 (207).

[1157] Jedoch besteht bei Grundrechten die Möglichkeit der Verfassungsbeschwerde, die dem Einzelnen eine Rechtsmacht zur Durchsetzung der Grundrechte einräumt.

fassungsrecht hingegen nachrangig anwendbar ist. Diese Auswirkung der Schutznormtheorie kritisiert Bauer, weil so dem Verfassungsrecht nur eine „Lückenbüßerrolle" zukomme.[1158] Andererseits darf der Spielraum des Gesetzgebers bei der Abwägung von kollidierenden Grundrechten oder anderen Verfassungswerten nicht durch die direkte Anwendung der Grundrechte eingeschränkt werden. Weil die Grundrechte sehr umfassend sind, ist eine Ausgestaltung und Konkretisierung durch den Gesetzgeber vorrangig. Auch dieses ist kein ausschließliches Problem der subjektiven öffentlichen Rechte. Der Anwendungsvorrang des einfachen Rechts besteht grundsätzlich. Bei Verstößen gegen die Verfassung, ist eine verfassungskonforme Auslegung vorzunehmen und nur bei Lükken kann direkt auf die Verfassung zurückgegriffen werden.

Mit den Grundrechten bestehen auch subjektive öffentliche Rechte gegen den Gesetzgeber.[1159] In diesem Falle sind die Grundrechte, ohne die Notwendigkeit vorher andere Rechte zu berücksichtigen, unmittelbar anwendbar.

Die Grundrechte sind damit zwar als subjektive öffentliche Rechte anerkannt. Daß sie gegenüber den einfachen Gesetzen jedoch nur nachrangig anzuwenden sind, ist nicht unstreitig.

f) Auswirkungen des Verfassungsrechts auf die einfachgesetzlich gewährten subjektiven öffentlichen Rechte

Vor in Kraft treten des Grundgesetzes bestand schon ein Einfluß des Verfassungsrechts auf das Verwaltungsrecht, aber nicht in der andauernden und starken Intensität wie beim Grundgesetz.[1160] Unter anderem füh-

---

Die Verfassungsbeschwerde ist allerdings gegenüber dem verwaltungsgerichtlichen Rechtsschutz subsidiär.

[1158] *H. Bauer*, Altes und Neues zur Schutznormtheorie, AöR 113 (1988), S. 582 (613); nach der Verwaltungsrechtsverhältnislehre könnten Verfassungs- und Verwaltungsrecht zusammen betrachtet werden, ohne daß das Verfassungsrecht — wie nach der Schutznormtheorie — nur zweitrangige Berücksichtigung fände, *H. Bauer*, Altes und Neues zur Schutznormtheorie, AöR 113 (1988), S. 582 (613); ähnlich will Zuleeg bei belastenden Maßnahmen direkt auf die Grundrechte zurückgreifen, *Zuleeg*, Hat das subjektive öffentliche Recht noch eine Daseinsberechtigung?, DVBl. 1976, 509 (514 f.).

[1159] *Stern*, Das Staatsrecht der Bundesrepublik Deutschland III/1, § 65, III 5, S. 552 (Bearb.: *Sachs*).

[1160] *Bachof*, Die Dogmatik des Verwaltungsrechts vor den Gegenwartsaufgaben der Verwaltung, VVDStRL 30 (1972), S. 193 (205).

ren Art. 20, 28 GG (sozialer Rechtsstaat)[1161] sowie Art. 19 Abs. 4 GG[1162] zu einer Tendenz der Ausweitung der subjektiven öffentlichen Rechte. Obwohl Art. 19 Abs. 4 GG selbst keine subjektiven öffentlichen Rechte begründet, sondern deren Existenz voraussetzt.[1163] Aus der Gesamtsicht des Grundgesetzes folge jedoch, daß Gesetze im Zweifel so auszulegen wären, daß sie dem Einzelnen einen Rechtsanspruch einräumen.[1164] Das Grundgesetz nimmt Einfluß auf die Gesetze, die subjektive öffentliche Rechte gewähren. Teilweise werden erst durch diese Einwirkung einige Rechte als subjektive öffentliche Rechte ausgelegt.[1165] So ist bei Auslegung und Anwendung der einfachen Gesetze auf die Grundrechte zurückzugreifen,[1166] zudem ist ein Teil der subjektiven öffentlichen Rechte aufgrund der Verfassungslage erforderlich.[1167] Aus dem Grundgesetz folgt die Vermutung, daß bei einer gesetzlich eingeräumten Begünstigung ein subjektives öffentliches Recht besteht.[1168] Die subjektiven öffentlichen Rechte sind zwar an die Ausformung durch das einfache Recht gebunden, bei ihrer Ausgestaltung ist der Gesetzgeber aber an die Grundrechte gebunden.[1169]

Durch den Einfluß des Verfassungsrechts ist eine Ausweitung der subjektiven öffentlichen Rechte festzustellen.

[1161] *Forsthoff*, Lehrbuch des Verwaltungsrechts, I, S. 189.

[1162] *Forsthoff*, Lehrbuch des Verwaltungsrechts, I, S. 187; *Ibler*, Rechtspflegender Rechtsschutz im Verwaltungsrecht, S. 173 f.

[1163] BVerfGE 15, 275 (281 f.); *Preu*, Subjektivrechtliche Grundlagen des öffentlichrechtlichen Drittschutzes, S. 131 f.

[1164] BVerfGE 15, 275 (281 f.); *Ibler*, Rechtspflegender Rechtsschutz im Verwaltungsrecht, S. 172 f.

[1165] *Eyermann*, VwGO, § 42, Anm. 87, Bearb.: *Happ*; wobei streitig ist, ob eine Vermutung zugunsten der Auslegung als subjektive öffentliche Rechte bei dem Eingriff in den Schutzbereich eines Grundrechts auch in mehrseitigen Verwaltungsrechtsverhältnissen gelten soll, ablehnend: *Maunz/Dürig*, Grundgesetz, Art. 19 IV, Rdnr. 144, Bearb.: *Schmidt-Aßmann*.

[1166] *Kopp/Schenke*, VwGO, § 42, Rdnr. 118; *Maunz/Dürig*, Grundgesetz, Art. 19 Abs. IV, Rdnr. 123, Bearb.: *Schmidt-Aßmann*; *Wahl*, Die doppelte Abhängigkeit des subjektiven öffentlichen Rechts, DVBl. 1996, 641 (647).

[1167] *Wahl*, Die doppelte Abhängigkeit des subjektiven öffentlichen Rechts, DVBl. 1996, 641 (646).

[1168] *Wolff/Bachof/Stober*, Verwaltungsrecht, I, § 43, Rdnr. 10.

[1169] *Kopp/Schenke*, VwGO, § 42, Rdnr. 119; *Wahl*, Die doppelte Abhängigkeit des

g) Gesetzesvorbehalt

Es besteht keine generelle Geltung des Vorbehaltes des Gesetzes nach dem Grundgesetz, nur der Vorrang des Gesetzes ist in Art. 20 Abs. 3 GG geregelt.[1170] Jedoch enthalten die einzelnen Grundrechte einen Gesetzesvorbehalt. Der Grundsatz der Gesetzmäßigkeit der Verwaltung bzw. der Gesetzesvorbehalt selbst ist kein subjektives öffentliches Recht.[1171] Es besteht kein allgemeiner Gesetzesvollziehungsanspruch, auch nicht aus dem Grundgesetz.[1172] Insbesondere die Auslegung des Art. 2 Abs. 1 GG als allgemeine Handlungsfreiheit mit Gesetzesvorbehalt bzw. der jeweiligen spezielleren Grundrechten bewirkt eine generelle Geltung eines Eingriffsvorbehaltes.[1173] Dadurch wird der Grundsatz der Gesetzmäßigkeit der Verwaltung als subjektives öffentliches Recht anerkannt.[1174] Deshalb muß beim Adressaten eines Verwaltungsaktes nicht speziell geprüft werden, ob ein Recht möglicherweise verletzt ist. Sondern beim Adressaten eines Verwaltungsaktes wird die Möglichkeit einer Rechtsverletzung vermutet, wodurch die Klagebefugnis nach § 42 Abs. 2 VwGO eines Adressaten bei der Anfechtung eines Verwaltungsaktes stets gegeben ist.

Weitergehend sind die Ansichten, nach denen sich nicht nur des Adressat eines Verwaltungsaktes auf Art. 2 Abs. 1 GG berufen können soll, sondern auch Dritte;[1175] zumindest, wenn diese in ihren schutzwürdigen

---

subjektiven öffentlichen Rechts, DVBl. 1996, 641 (642).

[1170] *Jesch*, Gesetz und Verwaltung, S. 5.

[1171] *Kopp/Schenke*, VwGO, § 42, Rdnr. 87; *Rupp*, Grundfragen der heutigen Verwaltungsrechtslehre, S. 172.

[1172] *Preu*, Subjektivrechtliche Grundlagen des öffentlichrechtlichen Drittschutzes, S. 26; *Maunz/Dürig*, Grundgesetz, Art. 19 Abs. IV, Rdnr. 122, Bearb.: *Schmidt-Aßmann*; *Schmidt-Aßmann*, Das allgemeine Verwaltungsrecht als Ordnungsidee, S. 69; *Wolff/Bachof/Stober*, Verwaltungsrecht, I, § 43, Rdnr. 10, 30.

[1173] *Fischer*, Die Auswirkungen der Rechtsprechung des Bundesverfassungsgerichts auf die Dogmatik des Allgemeinen Verwaltungsrechts, S. 120; *Jesch*, Gesetz und Verwaltung, S. 134 f.; *König*, Drittschutz, S. 34; *Kopp/Schenke*, VwGO, § 42, Rdnr. 81, 125.

[1174] *Fischer*, Die Auswirkungen der Rechtsprechung des Bundesverfassungsgerichts auf die Dogmatik des Allgemeinen Verwaltungsrechts, S. 120; *König*, Drittschutz, S. 34 f.

[1175] *Bernhardt*, Zur Anfechtung von Verwaltungsakten durch Dritte, JZ 1963, 302 (306); *Sening*, Abschied von der Schutznormtheorie im Naturschutzrecht, NuR 1980, 102 (105); *Zuleeg*, Hat das subjektive öffentliche Recht noch eine Daseinsberechtigung?, DVBl. 1976, 509 (514); vgl. dazu Teil 2, F. I. 3. b).

Belangen betroffen sind.[1176] Mangels einer Möglichkeit zur Abgrenzung führte dieses jedoch zu einem allgemeinen Gesetzesvollziehungsanspruch und ist abzulehnen.[1177]

Durch die umfassende Geltung der Grundrechte muß das zur Klage berechtigende subjektive öffentliche Recht nicht mehr aus dem Grundsatz der Gesetzmäßigkeit der Verwaltung abgeleitet werden, sondern die Berufung eines Adressaten auf Art. 2 Abs. 1 GG genügt. Andererseits soll nicht jede Interessenbeeinträchtigung die Möglichkeit verschaffen, durch Art. 2 Abs. 1 GG ein subjektives öffentliches Recht zu bekommen.

h) Bewertung

Die Rechtsfigur des subjektiven öffentlichen Rechts wird grundsätzlich anerkannt. Die bisher bestehenden Probleme bestehen weiter, insbesondere die schwierige Abgrenzbarkeit des Kriteriums des Schutzes auch der Interessen des Einzelnen. Bei der Schutznormtheorie werden zur Auslegung, ob die Norm auch dem Schutz der Interessen des Einzelnen dient, unterschiedliche Auslegungsmethoden und -kriterien vorgeschlagen. Dadurch sind die Ergebnisse nicht immer eindeutig. Die Bewertung wird von der Schutznormtheorie offengelassen; deshalb ist auf die allgemeinen Auslegungsmethoden zurückzugreifen. Die Schutznormtheorie gibt nur einen Rahmen, der auszufüllen ist. Danach können zur Bewertung, ob eine Norm auch den Interessen Einzelner dienen soll, sehr unterschiedliche Auslegungsmethoden herangezogen werden, über deren Gewichtung im Einzelnen keine Einigkeit besteht. Das ist jedoch kein spezifisches Problem der Schutznormtheorie, sondern der Auslegungsmethoden. Bei jeder Anwendung einer Rechtsnorm ist diese auszulegen. Ein Canon verschiedener Auslegungsmethoden, über deren Gewichtung keine Einigkeit besteht, kann so je nach der unterschiedlichen Schwerpunktsetzung zu unterschiedlichen Ergebnissen führen. Aufgrund dieser Problematik kann die Anwendung der Schutznormtheorie zu unterschiedlichen Ergebnissen führen. Eine Änderung der Schutznormtheorie führte deshalb nicht zu eindeutigeren Ergebnissen. Dieses könnte nur durch eine eindeutigere Gewichtung und Anwendung der Auslegungsmethoden er-

---

[1176] *Bernhardt*, Zur Anfechtung von Verwaltungsakten durch Dritte, JZ 1963, 302 (307).

[1177] *König*, Drittschutz, S. 155; die vorgeschlagenen Kriterien zur Eingrenzung ähnelten der Schutznormtheorie, *König*, Drittschutz, S. 155 f.; vgl. dazu Teil 2, F. I. 3. b).

reicht werden. Auch das Problem der Auswahl zwischen subjektiv und objektiv historischer Auslegung ist nicht durch die Schutznormtheorie bedingt, sondern eine Frage der Auslegung. Zu Zeiten Bühlers war die subjektiv historische Auslegung die herrschende. Danach ist der Wille des historischen Normgebers entscheidend. Derzeit ist jedoch die objektiv historische Methode herrschend, nach der es nicht auf den subjektiven Willen des historischen Gesetzgebers, sondern auf eine objektive Beurteilung ankommt. Stark gewichtet wird insbesondere die Auslegung nach der teleologischen Methode. Gerade die Auslegung nach dieser Methode bewirkt eine stark einzelfallbezogene Betrachtung. Dadurch entstehen keine übergreifenden Strukturen; die Einzelfallbezogenheit lenkt von deren Ausbildung ab. Ohne eine solche Gesamtbetrachtung entsteht eine umfangreiche Kasuistik im wesentlichen ohne einheitliche Strukturen. Zur Ausbildung von umfassenden Kriterien, die nicht die durch die Methode verursachten Probleme besäßen, müßte wieder zurückgegangen werden auf eine Methode, die nicht den Einzelfall in den Vordergrund stellt. Wünschenswert wäre insoweit eine Methode, die — ähnlich wie die juristische Methode — die Gesamtbetrachtung in den Vordergrund stellt und daraus systematische Schlußfolgerungen zieht. Jedoch ist die juristische Methode mit ihrer Begrenzung auf ausschließlich rechtliche Gesichtspunkte unzureichend.

Zur Ersetzung der Schutznormtheorie wurden Alternativen vorgeschlagen. Bei vielen soll nicht vorrangig auf eine Rechtsnorm abgestellt werden, sondern es soll von der tatsächlichen Betroffenheit auf subjektive öffentliche Rechte geschlossen werden und die Wertungen aus den Grundrechten sollen stärker berücksichtigt werden. Diese Ansichten bieten jedoch auch keine sichereren Abgrenzungskriterien. Auch sie greifen auf die allgemeinen Auslegungsmethoden zurück und können deshalb keine eindeutigeren Ergebnisse als die Schutznormtheorie liefern. Da einige dieser Ansichten zur Feststellung, ob ein subjektives öffentliches Recht vorliegt, eine Reihe unterschiedlicher Kriterien heranziehen wollen, ohne eine Gewichtung dieser festzulegen, führte diese Ansicht zu oftmals viel ungewisseren Ergebnissen als die Schutznormtheorie. Diese Ansichten konnten sich nicht durchsetzen. Ob die stärkere Versubjektivierung insgesamt sinnvoll ist, die durch die Lehre vom Verwaltungsrechtsverhältnis entsteht, ist fraglich.

Das Kriterium der Rechtsmacht wird teilweise für entbehrlich gehalten. Oft wird auch von der Vermutung ausgegangen, daß eine die Kriterien der Schutznormtheorie erfüllende Norm auch eine Rechtsmacht einräume. Dieses Kriterium hat an Bedeutung verloren.

Das Bestehen subjektiver öffentlicher Rechte trotz eines Entscheidungsspielraumes der Verwaltung ist anerkannt bei Ermessen, Beurteilungsspielräumen und den Abwägungsspielräumen. Allerdings besteht insoweit nur ein beschränktes subjektives öffentliches Recht, ausschließlich auf fehlerfreie Ermessensausübung, Beurteilung bzw. Abwägung. Das Verhältnis subjektiver öffentlicher Rechte bei Ermessensspielräumen wird inzwischen ausdifferenzierter behandelt, zudem entstanden das Recht auf abwägungsfehlerfreie Entscheidung und das auf fehlerfreie Beurteilung neu. Eine weitere Änderung ist die starke Einwirkung der Verfassung, durch die die Anzahl der subjektiven öffentlichen Rechte zunahm.

Insgesamt gibt es zwar einige Neuerungen, die Theorie der subjektiven öffentlichen Rechte beruht trotzdem noch weitgehend auf Bühlers Vorgaben.

4. *Subjektive öffentliche Rechte des Staates*

Teilweise werden staatliche Kompetenzen als subjektive öffentliche Rechte des Staates betrachtet,[1178] die gesetzesabhängig seien.[1179] Immernoch verwendet werden die Begriffe des Strafanspruchs und des Steueranspruchs. Der Staat kann diese Ansprüche nur bzw. auch gerichtlich durchsetzen. Deshalb könnte auch insoweit von subjektiven öffentlichen Rechten des Staates gesprochen werden. Sonst wird die Frage nach subjektiven öffentlichen Rechten des Staats zumeist nicht angesprochen.[1180]

5. *Ergebnis*

Die Diskussion der subjektiven öffentlichen Rechte des Einzelnen nahm weiter zu. Der Verwaltungsrechtsschutz wurde ausgeweitet und eine — nicht nur partielle — Generalklausel eingeführt. Trotzdem sind noch

---

[1178] *Henke*, Das subjektive Recht im System des öffentlichen Rechts, DÖV 1980, 621 (623); *Henke*, Wandel der Dogmatik des öffentlichen Rechts, JZ 1992, 541 (543); *Krebs*, Subjektiver Rechtsschutz und objektive Rechtskontrolle, FS für Ch.-F. Menger, S. 191 (209).

[1179] *Henke*, Wandel der Dogmatik des öffentlichen Rechts, JZ 1992, 541 (543).

[1180] So beispielsweise *Wolff/Bachof/Stober*, Verwaltungsrecht, I, § 43.

nicht alle Zweifelsfragen des subjektiven öffentlichen Rechts geklärt. Andererseits werden kaum noch subjektive öffentliche Rechte des Staates behandelt. Die Entwicklung des subjektiven öffentlichen Rechts vom Recht des Staates zum Recht des Einzelnen wird so deutlich.

II. Verwaltungsgerichtsbarkeit

1. Überblick über den verwaltungsgerichtlichen Rechtsschutz

Nach 1945 wurden die Verwaltungsgerichte durch die Alliierten wiedererrichtet.[1181] Die Prozeßordnung wurde für das britische Kontrollgebiet durch die Verordnung Nr. 141 festgelegt.[1182] Sie enthielt eine Generalklausel zur Anfechtung von Verwaltungsakten in Art. I., 1. (a); dazu war eine Rechtsbeeinträchtigung erforderlich nach Art. II., 1. Auch eine Verpflichtungsklage auf Vornahme eines unterlassenen Verwaltungsaktes war möglich gemäß Art. I., 1. (b); dazu mußte der Kläger einen Rechtsanspruch auf die Vornahme haben nach Art. III. 2. Eine Rechtsbeeinträchtigung bzw. ein Rechtsanspruch bestand bei Ermessen nur, wenn gemäß Art. III. 3 die gesetzlichen Grenzen überschritten wurden oder eine unzweckmäßige Anwendung vorlag. Im übrigen wurde in Art. IV auf die weiterhin bestehenden Vorschriften verwiesen.[1183] Auf die Regelungen in den ein-

---

[1181] Gesetz Nr. 36 vom 10.10.1946 des Alliierten Kontrollrates, ABl. der Militärregierung Deutschlands (Britisches Kontrollgebiet) 1946, Nr. 14, S. 315, mit diesem Gesetz wurden auch die Verordnung des Führers und Reichskanzlers zur Vereinfachung der Verwaltung vom 28.08.1939, RGBl. 1939, I., S. 1535, die zweite Verordnung zur Vereinfachung der Verwaltung vom 06.11.1939, RGBl. 1939, I., S. 2168 und die Verordnung des Führers und Reichskanzlers bzgl. der Gründung eines Reichsverwaltungsgerichts vom 03.04.1941, RGBl. 1941, I., S. 201 aufgehoben; vgl. zum Neuanfang der Verwaltungsgerichtsbarkeit in Württemberg und Baden: *Endemann*, Der Kommissar, der Professor und der Präsident, VBlBW. 2003, S. 269 - 271.

[1182] Verordnung Nr. 141 vom 01.04.1948, ABl. der Militärregierung Deutschlands (Britisches Kontrollgebiet) 1948, Nr. 23, S. 719 - 722.

[1183] Für die britische Zone legte die Verordnung Nr. 165, ABl. der Militärregierung Deutschlands (Britisches Kontrollgebiet) 1948, S. 799 - 816 , insbesondere den Aufbau der Verwaltungsgerichtsbarkeit, Vorschriften über die Richter / ehrenamtliche Mitglieder fest; es wurde auch wiederholt, daß eine Anfechtung von Verwaltungsakten bei einer Rechtsbeeinträchtigung (§ 23 Abs. 1), eine Verpflichtungsklage bei einem Rechtsanspruch (§ 24 Abs. 1) möglich waren; neu war die Feststellungsklage (§ 52).

zelnen Ländern soll nicht im Einzelnen eingegangen werden. Genauer soll nur die Verwaltungsgerichtsordnung[1184] behandelt werden.

Die Verwaltungsgerichtsordnung besitzt in § 40 Abs. 1 Satz 1 VwGO eine Generalklausel. Diese ist durch die Rechtsschutzgarantie des Art. 19 Abs. 4 GG geboten. In der VwGO werden verschiedene Klage- und Antragsarten geregelt. Diese Normierung ist jedoch nicht abschließend; aufgrund des Art. 19 Abs. 4 GG muß auch dann bei einer Verletzung eines subjektiven öffentlichen Rechts durch die Verwaltung eine verwaltungsgerichtliche Klage bzw. ein verwaltungsgerichtliches Verfahren möglich sein, wenn das Rechtsschutzziel nicht von den geregelten Klage- oder Verfahrensarten umfaßt wird.

2. *Subjektives öffentliches Recht*

a) Gesetzeslage

Für die Zulässigkeit einer Anfechtungs- oder Verpflichtungsklage stellt § 42 Abs. 2 VwGO das Erfordernis auf, eine Rechtsverletzung geltend zu machen, sofern „gesetzlich nichts anderes bestimmt ist". Bei der allgemeinen Leistungsklage soll § 42 Abs. 2 VwGO analog angewendet werden. Für die Begründetheit einer Klage ist bei den Anfechtungs- und Verpflichtungsklagen eine Rechtsverletzung nach § 113 Abs. 1 Satz 1 bzw. Abs. 5 Satz 1 VwGO erforderlich. Auch für die allgemeine Leistungsklage ist in der Begründetheit das Bestehen eines subjektiven öffentlichen Rechts erforderlich, weil diese Klage auf Erfüllung eines Anspruches, also eines subjektiven öffentlichen Rechtes gerichtet ist. Bei der Feststellungsklage ist § 42 Abs. 2 VwGO ebenfalls entsprechend anwendbar.[1185] Seit dem Sechsten Gesetz zur Änderung der VwGO[1186] ist beim Normenkontrollverfahren auch die Geltendmachung einer Rechtsverletzung erforderlich, nach § 47 Abs. 2 Satz 1 VwGO, wenn eine natürliche oder juristische Person den Antrag stellt.[1187] Bei dem Antrag von Behörden ist keine Rechtsverletzung erforderlich. Bei den meisten Klage- oder Verfahrensarten ist ein subjektives öffentliches Recht im Rahmen der Klage- bzw. Antragsbe-

---

[1184] Verwaltungsgerichtsordnung, vom 21.01.1960, BGBl. 1960, I, S. 17 - 43.

[1185] BVerwGE 111, 276 (279).

[1186] Art. 1 Nr. 2 des sechsten Gesetzes zur Änderung der VwGO und anderer Gesetze (6. VwGOÄndG), vom 01.11.1996, BGBl. 1996, I, S. 1626 (1626).

[1187] Vorher war zur Antragsbefugnis ein erlittener oder in absehbarer Zeit zu erwartender Nachteil erforderlich.

fugnis erforderlich. Nur bei Anfechtungs- und Verpflichtungsklage und beim Normenkontrollverfahren ist diese Voraussetzung ausdrücklich geregelt.

Nach § 113 Abs. 1 Satz 1 VwGO ist auch zur Begründetheit einer Anfechtungsklage eine Rechtsverletzung erforderlich, bei der Verpflichtungsklage nach § 113 Abs. 5 Satz 1 VwGO.[1188] Auch wenn für die anderen Klage- bzw. Antragsarten keine derartige Regelung besteht, ist oft nach dem Klagebegehren für die Begründetheit auch ein subjektives öffentliches Recht erforderlich, beispielsweise muß bei einer allgemeinen Leistungsklage die den Anspruch gewährende Norm erfüllt sein, damit die Klage begründet ist. Anders ist die Rechtslage nur bei dem Normenkontrollverfahren nach § 47 VwGO. Hierbei ist eine Verletzung eines subjektiven Rechts zur Begründetheit des Antrages nicht erforderlich, ausreichend ist die Verletzung objektiven Rechts.[1189]

Nicht als Voraussetzung der Zulässigkeit vieler Klagen ist ein subjektives öffentliches Recht erforderlich, sondern auch ihrer Begründetheit. Teilweise ist jedoch keine Verletzung in subjektiven Rechten notwendig, sondern es genügt eine Verletzung des objektiven Rechts.

b) Ausführungen der Verwaltungsgerichtsbarkeit zum subjektiven öffentlichen Recht

Im Vergleich zur Verwaltungsgerichtsbarkeit im Kaiserreich und der Weimarer Republik erkennt das BVerwG weit mehr Normen des objektiven Rechts eine Qualität als subjektives öffentliches Recht zu. Neu anerkannt sind beispielsweise das Recht auf Fürsorge,[1190] bei dem es aus den Grund-

---

[1188] Nach einer Ansicht soll dazu die Betroffenheit ausreichen, *Bartlsperger*, Organisierte Einwirkungen auf die Verwaltung, 2. Mitbericht, VVDStRL 33, S. 221 (253); *Zuleeg*, Organisierte Einwirkungen auf die Verwaltung, 3. Aussprache, VVDStRL 33, S. 272 (316 f.); diese führt jedoch zu keinen anderen Ergebnissen, bei Verpflichtungsklagen dürfte die Anspruchsnorm verletzt sein und bei Anfechtungsklagen zumindest die allgemeine Handlungsfreiheit nach Art. 2 Abs. 1 GG., vgl. dazu *Faber*, Verwaltungsrecht, S. 220 - 222. Unterschiedliche Ergebnisse entstehen lediglich, wenn der Verwaltungsakt wegen Verfahrensfehlern rechtswidrig oder ein Dritter bei einem rechtswidrigen Verwaltungsakt mitbetroffen ist, *Faber*, Verwaltungsrecht, S. 221 f.

[1189] Kritisch, daß trotz der Änderung des § 47 Abs. 2 VwGO eine § 113 VwGO entsprechende Norm nicht eingeführt wurde: VGH Mannheim, VBlBW. 1997, 426 (427).

[1190] BVerwGE 1, 159 (161); 5, 27 (29); vgl. dazu *Rupp*, Grundfragen der heutigen Verwaltungsrechtslehre, S. 269 f.

sätzen des Grundgesetzes einen Rechtsanspruch des Bedürftigen herleitet,[1191] und das Recht auf (bau-)polizeiliches Einschreiten.[1192] Daneben werden zunehmend Drittklagen direkt auf Grundrechte gestützt.[1193] Insgesamt ist eine etwas unübersichtliche Kasuistik entstanden.[1194]

aa) Die Kriterien des Schutzes der Interessen des Einzelnen und der Durchsetzbarkeit zur Abgrenzung von Rechten und Reflexen

Auch die Rechtsprechung des BVerwG soll daraufhin untersucht werden, inwieweit die Kriterien des Schutzes der Interessen des Einzelnen, der Rechtsmacht und Durchsetzbarkeit anwendet werden. Nach dem BVerwG ist die drittschützende Wirkung einer Norm danach zu beurteilen, „ob sie ausschließlich objektiv-rechtlichen Charakter hat und nur dem öffentlichen Interesse dient, oder ob sie — zumindest auch — dem Schutz von Individualinteressen derart zu dienen bestimmt ist, daß die Träger der Individualinteressen die Einhaltung des Rechtssatzes sollen verlangen können".[1195] Dieses ist das Kriterium des Schutzes der Interessen des Einzelnen. Dabei nimmt das BVerwG auch eine Abgrenzung zwischen dem ausschließlich öffentlichen Interesse und dem Interesse von Einzelnen vor. Daneben prüft es auch, ob eine Rechtsmacht vorliegt, wie dieses bereits Bühler tat. Als Kriterien zur Abgrenzung des Individualschutzes nach der Schutznormtheorie verwendet das BVerwG das „individuelle geschützte private Interesse, die Art seiner Verletzung und den Kreis der unmittelbar geschützten Personen".[1196] So sei beispielsweise beim Rücksichtnahmegebot eine Einzelfallbewertung vorzunehmen, ob im konkreten Fall der Dritte schutzwürdig sei.[1197] Das Vorliegen eines subjektiven Rechts

[1191] BVerwGE 1, 159 (161).

[1192] BVerwGE 11, 95 (97), dieses wurde vorher nur vom Sächs. OVG anerkannt.

[1193] BVerwGE 10, 91 (93); 32, 173 (178); 66, 307 (309); vgl. dazu auch *H. Bauer*, Geschichtliche Grundlagen der Lehre vom subjektiven öffentlichen Recht, S. 13.

[1194] *Fischer*, Die Auswirkungen der Rechtsprechung des Bundesverfassungsgerichts auf die Dogmatik des Allgemeinen Verwaltungsrechts, S. 118 f.; vgl. dazu die Darstellung bei *Kopp/Schenke*, VwGO, § 42, Rdnr. 91 - 162.

[1195] BVerwGE 107, 215 (220); ähnlich, jedoch ohne das Kriterium der Durchsetzbarkeit BVerwGE 52, 122 (128).

[1196] BVerwGE 41, 58 (63); ähnlich BVerwGE 27, 29 (33); 32, 173 (177); nur das Kriterium des individualisierbaren Personenkreises nennen BVerwGE 52, 122 (129); 81, 329 (334).

[1197] BVerwGE 52, 122 (129 f.); 82, 343 (346- 348); vgl. dazu auch *König*, Drittschutz, S.

richte sich nach der Auslegung der jeweiligen Rechtsvorschrift.[1198] Dieses sei nach Sinn und Zweck der Norm zu bestimmen.[1199] Das BVerwG wendet die Schutznormtheorie an, und stellt auf die Rechtsmacht zur Durchsetzung ab.[1200]

Das BVerwG verwendet die Schutznormtheorie zusammen mit einigen materiellen Kriterien, um die Schutzrichtung einer Norm zu bestimmen.

bb) Adressatentheorie

Das BVerwG folgt der Adressatentheorie. Es prüft bei der Anfechtung eines belastenden Verwaltungsaktes nicht gesondert die Klagebefugnis.[1201] Diese Konstruktion ist nur auf den Adressaten anwendbar und nicht auf Dritte übertragbar. Bei Dritten ist nicht jede Gesetzesverletzung zugleich eine Verletzung der allgemeinen Handlungsfreiheit, sondern nur, wenn das verletzte Gesetz dem Dritten Rechte gewährt.[1202] Die Adressatentheorie gilt jedoch nur zugunsten des Adressaten eines belastenden Verwaltungsaktes, also nur bei Anfechtungsklagen, nicht jedoch bei den anderen Klage- bzw. Antragsarten. In der Begründetheit ist trotzdem nach § 113 Abs. 1 VwGO eine Rechtsverletzung erforderlich; hierbei müssen die Voraussetzungen eines subjektiven öffentlichen Rechtes erfüllt sein.[1203]

---

41 f.

[1198] BVerwGE 27, 29 (34).

[1199] BVerwGE 92, 313 (319); 107, 215 (220).

[1200] Die Rechtsprechung erkenne Verfahrensnormen nur unter sehr engen Voraussetzungen als subjektive öffentliche Rechte an: Eine Klagebefugnis aus Verfahrensfehlern käme nur bei möglichen Auswirkungen auf materielle Positionen in Betracht, BVerwGE 75, 285 (291).

[1201] So BVerwGE 1, 35 (35 f.); 2, 94 (97 f.); 108, 267 (271).

[1202] BVerwGE 28, 268 (271); selbst wenn die Ausweitung der Adressatentheorie auch auf Drittbetroffene teilweise gefordert wird: *Brohm*, Die Dogmatik des Verwaltungsrechts vor den Gegenwartsaufgaben der Verwaltung VVDStRL 30 (1972), S. 245 (273, Fn. 78); ebenso *Henke*, Das subjektive öffentliche Recht, S. 67.

[1203] Eine Angleichung der Verletzung subjektiver öffentlicher Rechte an eine objektive Rechtskontrolle kann deshalb entgegen *Masing*, Die Mobilisierung des Bürgers für die Durchsetzung des Rechts, S. 94 f. nicht festgestellt werden, auch wenn die subjektiven öffentlichen Rechte eine recht weite Auslegung erfahren.

cc) Das Kriterium des zwingenden Rechtssatzes zum Ausschluß eines subjektiven öffentlichen Rechts bei Ermessen

Das BVerwG erkennt ein subjektives öffentliches Recht auf ermessensfehlerfreie Entscheidung an. Dieses bestehe nur soweit, wie die Ermessensregelungen mindestens auch den individuellen Interessen des Einzelnen dienen.[1204] Auch auf Ermessensnormen wendet das BVerwG die Schutznormtheorie an, um festzustellen, ob diese drittschützend sind. Dieses entspricht der überwiegenden Rechtsprechung, die sich während des Kaiserreiches und der Weimarer Republik ausgebildet hat.

Die unbestimmten Rechtsbegriffe sind grundsätzlich gerichtlich überprüfbar. Nur bei äußerst komplexen Begriffen, deren Überprüfung die Funktionsgrenze der Rechtsprechung überschritte, erkennt die Rechtsprechung eine Ausnahme an. Dann stehe der Verwaltung ein geringer Entscheidungsspielraum zu.[1205] Soweit die unbestimmten Rechtsbegriffe überprüfbar sind, kann ein subjektives öffentliches Recht bestehen.

Problematisch ist weiterhin die Abgrenzung von Ermessen und unbestimmten Rechtsbegriffen, insbesondere auf Rechtsfolgenseite. Nach Sinn und Zweck der Norm sei zu entscheiden, ob ein Ermessensspielraum gegeben sei oder eine Rechtsanwendung bei unbestimmten Rechtsbegriffen.[1206]

Neu ist jedoch das Recht auf gerechte Abwägung, das das BVerwG anerkennt. Ursprünglich hat dieses Recht nur im Fachplanungsrecht bestanden,[1207] inzwischen ist es auch bei Bebauungsplänen, insbesondere aus § 1 Abs. 6 BauGB, anerkannt.[1208] Das Abwägungsgebot soll nicht nur den öffentlichen Interessen dienen, sondern auch dem Schutz von Individualinteressen, weshalb es drittschützende Wirkung hat.[1209] Unabhängig davon, ob das Abwägungsgebot in § 1 Abs. 6 BauGB normiert sei, oder

---

[1204] BVerwGE 39, 235 (237), weitere Kriterien, wie Rechtsmacht, seien nicht zu prüfen, da subjektives Recht schon an Schutznorm scheiterte; ähnlich auch BVerwGE 37, 112 (113).

[1205] BVerfGE 64, 261 (279); 84, 34 (49 f.).

[1206] BVerwGE 39, 355 (364) (GS); BVerwGE 102, 1164 (167).

[1207] BVerwGE 48, 56 (66) - nur rechtlich geschützte Belange/Abwägungsgebot.

[1208] BVerwGE 107, 215 (220 f.); 110, 36 (38 f.); mit dieser Auslegung unterlief das BVerwG die Änderung des § 47 Abs. 2 Satz 1 VwGO durch den Gesetzgeber, *Böhm*, Die gerichtliche Kontrolle von Verwaltungsentscheidungen in Deutschland, DÖV 2000, 990 ((991 f.).

[1209] BVerwGE 107, 215 (220) = BVerwG DVBl. 1999, 100 (102)

es nur in dem „Wesen der rechtsstaatlichen Planung“ begründet sei, habe es Schutznormcharakter.[1210] Es gewähre ein subjektives Recht auf gerechte Abwägung der rechtlich geschützten Interessen[1211] bzw. sogar aller abwägungserheblichen Belange.[1212] [1213] Auch in der Rechtsprechung ist — wie in der Literatur[1214] — streitig, welche Qualität die Belange besitzen müssen, damit ein solches Recht auf gerechte Abwägung der Belange besteht.

Zu einem subjektiven öffentlichen Recht auf rechtsfehlerfreie Ausfüllung des Beurteilungsspielraumes äußert sich das BVerwG nicht. Bei den einzigen Klagen, bei denen ein subjektives öffentliches Recht auf rechtsfehlerfreie Ausfüllung des Beurteilungsspielraumes in Betracht gekommen wäre, ging das BVerwG nicht darauf ein, weil der Adressat auch ohne Verletzung eines näher konkretisierten subjektiven öffentlichen Rechtes klagebefugt ist. Auch die andere Möglichkeit, die dem BVerwG Ausführungen zu einem subjektiven öffentlichen Recht auf rechtsfehlerfreie Ausfüllung des Beurteilungsspielraumes ermöglicht hat, nutzt es nicht: Bei dieser Fallkonstellation stützt es die Möglichkeit einer Rechtsverletzung auf eine mögliche Rechtsverletzung durch Ablehnung einer beanspruchten Ausbildungsnote.[1215] Das BVerwG hat sich ihm bietende Gele-

---

[1210] BVerwGE 107, 215 (220 - 222), (zu § 1 Abs. 6 BauGB); BVerwGE 111, 276 (280), („Wesen der rechtsstaatlichen Planung“).

[1211] BVerwGE 48, 56 (66); 56, 111 (123); 67, 74 (75); 111, 276 (280); VGH Mannheim, BauR 1998, 989 (990); OVG Münster NVwZ 1997, 694 (696).

[1212] BVerwGE 107, 215 (220 f.); VGH Mannheim, VBlBW. 1997, 426 (427); von BVerwGE 111, 276 (281); offengelassen, ob dieses auch für Fachplanungen gilt; ähnlich („jedes mehr als geringfügige private Interesse (...), soweit es schutzwürdig ist“) BVerwGE 110, 36 (39); vgl. zum Streit auch *Schütz*, Die Antragsbefugnis bei der Normenkontrolle von Bebauungsplänen nach dem 6. VwGOÄndG, S. 162 - 260.

[1213] Vor der Gesetzesänderung durch Art. 1 Nr. 2 des sechsten Gesetzes zur Änderung der VwGO und anderer Gesetze (6. VwGOÄndG), vom 01.11.1996, BGBl. 1996, I, S. 1626 (1626) war nur ein „Nachteil“ nach § 47 Abs. 2 Satz 1 VwGO erforderlich. Dann wurde das Erfordernis des Geltendmachens einer Rechtsverletzung eingeführt. Das BVerwG erkannte auch weiterhin den Anspruch auf abwägungsfehlerfreie Abwägung an und weitete ihn sogar auf nicht rechtlich geschützte Belange aus. Damit unterlief es die Intension des Gesetzgebers, das Normenkontrollverfahren zu beschränken; das ist auch dem BVerwG bewußt, BVerwGE 107, 215 (223) = BVerwG DVBl. 1999, 100 (103).

[1214] Teil 2, G. I. 3. d).

[1215] BVerwGE 57, 130 (131).

genheiten nicht genutzt, ein subjektives öffentliches Recht auf rechtsfehlerfreie Ausfüllung des Beurteilungsspielraumes anzuerkennen.

c) Ergebnis

Das BVerwG verwendet die Schutznormtheorie zur Feststellung, ob eine Norm ein subjektives öffentliches Recht beinhaltet. Dabei stellt es teilweise auch auf das Kriterium der Rechtsmacht ab. Wenn Adressaten von belastenden Verwaltungsakten diese anfechten, besteht stets die Möglichkeit einer Rechtsverletzung, ohne daß auf ein spezielles subjektives öffentliches Recht eingegangen werden müßte — entsprechend der Adressatentheorie. Das BVerwG erkennt trotz Ermessens- und Abwägungsspielraum subjektive öffentliche Rechte an, die dann jedoch nur auf die rechtsfehlerfreie Ausübung des Ermessens bzw. der Abwägung gerichtet sind. Deshalb können sie nur soweit bestehen, wie das Ermessen bzw. die Abwägung gerichtlich überprüfbar sind.

Es sind — mit Ausnahme des Rechtes auf gerechte Abwägung und dem teilweisen Verzicht auf das Kriterium der Rechtsmacht — keine wesentlichen Neuerungen festzustellen.

3. Schutz subjektiver Rechte oder objektive Rechtmäßigkeitskontrolle

Auch für die Verwaltungsgerichtsbarkeit in der Bundesrepublik soll festgestellt werden, ob diese vorrangig dem subjektiven Rechtsschutz oder der objektiven Rechtmäßigkeitskontrolle dient.[1216] Auch hier soll nur auf die Verwaltungsgerichtsordnung eingegangen werden.

a) Vorrangiges Ziel der Verwaltungsgerichtsbarkeit

Zunächst ist festzustellen, ob das vorrangige Ziel der Schutz subjektiver Rechte oder die objektive Rechtmäßigkeitskontrolle ist. Als Funktion der Verwaltungsgerichtsbarkeit soll der subjektive Rechtsschutz des Bürgers überwiegen, trotz gewisser objektiver Elemente.[1217] Für einen vorrangig subjektiven Rechtsschutz spricht auch die Rechtsschutzgarantie des Art. 19 Abs. 4 GG.[1218] Andererseits ist das Normenkontrollverfahren ein objek-

---

[1216] Vgl. *Kadelbach,* Allgemeines Verwaltungsrecht unter europäischem Einfluß, S. 379 f.

[1217] *Bosch/Schmidt,* Praktische Einführung in das verwaltungsgerichtliche Verfahren, S. 3.

[1218] *Krebs,* Subjektiver Rechtsschutz und objektive Rechtskontrolle, FS für Ch.-F. Mentives Rechtsbeanstandungsverfahren.[1219] Selbst wenn es auf Antrag eines Einzelnen eingeleitet wird, bleibt es ein grundsätzlich objektives Prüfungsverfahren, mit nur gewissen Elementen des Individualrechtsschutzes.[1220] Nach der Rechtslage vor der Gesetzesänderung wurde das Normenkontrollverfahren nach § 47 VwGO a.F. als objektives Verfahren angesehen.[1221] Inzwischen ist lediglich für die Zulässigkeit eines Normenkontrollantrages das Geltendmachen einer Rechtsverletzung erforderlich, was eine subjektive Komponente darstellt. Aber das Normenkontrollverfahren ist nur eine Verfahrens- bzw. Klageart unter vielen und bestimmt nicht ausschließlich das Rechtsschutzziel.

Damit ist das vorrangige Ziel der Verwaltungsgerichtsbarkeit der subjektive Rechtsschutz.

b) Gesetzliche Zugangssperre mit Auswirkungen auf die Begründetheitsprüfung

Bei gesetzlichen Zugangssperren mit Auswirkungen auf die Begründetheitsprüfung diente die Verwaltungsgerichtsbarkeit eher dem subjektiven Rechtsschutz; keine oder nur durch das Gericht errichtete Zugangssperren sprechen für eine objektive Rechtskontrolle. Eine Generalklausel spricht für eher subjektiven Rechtsschutz, das Enumerativprinzip für objektive Rechtskontrolle. Die nach § 40 Abs. 1 VwGO geltende Generalklausel ist als Kriterium zugunsten des Schutzes subjektiver Rechte zu bewerten. Im Übrigen ist nach den einzelnen Klage- bzw. Verfahrensarten zu differenzieren, weil diese unterschiedliche Voraussetzungen haben. Bei der Anfechtungs- und der Verpflichtungsklage ist nach § 42 Abs. 2 VwGO zur Zulässigkeit der Klage das Geltendmachen einer Rechtsverletzung erforderlich, „soweit gesetzlich nichts anderes bestimmt ist". In der Begründetheit ist bei der Anfechtungsklage nach § 113 Abs. 1 Satz 1 VwGO auch die Rechtsverletzung entscheidend. Für die Verpflichtungsklage ist das Erfordernis der Rechtsverletzung in § 113 Abs. 5 Satz 1 VwGO geregelt. Grundsätzlich besteht eine enge Beziehung von Klagezulassung und Be-

---

ger, S. 191 (197).

[1219] BVerwGE 65, 131 (136).

[1220] BVerwGE 82, 225 (230).

[1221] BVerwGE 65, 131 (136 f.) - objektives Rechtsbeanstandungsverfahren; BVerwGE 82, 225 (230 f.) - objektives Prüfungsverfahren mit Elementen des Individualrechtsschutzes; BVerwGE 88, 268 (271) - nur objektive Prüfung.

gründetheitsprüfung mit subjektiven Zulässigkeitskriterien. Auch beim für Anfechtungs- und Verpflichtungsklage nach § 68 ff. VwGO regelmäßig vorgeschriebenen Widerspruchsverfahren gelten dieselben Voraussetzungen wie bei der Anfechtungs- oder Verpflichtungsklage, außer daß beim Widerspruch nicht nur die Rechtmäßigkeit, sondern auch die Zweckmäßigkeit überprüft wird.

Bei der allgemeinen Leistungsklage ist nach ständiger Rechtsprechung und herrschender Meinung § 42 Abs. 2 VwGO entsprechend anzuwenden, also für die Zulässigkeit der Klage das Geltendmachen einer Rechtsverletzung erforderlich. In der Begründetheit muß der Anspruch gegeben sein; dieser ist ein subjektives öffentliches Recht. Also ist ein subjektives öffentliches Recht in Zulässigkeit und Begründetheit erforderlich.

Bei der Feststellungsklage nach § 43 VwGO ist lediglich ein Interesse an der baldigen Feststellung erforderlich, nicht jedoch eine Rechtsverletzung; das Interesse muß nicht einmal rechtlich geschützt sein.[1222] Erforderlich ist jedoch eine „Betroffenheit in eigenen Rechten", daß also von dem Rechtsverhältnis eigene Rechte des Klägers abhängig sind.[1223] Daneben soll § 42 Abs. 2 VwGO entsprechend anzuwenden sein.[1224] In der Begründetheit kommt es lediglich auf das „Bestehen oder Nichtbestehen eines Rechtsverhältnisses oder der Nichtigkeit eines Verwaltungsaktes" an. Nur in der Zulässigkeit ist ein subjektives öffentliches Recht bei der Feststellungsklage erforderlich.

Bei dem Normenkontrollantrag war für die Zulässigkeit ein Nachteil durch eine Rechtsvorschrift oder deren Anwendung zumindest in absehbarer Zeit nach § 47 Abs. 2 Satz 1 VwGO erforderlich. Das Sechste Gesetz zur Änderung der VwGO und anderer Gesetze[1225] führte das Erfordernis einer möglichen Rechtsverletzung — zumindest in absehbarer Zeit — in § 47 Abs. 2 Satz 1 VwGO für einen Normenkontrollantrag einer natürlichen oder juristischen Person anstelle des Nachteils ein. Bei Normenkontrollanträgen von Behörden ist nach § 47 Abs. 2 Satz 1, 2. Alt. VwGO weiterhin keine Rechtsverletzung erforderlich; insofern ist es noch immer „ein rein

---

[1222] *Krebs*, Subjektiver Rechtsschutz und objektive Rechtskontrolle, FS für Ch.-F. Menger, S. 191 (199).

[1223] *Krebs*, Subjektiver Rechtsschutz und objektive Rechtskontrolle, FS für Ch.-F. Menger, S. 191 (199).

[1224] BVerwGE 99, 64 (65 f.); 100, 262 (271).

[1225] (6. VwGOÄndG), vom 01.11.1996, BGBl. 1996, I, S. 1626 (1626).

objektives Beanstandungsverfahren".[1226] Auch in der Begründetheit ist auch weiterhin keine Rechtsverletzung erforderlich. Da das Normenkontrollverfahren ein objektives Prüfungsverfahren ist, ist § 113 Abs. 1, Abs. 5 VwGO unanwendbar.[1227] Zu der Einführung der Zulässigkeitsvoraussetzung einer Rechtsverletzung paßt systematisch nicht, daß in der Begründetheit der Klage eine Rechtsverletzung auch weiterhin nicht erforderlich ist, sondern insoweit eine objektive Prüfung entscheidet. Deshalb wird die Änderung des § 47 Abs. 1 VwGO teilweise für eine unsystematische Verschlechterung der VwGO gehalten.[1228]

Zumeist bestehen gesetzliche Zugangssperren mit Auswirkung auf die Begründetheitsprüfung. Deshalb ist zumindest eine Tendenz zum Schutz subjektiver Rechte festzustellen.

c) Dispositionsmaxime

Die Geltung der Dispositionsmaxime spricht für einen subjektiven Rechtsschutz, die Geltung der Offizialmaxime hingegen für eine objektive Rechtskontrolle.

Nach § 88 VwGO ist das Gericht an das Klagebegehren gebunden. Es gilt also die Dispositionsmaxime. Auch in § 91 Abs. 1, 2 VwGO findet die Dispositionsmaxime ihren Niederschlag: Bei Einwilligung der übrigen Beteiligten kann der Kläger ohne Zustimmung des Gerichts die Klage ändern. Auch die Möglichkeit der Klagerücknahme nur mit Einwilligung des Beklagten und gegebenenfalls des Vertreters des öffentlichen Interesses nach § 92 Abs. 1 VwGO ist in der Dispositionsmaxime begründet. Ebenso ist die Möglichkeit, einen Vergleich zur Beendigung des Rechtsstreites

---

[1226] Insoweit bleibt es beim „rein objektive rechtlichen Beanstandungsverfahren", *Schenke*, „Reform" ohne Ende, NJW 1997, 81 (82).

[1227] BVerwGE 88, 268 (271).

[1228] *Renck*, Standortsicherung durch Normenkontrolle?, ZRP 1997, 48 (49); *Schenke*, „Reform" ohne Ende, NJW 1997, 81 (82); die Änderung ablehnend auch *Böhm*, Die gerichtliche Kontrolle von Verwaltungsentscheidungen in Deutschland, DÖV 2000, 990 (995); i.E. werden wegen der Anerkennung eines subjektiven öffentlichen Rechts auf gerechte Abwägung durch des BVerwG keine erheblichen Auswirkungen erwartet, vgl. die ausführliche Darstellung bei *Schütz*, Die Antragsbefugnis bei der Normenkontrolle von Bebauungsplänen nach dem 6. VwGOÄndG, S. 109 - 127; vgl. zum subjektiven öffentlichen Recht auf gerechte Abwägung die Stellungnahmen der Literatur: Teil 2, G. I. 3. d) und der Rechtsprechung: Teil 2, G. II. 2. b) cc).

zu schließen nach § 106 VwGO, Ausfluß der Dispositionsmaxime. Die Dispositionsmaxime ist eine Folge des Art. 19 Abs. 4 GG.[1229]

Im Verwaltungsprozeß gilt die Dispositionsmaxime, also dient er nach diesem Kriterium vorrangig dem subjektiven Rechtsschutz.

d) Automatischer Suspensiveffekt

Die Geltung eines automatischen Suspensiveffektes der Klage spricht für einen subjektiven Rechtsschutz. Hingegen deutet das Nichtvorhandensein eines solchen Suspensiveffektes eher auf eine objektive Rechtskontrolle hin.

Nach § 80 Abs. 1 VwGO haben Widerspruch und Anfechtungsklage grundsätzlich aufschiebende Wirkung. Nur unter bestimmten Voraussetzungen ist nach § 80 Abs. 2 Nrn. 1 bis 4 die aufschiebende Wirkung ausgeschlossen. Für die anderen Klage- beziehungsweise Antragsarten gilt der automatische Suspensiveffekt nicht. Auf einige paßt der Suspensiveffekt nicht, wie beispielsweise bei den Leistungs- und Feststellungsklagen. Deshalb lassen sich hieraus keine weiteren Schlüsse ziehen. Grundsätzlich spricht die teilweise Geltung des Suspensiveffektes für einen subjektiven Rechtsschutz.

e) Unabhängigkeit der Gerichte gegenüber der Verwaltung

Wenn die Gerichte gegenüber der Verwaltung unabhängig sind, spricht das für einen subjektiven Rechtsschutz. Wenn jedoch der Zweck der Verwaltungsgerichtsbarkeit primär die Selbstkontrolle der Verwaltung ist, ist eine objektive Rechtskontrolle gegeben.

Nach § 1 VwGO wird „die Verwaltungsgerichtsbarkeit (...) durch unabhängige, von den Verwaltungsbehörden getrennte Gerichte ausgeübt". Andererseits besitzt die Möglichkeit, nach §§ 35, 36 VwGO Vertreter des öffentlichen Interesses zu bestimmen, die an den Verhandlungen teilnehmen können, eine gewisse objektive Tendenz. In dieselbe Richtung geht die Bestellung von Vertretern anderer Interessen, wie beispielsweise des Bundesbeauftragten für Asylangelegenheiten.[1230] Daneben besteht die

---

[1229] *Maunz/Dürig*, Grundgesetz, Art. 19 Abs. IV, Rdnr. 264, Bearb.: *Schmidt-Aßmann*; Bonner Kommentar zum Grundgesetz, Art. 19 Abs. 4, Rdnr. 82, Bearb.: *Schenke*.

[1230] Vgl. zu den Vertretern anderer Interessen, wie beispielsweise dem Bundesbeauftragten für Asylangelegenheiten, *Bosch/Schmidt*, Praktische Einführung in das verwaltungsgerichtliche Verfahren, S. 94.

Pflicht zur Durchführung eines Vorverfahrens vor Erhebung einer Anfechtungs- oder Verpflichtungsklage nach § 68 Abs. 1 Satz 1, Abs. 2 VwGO. Dieses Vorverfahren findet bei der Behörde statt. Insoweit ist die Trennung von verwaltungsgerichtlichem Verfahren und den Verwaltungsbehörden nicht vollständig durchgeführt. Trotzdem überwiegt die Trennung der Verwaltungsgerichtsbarkeit von der Verwaltung; auch dieses spricht für eine deutliche Tendenz zum subjektiven Rechtsschutz.

f) Wirkung der Urteile inter partes

Für einen subjektiven Rechtsschutz spricht die Wirkung der Urteile nur inter partes, da in diesem Falle der Klagezweck mit Obsiegen des Verletzten erfüllt ist. Andererseits spricht eine Wirkung der Urteile allen gegenüber für eine objektive Rechtskontrolle.

Gebunden werden durch das Urteil insbesondere die Beteiligten und ihre Rechtsnachfolger nach § 121 Nr. 1 VwGO, sowie nach § 121 Nr. 2 VwGO diejenigen, die den Antrag auf Beiladung nach § 65 Abs. 3 VwGO nicht (rechtzeitig) gestellt haben. Das Institut der Beiladung in § 65 VwGO existiert, damit das Urteil auch gegen den Beigeladenen, der nach § 63 VwGO Nr. 3 VwGO auch ein am Verfahren Beteiligter ist, wirkt. Im Widerspruchsverfahren besteht die Möglichkeit einer Beteiligung nach § 13 VwVfG bzw. einer Beiladung nach § 65 VwGO;[1231] auch hier wirkt der Widerspruchsbescheid nur inter partes.

Eine Sonderregelung besteht mit § 47 Abs. 5 Satz 2 VwGO. Der Ausspruch, daß im Normenkontrollverfahren eine Rechtsvorschrift ungültig ist, hat nach § 47 Abs. 5, Satz 2 VwGO eine Wirkung erga omnes. Deshalb wurde das Normenkontrollverfahren für nicht drittbeteiligungsfähig gehalten.[1232] Inzwischen besteht nach § 47 Abs. 2 Satz 4 VwGO auch beim Normenkontrollverfahren die Möglichkeit einer einfachen Beiladung nach § 65 Abs. 1, 4 VwGO.[1233] Diese Gesetzesänderung beruht auf vom BVerfG geäußerten Bedenken, ob der Ausschluß der Beiladung im Normenkontrollverfahren im grundrechtsrelevanten Bereich dem Anspruch auf ef-

---

[1231] Dieses ist im Einzelnen streitig, führt hier aber zu keinem anderen Ergebnis.

[1232] BVerwGE 65, 131 (136).

[1233] Art. 1 Nr. 6 des Gesetzes zur Bereinigung des Rechtsmittelrechts im Verwaltungsprozeß (RmBereinG), vom 20.12.2001, BGBl. I, S. 3987 (3987).

fektiven Rechtsschutz gerecht werde.[1234] Eine notwendige Beiladung ist auch weiterhin systematisch nicht möglich. Die wegen der Wirkung erga omnes gedachte objektive Rechtskontrolle bekommt durch die Möglichkeit der Beiladung eine gewisse subjektive Tendenz.

Insgesamt ist aufgrund der Wirkung der Urteile eine Tendenz zum subjektiven Rechtsschutz festzustellen.

g) Zulässigkeit der Überprüfung von Normen an höherrangigem Recht

Wenn die rechtlichen Grundlagen für Eingriffe in die Rechtsposition des Einzelnen an höherrangigem Recht überprüfbar sind, spricht das für einen Schutz subjektiver Rechte. Wenn hingegen die Überprüfung abgelehnt, oder nur als Frage der Gewaltenteilung angesehen wird, ist von einer objektiven Rechtskontrolle auszugehen.[1235]

Untergesetzliche Normen und vor dem Inkrafttreten des Grundgesetzes erlassene Normen sind durch die Verwaltungsgerichtsbarkeit auf ihre Vereinbarkeit mit höherrangigem Recht hin überprüfbar. Die anderen, formellen Gesetze sind nach Art. 100 Abs. 1 GG vom BVerfG auf ihre Verfassungsmäßigkeit hin überprüfbar. Auch insofern überwiegt der Schutz subjektiver Rechte als Zweck der Verwaltungsgerichtsbarkeit.

h) Ergebnis

Grundsätzlich dient die Verwaltungsgerichtsbarkeit dem subjektiven Rechtsschutz, mit teilweiser Ausnahme des Normenkontrollverfahrens.[1236] Es sind aber auch bei den anderen Verfahrensarten einige Aspekte zu erkennen, die auf objektive Tendenzen der Rechtskontrolle hindeuten, wie der Vertreter des öffentlichen Interesses oder das teilweise erforderliche Widerspruchsverfahren vor den Verwaltungsbehörden. Das Normenkontrollverfahren dient der objektiven Rechtskontrolle, obwohl die Beschränkung der Antragsbefugnis auf ein subjektives öffentliches Recht und die Einführung der Beiladung nicht ganz ins System passende subjektive Elemente sind. Dadurch wurde bei dem früher deutlich objektiv

[1234] BVerfG NVwZ 2000, 1283 (1284).

[1235] *Kadelbach*, Allgemeines Verwaltungsrecht unter europäischem Einfluß, S. 379 - 381.

[1236] Subjektiver Rechtsschutz mit Ausnahme des Normenkontrollverfahrens, unter Berücksichtigung des § 47 Abs. 2 VwGO a.F.: *Krebs*, Subjektiver Rechtsschutz und objektive Rechtskontrolle, FS für Ch.-F. Menger, S. 191 (198).

ausgestalteten Normenkontrollverfahren der Schutz subjektiver Rechte stärker in den Vordergrund gerückt.

Neu ist die explizite gesetzliche Nennung, daß eine Verletzung eines subjektiven öffentlichen Rechts auch eine Frage der Begründetheit ist, nicht nur die Möglichkeit einer Rechtsverletzung eine Zulässigkeitsvoraussetzung. In § 113 Abs. 1 Satz 1 und Abs. 5 Satz 1 VwGO wird für die Anfechtungs- und Verpflichtungsklage eine Rechtsverletzung auch als Voraussetzung für die Begründetheit der Klage aufgestellt. Insgesamt setzt sich der Schutz subjektiver Rechte als Zweck der Verwaltungsgerichtsbarkeit durch.

III. Bewertung

Die von Bühler begründete Schutznormtheorie ist weiterhin das wesentliche Kriterium zur Feststellung eines subjektiven öffentlichen Rechts. Trotz der Probleme, daß die Ergebnisse nicht immer eindeutig sind, sind die Versuche, die Schutznormtheorie zu ersetzen, bisher nicht erfolgreich gewesen. Folge der meisten Änderungsvorschläge wäre eine weitere Versubjektivierung, da zumeist auf das einzelne Verwaltungsrechtsverhältnis abgestellt werden soll. Die Beurteilung des einzelnen Rechtsverhältnisses und der dieses prägenden Rechtsnormen kann dabei zu einer größeren Rechtsunsicherheit führen, als das nach bisheriger Rechtslage der Fall ist. Das weitere —ursprünglich von Bühler eingeführte — Kriterium der Rechtsmacht wird inzwischen teilweise für entbehrlich gehalten, aber Teile der Lehre und teilweise auch die Rechtsprechung halten daran fest. Damit sind die von Bühler entwickelten Kriterien — mit gewissen Änderungen — auch weiterhin die für das subjektive öffentliche Recht maßgeblichen Kriterien. Änderungen gab es insbesondere bei der Berücksichtigung des Grundgesetzes und bei den Auslegungsmethoden. Die Gewichtung der unterschiedlichen Auslegungsmethoden sowie die Ausgestaltung der einzelnen Methoden ist nicht eindeutig. Dieses führt zu Schwierigkeiten bei der Abgrenzung von Rechten und Reflexen. Diese Probleme sind der wesentliche Kritikpunkt an der Schutznormtheorie. Durch die unterschiedlich bewerteten Auslegungsmethoden entstehen maßgeblich die manchmal widersprüchlichen Ergebnisse bei der Anwendung der Schutznormtheorie. Insgesamt hat sich das subjektive öffentliche Recht auf den alten Grundlagen verfestigt. Im Bereich der Verwaltungsgerichtsbarkeit hat das subjektive öffentliche Recht weiter an Bedeutung gewonnen. Der Schutz subjektiver öffentlicher Rechte ist bei der Ausgestaltung des verwaltungsgerichtlichen Rechtsschutzes stärker in den Vordergrund getreten.

H. Gesamtergebnis in Bezug auf Deutschland

Die subjektiven öffentlichen Rechte sind zur Abgrenzung des öffentlichen Rechts vom Privatrecht entstanden. Sie bestehen für das gesamte öffentliche Recht und nicht nur das Verfassungs- oder Verwaltungsrecht. Denn als sie entstanden, bildete sich das Verwaltungsrecht erst langsam als eigenständiges Rechtsgebiet neben dem Verfassungsrecht aus. Auch bestand noch keine Verwaltungsgerichtsbarkeit, bei der das subjektive öffentliche Recht im Rahmen der Klagebefugnis bedeutsam wurde.

Anfangs standen zwar die subjektiven öffentlichen Rechte des Monarchen im Vordergrund. Die subjektiven öffentlichen Rechte des Einzelnen rückten jedoch immer stärker in den Vordergrund. Diese Rechte dienten auch der Unterstützung der Forderung nach gerichtlicher Überprüfbarkeit: Die subjektiven Rechte des Privatrechts waren gerichtlich überprüfbar, die — neu entstehenden — subjektiven öffentlichen Rechte nicht. Die subjektiven Rechte des Einzelnen entstanden damit im Umfeld der Forderung nach dem Rechtsstaat.

Mit Einführung der Verwaltungsgerichtsbarkeit bekamen die subjektiven öffentlichen Rechte eine neue Funktion: Sie dienten nicht mehr der Begründung der Forderung nach Rechtsschutz gegen Verwaltungshandeln, sondern der Begrenzung der Klagemöglichkeiten. In erheblichen Bereichen war eine Klage nur bei dem Geltendmachen einer Rechtsverletzung möglich. Diese Funktion haben die subjektiven öffentlichen Rechte bis heute beibehalten, jedoch wurde die Effektivität der Begrenzung des Rechtsschutzes durch die erhebliche Ausweitung der subjektiven öffentlichen Rechte verringert.

Insbesondere durch die Einführung der Verwaltungsgerichtsbarkeit wurde der Schwerpunkt der subjektiven öffentlichen Rechte vom Verfassungsrecht auf das neu entstehende Rechtsgebiet des Verwaltungsrechts verlagert. Aus demselben Grund erfuhren die subjektiven öffentlichen Rechte des Einzelnen gegenüber denen des Monarchen eine Aufwertung.

Die Entdeckung und rechtliche Behandlung der Leistungsverwaltung führte zu einer Ausweitung des Verwaltungsrechts. Zwar waren die subjektiven öffentlichen Rechte schon vorher nicht auf Abwehrrechte beschränkt.[1237] In diesem über die Abwehrrechte hinausgehenden Bereich wurden jedoch nur wenige Rechte anerkannt. Im Bereich des Verwaltungsrechts stand das subjektive öffentliche Recht zur Abwehr belastender Verwaltungsakte durch die Verwaltungsgerichtsbarkeit im Vordergrund. Daneben fand eine Ausweitung der subjektiven öffentlichen Rechte aufgrund der Einwirkungen des Grundgesetzes statt. Die Grundrechte bieten einen umfassenden Schutz des Einzelnen. Die subjektiven öffentlichen Rechte des Verwaltungsrechts sind gegebenenfalls verfassungskonform auszulegen. Sollten die einfachgesetzlichen subjektiven öffentlichen Rechte Lücken lassen, ist daneben ist ein Rückgriff direkt auf die Grundrechte möglich. Diese nur subsidiäre Anwendbarkeit der Grundrechte ist zur Wahrung des Gestaltungsspielraums des Gesetzgebers erforderlich.

Die subjektiven öffentlichen Rechte werden durch die Verfassung geschützt: Nach Art. 19 Abs. 4 GG muß bei einer Rechtsverletzung dem Einzelnen der Rechtsweg offenstehen. Die Zulässigkeit der Klagen bzw. Anträge vor den Verwaltungsgerichten sind zumeist von einem subjektiven öffentlichen Recht abhängig.[1238] Auch die Begründetheit ist — anders als die vorher uneinheitliche Praxis — weitgehend von der Verletzung eines subjektiven öffentlichen Rechts abhängig.[1239]

Die Entwicklung des subjektiven öffentlichen Rechts von einer rechtspolitischen Forderung zu ihrer Verwirklichung wird deutlich. Durch weitere rechtliche Änderungen im Umfeld des subjektiven öffentlichen Rechts wurde es erheblich erweitert. Die ursprünglich von Bühler geschaffene Definition wird zwar im wesentlichen noch verwendet, die einzelnen Kriterien wurde aber erheblich ausgeweitet. Das Vorliegen der Rechtsmacht soll normalerweise zumindest vermutet werden, wenn nicht von

---

[1237] So unterschied bereits G. Jellinek den aktiven Status (Status der aktiven Zivität), den positiven Status (status civitatis) und den negativen Status (status libertatis), *G. Jellinek*, System der subjektiven öffentlichen Rechte, S. 136 - 193 (aktiver Status), S. 114 - 135 (positiver Status) und S. 94 - 114 (negativer Status).

[1238] Nach § 42 Abs. 2 VwGO direkt oder analog, § 47 Abs. 2 Satz 1 VwGO n.F.

[1239] Nach § 113 Abs. 1 Satz 1 VwGO, § 113 Abs. 5 Satz 1 VwGO.

diesem Kriterium gänzlich abgesehen werden soll. Indem ein subjektives öffentliches Recht auf fehlerfreien Ermessensgebrauch anerkannt wurde, wurde die Voraussetzung, daß der Rechtssatz einen zwingenden Charakter haben muß, stark eingeschränkt. Das Kriterium des Interessenschutzes wurde erheblich erweitert, so daß früher als Reflexe anzusehende Normen inzwischen als subjektive öffentliche Rechte beurteilt werden. Insofern hat eine erhebliche Änderung des subjektiven öffentlichen Rechts stattgefunden; im wesentlichen hat lediglich die Begriffshülle Bestand.[1240]

Das subjektive öffentliche Recht als Rechtsfigur hat die Ausbildung des Allgemeinen Verwaltungsrechts von Anfang an geprägt. Anfangs wurden dem Einzelnen nur wenige subjektive öffentliche Rechte eingeräumt. Aufgrund dieser Entstehung ist das subjektive öffentliche Recht jedoch nicht überholt.[1241] Denn es hat im Laufe der Zeit einen erheblichen Bedeutungswandel erlebt. Mit Einführung und Ausweitung des verwaltungsgerichtlichen Rechtsschutzes verstärkte sich seine Bedeutung. Die ursprüngliche, sehr enge Auslegung wurde immer stärker ausgeweitet. Gerade der Einfluß der Grundrechte hatte eine erhebliche Erweiterung zur Folge. Die Grundrechte bewirken einen umfassenden Schutz des Einzelnen. Diese wirken auf die subjektiven öffentlichen Rechte des Einzelnen ein, so daß der Schutz dadurch umfassend ausgestaltet ist. Die grundlegende Änderung zeigt sich auch daran, daß heute kaum noch Rechte des Staates anerkannt werden, obwohl diese Art der subjektiven öffentlichen Rechte anfangs die bei weitem überwiegende war. Diese Entwicklungsfähigkeit der subjektiven öffentlichen Rechte hat aber ihren andauernden, grundsätzlichen Bestand gesichert. Sie sind Teil des Allgemeinen Verwaltungsrechts mit seiner vernetzten Struktur geworden. Das subjektive öffentliche Recht einzeln aus diesem verwobenen System herauszutrennen, hätte erhebliche Auswirkungen auch auf das Allgemeine Verwaltungsrecht. Das subjektive öffentliche Recht ist ein wichtiger Bestandteil im System des öffentlichen Rechts.[1242]

[1240] Vgl. allgemein zu der Entwicklung von Rechtsbegriffen *Faber*, Das Allgemeine Verwaltungsrecht als Ordnungsidee?, FS für H.-E. Folz, S. 53 (58 f.).

[1241] So aber *Masing*, Die Mobilisierung des Bürgers für die Durchsetzung des Rechts, S. 219, der die Entwicklungsfähigkeit des subjektiven öffentlichen Rechts unterschätzt.

[1242] *Krebs*, Subjektiver Rechtsschutz und objektive Rechtskontrolle, FS für Ch.-F. Menger, S. 191 (200).

Teil 3: Subjektive Rechte im Europäischen Gemeinschaftsrecht

Die subjektiven Rechte des Gemeinschaftsrechts werden dargestellt, um daraus Schlußfolgerungen ziehen zu können, wie die deutschen subjektiven öffentlichen Rechte verändert werden müssen, um sie an die subjektiven Rechte des Gemeinschaftsrechts anzupassen. Eine Angleichung ist geboten, weil das Gemeinschaftsrecht gegenüber dem deutschen Recht Vorrang besitzt und das deutsche Recht bei Widersprüchen nicht anzuwenden ist.

A. Allgemeine, systematische Voraussetzungen subjektiver Rechte

I. Trennung zwischen dem Privatrecht und dem öffentlichen Recht

Anders als im deutschen Recht wird im Bereich des Gemeinschaftsrechts keine Unterscheidung zwischen subjektiven öffentlichen Rechten und subjektiven Rechten des Privatrechts[1243] vorgenommen. Grundsätzlich ist es zwar auch beim europäischen Gemeinschaftsrecht möglich, das Europäische Privatrecht abzugrenzen. Dieses besteht beispielsweise aus Regelungen über die Rechtsvereinheitlichung im Bereich der irreführenden Werbung, der Haftung für fehlerhafte Produkte, sowie des Verbraucherkredites.[1244] Diese Abgrenzung wirkt sich aber nicht auf die subjektiven Rechte aus. Grundsätzlich ist eine Zuordnung der einzelnen Vorschriften zu dem Bereich des Privat- oder des öffentlichen Rechts nicht erforderlich: Diese Zuordnung ist weder für die Kompetenz zum Erlaß von Normen, noch für die Erlangung von Rechtsschutz auf europäischer Ebene relevant. Die Abgrenzung von Privatrecht und öffentlichem Recht hat keine Bedeutung für die Systembildung im Bereich des europäischen Gemeinschaftsrecht. Zumal die Abgrenzungskriterien des Privatrechts schwierig

---

[1243] Vgl. zu den subjektiven Rechten im Bereich des Privatrechts: *Beljin*, Staatshaftung im Europarecht, S. 123 f.

[1244] RL 84/450/EWG zur Angleichung der Rechts- und Verwaltungsvorschriften der Mitgliedstaaten über irreführende Werbung, ABl. 1984, L 250/17 - 20; RL 85/374/EWG zur Angleichung der Rechts- und Verwaltungsvorschriften der Mitgliedstaaten über die Haftung für fehlerhafte Produkte, ABl. 1985, L 210/29 - 33; RL 87/102/EWG zur Angleichung der Rechts- und Verwaltungsvorschriften der Mitgliedstaaten über den Verbraucherkredit, ABl. L 42/48, geändert durch RL 90/88/EWG, ABl. 1990 L 61/14 - 16.

festzulegen sind: Sie können nicht einfach dem Recht der Mitgliedstaaten entnommen werden, weil die Unterscheidung zwischen öffentlichem Recht und Privatrecht in den einzelnen Mitgliedstaaten unterschiedlich ist.[1245] Die Trennung in Privatrecht und öffentliches Recht ist im Gemeinschaftsrecht nicht systembildend und sie besitzt keine Abgrenzungsfunktion für die Zuordnung von Kompetenzen oder den Rechtsweg. Eine Einteilung in subjektive öffentliche Rechte und subjektive Rechte des Privatrechts ist aus diesen Gründen nicht entstanden.

II. Rechtspersönlichkeit der Zuordnungssubjekte

Eine Voraussetzung für die Entstehung subjektiver Rechte ist die Rechtsfähigkeit der Zuordnungssubjekte der Rechte und der Pflichten. Die Mitgliedstaaten sind rechtsfähig.[1246] Auch die Gemeinschaften sind rechtsfähig: Nach Art. 281 EG besitzt die Europäische Gemeinschaft Rechtspersönlichkeit.[1247] Die Europäische Atomgemeinschaft besitzt nach Art 184 EAGV Rechtspersönlichkeit und nach Art. 185 weitestgehende Rechts- und Geschäftsfähigkeit.[1248] Auch die Europäische Gemeinschaft für Kohle und Stahl besaß Rechtspersönlichkeit nach Art. 6 Abs. 1 EGKSV und Rechtsfähigkeit Art. 6 Abs. 2, 3 EGKSV. Natürliche und juristische Personen sind auch als Rechtssubjekte der Rechtsordnung der Gemeinschaft anerkannt; daher können auch für sie die Rechte und Pflichten aus dem Gemeinschaftsrecht gelten.[1249] In Art. 8 Abs. 2 EG ist inzwischen festgeschrieben, daß die Unionsbürger Rechte und Pflichten aus dem EG-Vertrag besitzen können.[1250] Durch die Rechtsfähigkeit der Gemeinschaften, der

---

[1245] *Reich*, Bürgerrechte in der Europäischen Union, S. 74; vgl. beispielsweise die Unterscheidung im „common law" bei *Stott/Felix*, Principles of Administrative Law, S. 3.

[1246] EuGH, Rs. C-6 u. 9/90 (Francovich u.a. ./. Italien), Slg. 1991, S. I - 5357 (5413, Rdnr. 31).

[1247] Sie wird nach Art. 282 Satz 2 EG von der Kommission vertreten.

[1248] Sie wird nach Art. 185 Satz 2 EAGV durch die Kommission vertreten.

[1249] EuGH, Rs. 26/62 (Van Gend & Loos ./. Niederländische Finanzverwaltung), Slg. 1963, S. 1 (25); EuGH, Rs. C-6 u. 9/90 (Francovich u.a. ./. Italien), Slg. 1991, S. I - 5357 (5413, Rdnr. 31); vgl. dazu auch *Danwitz*, Verwaltungsrechtliches System und Europäische Integration, S. 105.

[1250] Eingeführt mit dem Vertrag über die Europäische Union (Vertrag von Maastricht), vom 07.02.1992; BGBl. 1992, II, S. 1253.

Mitgliedstaaten und der Einzelnen können Rechte und Pflichten zwischen ihnen als Rechtssubjekten bestehen.

Die systematischen Voraussetzungen zur Entstehung subjektiver Rechte liegen beim Gemeinschaftsrecht vor, jedoch keine Gründe zur Trennung von subjektiven Rechten des Privatrechts und subjektiven öffentlichen Rechten.

B. Subjektive Rechte des Einzelnen

I. Subjektive Rechte i.e.S.

1. Voraussetzungen

Subjektive Rechte können sich aus dem Primär-[1251] und aus dem Sekundärrecht[1252] ergeben,[1253] sowie aus ungeschriebenem Recht, wie beispielsweise den allgemeinen Rechtsgrundsätzen. Voraussetzung für die Entstehung subjektiver Rechte von Einzelnen ist die unmittelbare Wirksamkeit von Normen.[1254] Die Norm muß also genügend präzise und eindeutig

[1251] Beispielsweise Petitionsrecht, Art. 194 EG; vgl. zu Art. 25 EG (= Art. 12 EGV a. F.): EuGH, Rs. 26/62 (Van Gend & Loos ./. Niederländische Finanzverwaltung), Slg. 1963, S. 1 (25 f.); zu Art. 28, 29 EG (= Art. 30, 34 EWGV): EuGH, Rs. 83/78 (Pigs Marketing Board ./. Redmond), Slg. 1978, S. 2347 (2374, Rdnr. 66 f.); zu Art. 28 EG, Art. 43 EG (= Art. 28 EGV a.F., Art. 52 EGV a.F.): EuGH, Rs. 46 u. 48/93 (Brasserie du pêcheur und Factortame), Slg. 1996, S. I - 1029 (1143, Rdnr. 23); zu Art. 141 EG (Art. 119 EWGV): EuGH. Rs. 43/75, (Defrenne II ./. Société anonyme belge de navigation aerieane Sabena), Slg. 1976, 455 (474, Rdnr. 24); zu Art. 39 EG (= Art. 48 EWGV): EuGH, Rs. 41/74 (Van Duyn ./. Home Office), Slg. 1974, S. 1337 (13487, Rdnr. 5).

[1252] Beispielsweise Art. 9 Abs. 1 der VO Nr. 1612/68, ABl. 1968, L 257/2 (4).

[1253] Über die Rechtsverbindlichkeit der Grundrechtscharta wird erst 2004 entschieden; das EuG benutzt die Charta als Auslegungshilfe, EuG, Rs. T-54/99 (max.mobil Telekommunikation Service GmbH ./. Kommission), Slg. 2002, S. II - 313 (333, Rdnr. 48); vgl. dazu *Reich*, Bürgerrechte in der Europäischen Union, S. 48 f.; *Schwarze*, Der Rechtsschutz Privater vor dem Europäischen Gerichtshof, DVBl. 2002, 1297 (1312 f.); vgl. allgemein zu den Grundrechten und Grundfreiheiten des Gemeinschaftsrechts: *Schilling*, Bestand und allgemeine Lehren der bürgerschützenden allgemeinen Rechtsgrundsätze des Gemeinschaftsrechts, EuGRZ 2000, 3 - 43.

[1254] EuGH, Rs. 26/62 (Van Gend & Loos ./. Niederländische Finanzverwaltung), Slg. 1963, S. 1 (27); die unmittelbare Wirksamkeit ist Voraussetzung der subjektiven Rechte, nicht die subjektiven Rechte sind Voraussetzung der unmittelbaren Wirksamkeit, EuGH, Rs. 431/92 (Kommission ./. BRD), Slg. 1995, S. I - 2189 (2220 f., Rdnr. 24-26); nach Eilmansberger ist ausschließlich die unmittelbare Wirksamkeit Voraussetzung für subjektive Rechte, *Eilmansberger*, Rechtsfolgen und subjektives Recht im Gemeinschaftsrecht, S. 84 f.; ebenso *Ruffert*, Dogmatik und Praxis des subjektivsein.[1255] Dieses Kriterium der unmittelbaren Wirksamkeit bedeutet letztendlich nichts anderes, als daß die Norm direkt zum Vollzug geeignet ist, also ihre Justiziabilität.[1256]

Grundsätzlich entfaltet das Primärrecht und teilweise auch das Sekundärrecht[1257] Rechtsgeltung nicht nur im Verhältnis zwischen den Mitgliedstaaten und den Gemeinschaften bzw. ihren Organen, sondern auch zugunsten und zu Lasten von Einzelnen, also natürlichen oder juristischen Personen. Beim Sekundärrecht ist jedoch zu differenzieren: Aus Verordnungen können subjektive Rechte folgen, weil diese nach Art. 249 EG allgemein und unmittelbar gelten. Auch hier ist Voraussetzung, daß die Normen „klar und eindeutig" sind.[1258] Hingegen ist eine unmittelbare

öffentlichen Rechts, DVBl. 1998, 69 (71); für Renke sind die subjektiven Rechte eine Folge der unmittelbaren Anwendbarkeit, *Renke*, EG-Richtlinien und verwaltungsgerichtlicher Rechtsschutz, S. 77, 135; nach Kokott soll die unmittelbare Anwendbarkeit nicht genügen, es sei zudem auf den Sinn und Zweck der Gemeinschaftsrechtsnorm abzustellen, *Kokott*, Europäisierung des Verwaltungsprozeßrechts, Verwaltung 31 (1998), 335 (354); nach *Stüber*, Subjektive Rechte aus Gemeinschaftsrecht, JURA 2001, 798 (800 f.) soll nicht jede unmittelbar wirkende Vorschrift des Gemeinschaftsrechts ein subjektives Recht begründen, im folgenden stellt er als weiteres Kriterium lediglich das der Betroffenheit auf, auf das noch zurückzukommen ist.

[1255] EuGH, Rs. 26/62 (Van Gend & Loos ./. Niederländische Finanzverwaltung), Slg. 1963, S. 1 (25 f.); EuGH, Rs. 9/73 (Carl Schlüter ./. Hauptzollamt Lörrach), Slg. 1973, 1135 (1158, Rdnr. 32); EuGH, Rs. 8/81 (Becker ./. Finanzamt Münster-Innenstadt), Slg. 1982, S. 53 (71, Rdnr. 25); EuGH, Rs. 44/84 (Hurd ./. Jones), Slg. 1986, S. 29 (83, Rdnr. 47); EuGH, Rs. C-150/99 (Svenska staten u.a. ./. Stockholm Lindöpark u.a.), Slg. 2001, S. I - 493 (534, Rdnr. 30 f.); EuGH, Rs. C-388 u. 429/00 (Radiosistemi Srl ./. Prefetto di Genova), Slg. 2002, S. I - 5845 (5887, Rdnr. 49); vgl. dazu auch *Ruffert*, Dogmatik und Praxis des subjektiv-öffentlichen Rechts, DVBl. 1998, 69 (71).

[1256] EuGH, Rs. C-365/98 (Brinkmann Tabakfabriken GmbH ./. Hauptzollamt Bielefeld), Slg. 2000, S. I - 4619 (4654, Rdnr. 38), damit nicht „sich der nationale Richter an die Stelle des nationalen Gesetzgebers zu setzen hat"; ebenso *Eilmansberger*, Rechtsfolgen und subjektives Recht im Gemeinschaftsrecht, S. 87 f.; ähnlich auch *Schwarzenegger*, Staatshaftung, S. 91; diese Voraussetzung klingt bei EuGH, Rs. 152/84 (Marshall ./. Southampton and South West Hampshire Area Health Authority), Slg. 1986, S. 723 (749 f., Rdnr. 53) an.

[1257] Hierbei bilden insbesondere die Richtlinien eine Ausnahme: Diese wirken grundsätzlich nur gegenüber den Mitgliedstaaten, können aber unter bestimmten Umständen eine Geltung zugunsten des Einzelnen entfalten. Ob sie unter bestimmten Umständen eine Wirkung zu Lasten des Einzelnen entfalten können, ist streitig. Diese Problematik wird noch näher erläutert.

[1258] EuGH, Rs. 9/73 (Carl Schlüter ./. Hauptzollamt Lörrach), Slg. 1973, 1135 (1158, Rdnr. 32).

Wirkung von Richtlinien nur unter eng begrenzten Voraussetzungen möglich. Denn Richtlinien binden nur die Mitgliedstaaten und nur hinsichtlich des zu erreichenden Ziels gemäß Art. 249 Abs. 3 EG. Weil die allgemeine und unmittelbare Geltung fehlt, begründen Richtlinien keine subjektiven Rechte nur durch den Erlaß der Richtlinie. Eine unmittelbare Geltung besitzen Richtlinien nur ausnahmsweise, bei Hinzutreten weiterer Voraussetzungen. Grundsätzlich muß der nationale Gesetzgeber die Richtlinie umsetzen und dabei — zumindest soweit dieses von der Richtlinie vorgesehen ist — subjektive Rechte schaffen. Nur ausnahmsweise können Bestimmungen einer Richtlinie nach der Rechtsprechung des EuGH unmittelbar wirken und dadurch Rechte des Einzelnen begründen.[1259] Eine unmittelbare Geltung kommt bei Richtlinien nur in Betracht, soweit und solange ein Mitgliedstaat eine Richtlinie nicht oder nicht ordnungsgemäß in das nationale Recht umgesetzt hat,[1260] bzw. wenn trotz ordnungsgemäßer Umsetzung nationale Maßnahmen das von der Richtlinie verfolgte Ziel verfehlen.[1261] Voraussetzung ist, daß die Normen präzise und eindeu-

---

[1259] EuGH, Rs. 9/70 (Grad ./. Finanzamt Traunstein), Slg. 1970, S. 825 (838 f., Rdnr. 6, S. 840, Rdnr. 10); EuGH, Rs. 41/74 (Van Duyn ./. Home Office), Slg. 1974, S. 1337 (1348 f., Rdnr. 12 f.); EuGH, Rs. C-6 u. 9/90 (Francovich u.a. ./. Italien), Slg. 1991, S. I - 5357 (5408, Rdnr. 11); wenn klar und unbedingt, Folge: Rechte für den Einzelnen: EuGH, Rs. C-128/92 (Banks ./. British Coal Corporation), Slg. 1994, S. I - 1209 (1274, Rdnrn. 15, 19); neben diesen Rechten folgt auch aus der unmittelbaren Wirkung, daß sich der Einzelne gegenüber nicht richtlinienkonformen staatlichen Verpflichtungen auf die Richtlinie berufen kann, EuGH, Rs. 8/81 (Becker ./. Finanzamt Münster-Innenstadt), Slg. 1982, S. 53 (71, Rdnr. 25); vgl. zu diesen zwei Varianten auch *Classen*, Der einzelne als Instrument zur Durchsetzung des Gemeinschaftsrechts?, VerwArch 88 (1997), 645 (654), auch wenn der EuGH diese nicht immer genau trennt, vgl. EuGH, Rs. C-56/98 (Modelo SGPS ./. Director - Geral dos Registos e Notariado), Slg. 1999, S. I - 6427 (6463, Rdnr. 34, 35).

[1260] EuGH, Rs. 8/81 (Becker ./. Finanzamt Münster-Innenstadt), Slg. 1982, S. 53 (71, Rdnr. 25); EuGH, Rs. C-76/97 (W. Tögel ./. Niederösterr. Gebietskrankenkasse), Slg. 1998, S. I - 5357 (5404, Rdnr. 42); EuGH, Rs. C-109/99 (Association basco-béarnaise ./. Préfet des Pyrénées-Atlantiques), Slg. 2000, S. I - 7247 (7289, Rdnr. 69).

[1261] So soll auch bei einer ordnungsgemäßen Umsetzung einer Richtlinie die Berufung direkt auf subjektive Rechte aus dieser Richtlinie möglich sein, die durch die unmittelbare Wirkung der Richtlinie entstanden sind, EuGH, Rs. C-62/00 (Marks & Spencer plc ./. Commissioners of Customs & Excise), Slg. 2002, S. I - 6325 (6359, Rdnr. 31), Voraussetzung ist dann jedoch, daß die nationalen Maßnahmen das mit der Richtlinie verfolgte Ziel verfehlen, also gegen die Richtlinie verstoßen, EuGH, Rs. C-62/00 (Marks & Spencer plc ./. Commissioners of Customs & Excise), Slg. 2002, S. I - 6325 (6358 f., Rdnrn. 27, 29, 31).

tig abgefaßt und nicht bedingungsabhängig sind; zudem dürfen die Mitgliedstaaten bei der Umsetzung keinen Ermessensspielraum haben.[1262] So soll eine Richtlinie mit lediglich „programmatischem Charakter", die den Mitgliedstaaten einen Rahmen zur Umsetzung gibt, mangels hinreichender Genauigkeit und Unbedingtheit keine subjektiven Rechte verleihen.[1263] Zudem muß sich die Richtlinie zumindest faktisch zugunsten des Einzelnen auswirken und den Mitgliedstaat verpflichten. Ein Einzelner soll sich auf Richtlinienbestimmungen berufen können, „soweit diese Rechte festlegen, die dem Staat gegenüber geltend gemacht werden können".[1264] Ob Richtlinien daneben eine horizontale Wirkung bzw. Drittwirkung — eine Wirkung zugunsten eines Einzeln, zu Lasten eines anderen — entfalten können, ist streitig, wird aber vom EuGH abgelehnt.[1265] Da die Richtlinie

---

[1262] EuGH, Rs. 8/81 (Becker ./. Finanzamt Münster-Innenstadt), Slg. 1982, S. 53 (71, Rdnr. 25); EuGH, Rs. 44/84 (Hurd ./. Jones), Slg. 1986, S. 29 (83, Rdnr. 47); EuGH, Rs. C-150/99 (Svenska staten u.a. ./. Stockholm Lindöpark u.a.), Slg. 2001, S. I - 493 (534, Rdnr. 30 f.); EuGH, Rs. C-388 u. 429/00 (Radiosistemi Srl ./. Prefetto di Genova), Slg. 2002, S. I - 5845 (5887, Rdnr. 49); vgl. dazu *Eilmansberger*, Rechtsfolgen und subjektives Recht im Gemeinschaftsrecht, S. 85; *Triantafyllou*, Zur Europäisierung des subjektiven öffentlichen Rechts, DÖV 1997, 192 (195); *Zuleeg*, Deutsches und europäisches Verwaltungsrecht — wechselseitige Einwirkungen, VVDStRL 53 (1994), S. 154 (190); subjektive Rechte abgelehnt, weil die Richtlinie nicht unbedingt und hinreichend genau ist, hat EuGH, Rs. C-236/92 (Comitato di coordinamento per la difesa della Cava u.a. ./. Regione Lombardia), Slg. 1994, S. I - 483 (503, Rdnr. 14); es kommt dabei auf die einzelne Bestimmung der Richtlinie an, ob diese hinreichend genau und unbedingt ist, nicht auf die gesamte Richtlinie, EuGH, Rs. C-150/99 (Svenska staten u.a. ./. Stockholm Lindöpark u.a.), Slg. 2001, S. I - 493 (534, Rdnr. 30 f.).

[1263] EuGH, Rs. C-236/92 (Comitato di coordinamento per la difesa della Cava u.a. ./. Regione Lombardia u.a.), Slg. 1994, S. I - 483 (502 f., Rdnrn. 12, 14).

[1264] EuGH, Rs. 8/81 (Becker ./. Finanzamt Münster-Innenstadt), Slg. 1982, S. 53 (71, Rdnr. 25).

[1265] Der EuGH hat bisher nur Ansprüche gegen Staaten anerkannt und eine horizontale Wirkung unmittelbar zu Lasten eines Einzelnen abgelehnt: EuGH, Rs. 152/84 (Marshall ./. Southampton and South West Hampshire Area Health Authority), Slg. 1986, S. 723 (729, Rdnr. 48); EuGH, Rs. 372 - 374/85 (Strafsache gegen Traen u.a.), Slg. 1987, S. 2141 (2159, Rdnr. 24); EuGH, Rs. C-106/89 (Marleasing SA ./. La Comercial Internacional de Alimentación SA), Slg. 1990, S. I - 4135 (4159, Rdnr. 6); EuGH, Rs. C-456/98 (Centrosteel Srl ./. Adlipol GmbH), Slg. 2000, S. I - 6007 (6027, Rdnr. 15); EuGH, Rs. C-233/01 (Riunione Adriatica di Sicurità Spa ./. Dario Lo Bue), Slg. 2002, S. I - 9411 (9424 f., Rdnr. 19, 22); eine unmittelbare Drittwirkung befürwortend *Galetke*, Die unmittelbare Wirkung von Richtlinien im Rahmen der Drittanfechtung, S. 67; *Strickrodt*, Die Haftung der Mitgliedstaaten der Europäischen Gemeinschaft bei Verstößen gegen das Gemeinschaftsrecht, S. 61 f.; zumindest unter bestimmten Umständen für eine

nach Art. 249 Abs. 3 EG jedoch nur für den Mitgliedstaat verbindlich ist, darf auch nur dieser die negativen Folgen einer Nichtumsetzung tragen.[1266] Anders entstünde eine erhebliche Rechtsunsicherheit, wenn Einzelne auch durch nicht rechtswirksam umgesetzte und daher nur den Mitgliedstaat bindende Richtlinienbestimmungen belastet werden könnten. Auch beim Sekundärrecht ist — entsprechend dem Primärrecht — die unmittelbare Wirksamkeit für die Entstehung subjektiver Rechte entscheidend.[1267] Voraussetzung für die Entstehung subjektiver Rechte ist nur die unmittelbare Wirksamkeit der Rechtsnorm, also grundsätzlich ihre nicht von Bedingungen abhängige, eindeutige und präzise Fassung.

2. *Ermessen*

Bei Ermessensnormen können im Gemeinschaftsrecht keine subjektiven Rechte entstehen.[1268] Beispielsweise fehle einer Richtlinie mit lediglich „programmatischem Charakter" die hinreichende Genauigkeit und Unbedingtheit, weil sie den Mitgliedstaaten einen Rahmen zur Umsetzung gebe; deshalb könne sie nicht subjektive Rechte begründen.[1269] Das Ermessen verhindert die unmittelbare Wirkung und ohne unmittelbare Wirkung können keine subjektiven Rechte des Gemeinschaftsrechts entstehen.

---

horizontale Wirkung von Richtlinien: *Bleckmann*, Europarecht, Rdnr. 436 (Bearb.: *Bleckmann*); *Burgi*, Verwaltungsprozeß und Europarecht, S. 17 f.; *Jarass*, Grundfragen der innerstaatlichen Bedeutung des EG-Rechts, S. 84 - 87; *Reich*, Bürgerrechte in der Europäischen Union, S. 106 f.; *Ruffert*, Subjektive Rechte im Umweltrecht der Europäischen Gemeinschaft, S. 233 - 235; eine Drittwirkung von Richtlinien bei Schlechterstellung des Einzelnen ablehnend: *Masing*, Die Mobilisierung des Bürgers für die Durchsetzung des Rechts, S. 47; *Papier*, Direkte Wirkung von Richtlinien der EG im Umwelt- und Technikrecht, DVBl. 1993, 809 (811).

[1266] EuGH, Rs. 152/84 (Marshall ./. Southampton and South West Hampshire Area Health Authority), Slg. 1986, S. 723 (749, Rdnr. 48).

[1267] *Classen*, Der einzelne als Instrument zur Durchsetzung des Gemeinschaftsrechts?, VerwArch 88 (1997), 645 (651 f.).

[1268] EuGH, Rs. 9/73 (Carl Schlüter ./. Hauptzollamt Lörrach), Slg. 1973, 1135 (1158, Rdnr. 32).

[1269] EuGH, Rs. C-236/92 (Comitato di coordinamento per la difesa della Cava u.a. ./. Regione Lombardia u.a.), Slg. 1994, S. I - 483 (502 f., Rdnrn. 12, 14).

3. *Abgrenzung von Rechten und Reflexen*

Der EuGH nimmt eine sehr weite Auslegung der subjektiven Rechte vor. Er legt auch Reflexe von Pflichten als subjektive Rechte aus.[1270] Solche Reflexe sind von der verpflichtenden Norm nicht gezielt angestrebte Begünstigungen von Dritten, sondern es sind Vergünstigungen, die sich als Nebenfolge der rechtlich festgelegten Pflicht darstellen. Beispielsweise hat der EuGH Art. 28 EG — das Verbot mengenmäßiger Einfuhrbeschränkungen, sowie von Maßnahmen gleicher Wirkung — als ein subjektives Recht begründend angesehen.[1271] Auch die Verpflichtung zur Harmonisierung der Umsatzsteuer begründe Rechte für den Einzelnen.[1272] Diese Beispiele wären nach deutscher Sichtweise Reflexe von Pflichten; der EuGH legt diese jedoch als Rechte aus. Eine solche Unterteilung in subjektive Rechte und Reflexe, wie im deutschen Recht, nimmt der EuGH nicht vor. Die Ablehnung eines subjektiven Rechts begründet der EuGH lediglich mit dem fehlenden objektiven Gehalt der Norm, nicht mit einer fehlenden subjektiven Wirkung der Vorschrift.[1273]

[1270] *Eilmansberger*, Rechtsfolgen und subjektives Recht im Gemeinschaftsrecht, S. 73 f.; *Schwarzenegger*, Staatshaftung, S. 91; *Beljin*, Staatshaftung im Europarecht, S. 142 - 144; vgl. dazu etwa EuGH, Rs. 9/70 (Grad ./. Finanzamt Traunstein), Slg. 1970, S. 825 (840, Rdnr. 10); a.A. Schoch: eine Abgrenzung zwischen dem ausschließlichen Schutz der Allgemeinheit und dem Einzelner sei nach dem Gemeinschaftsrecht möglich, *Schoch*, Individualrechtsschutz im deutschen Umweltrecht unter Einfluß des Gemeinschaftsrechts, NVwZ 1999, 457 (465), diese Auffassung beruht wohl darauf, daß Schoch nicht zwischen den subjektiven Rechten, den individualschützenden Rechten des Haftungsrechts, sowie den bei Richtlinienumsetzung zu schaffenden subjektiven Rechten unterscheidet.

[1271] EuGH, Rs. C-46 u. 48/93 (Brasserie du pêcheur, Factortame) Slg. 1996, S. I - 1029 (1143, Rdnr. 23).

[1272] EuGH, Rs. 9/70 (Grad ./. Finanzamt Traunstein), Slg. 1970, S. 825 (840, Rdnr. 10).

[1273] Der EuGH legt die Vorschrift über die Beseitigung bestimmter Abfälle so aus, daß diese nicht zugleich das Verbot enthält, solche Abfälle verursachende Erzeugnisse zu verbieten, EuGH, Rs. 380/87 (Enichem Base u.a. ./. Comune di Cinisello Balsamo), Slg. 1989, S. 2491 (2515 f., Rdnr. 6 - 11), etwas problematischer EuGH, Rs. 380/87 (Enichem Base u.a. ./. Comune di Cinisello Balsamo), Slg. 1989, S. 2491 (S. 2517 f., Rdnr. 19 - 24): bei der der EuGH aus der Begrenzung der Folgen der Verletzung einer Norm auf das Verhältnis zwischen Mitgliedstaat und Kommission folgert, daß dem Einzelnen ein Recht nicht zustehen könnte; bereits wegen Fehlen der unmittelbare Anwendbarkeit, wird ein Recht abgelehnt vom EuGH, wegen eines Spielraumes bei der Tätigkeit der Mitgliedstaaten, bei dem nicht der Erlaß konkreter Maßnahmen vorgeschrieben wird, EuGH, Rs. C-236/92 (Comitato di coordinamento per la difesa

Die Kriterien, die der EuGH zugrunde legt, sind förmlich und knüpfen nicht an eine subjektive Schutzrichtung der Norm an.[1274] Diese Kriterien sind nicht spezifisch für eine Unterscheidung zwischen objektivem Recht und Vorschriften mit subjektivem Gehalt.[1275]

4. Betroffenheit

Eine Individualisierung findet teilweise durch das Kriterium der Betroffenheit bzw. durch den persönlichen Anwendungsbereich statt. Nur der Betroffene kann Rechte geltend machen.[1276] Es können sich demnach nur Personen auf die Rechte berufen, die sich im persönlichen Anwendungsbereich befinden,[1277] oder die durch Auswirkungen betroffen sind, weil sie ein unmittelbares Interesse haben, daß das Recht gegenüber einer anderen Person im Anwendungsbereich des Rechts beachtet wird.[1278] Oftmals geht der EuGH jedoch nicht auf das Kriterium der Begrenzung des Personenkreises ein.[1279] Das Kriterium der Betroffenheit ist keine Voraus-

della Cava u.a. ./. Regione Lombardia u.a.), Slg. 1994, S. I - 483 (503, Rdnr. 14).

[1274] So auch *Danwitz*, Zur Grundlegung einer Theorie der subjektiv-öffentlichen Gemeinschaftsrechte, DÖV 1996, 481 (482).

[1275] So auch *Danwitz*, Zur Grundlegung einer Theorie der subjektiv-öffentlichen Gemeinschaftsrechte, DÖV 1996, 481 (482 f.).

[1276] EuGH, Rs. 13/68 (Salgoil ./. Außenhandelsministerium der Italienischen Republik), Slg. 1968, S. 679 (693); EuGH, Rs. 41/74 (Van Duyn ./. Home Office), Slg. 1974, 1337 (1349, Rdnr. 13/14); EuGH, Rs. C-343/92 (M. A. Roks u.a. ./. Bestuur van de Bedrijfsvereniging voor de Gezondheid), Slg. 1994, S. I - 571 (602, Rdnr. 43); *Ehlers*, Die Europäisierung des Verwaltungsprozeßrechts, S. 51.

[1277] EuGH, Rs. C-343/92 (M. A. Roks u.a. ./. Bestuur van de Bedrijfsvereniging voor de Gezondheid), Slg. 1994, S. I - 571 (601 f., Rdnr. 41); danach hat der EuGH jedoch lediglich festgestellt, ob der persönliche Geltungsbereich einer Richtlinie unbedingt und genau festgelegt ist, jedoch keine Einschränkung ausgesprochen, wer sich auf eine unmittelbar wirkende Richtlinie berufen kann, EuGH, Rs. C-76/97 (W. Tögel ./. Niederösterr. Gebietskrankenkasse), Slg. 1998, S. I - 5357 (5404, Rdnr. 44); EuGH, Rs. C-441/99 (Riksskatteverket ./. Soghra Gharehveran), Slg. 2001, S. I - 7682 (7718, Rdnr. 33 f.).

[1278] EuGH, Rs. 87, 88 u. 89/90 (A. Verholen u.a. ./. Sociale Verzekeringsbank), Slg. 1991, S. 3757 (3790, Rdnr. 23); EuGH, Rs. C-343/92 (M. A. Roks u.a. ./. Bestuur van de Bedrijfsvereniging voor de Gezondheid), Slg. 1994, S. I - 571 (602, Rdnr. 42 f.).

[1279] EuGH, Rs. C-56/98 (Modelo SGPS ./. Director - Geral dos Registos e Notariado), Slg. 1999, I - 6427 (6463, Rdnr. 33 - 35); EuGH, Rs. C-303/98 (Sindicato de Médicos de Asistencia Pública (Simap) ./. Conselleria des Sanidad y Consumo de la Generalidad Valenciana), Slg. 2000, I - 7963; EuGH, Rs. C-388 u. 429/00 (Radiosistemi Srl ./. Prefetto di Genova), Slg. 2002, I - 5845 (5887 - 5892, Rdnr. 48 - 66), wobei zumindest

setzung des subjektiven Rechts, sondern dient nur zur Abgrenzung des Personenkreises, der sich auf die subjektiven Rechte berufen darf. Dieses Kriterium besitzt — anders als die eigentlichen Voraussetzungen des subjektiven Rechts i.e.S. einen subjektiven Gehalt. Der Einzelne muß selbst in den Anwendungsbereich des — unmittelbar anwendbaren — Rechtssatzes des Gemeinschaftsrechts fallen und durch seine Auswirkungen betroffen sein.[1280] Oder er muß „ein unmittelbares Interesse" besitzen, daß das Recht „zugunsten der geschützten Person beachtet wird".[1281] Ob stets eine rechtliche Betroffenheit erforderlich ist, trotz der Anforderungen an den Bezug zu einer geschützten Person, ist problematisch. Der Begriff des unmittelbaren Interesses ist weiter gefaßt als eine Betroffenheit in eigenen Rechten. Damit genügt, daß der Einzelne von den Vorschriften bzw. Rechten zumindest faktisch betroffen ist,[1282] bzw. daß die Betroffenheit als faktischer Nachteil in geschützten Interessen auszulegen ist,[1283] also der Einzelne von den Rechten und Pflichten aus der Richtlinie faktisch betroffen sein muß. Dieses Kriterium dient letztendlich nicht der rechtlichen Abgrenzung, weil eine faktische — nicht nur rechtliche — Betroffenheit ausreicht. Jedoch läßt sich aufgrund der sehr kurz gehaltenen Aus-

teilweise recht offensichtlich der persönliche Geltungsbereich der Richtlinie gegeben war.

[1280] EuGH, Rs. C-343/92 (M. A. Roks u.a. ./. Bestuur van de Bedrijfsvereniging voor de Gezondheid), Slg. 1994, S. I - 571 (601 f., Rdnr. 41); ähnlich bereits EuGH, Rs. 13/68 (Salgoil ./. Außenhandelsministerium der Italienischen Republik), Slg. 1968, S. 679 (693).

[1281] EuGH, Rs. 87, 88 u. 89/90 (A. Verholen u.a. ./. Sociale Verzekeringsbank), Slg. 1991, S. 3757 (3790, Rdnr. 23); EuGH, Rs. C-343/92 (M. A. Roks u.a. ./. Bestuur van de Bedrijfsvereniging voor de Gezondheid), Slg. 1994, S. I - 571 (602, Rdnr. 42 f.); vgl. dazu *Ruffert*, Subjektive Rechte im Umweltrecht der Europäischen Gemeinschaft, S. 181.

[1282] EuGH, Rs. 13/68 (Salgoil ./. Außenhandelsministerium der Italienischen Republik), Slg. 1968, S. 679 (693); vgl. dazu auch *Eilmansberger*, Rechtsfolgen und subjektives Recht im Gemeinschaftsrecht, S. 102; *Halfmann*, Entwicklungen des Verwaltungsrechtsschutzes in Deutschland, Frankreich und Europa, VerwArch 91 (2000), S. 74 (82); *Stüber*, Subjektive Rechte aus Gemeinschaftsrecht, JURA 2001, 798 (801); *Epiney*, Gemeinschaftsrecht und Verbandsklage, NVwZ 1999, S. 485 (487): faktische Begünstigung durch Norm im Allgemeininteresse genügt für die Betroffenheit, es findet keine Differenzierung zwischen Allgemeinwohlinteressen und Individualinteressen statt.

[1283] So beispielsweise *Schoch*, Individualrechtsschutz im deutschen Umweltrecht unter Einfluß des Gemeinschaftsrechts, NVwZ 1999, 457 (464); *Ruffert*, Dogmatik und Praxis des subjektiv-öffentlichen Rechts unter dem Einfluß des Gemeinschaftsrechts, DVBl. 1998, S. 69 (72).

führungen des EuGH keine endgültige Schlußfolgerung ziehen. Problematisch ist insoweit auch, daß der EuGH dieses Kriterium nicht stets erwähnt und teilweise lediglich prüft, ob die Bestimmung des geschützten Personenkreises unbedingt und genau ist. Zudem hat der EuGH nur selten abgelehnt, daß sich jemand mangels Betroffenheit auf ein subjektives Recht bzw. eine unmittelbar anwendbare Norm berufen kann.[1284]

Nach einer weitergehenden Ansicht soll erforderlich sein, daß der Betroffene Begünstigter des fraglichen Rechts ist bzw. er vom rechtlichen Gehalt in seinem Rechtsstatus betroffen ist.[1285] Danach wäre nicht nur eine faktische Berührung der Rechte und Pflichten des Einzelnen erforderlich, sondern ein Eingriff in Rechte oder rechtliche Begünstigungen. Jedoch genügt nach dem EuGH ein unmittelbares Interesse, daß das Recht zugunsten eines Dritten beachtet wird. Insofern schränkt diese weitergehende Ansicht das Kriterium der Betroffenheit stärker ein als dieses nach der Rechtsprechung des EuGH der Fall ist.

Die Rechtsprechung des EuGH ist zwar nicht ganz eindeutig, jedoch spricht mehr für die Auslegung als einer lediglich faktischen Betroffenheit in subjektiven Rechten.

5. Ergebnis

Aus einer unbedingten, genauen Verpflichtung eines Mitgliedstaates oder eines Organs — und damit einer Gemeinschaft — durch einen Rechtssatz des Gemeinschaftsrechts folgt ein Recht des Einzelnen, sofern dieser betroffen ist. Lediglich für eine unmittelbare Geltung von Richtlinien sind weitere Voraussetzungen erforderlich. Dazu muß die Richtlinie nach Ablauf der Umsetzungsfrist nicht ordnungsgemäß in das nationale Recht umgesetzt sein oder das nationale Recht nicht entsprechend dem Ziel der Richtlinie angewendet worden sein und sie darf nicht unmittelbar zu Lasten des Einzelnen wirken. Eine Abgrenzung von Rechten und Reflexen findet bei diesen subjektiven Rechten des Gemeinschaftsrechts nicht statt:

[1284] Eine teilweise Ablehnung der Berufung mangels persönlicher Betroffenheit hat der EuGH vorgenommen in EuGH, Rs. C-343/92 (M. A. Roks u.a. ./. Bestuur van de Bedrijfsvereniging voor de Gezondheid), Slg. 1994, S. I - 571 (601 f., Rdnr. 41 - 43).

[1285] *Classen*, Der einzelne als Instrument zur Durchsetzung des Gemeinschaftsrechts?, VerwArch 88 (1997), 645 (666 f.); demgegenüber gegen eine zu enge Auslegung des Begriffes der Betroffenheit: *Galetke*, Die unmittelbare Wirkung von EG-Richtlinien im Rahmen der Drittanfechtung, S. 83.

Neben der unmittelbaren Wirkung und der Betroffenheit werden keine weiteren Kriterien herangezogen, wie beispielsweise in Deutschland die Schutznormtheorie.[1286] Damit sich der Einzelne auf diese subjektiven Rechte berufen kann, ist eine zumindest faktische Betroffenheit in Rechten erforderlich. Jedoch ist dieses Kriterium in der Rechtsprechung des EuGH noch nicht genau ausgearbeitet, so daß gewisse Unsicherheiten bleiben.

Im folgenden wird diese Art der subjektiven Rechte als subjektive Rechte des Gemeinschaftsrechts i.e.S. bezeichnet.

II. Subjektive Rechte als notwendige Folge der Umsetzung von Richtlinien

1. Voraussetzungen

Nach der Rechtsprechung des EuGH müssen Richtlinienbestimmungen unter bestimmten Voraussetzungen so umgesetzt werden, daß der Einzelne im nationalen Recht Durchsetzungsmöglichkeiten und damit subjektive Rechte eingeräumt bekommt. Die einzige Voraussetzung dafür ist, daß die betroffene Bestimmung der Richtlinie den Schutz Einzelner bezweckt. So soll beispielsweise die Pflicht, Ableitungen bestimmter Stoffe zu verbieten oder zu begrenzen, Rechte des Einzelnen bewirken.[1287] Auch die Vorschriften über die Trinkwassergewinnung aus Oberflächenwasser geben den Betroffenen Rechte, weil sie dem Schutz der Volksgesundheit dienen.[1288] Ebenso begründen die Grenzwerte für Schwefeldioxyd, Schwebestaub und Blei in der Luft subjektive Rechte — wegen möglicher Gesundheitsgefährdung bei Überschreitung der Grenzwerte.[1289] Noch weitgehender ist die Rechtsprechung bei den Richtlinien, die die Qualität von Süßwasser und Muschelgewässern schützen sollen.[1290] Denn auch

---

[1286] *Eilmansberger*, Rechtsfolgen und subjektives Recht im Gemeinschaftsrecht, S. 87; *Ruffert*, Subjektive Rechte im Umweltrecht der Europäischen Gemeinschaft, S. 161; kritisch insoweit (keine unbegrenzte Ausdehnbarkeit subjektiver Rechte des Gemeinschaftsrechts): *Papier*, Direkte Wirkungen von Richtlinien der EG im Umwelt- und Technikrecht, DVBl. 1993, 809 (814).

[1287] EuGH, Rs. C-131/88 (Kommission ./. BRD), Slg. 1991, S. I - 825 (867, Rdnr. 7).

[1288] EuGH, Rs. C-58/89 (Kommission ./. BRD), Slg. 1991, S. I - 4983, (5023, Rdnr. 13 f.).

[1289] EuGH, Rs. C-59/89 (Kommission ./. BRD), Slg. 1991, S. I - 2607 (2631, Rdnr. 19); EuGH, Rs. C-361/88 (Kommission ./. BRD), Slg. 1991, S. I - 2567 (2601, Rdnr. 16).

[1290] RL über die Qualität von Süßwasser, das schutz- oder verbesserungsbedürftig ist, um das Leben von Fischen zu erhalten, 78/659/EWG vom 18.07.1978, ABl. L 222,

diese Richtlinien seien individualschützend, weil sie der Überwachung von Gewässern zum Verzehr geeigneter Fische, Muscheln und Schnecken dienen und damit dem Gesundheitsschutz der Menschen.[1291] Die unmittelbare Anwendbarkeit ist nicht Voraussetzung dieser subjektiven Rechte, weil diese subjektiven Rechte erst durch eine Umsetzung in die nationalen Rechtsordnungen geschaffen werden müssen. Im Gegensatz zu den vorher genannten subjektiven Rechten ist hier erforderlich, daß die umzusetzende Norm einen Individualschutz bezweckt,[1292] nicht jedoch, daß ein von der Allgemeinheit abgrenzbarer Personenkreis geschützt werden soll.[1293]

Die Gewährung von Rechten muß das Ziel der Richtlinie sein.[1294] Der EuGH nimmt eine Abgrenzung zwischen ausschließlich dem öffentlichen Interesse dienenden Normen und auch dem Individualinteresse dienenden Normen vor. Er erkennt in relativ weitem Rahmen ein individuelles Interesse an. So nimmt der EuGH auch bei der Pflicht zur Umsetzung von Richtlinien keine strikte Unterteilung in subjektive Rechte und Reflexe vor.[1295] Auf diese Rechte können sich ebenfalls nur Betroffene berufen,

---

S. 1 - 10; RL über die Qualitätsanforderungen an Muschelgewässer, 79/923/EWG vom 30.10.1979, ABl. 281, S. 47 - 52, wobei in beiden Richtlinien die Verbesserung der Lebensqualität (der Menschen) als Ziel der Richtlinien genannt wird und bei der zweiten zusätzlich der Schutz der Verbraucher.

[1291] EuGH, Rs. C-298/95 (Kommission ./. BRD), Slg. 1996, S. I - 6747 (6760, Rdnr. 15).

[1292] So beispielsweise auch *v. Danwitz*, Normkonkretisierende Verwaltungsvorschriften und Gemeinschaftsrecht, VerwArch 84 (1993), S. 73 (88); *Ruffert*, Subjektive Rechte im Umweltrecht der Europäischen Gemeinschaft, S. 224; *Triantafyllou*, Zur Europäisierung des subjektiven öffentlichen Rechts, DÖV 1997, 192 (195 f.).

[1293] So die zutreffende Beurteilung der Rechtsprechung des EuGH durch *v. Danwitz*, Normkonkretisierende Verwaltungsvorschriften und Gemeinschaftsrecht, VerwArch 84 (1993), S. 73 (88).

[1294] *Schoch*, Individualrechtsschutz im deutschen Umweltrecht unter Einfluß des Gemeinschaftsrechts, NVwZ 1999, 457 (464); ähnlich *Pernice*, Kriterien der normativen Umsetzung von Umweltrichtlinien der EG im Lichte der Rechtsprechung des EuGH, EuR 1994, 325 (339); *Gurlit*, Umsetzungsverpflichtung der Mitgliedstaaten und subjektive Rechte der Gemeinschaftsbürger — subjektives Recht auf Umsetzung?, in: FS für Norbert Reich, S. 55 (62).

[1295] Diese Schutzzweckgesichtspunkte fänden in einer „objektivierenderen Konzeption" Anerkennung, so *Ruffert*, Subjektive Rechte im Umweltrecht der europäischen Gemeinschaft, S. 158; ähnlich *Remmert*, Die nationale Ausgestaltung richtlinienrechtlich geforderter subjektiver Rechtsstellungen, Verwaltung 29 (1996), S. 465 (474 f.).

wobei der EuGH auch bei diesen Rechten keine präzise Abgrenzung dieses Kriteriums vornimmt.

2. Vergleich zu den subjektiven Rechten i.e.S.

Vergleicht man die bei der Umsetzung von Richtlinien notwendigerweise zu schaffenden subjektiven Rechte mit den subjektiven Rechten i.e.S. fällt folgendes auf: Für die Begründung subjektiver Rechte aus Richtlinien ist neben der nicht rechtzeitigen oder nicht ausreichenden Umsetzung ausschließlich die unmittelbare Wirkung entscheidend. Daneben sind weitere Voraussetzungen nach der Rechtsprechung des EuGH nicht erforderlich.[1296] Dann muß sich jeder faktisch Betroffene auf die unmittelbar wirkenden Richtlinienbestimmungen berufen können. Demgegenüber besteht eine Verpflichtung des Mitgliedstaates, bei der Umsetzung einer Richtlinie Rechte zugunsten Einzelner zu begründen, nur, wenn der Zweck der Richtlinie der Schutz von Einzelnen ist.[1297] Für die subjektiven Rechte als Folge der Umsetzung von Richtlinien ist eine unmittelbare Anwendbarkeit nicht erforderlich. Bei der Anwendung der vom EuGH geforderten Voraussetzungen für diese beiden Arten subjektiver Rechte — von denen der EuGH bisher keine Ausnahmen gemacht hat — hätte dieses folgende Auswirkungen: Einerseits können durch die Umsetzung der Richtlinie mehr subjektive Rechte des Einzelnen geschaffen werden, als vor ihrer Umsetzung bestanden. Denn auch wenn die Richtlinie — beispielsweise mangels Bestimmtheit — nicht unmittelbar anwendbar ist, müssen bei der Umsetzung diejenigen Bestimmungen als subjektive Rechte umgesetzt werden, die die Allgemeinheit oder Einzelne begünstigen. Bei einer Orientierung ausschließlich an den vorstehend entwickelten Kriterien des EuGH der beiden Arten subjektiver Rechte könnte jedoch auch eine andere Folge eintreten: Bei unmittelbarer Geltung der Richtlinie könnten mehr Rechte des Einzelnen bestehen als bei der Umsetzung in das nationale Recht geschaffen werden müssen.[1298] Denn das Kriterium der unmittelba-

---

[1296] Vgl. Teil 3, B. I.

[1297] EuGH, Rs. C-131/88 (Kommission ./. BRD), Slg. 1991, S. I - 825 (867, Rdnr. 7); EuGH, Rs. C-59/89 (Kommission ./. BRD), Slg. 1991, S. I - 2607 (2631, Rdnr. 19); EuGH, Rs. C-361/88 (Kommission ./. BRD), Slg. 1991, S. I - 2567 (2601, Rdnr. 16); EuGH, Rs. C-58/89 (Kommission ./. BRD), Slg. 1991, S. I - 4983, (5023, Rdnr. 14).

[1298] Auf die Möglichkeit eines solchen Problems gehen ein: *Classen*, Der Einzelne als Instrument zur Durchsetzung des Gemeinschaftsrechts?, VerwArch 88 (1997), 645 (652 f.); *Frenz*, Subjektiv-öffentliche Rechte aus Gemeinschaftsrecht vor deutschen

ren Geltung und das der faktischen Betroffenheit müssen nicht zwangsläufig enger ausgelegt werden, als das der gezielten Rechtsgewährung, das für die Einräumung subjektiver Rechte bei der Umsetzung der Richtlinien relevant ist. Wie bereits dargelegt wurde, ist für die unmittelbare Geltung einer Richtlinie erforderlich, daß diese klar und eindeutig abgefaßt und nicht bedingungsabhängig ist, sowie den Mitgliedstaaten bei der Umsetzung kein Ermessensspielraum zusteht. Weitere Voraussetzung ist, daß sie — trotz Ablaufs der Umsetzungsfrist — nicht oder nicht ordnungsgemäß in das nationale Recht umgesetzt wurde bzw. trotz ordnungsgemäßer Umsetzung nationale Maßnahmen gegen die Richtlinie verstoßen. Daneben muß der Einzelne betroffen sein, um sich auf eine unmittelbar geltende Richtlinie berufen zu können. Zur Betroffenheit ist eine faktische Beeinträchtigung in Rechten erforderlich; ausreichend ist insoweit ein unmittelbares Interesse, daß ein Recht zugunsten eines dadurch geschützten Dritten beachtet wird. Im Gegensatz dazu ist für den Fall, daß eine Richtlinienbestimmung als subjektives Recht umzusetzen ist, erforderlich, daß diese den Schutz Einzelner zum Ziel hat. Je nach Auslegung dieser einzelnen Kriterien können bei unmittelbarer Geltung einer Richtlinie mehr subjektive Rechte bestehen, als nach den vorstehenden Kriterien durch die Umsetzung der Richtlinie geschaffen werden müssen.

Weil Classen die Betroffenheit ausschließlich als eine rechtliche Berührung des Rechtsstatus des Einzelnen auslegt,[1299] können nach seiner Ansicht durch die Umsetzung einer Richtlinie lediglich mehr Rechte entstehen als durch die unmittelbare Wirkung zusammen mit dem Kriterium der Betroffenheit.[1300] Diese Ansicht läßt sich jedoch nicht vollständig — wie bereits dargelegt — mit der Rechtsprechung des EuGH in Einklang brin-

Verwaltungsgerichten, DVBl. 1995, 408 (412 f.); *Ruffert*, Subjektive Rechte im Umweltrecht der Europäischen Gemeinschaft, S. 175 f., 225 f., 233 f., 235, 236, 342 f.; *Ruffert*, Dogmatik und Praxis des subjektiv-öffentlichen Rechts unter dem Einfluß des Gemeinschaftsrechts, DVBl. 1998, 69 (72 f.); hingegen unterscheidet Triantafyllou zwar die beiden hier genannten Arten subjektiver Rechte, geht jedoch nicht auf die Gefahr von Friktionen zwischen beiden ein, *Triantafyllou*, Zur Europäisierung des subjektiven öffentlichen Rechts, DÖV 1997, 192 (195 f.).

[1299] *Classen*, Der Einzelne als Instrument zur Durchsetzung des Gemeinschaftsrechts?, VerwArch 88 (1997), 645 (667).

[1300] *Classen*, Der Einzelne als Instrument zur Durchsetzung des Gemeinschaftsrechts?, VerwArch 88 (1997), 645 (653).

gen. Denn für das Kriterium der Betroffenheit ist ausreichend, daß ein Einzelner dadurch faktisch beeinträchtigt wird, daß in das Recht eines Dritten eingegriffen wird. Deshalb genügt für die Betroffenheit eine faktische Rechtsbeeinträchtigung.

Ähnlich ist Frenz der Ansicht, daß eine Richtlinie vor ihrer Umsetzung nicht mehr Rechte bewirken könne, als nach ihrer ordnungsgemäßen Umsetzung. Jedoch will er diese Gleichheit nicht aus dem europäischen Gemeinschaftsrecht herleiten. Sondern diese soll daraus resultieren, daß sich die „individualrechtsverleihende Wirkung" als Folge der Umsetzung nach dem nationalen Recht bestimme. Deshalb sollen die nationalen Vorschriften entscheidend dafür sein, ob sich bei nicht ordnungsgemäßer Umsetzung einer Richtlinie aus dieser subjektive Rechte herleiten lassen.[1301] Wie bereits dargelegt, ist jedoch für die Frage, wann bei fehlender ordnungsgemäßer Umsetzung von Richtlinien subjektive Rechte entstehen, das Gemeinschaftsrecht relevant, ebenso, wie für die Frage, wann Richtlinienbestimmungen als subjektive Rechte umzusetzen sind.

Demgegenüber geht Ruffert nicht von einer vollständigen Übereinstimmung beider Arten subjektiver Rechte aus. So befürwortet er eine horizontale Wirkung von Rechten aus Richtlinien mittelbar und unmittelbar zu Lasten von Einzelnen, ausschließlich für den Fall, daß bereits die Richtlinie eine Interessenabwägung zwischen den einzelnen Interessen getroffen habe und deshalb die Gewährung von Rechten an Einzelne zum Ziel habe.[1302] [1303] Dieses Kriterium der Gewährung von Rechten als Ziel der Richtlinie stimmt mit dem Kriterium überein, daß bei der Umsetzung von Richtlinienbestimmungen Rechte geschaffen werden müssen, wenn diese den Schutz Einzelner zum Ziel haben. Jedoch wäre eine solche

---

[1301] *Frenz*, Subjektiv-öffentliche Rechte aus Gemeinschaftsrecht vor deutschen Verwaltungsgerichten, DVBl. 1995, 408 (413).

[1302] *Ruffert*, Subjektive Rechte im Umweltrecht der Europäischen Gemeinschaft, S. 233 f., 235, 236, 342 f.

[1303] Der EuGH lehnt eine unmittelbare Drittwirkung von Richtlinien ab. Der EuGH hat bisher bei unmittelbar geltenden Richtlinien nur Ansprüche gegen Staaten anerkannt und eine horizontale Wirkung unmittelbar zu Lasten eines Einzelnen abgelehnt, EuGH, Rs. 152/84 (Marshall ./. Southampton and South West Hampshire Area Health Authority), Slg. 1986, S. 723 (729, Rdnr. 48); EuGH, Rs. 372 - 374/85 (Strafsache gegen Traen u.a.), Slg. 1987, S. 2141 (2159, Rdnr. 24); EuGH, Rs. C-106/89 (Marleasing SA ./. La Comercial Internacional de Alimentación SA), Slg. 1990, S. I - 4135 (4159, Rdnr. 6); EuGH, Rs. C-233/01 (Riunione Adriatica di Sicurità Spa ./. Dario Lo Bue), Slg. 2002, S. I - 9411 (9425, Rdnr. 22).

von Ruffert vorgeschlagene Angleichung der Kriterien entbehrlich, wenn er davon ausginge, daß die Voraussetzungen dieser Rechte aus Richtlinien ohnehin übereinstimmten. Diese Rechte sind nach seiner Ansicht unterschiedlich.[1304] Nach Ruffert besteht die Möglichkeit, daß eine Richtlinie bei unmittelbarer Geltung mehr Rechte gewähren könne, als nach ihrer ordnungsgemäßen Umsetzung.[1305] Jedoch sei dieses nur selten der Fall, weil die unmittelbare Wirkung bestimmte Rechtsschutzvoraussetzungen habe, die keinen allgemeinen Normvollziehungsanspruch entstehen ließen.[1306] Zudem sei zur Durchsetzung von unmittelbar geltenden Richtlinien ein unmittelbares Interesse erforderlich, weshalb der Unterschied im Ergebnis nicht sehr erheblich sei.[1307] Letztendlich besteht nach Ruffert eine erhebliche Ähnlichkeit der Voraussetzungen beider Arten subjektiver Rechte; vollständig stimmen sie jedoch nicht überein. Ruffert ist darin zuzustimmen, daß zwischen den Rechten zu differenzieren ist, die bei der Umsetzung von Richtlinien entstehen und denen, die aufgrund der unmittelbaren Geltung von Richtlinien bestehen. Diese haben — wie bereits dargelegt wurde — einige Unterschiede. Die Differenzen werden dadurch etwas relativiert, daß sich nur Betroffene auf die unmittelbar geltenden Richtlinien berufen dürfen. Jedoch führt dieses Kriterium nicht zu einer vollständigen Übereinstimmung beider Arten von Rechten, weil eine lediglich faktische Betroffenheit ausreicht. Hingegen muß eine Richtlinie den Schutz Einzelner zum Ziel haben bzw. bezwecken. Diese Zielgerichtetheit des rechtlich eingeräumten Schutzes fehlt bei dem Kriterium der Betroffenheit. Die subjektiven Rechte i.e.S. und die bei der Umsetzung von Richtlinien zu schaffenden subjektiven Rechte sind in ihren Voraussetzungen unterschiedlich. Dieses ist eine Folge der fehlenden einheitlichen Theorie der subjektiven Rechte des Gemeinschaftsrechts. Diese Unterschiede sind jedoch problematisch: Wenn eine Richtlinie vor ihrer Um-

---

[1304] *Ruffert*, Subjektive Rechte im Umweltrecht der Europäischen Gemeinschaft, S. 175 f.

[1305] *Ruffert*, Subjektive Rechte im Umweltrecht der Europäischen Gemeinschaft, S. 175 f.; *Ruffert*, Dogmatik und Praxis des subjektiv-öffentlichen Rechts unter dem Einfluß des Gemeinschaftsrechts, DVBl. 1998, 69 (72 f.).

[1306] *Ruffert*, Dogmatik und Praxis des subjektiv-öffentlichen Rechts unter dem Einfluß des Gemeinschaftsrechts, DVBl. 1998, 69 (73).

[1307] *Ruffert*, Dogmatik und Praxis des subjektiv-öffentlichen Rechts unter dem Einfluß des Gemeinschaftsrechts, DVBl. 1998, 69 (73 f.), wobei Ruffert mit diesem Kriterium die bereits dargestellte Betroffenheit meint.

setzung dem Einzelnen mehr Rechte einräumen kann, als nach ihrer ordnungsgemäßen Umsetzung, dann könnte möglicherweise trotz der ordnungsgemäßen Umsetzung durch den Mitgliedstaat eine unmittelbare Geltung in Betracht kommen. Denn nur durch die unmittelbare Geltung könnte der Einzelne seine subjektiven Rechte des Gemeinschaftsrechts i.e.S. aus der Richtlinie in Anspruch nehmen. Dieses Ergebnis wäre jedoch widersprüchlich: Die Umsetzung einer Richtlinie soll diese in das nationale Recht übertragen, einschließlich der Einräumung subjektiver Rechte. Könnten daneben aufgrund der unmittelbaren Geltung der Richtlinie noch subjektive Rechte über die bei der Umsetzung Gewährten hinaus entstehen, so müßte dann gegebenenfalls auf die der nationalen Regelung zugrundeliegenden Richtlinie abgestellt werden, trotz ihrer Umsetzung in das nationale Recht.

Jedoch entfaltet eine Richtlinie nur dann eine unmittelbare Geltung, wenn sie trotz Fristablaufs nicht ordnungsgemäß in das nationale Recht umgesetzt wurde oder nationale Maßnahmen trotz ordnungsgemäßer Umsetzung gegen die Richtlinie verstoßen: Ursprünglich war nach dem EuGH Voraussetzung für eine unmittelbare Wirkung von Richtlinien, daß die Umsetzungsfrist der Richtlinie ohne eine ordnungsgemäße Umsetzung dieser abgelaufen war. Danach kam eine unmittelbare Geltung einer Richtlinie grundsätzlich nur in Betracht, sofern die Richtlinie nicht ordnungsgemäß umgesetzt worden war. Folglich konnte eine ordnungsgemäße Umsetzung einer Richtlinie durch den Mitgliedstaat die unmittelbare Geltung ausschließen. Inzwischen geht der EuGH jedoch davon aus, daß die ordnungsgemäße Umsetzung einer Richtlinie dem Einzelnen nicht die Möglichkeit nimmt, sich auf die Rechte aus der unmittelbaren Wirkung der Richtlinie zu berufen.[1308] Anstelle der fehlenden oder unzureichenden Umsetzung ist dann jedoch erforderlich, „daß die nationalen Maßnahmen, die die Richtlinie ordnungsgemäß umsetzen, nicht so angewandt werden, daß das mit der Richtlinie verfolgte Ziel erreicht wird",[1309] also eine unzureichende Berücksichtigung des Ziels einer Richtlinie beim Erlaß nationaler Maßnahmen. Die ordnungsgemäße Umsetzung einer Richtlinie hat keine Ausschlußwirkung für die unmittelbare Geltung dieser

---

[1308] EuGH, Rs. C-62/00 (Marks & Spencer plc ./. Commissioners of Customs & Excise), Slg. 2002, S. I - 6325 (6359, Rdnr. 31).

[1309] EuGH, Rs. C-62/00 (Marks & Spencer plc ./. Commissioners of Customs & Excise), Slg. 2002, S. I - 6325 (6358 f., Rdnr. 27).

Richtlinie. Denn der Einzelne kann sich — trotz einer ordnungsgemäßen Umsetzung der Richtlinie in das nationale Recht — auf die subjektiven Rechte wegen der unmittelbaren Wirkung der Richtlinie dann berufen, wenn der Mitgliedstaat unter Verstoß gegen eine Richtlinienvorschrift gehandelt hat.[1310] Daß nur bei einem Verstoß des Mitgliedstaates gegen die Verpflichtung zur Umsetzung eine unmittelbare Geltung einer Richtlinie in Betracht kommt, ist die Folge davon, daß Richtlinien nach Art. 249 Abs. 3 G grundsätzlich keine allgemeine Geltung haben, sondern nur die Mitgliedstaaten verpflichten. Die begrenzte unmittelbare Geltung der Richtlinie dient der Sanktionierung des Mitgliedstaates, der den Art. 249 Abs. 3 EG nicht beachtet hat, indem er die Richtlinie nicht ordnungsgemäß umgesetzt oder sonst — trotz ordnungsgemäßer Umsetzung — nicht beachtet hat. Wenn der Mitgliedstaat die Richtlinie nicht beachtet, sind die subjektiven Rechte des Einzelnen aufgrund der unmittelbaren Geltung erforderlich, damit die Einzelnen so für die Durchsetzung der Richtlinie sorgen. Wenn der Mitgliedstaat hingegen die Richtlinie ordnungsgemäß beachtet, ist keine Sanktionierung erforderlich. Deshalb ist auch vom Sinn der unmittelbaren Geltung von Richtlinien nicht augeschlossen, daß bei unmittelbarer Wirkung der Richtlinie mehr subjektive Rechte bestehen können, als nach ihrer Umsetzung.[1311] Trotzdem wäre es sinnvoll, wenn der EuGH hier eine Angleichung vornähme. Eine Änderung der Rechtsprechung bei dem Kriterium der Betroffenheit böte sich an. Wenn sich der Einzelne nur dann auf eine unmittelbar wirkende Richtlinie berufen könnte, wenn diese die Verleihung von Rechten an den einzelnen zum Ziel hätte, bestünde das dargelegte Problem nicht mehr, daß dem Einzelnen durch die Umsetzung der Richtlinie Rechte entzogen werden können.

3. Ergebnis

Zusammenfassend läßt sich festhalten, daß bei den subjektiven Rechten zwischen verschiedenen Arten zu differenzieren ist, denn der EuGH hat in seiner Rechtsprechung noch keine präzise allgemeine Theorie der indi-

---

[1310] EuGH, Rs. C-62/00 (Marks & Spencer plc ./. Commissioners of Customs & Excise), Slg. 2002, S. I - 6325 (6359, Rdnr. 31).

[1311] Daß mehr Rechte bei der unmittelbaren Wirkung bestehen können, begründet auch Ruffert mit dem Sanktionsgedanken der unmittelbaren Wirkung von Richtlinien, *Ruffert*, Subjektive Rechte im Umweltrecht der Europäischen Gemeinschaft, S. 176.

viduellen Rechte entwickelt.[1312] Bei den unmittelbar im Gemeinschaftsrecht begründeten subjektiven Rechten ist ausschließlich die unmittelbare Anwendbarkeit entscheidend. Hingegen ist bei der Verpflichtung zur Begründung subjektiver Rechte bei der Umsetzung von Richtlinien nur das Kriterium des bezweckten Individualschutzes entscheidend. Diese beiden Arten subjektiver Rechte sind zu unterscheiden.[1313] Die hier zuletzt genannten subjektiven Rechte werden im folgenden als bei der Umsetzung von Richtlinien zu schaffende subjektive Rechte bezeichnet.

III. Rechtsfolge: Durchsetzbarkeit

Die Rechtsfolgen des Bestehens eines subjektiven Rechts sind darzulegen. Der EuGH spricht bei subjektiven Rechten i.e.S. davon, daß der Einzelne sich auf diese berufen können soll bzw. diese geltend machen können soll. Damit ist zumindest gemeint, daß der Einzelne sich im Rahmen eines bereits anhängigen Verfahrens vor den nationalen Gerichten auf diese Rechte berufen kann. Es stellt sich die Frage, ob der EuGH daneben auch die Möglichkeit meint, eine Klage auf diese Rechte zu stützen, also eine offensive gerichtliche Geltendmachung. Der Begriff „sich berufen" muß nicht unbedingt eine offensive klageweise Durchsetzbarkeit bedeuten. So spricht der EuGH davon, daß sich der Einzelne nicht nur auf Rechte berufen können soll, sondern auch auf andere unmittelbar geltende Bestimmungen einer Richtlinie.[1314] Dieses spricht dafür, daß der Begriff des „sich Berufens" nur das Geltendmachen im Rahmen eines bereits

---

[1312] *Danwitz*, Zur Grundlegung einer Theorie der subjektiv-öffentlichen Gemeinschaftsrechte, DÖV 1996, 481 (482); *Gurlit*, Umsetzungsverpflichtung der Mitgliedstaaten und subjektive Rechte der Gemeinschaftsbürger — subjektives Recht auf Umsetzung?, in: FS für Norbert Reich, S. 55 (57); *Schoch*, Individualrechtsschutz im deutschen Umweltrecht unter Einfluß des Gemeinschaftsrechts, NVwZ 1999, 457 (460); *Stüber*, Subjektive Rechte aus Gemeinschaftsrecht, JURA 2001, 798 (801).

[1313] *Ruffert*, Dogmatik und Praxis des subjektiv-öffentlichen Rechts unter dem Einfluß des Gemeinschaftsrechts, DVBl. 1998, 69 (72).

[1314] EuGH, Rs. C-6 u. 9/90 (Francovich u.a. ./. Italien), Slg. 1991, S. I - 5357 (5408, Rdnr. 11); diese Entscheidung wird von *Renke*, EG-Richtlinien und verwaltungsgerichtlicher Rechtsschutz, S. 77, so ausgelegt, daß die Möglichkeit zur Berufung auf Rechtsnormen nicht von subjektiven Rechten, sondern von der unmittelbaren Anwendbarkeit abhängen soll. Dem widerspricht jedoch die weiter unten ausführlich besprochene Entscheidung EuGH, Rs. 6/60 (Humblet ./. Belgien), Slg. 1960, S. 1167 (1189).

laufenden Verfahrens umfassen soll. Entsprechend soll nach Eilmansberger ein subjektives Recht eines Einzelnen nach der Rechtsprechung des EuGH nur bewirken, daß sich der Einzelne in einem bereits laufenden Verfahren darauf berufen kann. Zudem habe sich bisher dem EuGH ausschließlich das Problem gestellt, ob die subjektiven Rechte bei einem bereits laufenden Verfahren geltend gemacht werden können müssen. Die darüber hinausgehende Frage einer offensiven klageweisen Durchsetzung sei nicht entscheidungsrelevant gewesen. Deshalb sei noch offen, welche Voraussetzungen gegeben sein müßten, damit der Einzelne ein Verfahren in Gang setzen könne.[1315] Wenn der EuGH beispielsweise davon spreche, daß sich der Einzelne „vor Gericht auf diese Verpflichtungen" des Mitgliedstaates berufen können solle,[1316] sei nur gemeint, daß dieses in einem bereits laufenden Verfahren möglich sein müsse; es werde jedoch keine Aussage über die Pflicht zur Eröffnung des Rechtsweges getroffen.[1317] Daneben habe der EuGH keine Kriterien aufgestellt, unter denen die Rechtsordnungen der Mitgliedstaaten Klagen zur Wahrung subjektiver Rechte zulassen müssen, sondern im Bereich der Klagevoraussetzungen möglichst nicht in die nationale Rechtsordnungen eingegriffen.[1318] Deshalb habe der EuGH die Frage offengelassen, ob subjektive Rechte immer klageweise durchsetzbar sein müssen; zwar müßten die Rechte und Interessen der Einzelnen wirksam geschützt werden, die Ausgestaltung des Rechtsschutzes bestimme sich jedoch nach den nationalen Rechtsordnungen.[1319]

Andererseits hat der EuGH in der Entscheidung Humblet festgestellt, „normalerweise ist davon auszugehen, daß einem materiellen Recht die Befugnis des Berechtigten entspricht, dieses Recht selbst (...) im Klagewege

---

[1315] *Eilmansberger*, Rechtsfolgen und subjektives Recht im Gemeinschaftsrecht, S. 91 - 96.

[1316] EuGH, Rs. 9/70 (Grad ./. Finanzamt Traunstein), Slg. 1970, S. 825 (840, Rdnr. 10).

[1317] *Eilmansberger*, Rechtsfolgen und subjektives Recht im Gemeinschaftsrecht, S. 91.

[1318] *Eilmansberger*, Rechtsfolgen und subjektives Recht im Gemeinschaftsrecht, S. 117 f.

[1319] EuGH, Rs. 13/68 (Salgoil ./. Außenhandelsministerium der Italienischen Republik), Slg. 1968, S. 679 (693); EuGH, Rs. 179/84, (Bozzetti ./. Invernizzi SpA und Schatzministerium), Slg. 1985, S. 2301 (2317 f., Rdnr. 17); vgl. dazu *Eilmansberger*, Rechtsfolgen und subjektives Recht im Gemeinschaftsrecht, S. 109 f.

geltend zu machen."[1320] Damit hat der EuGH ausgesprochen, daß die subjektiven Rechte auf gerichtliche Durchsetzung gerichtet sind. Nach Eilmansberger betreffe das Urteil ausschließlich das Protokoll über die Vorrechte und Immunitäten. Über dieses im EGKS vorgesehene Verfahren hinaus, ließen sich die Aussagen des EuGH nicht verallgemeinern.[1321] Dagegen spricht jedoch die Formulierung des EuGH, daß normalerweise ein materielles (subjektives) Recht die Befugnis enthalte, dieses mittels einer Klage zu beanspruchen.[1322] Die Verwendung des Begriffs „normalerweise" bedeutet, daß im Regelfall bei einem materiellen subjektiven Recht auch die klageweise Durchsetzbarkeit gegeben sein muß. Außerdem muß nach dem EuGH effektiver Rechtsschutz — auch als Anfechtung vor Gericht — gegen diejenigen Entscheidungen mitgliedstaatlicher Behörden möglich sein, die in gemeinschaftsrechtliche Rechtsstellungen oder Grundrechte des Einzelnen eingreifen.[1323] Eilmansberger weist zwar darauf hin, daß bei diesen Entscheidungen nur der gerichtliche Schutz gegen nationale verwaltungsbehördliche Entscheidungen angesprochen wurde. Außerdem ergingen die Entscheidungen in bereits laufenden Verfahren; das Problem der offensiven Rechtsdurchsetzung sei nicht entscheidungsrelevant gewesen, weshalb diese Entscheidungen zum Problem der offensiven Geltendmachung nicht aussagekräftig seien.[1324] Jedoch begründet der EuGH in den genannten Entscheidungen den Grundsatz des effektiven Rechtsschutzes mit Art. 6 und 13 EMRK.[1325] Art. 13 EMRK berechtigt auch zur offensiven gerichtlichen Durchsetzung von Rechten. Selbst wenn sich diese Frage bei den vom EuGH entschiedenen Verfahren nicht stellte,

---

[1320] EuGH, Rs. 6/60 (Humblet ./. Belgien), Slg. 1960, S. 1167 (1189).

[1321] *Eilmansberger*, Rechtsfolgen und subjektives Recht im Gemeinschaftsrecht, S. 108.

[1322] EuGH, Rs. 6/60 (Humblet ./. Belgien), Slg. 1960, S. 1167 (1189).

[1323] EuGH, Rs. 222/86 (Unectef ./. Heylens u.a.), Slg. 1987, S. 4097 (4116 f., Rdnr. 14); EuGH, Rs. C-97/91, (Oleificio Borelli ./. Kommission), Slg. 1992, S. I - 6313 (6334, Rdnr. 13 f.); ähnlich EuGH, Rs. 222/84 (Johnston ./. Chief Constable of the RUC) , Slg. 1986, S. 1651 (1682, Rdnr. 17 - 20).

[1324] *Eilmansberger*, Rechtsfolgen und subjektives Recht im Gemeinschaftsrecht, S. 154 f.

[1325] EuGH, Rs. 222/86 (Unectef ./. Heylens u.a.), Slg. 1987, S. 4097 (4117, Rdnr. 14); EuGH, Rs. 222/84 (Johnston ./. Chief Constable of the RUC), Slg. 1986, 1651 (1682, Rdnr. 18); EuGH, Rs. C-226/99 (Siples Srl in Liquidation ./. Ministero delle Finanze u.a.), Slg. S. I - 2001, 277 (294, Rdnr. 17); EuGH, Rs. C-97/91 (Oleificio Borelli ./. Kommission), Slg. 1992, S. I - 6313, (S. 6334, Rdnr. 14).

spricht die Zitierung von Art. 13 EMRK dafür, daß der EuGH grundsätzlich davon ausgeht, daß subjektive Rechte auch zur klageweisen Durchsetzbarkeit, also zur Verfahrenseinleitung berechtigen.

Eine eindeutige, auf bestimmte Fälle bezogene Unterscheidung zwischen dem Geltendmachen innerhalb eines bereits laufenden Verfahrens und dem offensiven Geltendmachen nimmt der EuGH nicht vor. Der EuGH spricht davon, die Betroffenen müssen „dieses Recht unter den bestmöglichen Voraussetzungen geltend machen können".[1326] Entsprechend ist die Anforderung, daß die subjektiven Rechte vor den nationalen Gerichten geltend zu machen sein müssen, so zu verstehen, daß nicht nur die Möglichkeit des Geltendmachens innerhalb eines laufenden Verfahrens gemeint ist. Dieses entspricht der — wie oben ausgeführt — vom EuGH im Fall Humblet vertretenen Ansicht. Meinte der EuGH ausschließlich die Möglichkeit, die subjektiven Rechte innerhalb eines laufenden Verfahrens geltend zu machen, hätte das — je nach Mitgliedstaat unterschiedlich — teilweise einen nur geringen Rechtsschutz zur Folge. So werden beispielsweise in Frankreich geringere Zulässigkeitsanforderungen für eine Klage gestellt als in Deutschland, wo i.d.R. ein subjektives öffentliches Recht Zulässigkeitsvoraussetzung einer verwaltungsgerichtlichen Klage ist. Der EuGH nimmt zwar keine Unterscheidung vor. Dadurch will er jedoch nicht zulassen, daß wegen der unterschiedlichen Regelungen in den einzelnen Mitgliedstaaten Rechte europäischen Ursprungs nicht oder nur unzureichend umgesetzt werden. Auch wenn er die Ausgestaltung des Rechtsschutzsystems im Einzelnen dem nationalen Recht überläßt, muß zum bestmöglichen Geltendmachen und für einen effektiven Rechtsschutz die Klagbarkeit gegeben sein.[1327]

Die Frage der offensiven gerichtlichen Durchsetzbarkeit war zwar dann nicht relevant, wenn es um die Klage eines Einzelnen innerhalb

---

[1326] EuGH, Rs. 222/86 (Unectef ./. Heylens u.a.), Slg. 1987, S. 4097 (4117, Rdnr. 15).

[1327] Auch Bleckmann geht davon aus, daß die subjektiven Rechte nur dann gesichert sind, wenn diese auch in den nationalen Rechtsordnungen durchsetzbar wären; danach müßte alleine die Feststellung genügen, es handele sich um ein subjektives Recht, um eine Klagebefugnis zu begründen, *Bleckmann*, Europarecht, Rdnr. 725; Bearb.: *Bleckmann;* ebenso *Renke*, EG-Richtlinien und verwaltungsgerichtlicher Rechtsschutz, S. 109 f.; ähnlich *Danwitz*, Verwaltungsrechtliches System und Europäische Integration, S. 245; *Triantafyllou*, Haftung der Mitgliedstaaten für Nichtumsetzung von EG-Recht, DÖV 1992, 564 (566); *Triantafyllou*, Zur Europäisierung des subjektiven öffentlichen Rechts, DÖV 1997, 192 (194).

eines bereits laufenden Verfahrens ging. Anders könnten diesbezüglich jedoch die Klagen der Kommission wegen unzureichender Umsetzung von Richtlinien zu beurteilen sein. Zwar geht es hierbei primär nicht um die Frage der offensiven gerichtlichen Durchsetzbarkeit einzelner Richtlinienbestimmungen, sondern um die ordnungsgemäße Umsetzung der Richtlinie in nationales Recht. So handele es sich nach Eilmansberger nur um Klagen der Kommission, bei der die Frage der Einrichtung von Rechtsbehelfen nicht relevant sei; bei diesen Klagen gehe es nicht um die Verpflichtung des Mitgliedstaates, ein Verfahren zur Durchsetzung bestimmter Rechte zu garantieren.[1328] Andererseits ist die Umsetzung einer Richtlinie durch den Mitgliedstaat dann vertragsverletzend, wenn keine hinreichend durchsetzbaren Rechte entstehen, obwohl die Richtlinie dieses vorschreibt. Diese Vertragsverletzung könnte die Kommission auch rügen. Insofern kann sich auch die Frage der klageweisen Durchsetzbarkeit subjektiver Rechte bei einem Vertragsverletzungsverfahren stellen. Auf die Rechtsprechung hierzu soll eingegangen werden: Nach dem EuGH muß der Einzelne von seinen Rechten Kenntnis erlangen und diese vor den nationalen Gerichten geltend machen können.[1329] Um einen effektiven Rechtsschutz zu gewährleisten, den der EuGH anstrebt, könnte auch eine offensive klageweise Durchsetzbarkeit zur ordnungsgemäßen Umsetzung der Richtlinie notwendig sein. Ähnlich bewertet Schwarze die Ausführungen des EuGH, daß die individualschützenden Bestimmungen — wie beispielsweise die Grenzwerte zum Schutz der Gesundheit — effektiv durchsetzbar, also auch einklagbar, sein müssen.[1330] Streitig ist insoweit nur, ob die Umsetzung in Deutschland als subjektives öffentliches Recht notwendig ist,[1331] oder ob die Einräumung einer Klagebefugnis

---

[1328] *Eilmansberger*, Rechtsfolgen und subjektives Recht im Gemeinschaftsrecht, S. 170, 173, 174 f.

[1329] EuGH, Rs. 29/84 (Kommission ./. BRD), Slg. 1985, S. 1661 (1673, Rdnr. 23); EuGH, Rs. C-59/89 (Kommission ./. BRD) , Slg. 1991, S. I - 2607 (2631, Rdnr. 18); EuGH, Rs. C-131/88 (Kommission ./. BRD), Slg. 1991, S. I - 825, (867 f., Rdnrn. 6-8); EuGH, Rs. C-361/88, (Kommission ./. BRD), Slg. 1991, S. I - 2567 (2601, Rdnr. 15); ähnlich EuGH, Rs. 58/89 (Kommission ./. BRD), Slg. 1991, S. I - 4983 (5023, Rdnr. 14).

[1330] *Schwarze*, Deutscher Landesbericht, in: *Schwarze* (Hrsg.), Das Verwaltungsrecht unter europäischem Einfluß, S. 123 (176 - 181); ähnlich *Renke*, EG-Richtlinien und verwaltungsgerichtlicher Rechtsschutz, S. 146 f.

[1331] Einerseits können die subjektiven Rechte des Gemeinschaftsrechts als subjektive öffentliche Rechte anzusehen bzw. diesen gleichzusetzen sein, um die Klagbarkeit zu

ausreicht.[1332] Wenn der EuGH subjektive Rechte anerkennt, soll damit nicht nur die Möglichkeit eröffnet sein, diese Rechte während eines bereits laufenden Verfahrens geltend zu machen, sondern auch eine Klage auf diese zu stützen.

IV. Subjektive Rechte als Voraussetzung der Haftung

Daneben kennt der EuGH auch subjektive Rechte im Bereich des Haftungsrechts. In Art. 288 EG sind die Grundsätze der Haftung der Gemeinschaft festgelegt. Für die Entscheidung dieser Streitsachen ist der EuGH nach Art. 235 EG zuständig. Die Haftung der Mitgliedstaaten ist nicht in den Verträgen geregelt. Für diese Staatshaftung hat der EuGH eigene Kriterien in Anlehnung an Art. 288 Abs. 2 EG entwickelt.

1. Voraussetzungen

Nach Art. 288 Abs. 2 EG ersetzt die Gemeinschaft im Bereich der außervertraglichen Haftung die durch ihre Organe oder Bedienstete in Ausübung ihrer Amtstätigkeit verursachten Schäden. Daneben fordert der EuGH noch die Rechtswidrigkeit der Handlung,[1333] den Eintritt eines Schadens und einen ursächlichen Zusammenhang zwischen diesen beiden Voraussetzungen.[1334] Teilweise verlangt der EuGH zudem eine besondere

---

gewährleisten, so *Classen*, Der Einzelne als Instrument zur Durchsetzung des Gemeinschaftsrechts?, VerwArch 88 (1997), 645 (678); *Danwitz*, Zur Grundlegung einer Theorie der subjektiv-öffentlichen Gemeinschaftsrechte, DÖV 1996, 481 (488).

[1332] Andererseits könnte die Einräumung einer Klagebefugnis ausreichen; die Gleichstellung der subjektiven Rechte des Gemeinschaftsrechts mit den subjektiven öffentlichen Rechten wäre dann nicht erforderlich, so *Renke*, EG-Richtlinien und verwaltungsgerichtlicher Rechtsschutz, S. 4; wohl auch *Götz*, Europarechtliche Vorgaben für das Verwaltungsprozeßrecht, DVBl. 2002, 1 (4); *Kokott*, Europäisierung des Verwaltungsprozeßrechts, Verwaltung 31 (1998), 335 (350 f.); problematisch wäre bei dieser Ansicht, daß die Klagebefugnis und das subjektive öffentliche Recht getrennt würden, was erhebliche Auswirkungen auf den deutschen Verwaltungsrechtsschutz hätte, so *Schwarze*, Deutscher Landesbericht, in: *Schwarze* (Hrsg.), Das Verwaltungsrecht unter europäischem Einfluß, S. 123 (178).

[1333] Unrechtmäßige, schadensstiftende Handlung als Amtsfehler, EuGH, Rs. 5/71, (Aktien-Zuckerfabrik Schöppenstedt ./. Rat), Slg. 1971, S. 975 (984).

[1334] EuG, Rs. T-571/93 (Lefebre frères et soeurs u.a. ./. Kommission), Slg. 1995, S. II - 2379 (2394, Rdnr. 27); EuGH, Rs. 4/69 (Alfonds Lütticke GmbH ./. Kommission), Slg. 1971, S. 325 (337, Rdnr. 10); Rs. 26/81 (SA Oleifici Mediterranei ./. EWG), Slg. 1982, S. 3057 (3078, Rdnr. 16).

Belastung Einzelner.[1335] Zur qualifizierten Rechtswidrigkeit ist erforderlich, daß eine Schutznorm verletzt wurde, also eine Norm, die zumindest auch dem individuellen Interesse dient. Jedoch ist die Auslegung des Schutznormkriteriums durch den EuGH deutlich weiter als beim deutschen subjektiven öffentlichen Recht.

Für die vom EuGH in Anlehnung an Art. 288 Abs. 2 EG entwickelte Haftung von Mitgliedstaaten muß ein Verstoß gegen eine gemeinschaftsrechtliche Rechtsnorm vorliegen, die eine Verleihung von Rechten an Einzelne bezweckt. Der Verstoß muß hinreichend qualifiziert sein und zwischen dem Verstoß und dem eingetretenen Schaden muß ein unmittelbarer Kausalzusammenhang bestehen.[1336] Auch hier bedeutet eine Schutznormverletzung einen Verstoß gegen eine Rechtsnorm des Gemeinschaftsrechts, die eine Verleihung von Rechten an Einzelne bezweckt. Hier ist eine Parallele zu der Haftung der Gemeinschaft nach Art. 288 Abs. 2 EG gegeben. Die Haftung bei Rechtssetzungsakten weist eine Tendenz zur Vereinheitlichung der Haftung der Organe und der Mitgliedstaaten auf.[1337] Bei der „hinreichend qualifizierte(n) Verletzung einer höherrangigen, dem Schutz des Einzelnen dienenden Rechtsnorm"[1338] kom-

---

[1335] EuGH, Rs. 238/78 (Ireks-Arkady ./. Rat und Kommission) Slg. 1979, S. 2955 (2973, Rdnr. 11); EuGH, Rs. 261 u. 262/78 (Interquell Stärke Chemie GmbH & Co KG ./. Rat und Kommission), Slg. 1979, 3045 (3064, Rdnr. 3064); vgl. dazu *Bleckmann*, Europarecht, Rdnr. 1028 (Bearb.: *Bleckmann*); *Triantafyllou*, Haftung der Mitgliedstaaten für Nichtumsetzung von EG-Recht, DÖV 1992, 564 (568).

[1336] EuGH, Rs. C-352/98 P (Laboratories pharmaceutiques Bergaderm SA und Goupil ./. Kommission), Slg. 2000, I - 5291 (S. 5324, Rdnr. 42); EuGH, Rs. 46 u. 48/93 (Brasserie du pêcheur und Factortame), Slg. 1996, S. I - 1029 (1149, Rdnr. 51); ähnlich bereits EuGH, Rs. C-6 u. 9/90 (Francovich u.a. ./. Italien), Slg. 1991, S. I - 5357 (S. 5415, Rdnr. 40); vgl. dazu auch *Böhm*, Voraussetzungen einer Staatshaftung bei Verstößen gegen primäres Gemeinschaftsrecht, JZ 1997, S. 53 (57 - 59); *Reich*, Der Schutz subjektiver Gemeinschaftsrechte durch Staatshaftung, EuZW 1996, 709 (709 - 715).

[1337] EuGH, Rs. 46 u. 48/93 (Brasserie du pêcheur und Factortame), Slg. 1996, S. I - 1029 (1147, Rdnr. 42).

[1338] EuGH, Rs. 5/71 (Aktien-Zuckerfabrik Schöppenstedt ./. Rat), Slg. 1971, S. 975 (984 f., Rdnr. 11); EuGH, Rs. 50/86, (Les Grands Moulins de Paris ./. Rat und Kommission), Slg. 1987, S. 4833 (4857, Rdnr. 8); EuGH, Rs. 56 - 60/74 (Kampffmeyer Mühlenvereinigung KG ./. Kommission und Rat), Slg. 1976, S. 711 (744, Rdnr. 13); EuGH, Rs. 83 u. 94/76, 4, 15 u. 40/77 (Bayerische HNL u.a. ./. Rat und Kommission), Slg. 1978, S. 1209 (1224 f., Rdnr. 4); EuG, Rs. T-571/93 (Lefebre frères et soeurs u.a. ./. Kommission), Slg. 1995, S. II - 2379 (2396, Rdnr. 32); ähnlich EuGH, Rs. 46 u. 48/93 (Brasserie du pêcheur und Factortame), Slg. 1996, S. I - 1029 (1149, Rdnr. 51); EuGH, Rs. 178, 179, 188-190/94 (Dillenkofer u.a. ./. BRD), Slg. 1996, S. I - 4845 (4879, Rdnr.

men als höherrangige Normen insbesondere folgende in Betracht: Das Verhältnismäßigkeitsprinzip, das Verbot des Ermessensmißbrauchs, das Recht auf Gleichberechtigung, der Vertrauensschutz und das Recht auf Anhörung;[1339] wobei nur offenkundige Ermessensfehler das Verbot des Ermessensmißbrauchs verletzen.[1340] Diese Rechte können auch aus dem nicht geschriebenen Primär- oder Sekundärrecht entstehen. Daß eine Norm allgemeine Interessen schützt, schließt nicht aus, daß sie zugleich die Interessen einzelner Unternehmen schützt; die Rechtsvorschriften müssen nur zum Schutz von deren Interessen bestimmt sein.[1341] Für eine „dem Schutz des Einzelnen dienende Rechtsnorm" ist erforderlich, daß die verletzte Rechtsnorm die Verleihung von Rechten an Einzelne bezweckt,[1342]

---

21); vgl. dazu *Bleckmann*, Europarecht, Rdnr. 1028, 1030 (Bearb.: *Bleckmann*); *Reich*, Bürgerrechte in der Europäischen Union, S. 140.

[1339] EuG Rs. T-481 u. 484/93 (Vereniging van Exporteurs in Levende Varkens u.a. ./. Kommission), Slg. 1995, S. II - 2941 (2976, Rdnr. 102); *Bleckmann*, Europarecht, Rdnr. 1030 (Bearb.: *Bleckmann*); *Ossenbühl*, Staatshaftungsrecht, S. 592 f.

[1340] *Triantafyllou*, Haftung der Mitgliedstaaten für Nichtumsetzung von EG-Recht, DÖV 1992, 564 (568).

[1341] EuGH, Rs. 5, 7 u. 13 - 24/66, (Firma E. Kampffmeyer ./. Kommission), Slg. 1967, S. 331 (355).

[1342] EuGH, Rs. 46 u. 48/93 (Brasserie du pêcheur und Factortame), Slg. 1996, S. I - 1029 (1149, Rdnr. 51); EuGH, Rs. 178, 179, 188-190/94 (Dillenkofer u.a. ./. BRD), Slg. 1996, S. I - 4845 (4879, Rdnr. 21, 4882, Rdnr. 35 f.). Auch bei primärem Gemeinschaftsrecht ist erforderlich, „daß die Rechtsnorm gegen die verstoßen wurde, bezweckt, dem Einzelnen Rechte zu verleihen", EuGH, Rs. 46 u. 48/93 (Brasserie du pêcheur und Factortame), Slg. 1996, S. I - 1029 (1149, Rdnr. 51, S. 1150, Rdnr. 54) für Art. 30 und Art. 52 EWGV: Zwar geht der EuGH vorher auf die unmittelbare Wirkung von Art. 30 EWGV und Art. 52 EWGV ein, dieses dient aber der Abgrenzung zur vorhergehenden Francovich-Entscheidung, die einen Haftungsanspruch nur für das Fehlen einer unmittelbaren Wirkung angenommen hatte. Demgegenüber stellt die Entscheidung Brasserie du pêcheur und Factortame klar, daß ein Entschädigungsanspruch auch als Ergänzung zur unmittelbaren Wirkung bestehen kann, eine Verletzung könne (müsse aber nicht) zu einer Entschädigung führen, EuGH, Rs. 46 u. 48/93 (Brasserie du pêcheur und Factortame), Slg. 1996, S. I - 1029 (1142, Rdnr. 11 - 23). Daß daneben durch die verletzten Normen des Gemeinschaftsrechts eine Verleihung von Rechten an den Einzelnen bezweckt sein muß, prüft der EuGH gesondert, EuGH, Rs. 46 u. 48/93 (Brasserie du pêcheur und Factortame), Slg. 1996, S. I - 1029 (1149, Rdnr. 49, S. 1150, Rdnr. 54). Reich weist darauf hin, daß sich der Schutzzweck der Norm sowohl aus dem Wortlaut und dem Zweck der Richtlinie, als auch ihrer Begründung ergeben kann, *Reich*, Der Schutz subjektiver Gemeinschaftsrechte durch Staatshaftung, EuZW 1996, 709 (710).

bzw. zum Ziel hat.[1343] Deshalb soll nach Diehr bei Richtlinien erforderlich sein, daß deren Bestimmungen als individualschützende subjektive Rechte umzusetzen sind.[1344] Diese Auslegung ist sinnvoll, da hier ein Gleichklang der Voraussetzungen besteht. Denn Regelungen einer Richtlinie sind dann als subjektive Rechte umzusetzen, wenn die umzusetzende Norm der Richtlinie einen Individualschutz intendiert, also die Gewährung von Rechten zum Ziel hat.[1345] Diese Formulierung ähnelt stark der des Interessenschutzes der Rechtsnormen, die eine Verleihung von Rechten an Einzelne bezwecken müssen, damit sie haftungsbegründende subjektive Rechte bewirken. Der Begriff der „Verleihung" ruft den Eindruck hervor, daß nur ausdrücklich eingeräumte Rechtspositionen subjektive Rechte sein sollen.[1346] Es reicht jedoch aus, daß die Rechtsverleihung durch Auslegung ermittelbar ist;[1347] entscheidend ist der Schutzzweck der Norm.[1348] Deshalb bestimmt sich der Schutzumfang der Norm — nach dem EuGH — nach dem Schutzzweck derselben und zeigt, inwieweit im konkreten Einzelfall der Einzelne von der Norm geschützt wird.[1349]

[1343] EuGH, Rs. 178, 179, 188 - 190/94 (Dillenkofer u.a. ./. BRD), Slg. 1996, S. I - 4845 (4881, Rdnr. 30); EuGH, Rs. C-6 u. 9/90 (Francovich u.a. ./. Italien), Slg. 1991, S. I - 5357 (5415, Rdnr. 40); beide zur Haftung wegen Nichtumsetzung einer Richtlinie; um festzustellen, ob eine Norm der Richtlinie die Verleihung von Rechten an Pauschalreisende vorschreibt, prüft der EuGH, daß Sinn der Richtlinie die Sicherstellung zum Schutz der Verbraucher gegen das Risiko von Konkurs oder Zahlungsunfähigkeit des Veranstalters von Pauschalreisen ist. Hier wird auf den Schutzzweck der Richtlinienbestimmung abgestellt.

[1344] *Diehr*, Der Staatshaftungsanspruch des Bürgers wegen Verletzung des Gemeinschaftsrechts durch die deutsche öffentliche Gewalt, S. 95; ähnlich soll nach *Zuleeg*, Umweltschutz in der Rechtsprechung des Europäischen Gerichtshofes, NJW 1933, 31 (38) der Staat haften, wenn er es pflichtwidrig vereitelt, ein durch die Umsetzung von Richtlinien zu schaffendes Recht zu gewähren.

[1345] Teil 3, B. II. 1.

[1346] *Eilmansberger*, Rechtsfolgen und subjektives Recht im Gemeinschaftsrecht, S. 73.

[1347] EuGH, Rs. 178, 179, 188 - 190/94 (Dillenkofer u.a. ./. BRD), Slg. 1996, S. I - 4845, (4881 - 4883, Rdnrn. 33 - 42); EuGH, Rs. 9/70 (Grad ./. Finanzamt Traunstein), Slg. 1970, S. 825 (838, Rdnr. 6).

[1348] *Ehlers*, Die Europäisierung des Verwaltungsprozeßrechts, S. 57.

[1349] EuGH, Rs. 60/75 (Russo ./. AIMA), Slg. 1976, S. 45 (55 f., Rdnr. 5 f.).

2. *Abgrenzung von Rechten und Reflexen*

Der EuGH grenzt nicht sehr streng zwischen den Schutz der Rechte Einzelner bezweckenden Rechtsnormen und Rechtsnormen ab, die nur als Nebenfolge Einzelne schützen.[1350] Nur in wenigen Fällen hat er verneint, daß eine Norm einen Individualschutz bezweckt und damit den Schutznormcharakter einzelner Bestimmungen abgelehnt.[1351] Als Beispiel sei verwiesen auf eine Verordnung, die nur die Landwirtschaft vor dem Auf und Ab der Weltmarktpreise schütze, jedoch nicht sicherstelle, daß ein Einzelner einen Gewinn aufgrund der Richtpreisfestlegungen erzielen könne.[1352] Auch sollen die Art. 32 Abs. 4 EG[1353] und Art. 37 EG[1354], die eine Gestaltung der gemeinsamen Agrarpolitik durch die Gemeinschaftsorgane festlegen, nur die Gemeinschaftsorgane verpflichten, und nicht dem Schutz Einzelner dienen.[1355] Auch die Kompetenzverteilung auf die einzelnen Gemeinschaftsorgane soll Einzelne nicht schützen.[1356] Daneben soll auch der Pflicht zur Begründung von Rechtsakten nach Art. 253 EG Einzelne nicht schützen und damit kein subjektives Recht gewähren.[1357]

Voraussetzung für ein haftungsbegründendes subjektives Recht ist, daß die Norm eine subjektive Begünstigung tatsächlich gewährt.[1358] Regelungen, die ausschließlich verpflichtend sind, oder nur im Allgemeininteresse bestehen, sollen haftungsbegründende subjektive Rechte nicht be-

---

[1350] So erkennt der EuGH auch Normen als Schutznormen an, die nach deutschem Verwaltungsprozeßrecht nur Reflexe wären, *Koenig/Pechstein/Sander*, EU-/EG-Prozeßrecht, Rdnr. 729.

[1351] EuG, Rs. T-571/93 (Lefebre frères et soeurs u.a. ./. Kommission), Slg. 1995, S. II - 2379 (2398, Rdnr. 40 f.).

[1352] EuGH, Rs. 60/75 (Russo ./. AIMA), Slg. 1976, S. 45 (56, Rdnr. 6 f.).

[1353] Entspricht Art. 38 Abs. 4 EGV.

[1354] Entspricht Art. 43 EGV.

[1355] EuG, Rs. T-571/93 (Lefebre frères et soeurs u.a. ./. Kommission), Slg. 1995, S. II - 2379 (2398, Rdnr. 41).

[1356] EuGH, C-282/90 (Industrie- en Handelsonderneming Vreugdenhil ./. Kommission), Slg. 1992, I - 1937 (1968, Rdnr. 20).

[1357] EuG, T-167/94 (Detlef Nölle ./. Rat und Kommission), Slg. 1995, S. II - 2589 (S. 2613 Rdnr. 57); EuG, T-489/93 (Unifrucht Hellas EPE ./. Kommission), Slg. 1994, S. II - 1201 (1219, Rdnr. 41); vgl. zu diesen und den vorstehenden Beispielen: *Ossenbühl*, Staatshaftungsrecht, S. 594.

[1358] *Diehr*, Der Staatshaftungsanspruch des Bürgers wegen Verletzung des Gemeinschaftsrechts durch die deutsche öffentliche Gewalt, S. 94.

gründen,[1359] ebensowenig, wie durch eine Regelung nur faktisch geschützte Interessen.[1360] Jedoch genügt, daß die Norm vorrangig die Interessen der Allgemeinheit schützt und nur daneben auch die Interessen der Einzelnen schützen soll — so ist ausreichend, daß der Schutz Einzelner in Begründung einer Verordnung genannt wird.[1361] Weiterhin können Richtlinienbestimmungen auch ohne unmittelbare Wirkung für das Haftungsrecht relevante Rechte begründen; die unmittelbare Wirkung ist keine Voraussetzung für einen Staatshaftungsanspruch.[1362]

3. Ermessen

Der EuGH unterscheidet ebenso wie das EuG nicht zwischen Ermessen und unbestimmten Rechtsbegriffen.[1363] Die von ihm vorgenommene Kontrolle ist nur sehr eingeschränkt: Es wird geprüft, ob der Sachverhalt zutreffend ermittelt und nicht offenkundig falsch bewertet wurde: Daneben darf kein Ermessensmißbrauch vorliegen, wobei der EuGH nur anhand objektiver, plausibler Indizien überprüft, ob das Ermessen zu einem anderen als dem angegebenen Zweck ausgeübt wurde.[1364] Eine Haftung kommt nur insoweit in Betracht, wie das Ermessen überprüfbar ist. So sollen die Vorschriften über das Vertragsverletzungsverfahren nicht den Schutz Einzelner bezwecken, weil seine Einleitung im Ermessen der Kommission stehe.[1365] Ob bei nicht überprüfbarem Ermessen auch subjektive

---

[1359] *Diehr*, Der Staatshaftungsanspruch des Bürgers wegen Verletzung des Gemeinschaftsrechts durch die deutsche öffentliche Gewalt, S. 95.

[1360] *Schwarzenegger*, Staatshaftung, S. 95.

[1361] EuGH, Rs. 5, 7, 13 - 24/66 (E. Kampffmeyer u.a. ./. Kommission), Slg. 1967, 3321(354 f.); *Ossenbühl*, Staatshaftungsrecht, S. 591.

[1362] EuGH, Rs. 178, 179, 188-190/94 (Dillenkofer u.a. ./. BRD), Slg. 1996, S. I - 4845 (4881 - 4883, Rdnrn. 33 - 42); EuGH, Rs. C-6 u. 9/90 (Francovich u.a. ./. Italien), Slg. 1991, S. I - 5357 (5412 - 5414, Rdnrn. 26, 31 - 41).

[1363] *Schoch*, Europäisierung der Verwaltungsrechtsordnung, VBlBW. 1999, 241 (249).

[1364] EuGH, Rs. C-120/97 (Upjohn Ltd. ./. The Licensing Authority), Slg. 1999, S. I - 223 (251 f., Rdnr. 34); EuG Rs. T-167/94, (Detlef Nölle ./. Rat und Kommission), Slg. 1995, S. II - 2589 (2616, Rdnr. 66); *Kokott*, Europäisierung des Verwaltungsprozeßrechts, Verwaltung 31 (1998), 335 (364); *Schoch*, Europäisierung der Verwaltungsrechtsordnung, VBlBW. 1999, 241 (249); vgl. auch *Classen*, Der einzelne als Instrument zur Durchsetzung des Gemeinschaftsrechts?, VerwArch 88 (1997), 645 (667); *Danwitz*, Verwaltungsrechtliches System und Europäische Integration, S. 184.

[1365] EuGH, Rs. T-571/93 (Lefebre frères et soeurs u.a. ./. Kommission), Slg. 1995, S. II - 2379 (2403, Rdnr. 60).

Rechte ausgeschlossen sind, hat der EuGH nicht erörtert. Anders als bei den oben diskutierten subjektiven Rechten i.e.S. hat der EuGH haftungsbegründende subjektive Rechte trotz eines Spielraumes der Mitgliedstaaten zur Umsetzung der Richtlinien angenommen.[1366] Weil auch diese Pflicht überprüfbar ist, paßt das — bereits bei der deutschen Rechtsentwicklung festgestellte — Kriterium, daß eine Haftung nur in Betracht kommt, soweit das Ermessen überprüfbar ist.

4. Ergebnis

Ein Haftungsgrund liegt nur vor, wenn eine Norm verletzt wird, die Rechte an Einzelne verleiht. Dieses ist nach dem Schutzzweck der Norm zu bestimmen. Hierbei unterscheidet der EuGH zwischen ausschließlich im allgemeinen Interesse bestehenden und auch die Interessen des Einzelnen schützenden Rechtsnormen. Die Voraussetzungen sind jedoch von der Tendenz her weiter als im deutschen Recht, da die Differenzierung nicht ganz so strikt ist, wie die Trennung von Rechten und Reflexen im deutschen Recht.

Es besteht ein Unterschied bei den Voraussetzungen der subjektiven Rechte i.e.S. und der hier erörterten haftungsbegründenden subjektiven Rechte.[1367] Bei den subjektiven Rechten i.e.S. sind nur Kriterien für objektive Eigenschaften der Norm Voraussetzung, und sie sind bei Ermessen (i.w.S.) ausgeschlossen. Die haftungsbegründenden subjektiven Rechte haben hingegen als Voraussetzung den Schutz der Interessen Einzelner. Die Vor-

---

[1366] EuGH, Rs. 178, 179, 188 - 190/94 (Dillenkofer u.a. ./. BRD), Slg. 1996, S. I - 4845, (4884, Rdnr. 45); EuGH, Rs. C-6 u. 9/90 (Francovich u.a. ./. Italien), Slg. 1991, S. I - 5357 (5412, Rdnr. 26, 5415, Rdnrn. 40 f.); der EuGH hat die unmittelbare Anwendbarkeit einer Richtlinie mangels Unbestimmtheit und hinreichender Genauigkeit abgelehnt, EuGH, Rs. C-6 u. 9/90 (Francovich u.a. ./. Italien), Slg. 1991, S. I - 5357 (5412, Rdnr. 26), jedoch ein haftungsbegründendes subjektives Recht anerkannt, EuGH, Rs. C-6 u. 9/90 (Francovich u.a. ./. Italien), Slg. 1991, S. I - 5357 (5415 f., Rdnr. 40, 46).

[1367] Diesen Unterschied beachtet Schoch nicht, *Schoch*, Individualrechtsschutz im deutschen Umweltrecht unter Einfluß des Gemeinschaftsrechts, NVwZ 1999, 457 (insbesondere 464); entsprechend der hier vertretenen Ansicht auch *Triantafyllou*, Haftung der Mitgliedstaaten für Nichtumsetzung von EG-Recht, DÖV 1992, 564 (566 f.); ähnlich *Gurlit*, Umsetzungsverpflichtung der Mitgliedstaaten und subjektive Rechte der Gemeinschaftsbürger — subjektives Recht auf Umsetzung?, in: FS für Norbert Reich, S. 55 (63), die die unterschiedlichen Maßstäbe dieser Arten subjektiver Rechte nicht für ausgeschlossen hält, aber für einen Widerspruch zur effektiven Wirksamkeit des Gemeinschaftsrechts.

aussetzungen der haftungsbegründenden subjektiven Rechte und der gemeinschaftsrechtlichen subjektiven Rechte i.e.S. unterscheiden sich.[1368] Auch das Kriterium der faktischen Betroffenheit, das Voraussetzung ist, damit sich ein einzelner auf subjektive Rechte i.e.S. berufen kann, bewirkt — wie bei den als subjektive Rechte umzusetzenden Richtlinienbestimmungen — nur eine teilweise Annäherung.

Eine erhebliche Ähnlichkeit besteht jedoch zwischen den bei der Umsetzung von Richtlinien zu schaffenden subjektiven Rechten und den haftungsbegründenden subjektiven Rechten. Beide haben einen Schutz von Interessen des Einzelnen zur Voraussetzung. Zwar scheinen die bei der Umsetzung von Richtlinien zu schaffenden subjektiven Rechte umfassender zu sein als die haftungsbegründenden Rechte. Diese Schlußfolgerung kann auch daraus resultieren, daß der EuGH bei den Vertragsverletzungsverfahren noch nicht die Verpflichtung zur Umsetzung einzelner Normen in Form subjektiver Rechte abgelehnt hat. Für eine Übereinstimmung der Voraussetzungen dieser subjektiven Rechte spricht die Ansicht in der Literatur, daß dann ein haftungsbegründendes subjektives Recht gegeben ist, wenn solche Richtlinienbestimmungen verletzt sind, die als individualschützende subjektive Rechte in das nationale Recht umzusetzen sind.[1369] Insofern können die bei der Umsetzung von Richtlinien zu schaffenden subjektiven Rechte nicht umfassender sein, als die haftungsbegründenden subjektiven Rechte. Die haftungsbegründenden subjektiven Rechte und die bei der Umsetzung von Richtlinien zu schaffenden subjektiven Rechte haben — mit Ausnahme ihrer Rechtsquellen — sehr ähnliche Voraussetzungen.

V. Subjektive Rechte auf Umsetzung von Richtlinien in das nationale Recht

Offen ist nach der Rechtssprechung des EuGH bisher, ob die als subjektive Rechte umzusetzenden Richtlinienbestimmungen ein subjektives Recht darauf geben, daß die entsprechende Richtlinienbestimmung in ein subjektives Rechte des nationalen Rechts umgesetzt wird. Der EuGH hat solche Rechte bisher nicht anerkannt. Denn nach der Rechtsprechung des EuGH stellt sich die Frage nicht, inwieweit Art. 249 Abs. 3 EG i.V.m.

[1368] A. A. *Reich*, Bürgerrechte in der Europäischen Union, S. 144.

[1369] *Zuleeg*, Umweltschutz in der Rechtsprechung des Europäischen Gerichtshofs, NJW 1993, 31 (38).

der umzusetzenden Richtlinie ein subjektives Recht vermittelt. Durch die unmittelbare Anwendbarkeit von Richtlinien und die Haftung der Mitgliedstaaten entfalten auch nicht ordnungsgemäß umgesetzte Richtlinien eine hinreichende Wirkung. Ein weitergehender Eingriff in die nationalen Rechtsordnungen durch eine — möglicherweise systemwidrige — Anerkennung eines subjektiven Rechts der Unionsbürger auf Umsetzung von Richtlinien ist nicht erforderlich. Im Einzelnen kann eine nicht rechtzeitig umgesetzte Richtlinie dem Einzelnen direkt subjektive Rechte gewähren, wenn sie unmittelbar und nicht zu Lasten von Dritten wirkt. Unter bestimmten Voraussetzungen sind einzelne Richtlinienbestimmungen bei der Umsetzung der Richtlinie in das nationale Recht als subjektive Rechte umzusetzen. Die Verletzung der Verpflichtung zur Umsetzung begründet ein haftungsbegründendes subjektives Recht, das sich gegen den Staat als Pflichtverletzer richtet. Dieser Sekundäranspruch ist darauf gerichtet, durch den Staat als Haftenden letztendlich so gestellt zu werden, als wäre die Richtlinie ordnungsgemäß umgesetzt worden. Systematisch stimmig ist, daß die bei der Umsetzung zu schaffenden subjektiven Rechte und die haftungsbegründenden subjektiven Rechte in ihren Voraussetzungen sich sehr ähnlich sind oder sogar übereinstimmen. Fraglich ist jedoch, ob die allgemeine Pflicht zur Umsetzung von Richtlinien aus Art. 249 Abs. 3 EG ein Recht des Einzelnen auf Umsetzung von Richtlinien begründet.[1370] Art. 249 Abs. 3 EG müßte dazu die Voraussetzungen erfüllen, die der EuGH an ein subjektives Recht i.e.S. stellt. Wobei zur Auslösung der Umsetzungspflicht neben Art. 249 Abs. 3 EG eine umzusetzende Richtlinie bestehen müßte.[1371] Nach Art. 249 Abs. 3 EG besteht jedoch bei der Umsetzung von Richtlinien ein Umsetzungsspielraum der Mitgliedstaaten. Zwar wird der Umsetzungsspielraum der Mitgliedstaaten durch

---

[1370] Ob ein Anspruch auf Normerlaß als Primäranspruch besteht, ist streitig, zustimmend *Triantafyllou*, Haftung der Mitgliedstaaten für Nichtumsetzung von EG-Recht, DÖV 1992, 564 (568); eher ablehnend *Beljin*, Staatshaftung im Europarecht, S. 101 f.; differenzierend (soweit das Sekundärrecht subjektive Rechte bewirkt, kann auch die Umsetzungsverpflichtung ein subjektives Recht sein), *Gurlit*, Umsetzungsverpflichtung der Mitgliedstaaten und subjektive Rechte der Gemeinschaftsbürger — subjektives Recht auf Umsetzung?, in: FS für Norbert Reich, S. 55 (66 f.).

[1371] Auf Art. 249 Abs. 3 EG (Art. 189 Abs. 3 EGV) als Anspruchsgrundlage i.V.m. der umzusetzenden Richtlinie stellt auch Gurlit ab, *Gurlit*, Umsetzungsverpflichtung der Mitgliedstaaten und subjektive Rechte der Gemeinschaftsbürger — subjektives Recht auf Umsetzung?, in: FS für Norbert Reich, S. 55 (64 - 67).

die Richtlinie oftmals eingeschränkt. Trotzdem verbleibt den Mitgliedstaaten zumindest ein gewisser Spielraum bei der Art der Umsetzung in das nationale Recht. Ein Ermessensspielraum bei der Umsetzung verhindert jedoch die unmittelbare Wirksamkeit einer Norm. Grundsätzlich fehlt ohne die unmittelbare Anwendbarkeit des Art. 249 Abs. 3 EG eine Voraussetzung für die Entstehung eines subjektiven Rechts des Gemeinschaftsrechts i.e.S. aus Art. 249 Abs. 3 EG. Mangels Justiziabilität besteht kein Primäranspruch auf Umsetzung einer Richtlinie in nationales Recht. Denn aufgrund des Umsetzungsspielraumes kann den Mitgliedstaaten nicht konkret justiziabel vorgeschrieben werden, wie sie eine Richtlinie bzw. einzelne Bestimmungen einer Richtlinie in das nationale Recht umzusetzen haben. Ein Primäranspruch der Unionsbürger auf Umsetzung von Richtlinien ist — unter Berücksichtigung der Rechtsprechung des EuGH — abzulehnen.

VI. Bewertung

Im Gemeinschaftsrecht wird bei den subjektiven Rechten keine Trennung in öffentliches Recht und Privatrecht vorgenommen. Es existieren daher keine spezifisch subjektiven öffentlichen Rechte, sondern nur allgemein subjektive Rechte. Auffällig ist weiterhin, daß subjektive Rechte in weitem Umfang anerkannt werden. Wie im deutschen Privatrecht folgt bei den subjektiven Rechten i.e.S. aus dem Gemeinschaftsrecht grundsätzlich aus jeder Pflicht auch ein Recht des Begünstigten. Eine Abgrenzung zwischen Rechtsnormen, die zumindest auch den Interessen von Einzelnen dienen, und denen, die ausschließlich zugunsten der Allgemeinheit wirken, nimmt der EuGH bei den subjektiven Rechten i.e.S. nicht vor. Er sieht auch die Normen als subjektive Rechte an, die lediglich die Allgemeinheit berechtigen. Das Abgrenzungskriterium, die unmittelbare Wirksamkeit, ist ein rein objektives Kriterium. Begrenzend wirkt lediglich das Kriterium, daß nur Betroffene die subjektiven Rechte i.e.S. geltend machen können. Jedoch ist nach der Rechtsprechung des EuGH ein unmittelbares Interesse an der Beachtung von Rechten Dritter ausreichend, also eine lediglich faktische Betroffenheit; deshalb ist ein Eingriff in eigene Rechte nicht erforderlich.

Im Gegensatz dazu benutzt der EuGH das Kriterium der Individualbegünstigung zur Feststellung, welche Richtlinienbestimmungen als subjektive Rechte in das nationale Recht umzusetzen sind. Bei dieser Abgrenzung ist die Schutzrichtung der Norm relevant. Trotzdem erkennt der EuGH in diesem Bereich sehr weitgehend subjektive Rechte an. Bei der Haftung der Gemeinschaften, Organe beziehungsweise der Mitgliedstaaten für Rechtssetzungsakte legt der EuGH auch einen subjektiven Maßstab zugrunde. Nur wenn die verletzte Norm einen Individualschutz bezweckt, kommt eine Haftung in Betracht. Der wesentlichste Unterschied dieser zwei Arten subjektiver Rechte sind die verschiedenen, beim haftungsbegründenden subjektiven Recht deutlich umfassenderen Rechtsquellen und die unterschiedliche Rechtsfolge. Sehr ähnlich sind sich diese beiden Arten subjektiver Rechte dadurch, daß beide einen Individualschutz zur Voraussetzung haben. Ob das Kriterium des Individualschutzes bei diesen zwei Arten subjektiver Rechte jedoch vollständig übereinstimmt, ist deshalb fraglich, weil der EuGH bisher nicht abgelehnt hat, daß bestimmte Richtlinienvorschriften als subjektive Rechte umzusetzen sind. Danach könnten diese subjektiven Rechte weiter sein als die haftungsbegründenden subjektiven Rechte. Aufgrund der Überschneidungen dieser beiden Arten subjektiver Rechte wäre eine Übereinstimmung systematisch sinnvoll. Einerseits ist der Mitgliedstaat verpflichtet, bestimmte Richtlinienbestimmungen als subjektive Rechte umzusetzen. Wenn der Mitgliedstaat andererseits diese Pflicht zur Richtlinienumsetzung nicht ordnungsgemäß ausführt, insbesondere die subjektiven Rechte nicht einräumt, kann er einem Haftungsanspruch ausgesetzt sein. Um diese beiden Ansprüche aufeinander abzustimmen, müßten die bei der Umsetzung von Richtlinien zu schaffenden subjektiven Rechte und die haftungsbegründenden subjektiven Rechte übereinstimmen. Nur so folgt aus jeder Verletzung der Pflicht zur Einräumung subjektiver Rechte auch ein Haftungsanspruch. Eine derartige Vereinheitlichung ist systematisch sinnvoll.

Daneben wäre auch eine Angleichung der subjektiven Rechte i.e.S. und der haftungsbegründenden Rechte sinnvoll. Damit die subjektiven Rechte i.e.S. auch stets haftungsbegründende Folgen haben können, müßten auch diese beiden Arten subjektiver Rechte aufeinander abgestimmt werden. Bei einer solchen Vereinheitlichung käme es auch nicht mehr zu dem Wertungswiderspruch, daß eine unmittelbar anwendbare Richtlinie dem Einzelnen mehr Rechte geben kann, als bei der Umsetzung in die mitgliedstaatliche Rechtsordnung zu schaffen sind.[1372] Eine grundsätzliche Vereinheitlichung der subjektiven Rechte des Gemeinschaftsrechts i.w.S. wäre systematisch sinnvoll und wünschenswert. Auffällig ist, daß viele Autoren nicht die verschiedenen Arten subjektiver Rechte in der Rechtsprechung des EuGH unterscheiden, trotz der genannten Unterschiede.[1373]

Der Grund für die starke Ausweitung des subjektiven Rechts i.e.S. im Gegensatz zu den beiden anderen Arten subjektiver Rechte ist zu untersuchen. Der EuGH instrumentalisiert die Rechtskontrolle durch die Bürger zur Durchsetzung des Gemeinschaftsrechts.[1374] So besteht nicht nur die Möglichkeit, daß subjektive Rechte im Vertragsverletzungsverfahren anerkannt werden, sondern es muß auch dem einzelnen Bürger die Möglichkeit eingeräumt werden, seine subjektiven Rechte durchsetzen zu können. Deshalb dienen diese subjektiven Rechte zumindest auch einer objektiven Rechtmäßigkeitskontrolle.[1375] Durch die Instrumentalisierung des

---

[1372] Anknüpfungspunkt könnte das Kriterium der Betroffenheit sein, das von der Literatur teilweise als Erfordernis des Eingriffes in ein Recht oder eine rechtliche Begünstigung ausgelegt wird.

[1373] Positiv sind insofern die Unterscheidungen, wie sie beispielsweise Ruffert und Classen vornehmen: Ruffert unterscheidet zwischen subjektiven Rechten des Gemeinschaftsrechts i.e.S. und bei der Umsetzung von Richtlinien zu schaffenden subjektiven Rechten, *Ruffert*, Dogmatik und Praxis des subjektiv-öffentlichen Rechts unter dem Einfluß des Gemeinschaftsrechts, DVBl. 1998, 69 (72) und haftungsbegründenden subjektiven Rechten, *Ruffert*, Subjektive Rechte im Umweltrecht der Europäischen Gemeinschaft, S. 71 - 82, 159 - 189, 194 - 196, 225 - 236, 238; Classen unterscheidet zwischen subjektiven Rechten i.e.S. und haftungsbegründenden subjektiven Rechten, *Classen*, Der einzelne als Instrument zur Durchsetzung des Gemeinschaftsrechts?, VerwArch 88 (1997), 645 - 678; demgegenüber unterscheidet beispielsweise Winter zwar auch die oben genannten Problemkreise, leitet jedoch ein einheitliches subjektives Recht daraus ab, *Winter*, Individualrechtsschutz im deutschen Umweltrecht unter dem Einfluß des Gemeinschaftsrechts, NVwZ 1999, 467 (469 f.).

[1374] *Burgi*, Verwaltungsprozeß und Europarecht, S. 52; *Danwitz*, Verwaltungsrechtliches System und Europäische Integration, S. 108 f., 236; *Ruffert*, Subjektive Rechte im Umweltrecht der Europäischen Gemeinschaft, S. 161 - 163.

[1375] EuGH, Rs. 26/62 (Van Gend & Loos ./. Niederländische Finanzverwaltung), Slg. 1963, S. 1 (26); *Burgi*, Verwaltungsprozeß und Europarecht, S. 52; *Danwitz*, Verwaltungsrechtliches System und Europäische Integration, S. 108 f., 236; *Diehr*, Der Staatshaftungsanspruch des Bürgers wegen Verletzung des Gemeinschaftsrechts durch die deutsche öffentliche Gewalt, S. 93; *Ruffert*, Subjektive Rechte im Umweltrecht der Europäischen Gemeinschaft, S. 161 - 163; *Schoch*, Europäisierung der Verwaltungsrechtsordnung, VBlBW. 1999, 241 (245).

Einzelnen zur Durchsetzung des Gemeinschaftsrechts wird zugleich der Individualschutz verstärkt.[1376] Dieses zeigt sich auch an der Voraussetzung, daß nur der Betroffene diese Rechte geltend machen können soll. Zudem wird der Einzelne nur dann eine Klage erheben, wenn er für sich einen Vorteil erhofft.[1377] Um eine möglichst weitgehende Rechtdurchsetzung und -überprüfung zu bewirken, ist es für den EuGH sinnvoll, möglichst weitgehend subjektive Rechte anzuerkennen, die nach den Rechtsordnungen der Mitgliedstaaten durchsetzbar sein müssen.

Im Gegensatz zu den subjektiven Rechten i.e.S. soll das Haftungsrecht vorrangig dem Schutz von Individuen dienen.[1378] Dieses geht aus der Voraussetzung hervor, daß die betreffende Norm zumindest auch den Schutz der Interessen des Betroffenen bezwecken muß. Folge dieser haftungsbegründenden Rechte ist nicht nur eine Pflicht zur Gewährung von Rechtsschutz, sondern auch zur Leistung von Entschädigungszahlungen. Dieser nicht unerhebliche finanzielle Aspekt spricht gegen eine zu extensive Ausweitung der haftungsbegründenden subjektiven Rechte.[1379] Wegen der einheitlichen Geltung gegenüber Rechtssetzungshandlungen der Organe und der Mitgliedstaaten können diese subjektiven Rechte auch gegen mühsam errungene Rechtsakte der Gemeinschaften wirken. Dadurch kann der Integrationsprozeß behindert werden. Auch dieses spricht gegen eine zu extensive Ausweitung dieser Rechte. Diese Rechte dienen nicht primär der Durchsetzung des Gemeinschaftsrechts.

Zwischen den haftungsbegründenden subjektiven Rechten und den bei der Umsetzung von Richtlinien zu schaffenden subjektiven Rechten besteht eine weitgehende Übereinstimmung. Eine einheitliche Anwendung des Kriteriums des Individualschutzes wäre sinnvoll. Auch eine Angleichung der subjektiven Rechte i.e.S. wäre zu wünschen. Dabei sollten die haftungsbegründenden subjektiven Rechte als Vorbild genommen

---

[1376] *Kokott*, Europäisierung des Verwaltungsprozeßrechts, Verwaltung 31 (1998), 335 (353); *Masing*, Die Mobilisierung des Bürgers für die Durchsetzung des Rechts, S. 185.

[1377] *Masing*, Die Mobilisierung des Bürgers für die Durchsetzung des Rechts, S. 184 f.; *Danwitz*, Verwaltungsrechtliches System und Europäische Integration, S. 233.

[1378] *Classen*, Der einzelne als Instrument zur Durchsetzung des Gemeinschaftsrechts?, VerwArch 88 (1997), 645 (673); a.A. *Masing*, Die Mobilisierung des Einzelnen für die Durchsetzung des Rechts, S. 41.

[1379] A.A. insoweit Masing, der diese Sanktionswirkung der effektiven Durchsetzung des Gemeinschaftsrechts befürwortet, *Masing*, Die Mobilisierung des Bürgers für die Durchsetzung des Rechts, S. 49.

werden, um die Haftung der Gemeinschaft und der Mitgliedstaaten nicht zu stark auszudehnen. Die daraus resultierende Einschränkung der subjektiven Rechte i.e.S. liefe jedoch der Instrumentalisierung des Einzelnen zur Durchsetzung des Gemeinschaftsrechts zuwider. Solange der EuGH an dieser Konzeption festhält, kann eine Vereinheitlichung der verschiedenen Arten der subjektiven Rechte nicht durchgeführt werden. Da sich der EuGH selbst als „Motor der Integration" versteht, wird er von der Konzeption nicht abrücken, das Gemeinschaftsrecht — auch mit Hilfe des Einzelnen — möglichst effektiv durchzusetzen.[1380] Eine Vereinheitlichung der verschiedenen Arten subjektiver Rechte ist deshalb nicht ersichtlich.

VII. Klagebefugnis und subjektive Rechte

Zunächst soll auf die Frage eingegangen werden, ob subjektive Rechte Einfluß auf die Zulässigkeit einer Klage vor dem EuG oder dem EuGH haben.

Es bestehen verschiedene Verfahrensarten: Das Vertragsverletzungsverfahren nach Art. 226 Abs. 2 EG ermöglicht der Kommission, gegen einen Mitgliedstaat zu klagen. Daneben kann ein Mitgliedstaat gegen einen anderen Mitgliedstaat wegen der Verletzung des Vertrages klagen, in dem Verfahren nach Art. 227 Abs. 1 EG. Außerdem besteht die Möglichkeit, Nichtigkeitsklagen nach Art. 230 EG und Untätigkeitsklagen nach Art. 232 EG zu erheben. Bei dem Vorabentscheidungsverfahren nach Art. 234 EG kann bzw. muß ein mitgliedstaatliches Gericht dem EuGH Fragen in einem schwebenden Verfahren vorlegen. Daneben besteht die Möglichkeit von Schadensersatzklagen nach Art. 288 Abs. 2 EG i.V.m. Art. 235 EG, dienstrechtlichen Streitigkeiten nach Art. 236 EG, bei aufgezählten Streitsachen bzgl. EIB und EZB nach Art. 237 EG. Weitere Klagemöglichkeiten sind durch die anderen Verträge eingerichtet worden, sowie die Möglichkeit des Drittwiderspruchs nach Art. 42 Satzung EuGH.

Die Klagen nach Art. 230 EG, Art. 232 EG und Art. 288 Abs. 2 EG, Art. 235 EG können nicht nur von der Kommission, einem Mitgliedstaat

---

[1380] Auch wenn dieses Selbstverständnis einer neutralen, unabhängigen Rechtsfindung entgegenstehen kann. So kann das 'effet utile'-Prinzip fast jedem beliebigen Ziel dienen, eine präzise Konturierung fehlt bei dieser starken Zielorientierung, *Danwitz*, Verwaltungsrechtliches System und Europäische Integration, S. 146.

oder einem Gericht eines Mitgliedstaates erhoben werden, sondern auch von natürlichen oder juristischen Personen. Wegen der teilweise eingeschränkten Zulässigkeit dieser Klagen soll auf einige diese Klagearten genauer eingegangen werden.

1. Nichtigkeitsklage nach Art. 230 EG

Bei der Nichtigkeitsklage nach Art. 230 EG ist eine Differenzierung nach den Klageberechtigten vorzunehmen. Nach Art. 230 Abs. 2 EG kann ein Mitgliedstaat, das Europäische Parlament, der Rat oder die Kommission Klage erheben. Diese kann gegen gemeinsame Handlungen des Europäischen Parlaments und des Rates, Handlungen des Rates, der Kommission oder der EZB gerichtet werden, soweit dieses keine Empfehlungen oder Stellungnahmen oder Handlungen des Europäischen Parlaments mit Rechtswirkung gegenüber Dritten sind. Dazu muß einer der folgenden Fehler gerügt werden: Unzuständigkeit, Verletzung wesentlicher Formvorschriften, Verletzung des EG oder einer bei seiner Durchführung anzuwendenden Rechtsnorm oder Ermessensmißbrauch. Weitere Voraussetzungen sind nicht notwendig.[1381] Diese Klagebefugten sind „privileged applicants".[1382]

Bei Klagen von natürlichen und juristischen Personen nach Art. 230 Abs. 4 EG (i.V.m. Art. 230 Abs. 1 EG) sind neben den oben genannten Voraussetzungen weitere erforderlich. Eine Möglichkeit ist, daß sich die Klage gegen eine an sie selbst adressierte Entscheidung richtet. Als Adressat einer Entscheidung kann jede natürliche oder juristische Person eine Klage gegen die an sie ergangene Entscheidung erheben. Hierzu sind keine weiteren Klagevoraussetzungen erforderlich. Die Person muß nur als Adressat der Entscheidung bezeichnet sein.[1383]

Gegen andere Entscheidungen ist eine Klage nur unter eingeschränkten Voraussetzungen statthaft: Wenn die Entscheidung als Verordnung ergangen oder wenn die Entscheidung an einen Dritten gerichtet ist, muß der Kläger zusätzlich unmittelbar und individuell betroffen sein. Aufgrund

---

[1381] Durch die Änderung des Art. 230 Abs. 2 EG durch den Vertrag von Nizza ist das Europäische Parlament mit in diese Gruppe aufgenommen worden. Davor gehörte das Europäische Parlament zu den in Art. 230 Abs. 3 EG genannten Organen.

[1382] *Arnull*, The European Union and its Court of Justice, S. 40.

[1383] *Daig*, Nichtigkeits- und Untätigkeitsklagen im Recht der Europäischen Gemeinschaften, S. 69, Anm. 83.

der engen Klagevoraussetzungen handelt es sich hierbei um „non-privileged" applicants.[1384] Danach scheint bei Art. 230 Abs. 4 EG für die Zulässigkeit einer Klage keine Rechtsverletzung erforderlich zu sein. Um diese Feststellung mit Sicherheit treffen zu können, soll genauer auf die einzelnen Voraussetzungen nach Art. 230 Abs. 4 EG eingegangen werden.

a) Betroffenheit nach Art. 230 Abs. 4 EG

Der Kläger ist dann betroffen, wenn ein relevantes, schutzwürdiges Interesse beeinträchtigt ist,[1385] eine eigene Belastung vorliegt.[1386] Ausreichend ist die Beeinträchtigung tatsächlicher oder ideeller Interessen.[1387] Eine Verletzung subjektiver Rechte des Klägers ist also nicht notwendig.[1388] Falls jedoch ein Eingriff in eine subjektive Rechtsstellung gegeben ist, liegt auch eine hinreichende Interessenberührung vor.[1389]

Teilweise stellt der EuGH auch auf die rechtliche Situation der Kläger ab: So soll zur unmittelbaren und individuellen Betroffenheit eine Handlung erforderlich sein, die „geeignet ist, die rechtliche Stellung der Kläger zu beeinflussen"[1390] Damit ein Rechtsschutzinteresse bestehe, müssen die Interessen der Person beeinträchtigt werden, „indem sich ihre rechtliche Situation spürbar verändert".[1391] Aber auch in diesem Fall sind keine subjektiven Rechte gemeint. Denn der Begriff der rechtlichen Situation umfaßt alle Rechtsnormen, die auf die Situation des Einzelnen einwirken.

[1384] *Arnull*, The European Union and its Court of Justice, S. 40.

[1385] *Daig*, Nichtigkeits- und Untätigkeitsklagen im Recht der Europäischen Gemeinschaften, S. 96 f., Anm. 122; ähnlich *Rengeling/Middeke/Gellmann/Jakobs*, Rechtsschutz in der Europäischen Union, S. 83, Rdnr. 159 (relevantes Interesse).

[1386] *Classen*, Die Europäisierung der Verwaltungsgerichtsbarkeit, S. 66.

[1387] *Koenig/Pechstein/Sander*, EU-/EG-Prozeßrecht, Rdnr. 388.

[1388] *Daig*, Nichtigkeits- und Untätigkeitsklagen im Recht der Europäischen Gemeinschaften, S. 96 f., Anm. 122; *Koenig/Pechstein/Sander*, EU-/EG-Prozeßrecht, Rdnr. 390.

[1389] *Koenig/Pechstein/Sander*, EU-/EG-Prozeßrecht, Rdnr. 392; *Danwitz*, Verwaltungsrechtliches System und Europäische Integration S. 239 f. erkennt in Art. 173 Abs. 4 EWGV eine subjektiv-rechtliche Ausgestaltung mit Anklängen an die Schutznormtheorie.

[1390] EuG, Rs. T-12/93 (Comité Central d' Enterprise de la Société Anonyme Vittel u.a. ./. Kommission), Slg. 1995, S. II - 1247 (1266, Rdnr. 36); ähnlich EuGH, Rs. 60/81, (IBM./. Kommission), Slg. 1981, S. 2639 (2651, Rdnr. 9).

[1391] EuG, Rs. T-178/94 (Asociación Telefónica de Mutualistas (ATM) ./. Kommission) Slg. 1997, S. II - 2529 (2546, Rdnr. 53).

b) Unmittelbare Betroffenheit nach Art. 230 Abs. 4 EG

Bei der Voraussetzung der unmittelbaren Betroffenheit sind formelle und materielle Unmittelbarkeit zu unterscheiden. Unproblematisch ist die formelle Unmittelbarkeit: Sie ist gegeben, wenn der Eingriff ohne weitere Zwischenakte durch die angegriffene Handlung stattfindet.[1392] Die materielle Unmittelbarkeit ist gegeben, wenn der Gemeinschaftsakt zwar vom Mitgliedstaat noch umzusetzen ist, der Mitgliedstaat jedoch keinen Spielraum zur Umsetzung besitzt.[1393] Wenn der Mitgliedstaat Ermessen bei der Umsetzung hat, ist grundsätzlich keine Unmittelbarkeit gegeben.[1394] Jedoch soll ausreichen, daß ein Abweichen von der angefochtenen gemeinschaftsrechtlichen Vorgabe wenig wahrscheinlich ist.[1395] Überprüfbar sollen auch solche Handlungen sein, bei denen der Vollzugsakt durch den Mitgliedstaat den Kläger sicherlich oder sehr wahrscheinlich belasten wird.[1396] Das Kriterium der Unmittelbarkeit hat keinen Bezug zu subjektiven Rechten.

c) Individuelle Betroffenheit nach Art. 230 Abs. 4 EG

Daneben muß der Kläger auch individuell betroffen sein. Die angefochtene Entscheidung oder Handlung individualisiert die Person, wenn diese „sie wegen bestimmter persönlicher Eigenschaften oder besonderer, sie

---

[1392] *Koenig/Pechstein/Sander*, EU-/EG-Prozeßrecht, Rdnr. 394; zu dieser Voraussetzung EuGH, Rs. 103 - 109/78 (Société des Usines de Beaufort u.a. /. Rat), Slg. 1979, S. 17 (25, Rdnrn. 20 - 22); EuGH, Rs. C-386/96 P (Société Louis Dreyfus ./. Kommission), Slg. 1998, S. I - 2309 (2370, Rdnr. 43).

[1393] EuGH, Rs. 41-44/70 (NV International Fruit Company u. a. ./. Kommission), Slg. 1971, S. 421 (422, Rdnr. 23/29); EuGH, Rs. 113/77, (NTN Toyo Bearing Company Ltd. u. a. ./. Rat), Slg. 1979, S. 1185 (1205, Rdnr. 11); EuGH, Rs. C-298/89 (Gibraltar ./. Rat), Slg. 1993, S. I - 3605 (3654, Rdnr. 17); *Classen*, Die Europäisierung der Verwaltungsgerichtsbarkeit, S. 67; *Daig*, Nichtigkeits- und Untätigkeitsklagen im Recht der Europäischen Gemeinschaften, S. 102 f., Anm. 132 f.; *Koenig/Pechstein/Sander*, EU-/EG-Prozeßrecht, Rdnr. 396.

[1394] EuGH, Rs. 222/83 (Commune de Differdange u.a. ./. Kommission), Slg. 1984, S. 2889 (2896, Rdnr. 12).

[1395] EuGH, Rs. 11/82 (Piraiki-Patraiki ./. Kommission), Slg. 1985, S. 207 (242, Rdnrn. 7 - 10); EuGH, Rs. C-354/87 (Weddel & Co BV ./. Kommission), Slg. 1990, S. I - 3847 (3885, Rdnr. 18 f.); so auch *Classen*, Die Europäisierung der Verwaltungsgerichtsbarkeit, S. 67.

[1396] *Daig*, Nichtigkeits- und Untätigkeitsklagen im Recht der Europäischen Gemeinschaften, S. 102, Anm. 132; *Allkemper*, Der Rechtsschutz des einzelnen nach dem EG-Vertrag, S. 78.

aus dem Kreis aller übrigen Personen heraushebenden Umstände berührt und sie in ähnlicher Weise individualisiert wie den Adressaten".[1397] Eine individuelle Betroffenheit ist gegeben, wenn die betroffenen Personen bei Erlaß feststehen und sich der Personenkreis danach nicht mehr erweitern kann.[1398] Insbesondere bei einer Namensnennung von natürlichen oder juristischen Personen werden diese individualisiert.[1399] Die reine Bestimmbarkeit der Adressaten — auch schon bei Erlaß der Handlung — soll jedoch bei einem objektiv formulierten Tatbestand nicht zur individuellen Betroffenheit ausreichen.[1400] Auch eine Gefährdung begründet noch keine individuelle Betroffenheit.[1401]

Bei der Entscheidung im Fall Codorníu bestimmte der EuGH die individuelle Betroffenheit anders: Sie sei bei einem Eingriff in spezifische

---

[1397] EuG, Rs. T-12/93, (Comité Central d' Enterprise de la Société Anonyme Vittel u.a. ./. Kommission), Slg. 1995, S. II - 1247 (1266, Rdnr. 36); ähnlich EuGH, Rs. 26/86 (Deutz und Geldermann ./. Rat), Slg. 1987, S. 941 (951, Rdnr. 9); EuGH, Rs. C-50/00 (Union de Pequeños Agricultores ./. Rat), DVBl. 2002, 1348 (1349, Anm. 36); EuGH, Rs. C-309/89 (Codorníu SA ./. Rat), Slg. 1994, S. I - 1853 (1886, Rdnr. 20); EuG, Rs. T-14 u. 15/97 (Sofivo Sas u.a. ./. Rat), Slg. 1998, S. II - 2601 (2515, Rdnr. 35); EuG, T-122/96 (Federazione nazionale del commercio oleario (Federolio) ./. Kommission), Slg. 1997, S. II - 1559 (1580, Rdnr. 59); EuG, Rs. T-177/01 (Jégo-Quéré et Cie SA ./. Kommission), Slg. 2002, S. II - 2365 (2372, Rdnr. 27); zur Kritik an dieser Formel: *Classen*, Die Europäisierung der Verwaltungsgerichtsbarkeit, S. 68; *Daig*, Nichtigkeits- und Untätigkeitsklagen im Recht der Europäischen Gemeinschaften, S. 107 f., Anm. 140.

[1398] EuGH, Rs. 41-44/70, (NV International Fruit Company u.a. ./. Kommission), Slg. 1971, S. 421 (422, Rdnr. 16, 22); EuGH, Rs. C-354/87 (Weddel & Co BV ./. Kommission), Slg. 1990, S. I - 3847 (3886, Rdnrn. 20 - 23); *Classen*, Die Europäisierung der Verwaltungsgerichtsbarkeit, S. 70; *Daig*, Nichtigkeits- und Untätigkeitsklagen im Recht der Europäischen Gemeinschaften, S. 88 f., Anm. 112; auch S. 106, Anm. 138, auch S. 109, Anm. 141; ähnlich *Schwarze*, Der Rechtsschutz Privater vor dem Europäischen Gerichtshof, DVBl. 2002, 1297 (1301).

[1399] *Daig*, Nichtigkeits- und Untätigkeitsklagen im Recht der Europäischen Gemeinschaften, S. 87, Anm. 110.

[1400] EuGH, Rs. 6/68 (Zuckerfabrik Watenstedt GmbH ./. Rat), Slg. 1968, S. 611 (621); EuGH, Rs. 101/76 (Koninklijke Scholten-Honig NV ./. Rat und Kommission), Slg. 1977, S. 797 (808, Rdnr. 23/25); EuGH, Rs. 26/86, (Deutz und Geldermann ./. Rat) Slg. 1987, S. 941 (951, Rdnr. 8); EuGH, Rs. 206/87 (Lefebre Frère et Soeurs SA ./. Kommission), Slg. 1989, S. 275 (289, Rdnr. 18); vgl. dazu auch *Schwarze*, Der Rechtsschutz Privater vor dem Europäischen Gerichtshof, DVBl. 2002, 1297 (1301).

[1401] EuG, Rs. T-219/95 (Marie-Thérèse Danielsson u.a. ./. Kommission), Slg. 1995, S. II - 3051 (3071 f., Rdnr. 69 - 73); vgl. dazu auch *Reich*, Bürgerrechte in der Europäischen Union, S. 134.

Rechtspositionen gegeben.[1402] Diese Entscheidung kann jedoch nicht verallgemeinert werden, weil kein Rechtsprechungswandel gewollt gewesen sei.[1403] Eine Änderung der Rechtsprechung ist jedoch durch die Entscheidung des EuG gewollt: Eine Person sei individuell betroffen, wenn eine Vorschrift „ihre Rechtsposition unzweifelhaft und gegenwärtig beeinträchtigt, indem sie ihre Rechte einschränkt oder ihr Pflichten auferlegt."[1404] Inwieweit andere Personen durch diese Vorschrift beeinträchtigt werden können, sei nicht relevant.[1405] Das EuG hat diese Klage nur ausnahmsweise zugelassen, weil sonst kein Rechtsschutz gegen die Verordnung bestanden hätte.[1406] Es ist trotzdem fraglich, ob für Verordnungen eine dauerhafte Änderung der Rechtsprechung bevorsteht, weil sich der EuGH nicht der Änderung angeschlossen hat.[1407]

Für bestimmte Bereiche haben EuGH und EuG besondere Kriterien aufgestellt: Insbesondere im Bereich des Wettbewerbes wurden die Klagevoraussetzungen nicht so strikt ausgelegt,[1408] aber auch im Bereich der

---

[1402] EuGH, Rs. C-309/89 (Codorníu SA ./. Rat), Slg. 1994, S. 1853 (1886, Rdnr. 21).

[1403] *Schwarze*, Der Rechtsschutz Privater vor dem Europäischen Gerichtshof, DVBl. 2002, 1297 (1302).

[1404] EuG, Rs. T-177/01 (Jégo-Quéré et Cie SA ./. Kommission), Slg. 2002, S. II - 2365 (2384, Rdnr. 52); nach *Koenig/Pechstein/Sander*, EU-/EG-Prozeßrecht, Rdnr. 407, habe der EuGH bei dem Kriterium der individuellen Betroffenheit schon vorher teilweise auf die Schutzrichtung der Norm abgestellt; es dürfe sich nicht nur um eine Schutzvorschrift handeln, sondern der Kläger müßte dadurch (zumindest tatsächlich) betroffen sein, vgl. dazu EuGH, Rs. 11/82 (Piraiki ./. Patraiki ./. Kommission), Slg. 1985, S. 207 (246, Rdnr. 28).

[1405] EuG, Rs. T-177/01 (Jégo-Quéré et Cie SA ./. Kommission), Slg. 2002, S. II - 2365 (2384, Rdnr. 52).

[1406] EuG, Rs. T-177/01 (Jégo-Quéré et Cie SA ./. Kommission), Slg. 2002, S. II - 2365 (S. 2380, Rdnr. 39, S. 2383, Rdnr. 50 f.).

[1407] EuGH, Rs. C-50/00 (Union de Pequeños Agricultores ./. Rat), Slg. 2002, S. I - 6677 (S. 6735, Rdnr. 43 f.); vgl. zu diesem Problem: *Braun / Kettner*, Die Absage des EuGH an eine richterrechtliche Reform des EG- Rechtsschutzsystems, DÖV 2003, 58 - 66.

[1408] *Arnull*, The European Union and its Court of Justice, S. 42; *Rengeling/Middeke/Gellmann/Jakobs*, Rechtsschutz in der Europäischen Union, S. 86, Rdnr. 163; vgl. beispielsweise: EuGH, Rs. 169/84 (Cofaz u. a. ./. Kommission), Slg. 1986, S. 391 (416, Rdnr. 30); EuGH, Rs. C-198/91 (Cook ./. Kommission), Slg. 1993, S. I - 2487 (2527 f., Rdnrn. 20 - 26); vgl. zur Änderung der Rechtsprechung: *Allkemper*, Der Rechtsschutz des einzelnen nach dem EG-Vertrag, S. 88 f.

Antidumpingmaßnahmen[1409] und des Beamtenrechts.[1410] Auch bei der Erstattung von Wahlausgaben, faßte der EuGH die Kriterien deutlich weiter,[1411] wendete aber nach diesem Fall weiterhin die herkömmlichen Kriterien an.[1412] Auch in diesem Fall war keine Änderung der Rechtsprechung bezweckt. Insgesamt besteht insoweit eine unübersichtliche Kasuistik, da Klagen in Einzelfällen zugelassen wurden, obwohl eigentlich der Rechtsschutz ausgeschlossen ist.[1413]

Zudem dient das Kriterium der individuellen Betroffenheit auch zur Abgrenzung von (materiellen) Verordnungen und Verordnungen mit Entscheidungscharakter.[1414] Für diese Abgrenzung ist der Adressatenkreis relevant: Entscheidungen sind individuell-konkret oder individuell-abstrakt, Verordnungen generell-konkret oder generell-abstrakt.[1415] Diese Beurteilung ist anhand der einzelnen Bestimmungen vorzunehmen, nicht als eine Gesamtbeurteilung der Verordnung. Nach der Entscheidung des EuG ist das Kriterium der individuellen Betroffenheit anders als nach der Rechtsprechung des EuGH zu beurteilen, da in diesem Fall ein Rechtsakt wie eine Entscheidung behandelt wird.[1416] Diese Auslegung des individuell Betroffenseins durch das EuG dürfte mit der Festlegung der Angriffsgegenstände in Art. 230 Abs. 4 EG nicht mehr zu vereinbaren sein.[1417]

[1409] *Arnull*, The European Union and its Court of Justice, S. 42; EuGH, Rs. C-358/89 (Extramet Industrie SA ./. Rat), Slg. 1991, S. I - 2501 (2532, Rdnr. 17); vgl. dazu *Schwarze*, Der Rechtsschutz Privater vor dem Europäischen Gerichtshof, DVBl. 2002, 1297 (1301 f.).

[1410] *Rengeling/Middeke/Gellmann/Jakobs*, Rechtsschutz in der Europäischen Union, S. 87, Rdnr. 165.

[1411] EuGH, Rs. 294/83 (Parti écologiste Les Verts ./. Parlament), Slg. 1986, S. 1339 (1367 - 1369, Rdnr. 29 - 37).

[1412] *Arnull*, The European Union and its Court of Justice, S. 44.

[1413] *Schwarze*, Der Rechtsschutz Privater vor dem Europäischen Gerichtshof, DVBl. 2002, 1297 (1302 f.).

[1414] *Daig*, Nichtigkeits- und Untätigkeitsklagen im Recht der Europäischen Gemeinschaften, S. 70 f., Anm. 86; EuGH, Rs. C-50/00 (Union de Pequeños Agricultores ./. Rat), DVBl. 2002, 1348 (1349, Anm. 36).

[1415] *Daig*, Nichtigkeits- und Untätigkeitsklagen im Recht der Europäischen Gemeinschaften, S. 85, Anm. 109.

[1416] EuG, Rs. T-177 (Jégo-Quéré at Cie S.A. ./. Kommission), Slg. 2002, S. II - 2365 (2386 f., Rdnr. 51 f.).

[1417] *Schwarze*, Der Rechtsschutz Privater vor dem Europäischen Gerichtshof, DVBl. 2002, 1297 (1302 f.).

Der EuGH hält weiterhin an seiner restriktiven Auslegung des Begriffes „individuell betroffen" fest.[1418]

Die Auslegung des EuGH ist jedoch nicht unumstritten. So weist Götz auf das Problem der Rechtsschutzlücken in anderen Mitgliedstaaten hin: In einigen Mitgliedstaaten sei ein Verweis auf die Inzidenterkontrolle nach Art. 234 EG nicht praktikabel, und bei restriktiver Auslegung des Art. 230 Abs. 4 EG das europäische Sekundärrecht nicht überprüfbar.[1419] Ähnlich wie in der Entscheidung des EuG befürwortet Allkemper bei der individuellen Betroffenheit eine Auslegung wie bei der Regelung des § 42 Abs. 2 VwGO, da auch der Art. 173 EGV a.F. dem Schutz subjektiver Interessen und Rechte diene.[1420]

Außer in Ausnahmefällen ist auch bei dem Kriterium der individuellen Betroffenheit nicht auf subjektive Rechte abzustellen.

d) Ergebnis zu Art. 230 Abs. 4 EG

Weder die unmittelbare, noch die individuelle Betroffenheit haben subjektive Rechte grundsätzlich als Voraussetzung. Bei der individuellen Betroffenheit findet eine Individualisierung nicht durch subjektive Rechte statt, sondern durch die angefochtene Handlung. Auf speziell dem Einzelnen zustehende Rechte hat das EuG nur bei der ausnahmsweise zugelassenen Klage gegen eine (echte) Verordnung abgestellt.

Weitere Folgerungen über die subjektiven Rechte lassen sich aus der Rechtsprechung zu Art. 230 Abs. 4 EG nicht ziehen.

2. Untätigkeitsklage nach Art. 232 Abs. 3 EG

Art. 232 Abs. 4 EG eröffnet eine Klagemöglichkeit bei dem Unterlassen, einen Beschluß vom Parlament, Rat oder Kommission an eine natürliche oder juristische Person zu richten. Nach ergebnisloser Aufforderung des

---

[1418] *Schwarze,* Der Rechtsschutz Privater vor dem Europäischen Gerichtshof, DVBl. 2002, 1297 (1302); *Götz,* Besprechung von EuGH, Rs. C-50/00, Union de Pequeños Agricultores, DVBl. 2002, S. 1350 - 1351 (1351); vgl. dazu die Entscheidung EuGH, Rs. C-50/00 (Union de Pequeños Agricultores ./. Rat), DVBl. 2002, 13488 - 1350 (insbesondere S. 1348 f., Anm. 34 - 36); zustimmend: *Koenig/Pechstein/Sander,* EU-/EG-Prozeßrecht, Rdnr. 412.

[1419] *Götz,* Besprechung von EuGH Rs. C-50/00, Union de Pequeños Agricultores, DVBl. 2002, 1350 (1351).

[1420] *Allkemper,* Der Rechtsschutz des einzelnen nach dem EG-Vertrag, S. 93 - 95; Art. 173 EGV a.F. entspricht Art. 230 EG n.F.

zuständigen Organs, es solle tätig werden, kann der Einzelne Klage erheben. Der angestrebte Beschluß darf nicht eine Empfehlung oder Stellungnahme sein. Einzelne können nach Art. 232 Abs. 3 EG nur auf einen an sie selbst gerichteten Akt klagen, also nicht auf Verordnungen und Richtlinien,[1421] sondern i.d.R. nur auf Entscheidungen.[1422] Zwar ist nach dem Wortlaut des Art. 232 Abs. 4 EG eine Klage nur für den Adressaten möglich. Nach der Rechtsprechung des EuG soll auch die Klage eines Dritten zulässig sein,[1423] wenn dieser von dem Beschluß unmittelbar und individuell betroffen ist.[1424] Es müssen also ähnliche Voraussetzungen wie bei der Klage nach Art. 230 Abs. 4 EG gegeben sein, außer daß bei der Untätigkeitsklage ein Recht auf Tätigwerden erforderlich ist.[1425]

Außer bei dem oben genannten Problem der individuellen Betroffenheit sind auch hier keine subjektiven Rechte für die Klage relevant, mit der Ausnahme, daß in der Begründetheit ein Recht auf Tätigwerden vorliegen muß.

3. Drittwiderspruch nach Art. 42 der Satzung EuGH, Art. 97 VerfO EuGH

Wenn ein Urteil die Rechte von Mitgliedstaaten, Organen der Gemeinschaft oder natürlichen oder juristischen Personen beeinträchtigt, können diese Drittwiderspruch nach Art. 42 Satzung EuGH[1426] gegen das Urteil erheben. Dabei muß das Urteil in einem Rechtsstreit ergangen sein, an dem sie nicht teilgenommen haben. Art. 97 VerfO EuGH legt die Verfahrensvoraussetzungen im Einzelnen fest.

Nach Art. 42 Satzung EuGH ist eine Beeinträchtigung in Rechten erforderlich. Die Beeinträchtigung tatsächlicher Interessen genügt nicht.[1427] Nach anderer Ansicht soll die Beeinträchtigung rechtlich geschützter In-

---

[1421] *Bleckmann*, Europarecht, Rdnr. 909 (Bearb.: *Bleckmann*); *Koenig/Pechstein/Sander*, EU-/EG-Prozeßrecht, Rdnr. 599.

[1422] *Bleckmann*, Europarecht, Rdnr. 911 (Bearb.: *Bleckmann*).

[1423] EuG Rs. T-3/93 (Air France ./. Kommission), Slg. 1994, S. II - 121 (1151 f., Rdnrn. 47 - 51).

[1424] EuGH, Rs. 246/81 (Lord Bethell ./. Kommission), Slg. 1982, S. 2277 (2291, Rdnr. 16); vgl. dazu *Bleckmann*, Europarecht, Rdnr. 912 (Bearb.: *Bleckmann*).

[1425] *Reich*, Bürgerrechte in der Europäischen Union, S. 135.

[1426] Entspricht früher dem Art. 39 Satzung EuGH.

[1427] *Bleckmann*, Europarecht, Rdnr. 1007 (Bearb.: *Bleckmann*); *Kirschner*, Das Gericht erster Instanz der Europäischen Gemeinschaften, Rdnr. 180.

teressen ausreichen.[1428] Dazu soll erforderlich sein, daß die Interessen durch eine Norm geschützt sind, die dem Schutz der Interessen Einzelner dienen soll; tatsächliche Nebenwirkungen und Reflexe seien nicht rechtlich geschützte Interessen.[1429] Diese unterschiedlichen Auffassungen beschränken sich auf terminologische Unterschiede, kommen jedoch zu demselben Ergebnis.

Die einzige Klage, bei der subjektive Rechte Klagevoraussetzung sind, ist die Drittanfechtungsklage. Die subjektiven Rechte Einzelner sind bei Verfahren nach Art. 42 Satzung EuGH sehr strikt auszulegen. Nur in eng begrenzten Ausnahmefällen sollen Dritte gegen Urteile vorgehen können, ohne selbst Verfahrensbeteiligte gewesen zu sein.

4. Ergebnis

Für eine Klagebefugnis von Einzelnen bei den verschiedenen Verfahren vor dem EuGH und dem EuG sind subjektive Rechte nur in Ausnahmefällen und bei dem Verfahren nach Art. 42 Satzung EuGH entscheidend. Der Rechtsprechung hierzu können keine Aussagen über das subjektive Recht in diesem Bereich entnommen werden. Grundsätzlich besitzt der Einzelne weitgehende Klagemöglichkeiten außer gegen Rechtsakte.

VIII. Subjektive Rechte des Gemeinschaftsrechts und Klagemöglichkeiten vor dem EuGH und dem EuG

Die subjektiven Rechte sind für eine Klage vor dem EuGH nicht wesentlich. Nur in einzelnen Ausnahmefällen hat der EuGH subjektive Rechte zur Begründung der Klagebefugnis verwendet. Das Verfahren nach Art. 42 Satzung EuGH, bei dem eine Beeinträchtigung in Rechten erforderlich ist, ist keine bedeutsame Verfahrensart. Eine Möglichkeit zur Vereinheitlichung der Rechtsprechung zu den subjektiven Rechten und den Klagebefugnissen ist derzeit nicht ersichtlich. Beide besitzen strukturell zu unterschiedliche Voraussetzungen.[1430] Zudem widerspräche eine Vereinheit-

---

[1428] *Becker*, Die Drittwiderspruchsklage im Verfahren vor dem Gerichtshof der Europäischen Gemeinschaften, S. 146 f.

[1429] *Becker*, Die Drittwiderspruchsklage im Verfahren vor dem Gerichtshof der Europäischen Gemeinschaften, S. 140.

[1430] *Schoch*, Individualrechtsschutz im deutschen Umweltrecht unter dem Einfluß des Gemeinschaftsrechts, NVwZ 1999, 457 (463); anders wohl *Danwitz*, Verwaltungslichung dem unterschiedlichen Zweck der von Einzelnen erhobenen Klagen. Insbesondere bei den subjektiven öffentlichen Rechten i.e.S. dient der Einzelne der Durchsetzung des Gemeinschaftsrechts. Im Gegensatz dazu wird der Einzelne bei den Klagen vor dem EuGH nicht zur Durchsetzung des Gemeinschaftsrechts instrumentalisiert; deshalb hat der EuGH recht hohe Anforderungen für die Klagen aufgestellt.[1431] Die Klagen gegen Organe der Gemeinschaften beinhalten eher die Gefahr, daß die Durchsetzung des Gemeinschaftsrechts gefährdet wird. Deshalb dient eine restriktive Auslegung der Klagebefugnisse in diesem Bereich der Durchsetzung des Gemeinschaftsrechts. Andererseits wäre eine einheitliche Systematik wünschenswert. Eine Angleichung der Klagemöglichkeiten vor dem EuGH und der Verpflichtung der Einräumung von Klagemöglichkeiten könnte unkompliziertere Strukturen bewirken.[1432]

C. Subjektive Rechte der Mitgliedstaaten und Gemeinschaften

Es stellt sich die Frage, ob auch subjektive Rechte der Mitgliedstaaten und der Gemeinschaften anerkannt sind, oder ob solche Rechte nur als Kompetenzen angesehen werden können. Dazu könnte ein Eingehen auf die Klagemöglichkeiten aufschlußreich sein.

Der EuGH hat festgestellt, daß die Einzelnen, die Mitgliedstaaten und die Organe grundsätzlich Rechte und Pflichten besitzen können.[1433] Damit hat der EuGH anerkannt, daß auch die Mitgliedstaaten subjektive Rechte besitzen können. Jedoch hat er auch die Organe gleichgestellt, obwohl diese nicht rechtsfähig sind und streng genommen nur Kompetenzen, aber keine eigenen Rechte besitzen können. Ob der EuGH damit die Kompetenzen der Organe oder die Rechte der Gemeinschaften meint, bleibt offen.

---

rechtliches System und Europäische Integration S. 237.

1431 *Danwitz,* Zur Grundlegung einer Theorie der subjektiv-öffentlichen Gemeinschaftsrechte, DÖV 1996, 481 (487); *Kokott*, Europäisierung des Verwaltungsprozeßrechts, Verwaltung 31 (1998), 335 (362).

1432 Deshalb wird gefordert, daß sich der EuGH für die Klagevoraussetzungen in den Mitgliedstaaten an den Klagevoraussetzungen des Gemeinschaftsrechts orientiert *Danwitz,* Verwaltungsrechtliches System und Europäische Integration S. 241.

1433 EuGH, Rs. 26/62 (Van Gend & Loos ./. Niederländische Finanzverwaltung), Slg. 1963, S. 1 (25).

I. Nichtigkeitsklage nach Art. 230 Abs. 3 EG

Eine Klage von Rechnungshof oder EZB ist nach Art. 230 Abs. 3 EG (i.V.m. Art. 230 Abs. 1 EG) unter den genannten Voraussetzungen zulässig, wenn diese Klage zudem auf die Wahrung ihrer Rechte abzielt. Aufgrund der geringen Einschränkung handelt es sich hierbei um „semi-privileged" applicants.[1434]

Diese Klagemöglichkeit — anfangs von Parlament, Rechnungshof und EZB zur Wahrung ihrer Rechte — wurde 1992 durch den Vertrag über die Europäische Union eingeführt. Der EuGH hatte vor Einführung der Klagebefugnis dem Parlament eine Klagebefugnis nicht zum Schutz von dessen Rechten, sondern zum Schutz seiner Befugnisse eingeräumt.[1435] Auch später hob der EuGH hervor, daß die Klage auf Schutz der Befugnisse des Parlaments gerichtet sein müsse.[1436] Andererseits sprach der EuGH auch davon, daß das Parlament eine „Verletzung in eigenen Rechten geltend machen" müsse,[1437] wobei insbesondere Mitwirkungsrechte des Parlaments in Betracht kommen.[1438] Der EuGH benutzt die Begriffe „Rechte" und „Befugnisse" nebeneinander, anscheinend ohne diesen eine unterschiedliche Bedeutung zuzumessen.[1439] Durch den Vertrag von Nizza wurde dem Parlament eine uneingeschränkte Klagebefugnis nach Art. 230 Abs. 2 EG eingeräumt. Art. 230 Abs. 3 EG findet nur noch auf den Rechnungshof und die EZB Anwendung. Art. 230 Abs. 3 EG spricht davon, daß die Klagen „auf die Wahrung ihrer Rechte abzielen" müssen. Die Frage stellt sich, ob der Begriff „Rechte" subjektive Rechte oder nur

---

[1434] *Arnull*, The European Union and its Court of Justice, S. 40.

[1435] EuGH, Rs. C-70/88 (Parlament ./.Rat), Slg. 1990, S. I - 2041 (2073, Rdnr. 27); vorher hatte der EuGH eine Aktivlegitimation des Parlaments abgelehnt: EuGH, Rs. 302/87 (Parlament ./. Rat), Slg. 1988, S. 5615 (5640 - 5643, Rdnrn. 9 - 21); jedoch eine Passivlegitimation anerkannt: EuGH, Rs. 294/83 (Parti écologiste Les Verts ./. Parlament), Slg. 1986, S. 1339 (1365- 1367, Rdnrn. 20 - 28); EuGH, Rs. 34/86 (Rat ./. Parlament), Slg. 1986, S. 2155 (2201, Rdnr. 5).

[1436] EuGH, Rs. C-295/90, (Parlament ./. Rat) Slg. 1992, S. I - 4193 (4233, Rdnr. 9).

[1437] EuGH, Rs. C-70/88 (Parlament ./. Rat), Slg. 1990, S. I - 2041 (2073, Rdnr. 27); EuGH, Rs. C-295/90 (Parlament ./. Rat), Slg. 1992, S. I - 4193 (4233, Rdnr. 9); EuGH, Rs. C-65/90 (Parlament ./. Rat), Slg. 1992, S. I - 4593 (4620, Rdnr. 13); *Rengeling/Middeke/Gellmann/Jakobs*, Rechtsschutz in der Europäischen Union, S. 82, Anm. 155.

[1438] EuGH, Rs. C-65/90 (Parlament ./. Rat), Slg. 1992, S. I - 4593 (4620, Rdnr. 13).

[1439] EuGH, Rs. 294/83 (Parti écologiste Les Verts ./. Parlament), Slg. 1986, S. 1339 (1364, Rdnr. 22, sowie 1365, Rdnr. 24).

Befugnisse bzw. Kompetenzen bedeuten soll. So soll der richtige Begriff hierfür „Befugnisse aus eigenen Vertragskompetenzen" lauten.[1440] Bleckmann spricht hingegen uneingeschränkt von „Rechten" des Parlaments.[1441] In dem englischen Vertragstext heißt es „prerogatives", im französischen „prérogatives"; dieses ist beides als „Vorrechte" zu übersetzen; danach paßt der Begriff „Recht". Art. 230 Abs. 3 EG betrifft jedoch keine Rechte der Gemeinschaft, sondern der Organe. Die Organe selbst sind nicht rechtsfähig. Ihnen können keine Rechte zustehen, anders als den Gemeinschaften. Deshalb ist die Bezeichnung als „Rechte" der Organe fehlerhaft gewählt. Art. 230 Abs. 3 EG schützt wirklich nur Kompetenzen oder Befugnisse, jedoch keine Rechte. Bei der Frage, ob es subjektive Rechte der Gemeinschaften und der Mitgliedstaaten gibt, hilft Art. 230 Abs. 3 EG nicht weiter.

II. Drittwiderspruch nach Art. 42 Satzung EuGH, Art. 97 VerfO EuGH

Aus Art. 42 Satzung EuGH könnte sich ergeben, ob den Gemeinschaften Rechte zustehen können. Die Mitgliedstaaten und Organe der Gemeinschaft müssen durch ein Urteil in ihren Rechten beeinträchtigt sein, um eine Drittwiderspruchsklage nach Art. 42 Satzung EuGH erheben zu können. Das Urteil muß in einem Rechtsstreit ergangen sein, an dem sie nicht teilgenommen haben. Art. 42 Satzung EuGH differenziert nicht zwischen Rechten der Einzelnen und Kompetenzen der Organe. Der Begriff der „Rechte" wird einheitlich für alle, die Einzelnen, die Organe und die Mitgliedstaaten, verwendet.

Wie oben festgestellt, sind subjektive Rechte des Einzelnen im Gemeinschaftsrecht anerkannt. Subjektive Rechte der Organe bestehen hingegen nicht; die Organe können mangels Rechtsfähigkeit keine Rechte, sondern nur Kompetenzen bzw. Befugnisse besitzen. Als drittes werden die Mitgliedstaaten genannt. Diese können, weil sie rechtsfähig sind, grundsätzlich subjektive Rechte haben. Der EuGH hat auch von Rechten der Mitgliedstaaten gesprochen, jedoch eine Rechtsbeeinträchtigung wegen Einschränkung der Rechtssetzungsbefugnis abgelehnt, da die Sou-

---

[1440] *Koenig/Pechstein/Sander*, EU-/EG-Prozeßrecht, Rdnr. 380.

[1441] *Bleckmann*, Europarecht, Rdnr. 839 (Bearb.: *Bleckmann*).

veränität des Staates nicht berührt sei.[1442] Es kann nicht genau festgestellt werden, ob das Gemeinschaftsrecht den Mitgliedstaaten wirklich Rechte einräumt oder ob auch bei den Mitgliedstaaten — wie bei den Organen — der Begriff der Kompetenz bzw. der Befugnis mit dem des (subjektiven) Rechts vertauscht wurde.

Auch Art. 42 Satzung EuGH gibt keine Auskunft darüber, ob im Gemeinschaftsrecht subjektive Rechte der Gemeinschaft und der Mitgliedstaaten anerkannt sind.

III. Ergebnis

Einige ungenaue Formulierungen könnten darauf schließen lassen, daß den Organen der Gemeinschaften Rechte zustehen können. Weil die Organe jedoch keine Rechtsfähigkeit besitzen, können ihnen selbst keine Rechte zustehen, sondern nur den rechtsfähigen Gemeinschaften. Aus dem Gemeinschaftsrecht läßt sich nicht schlußfolgern, ob subjektive Rechte der Gemeinschaften und der Mitgliedstaaten anerkannt sind.

D. Schutz subjektiver Rechte oder objektive Rechtmäßigkeitskontrolle nach Gemeinschaftsrecht in den Mitgliedstaaten

Es soll festgestellt werden, ob die Pflichten, die der EuGH den Mitgliedstaaten zur effektiven Durchsetzung des Gemeinschaftsrechts auferlegt, zu einem Schutz subjektiver Rechte oder einer objektiven Rechtmäßigkeitskontrolle verpflichten.[1443] Teilweise ist diese Beurteilung etwas schwierig, weil der EuGH nur die Mindestvoraussetzungen nennt, jedoch nicht detaillierte Vorschriften zur Ausgestaltung aufstellt.

I. Vorrangiges Ziel der Gerichtsbarkeit

Zunächst soll eine Beurteilung nach dem vorrangigen Ziel der Gerichtsbarkeiten vorgenommen werden. Die subjektiven Rechte i.e.S. müssen

[1442] EuGH, Rs. 9 u. 12/60 (Regierung des Kgr. Belgien ./. Société commerciale antoine Vloeberghs AG und Hohe Behörde), Slg. 1962, 347 (373 f.).

[1443] Vgl. dazu *Kadelbach*, Allgemeines Verwaltungsrecht unter europäischem Einfluß, S. 381 - 384; *Ruffert*, Subjektive Rechte im Umweltrecht der Europäischen Gemeinschaften, S. 220.

durch die Unionsbürger durchsetzbar sein, was durch das nationale Recht zu sichern ist. So wird der Einzelne und seine subjektiven Rechte zur Durchsetzung des Gemeinschaftsrechts eingesetzt,[1444] was für eine objektive Rechtskontrolle spricht; denn der Einzelne soll nur den Anstoß geben.[1445]

Andererseits bekommt der Einzelne so subjektive Rechte eingeräumt. Diese dienen auch oder sogar vorrangig dem Schutz des Einzelnen. Es läßt sich deshalb nicht eindeutig feststellen, ob das Gemeinschaftsrecht die Mitgliedstaaten zu einer objektiven Rechtskontrolle oder einem Schutz subjektiver Rechte verpflichtet.

II. Gesetzliche Zugangssperre mit Auswirkungen auf die Begründetheitsprüfung

Eine enge Beziehung von Klagezulassung und Begründetheitsprüfung spräche für einen vorrangigen Schutz subjektiver Rechte. Wenn keine oder nur durch das Gericht selbst aufgestellte Zugangssperren bestünden, käme eine objektive Rechtmäßigkeitskontrolle in Betracht.

Der EuGH fordert keine gesetzlichen Zugangssperren für den Zugang zu den Gerichten. Andererseits verlangt er, daß die subjektiven Rechte i.e.S. und die subjektiven Rechte aus Richtlinien durchsetzbar sein müssen. Dazu gehört auch, daß sie offensiv klageweise geltend gemacht werden können müssen.[1446] Jedoch genügt eine objektiv-rechtliche Ausgestaltung des gerichtlichen Verfahrens.[1447] Dieses bezieht sich sowohl auf die Zulässigkeit, als auch auf die Begründetheit der Klage. Hierbei ist eine gewisse Tendenz zum Schutz subjektiver Rechte zu erkennen.

[1444] EuGH, Rs. 26/62 (Van Gend & Loos ./. Niederländische Finanzverwaltung), Slg. 1963, S. 1 (26); *Diehr*, Der Staatshaftungsanspruch des Bürgers wegen Verletzung des Gemeinschaftsrechts durch die deutsche öffentliche Gewalt, S. 93.

[1445] *Schwarze*, Der Rechtsschutz Privater vor dem Europäischen Gerichtshof, DVBl. 2002, 1297 (1298); so bereits *H. P. Ipsen*, Europäisches Gemeinschaftsrecht, 1972, S. 734.

[1446] Vgl. Teil 3, B. III.

[1447] EuGH, Rs. C-54/96 (Dorsch Consult Ingenieurgesellschaft mbH ./. Bundesbaugesellschaft Berlin mbH), Slg. 1997, S. I - 4961 (4993, Rdnr. 24 f.).

III. Dispositionsmaxime

Eine Bindung an den Antrag des Klägers spräche für einen Schutz subjektiver Rechte. Zwar ist die gerichtliche Prüfung durch das nationale Gericht von Amts wegen vorzunehmen, begrenzt wird diese jedoch durch die Anträge der Parteien.[1448] Danach gilt das Amtsermittlungsprinzip und die Dispositionsmaxime bei europarechtlich geprägten Klagen vor den nationalen Gerichten. Dieses spricht für eine Tendenz zum Schutz subjektiver Rechte des Einzelnen.

IV. Automatischer Suspensiveffekt

Der EuGH fordert einen effektiven einstweiligen Rechtsschutz, begründet diese Forderung aber lediglich mit der effektiven Durchsetzbarkeit des Gemeinschaftsrechts.[1449] Eine aufschiebende Wirkung fordert er jedoch nicht, sondern lehnt diesen automatischen Suspensiveffekt in den nationalen Rechtsordnungen in bestimmten Fällen ab.[1450] Daß grundsätzlich Möglichkeiten einstweiligen Rechtsschutzes bestehen müssen, spricht zwar für einen Schutz subjektiver Rechte. Dieses hatte der EuGH jedoch mit dem objektiven Ziel der Durchsetzung des Gemeinschaftsrechts begründet. Auch die Pflicht zur Aufhebung der aufschiebenden Wirkung von Klagen im nationalen Recht spricht eher für eine objektive Rechtskontrolle.

V. Unabhängigkeit der Gerichte gegenüber der Verwaltung

Die Unabhängigkeit der Gerichte gegenüber der Verwaltung spräche für einen Schutz subjektiver Rechte, die fehlende Unabhängigkeit für eine objektive Rechtskontrolle, da dieses der Selbstkontrolle der Verwaltung diente. Erforderlich ist nach dem EuGH eine im wesentlichen unabhängige

[1448] EuGH, Rs. C-430 u. 431/93 (Jeroen van Schijndel und Johannes Nicolaas Cornelis van Veen ./. Stichting Pensioenfonds voor Fysiotherapeuten), Slg. 1995, S. I - 4705 (4738, Rdnr. 20 - 22).

[1449] EuGH, Rs. C-213/89 (The Queen ./. Secretary of State for Transport, ex parte: Factortame Ltd. u.a), Slg. 1990, S. I - 2433 (2473 f., Rdnr. 17 - 23).

[1450] EuGH, Rs. C-217/88 (Kommission ./. BRD), Slg. 1990, S. I - 2879 (2905 f., Rdnr. 25 f.).

Gerichtsbarkeit, auch ohne kontradiktorisches Verfahren.[1451] Dieses spricht für einen Schutz subjektiver Rechte als geforderten Zweck.

VI. Wirkung der Urteile inter partes

Die Wirkung der Urteile inter partes oder erga omnes richtet sich nach den nationalen Rechtsordnungen und kann nicht zur Bestimmung des vom EuGH geforderten Rechtsschutzes herangezogen werden.

VII. Zulässigkeit der Überprüfung von Normen an höherrangigem Recht

Die Zulässigkeit der Überprüfung von Normen an höherrangigem Recht spräche für einen vorrangigen Schutz subjektiver Rechte. Die nationalen Gerichte dürfen Rechtsakte der Gemeinschaftsorgane nicht für ungültig erklären.[1452] Es besteht nur die Möglichkeit eines Vorabentscheidungsverfahrens durch den EuGH nach Art. 234 EG. Insofern besteht eine gewisse Tendenz zur objektiven Rechtskontrolle.

VIII. Ergebnis

Die Festlegungen, die der EuGH trifft und die die Mitgliedstaaten bei der Ausgestaltung ihres Rechtsschutzssystems zu beachten haben, haben eine überwiegende Tendenz zur objektiven Rechtskontrolle. Jedoch sprechen auch einige Elemente des Verfahrens für einen Schutz subjektiver Rechte.

E. Schutz subjektiver Rechte oder objektive Rechtmäßigkeitskontrolle durch EuG und EuGH

Die Anforderungen, die EuGH und EuG an die Mitgliedstaaten stellen, sollen mit der Gerichtsbarkeit von EuGH und EuG verglichen werden. Dazu ist die Feststellung erforderlich, ob die Gerichtsbarkeit von EuGH und EuG vorrangig dem Schutz subjektiver Rechte oder der objektiven Rechtmäßigkeitskontrolle dient.

[1451] EuGH, Rs. C-54/96 (Dorsch Consult Ingenieurgesellschaft mbH ./. Bundesbaugesellschaft Berlin mbH), Slg. 1997, S. I - 4961 (4996, Rdnr. 40, S. 4994, Rdnr. 30).

[1452] EuGH, Rs. 314/85 (Foto-Frost ./. Hauptzollamt Lübeck-Ost), Slg. 1987, S. 4199 (4230 f., Rdnr. 14 - 17).

I. Vorrangiges Ziel der Gerichtsbarkeit

Zunächst ist auf das vorrangige Ziel einzugehen, ob dieses in der Gewährung subjektiven Rechtsschutzes oder in der objektiven Kontrolle der Rechtmäßigkeit liegt. Nach Art. 220 EG hat der EuGH die Aufgabe, „die Wahrung des Rechts bei der Auslegung und Anwendung dieses (EG) Vertrages" zu sichern. Nach der Zielbestimmung spricht dieses für eine objektive Rechtskontrolle; der Schutz von Rechten Einzelner steht demnach nicht im Vordergrund.

II. Gesetzliche Zugangssperre mit Auswirkungen auf die Begründetheitsprüfung

Eine enge Beziehung von Klagezulassung und Begründetheitsprüfung spräche für einen Schutz subjektiver Rechte. Bestünden demgegenüber keine subjektiven Beschränkungen des Zugangs zu den Gerichten oder höchstens durch Gerichte selbst eingeführte gewisse Zugangssperren, spräche dieses für eine objektive Rechtmäßigkeitskontrolle. Für den Rechtsstreit vor dem EuG und EuGH besteht keine Generalklausel. Nur bei enumerativ aufgezählten Gegenständen ist eine Klage möglich. Wobei der EuGH diese Gegenstände rechtsschutzfreundlich auslegt.[1453] Dieses spricht für eine eher objektive Rechtmäßigkeitskontrolle.

III. Dispositionsmaxime

Die Bindung an den Antrag des Klägers, also die Dispositionsmaxime, spräche für einen Schutz subjektiver Rechte. Hingegen diente die Offizialmaxime eher der objektiven Rechtskontrolle.

Nach Art. 78 VerfO EuGH ist die Möglichkeit zur Klagerücknahme nicht eingeschränkt. Eine Klageänderung ist möglich, wenn alle Verfahrensbeteiligten zustimmen oder das Gericht sie für sachdienlich erachtet.[1454] Dieses spricht beides für eine Geltung der Dispositionsmaxime, weil der Kläger relativ weitgehend über den Verfahrensgegenstand entscheiden kann. Es besteht nach diesem Prüfungspunkt eine Tendenz dahingehend,

---

[1453] *Schwarze*, Der Rechtsschutz Privater vor dem Europäischen Gerichtshof, DVBl. 2002, 1297 (1298 f.).

[1454] *Koenig/Pechstein/Sander*, EU-/EG-Prozeßrecht, Rdnr. 194 f.

daß der Schutz subjektiver Rechte der Zweck der Gerichtsbarkeit des EuG bzw. EuGH ist.

IV. Automatischer Suspensiveffekt

Die Geltung eines automatischen Suspensiveffektes von Klagen zeigte, daß der Schutz subjektiver Rechte im Vordergrund stehe. Nach Art. 242 Satz 1 EG haben Klagen keinen automatischen Suspensiveffekt;[1455] der EuGH kann aber die Durchführung der Handlung nach Art. 242 Satz 2 EG aussetzen. Zwar besteht kein automatischer Suspensiveffekt. Es besteht lediglich die Möglichkeit, einstweiligen Rechtsschutz zu bekommen. Bei diesem Punkt ist eine Tendenz zur objektiven Rechtskontrolle festzustellen.

V. Unabhängigkeit der Gerichte gegenüber der Verwaltung

Für einen Schutz subjektiver Rechte spräche, wenn die Gerichte gegenüber der Verwaltung unabhängig wären. Wenn hingegen der Zweck die Selbstkontrolle der Verwaltung wäre, könnten die Gerichte auch als Teil der Exekutive agieren. Die Persönlichkeit der Richter muß nach Art. 223 EG die Gewähr für Unabhängigkeit bieten.[1456] Zudem dürfen die Richter nach Art. 4 Abs. 1 Satzung EuGH kein politisches Amt und kein Verwaltungsamt innehaben. Zudem sind sie nach Art. 3 Abs. 1 Satzung EuGH keiner Gerichtsbarkeit unterworfen. Damit ist die richterliche Unabhängigkeit gegeben. Dieses spricht für einen Schutz subjektiver Rechte als Ziel der Gerichtsbarkeit. Andererseits bestehen beim EuGH Generalanwälte nach Art. 222 EG.[1457] Diese müssen jedoch unparteilich und unabhängig sein, nach Art. 222 Abs. 2 EG. Das Institut der Generalanwälte spricht deshalb nicht für eine objektive Rechtskontrolle. Insgesamt ist eine Tendenz zum Schutz subjektiver Rechte festzustellen.

[1455] Auch Art. 53 der Satzung EuGH sieht vor, daß Rechtsmittel keine aufschiebende Wirkung haben.

[1456] Nach Art. 225 Abs. 3 Satz 1 EG für EuG.

[1457] Beim EuG: Art. 2 Abs. 3 Satzung des Gerichtes erster Instanz.

VI. Wirkung der Urteile inter partes

Wenn die Urteile nur inter partes wirkten, spräche dieses für einen Schutz subjektiver Rechte. Eine Wirkung erga omnes spräche für eine objektive Rechtskontrolle. Nur die Nichtigerklärung nach Art. 231 EG wirkt erga omnes.[1458] Deshalb besteht hierbei die Möglichkeit einer Drittwiderspruchsklage nach Art. 42 Satzung EuGH, Art. 97 VerfO EuGH. Eine Rechtsverletzung eines Dritten ist nur dann möglich, wenn die Wirkung des Urteils nicht auf die Parteien beschränkt ist. Andererseits wäre die Rechtsfigur eines Streithelfers nach Art. 50 Satzung EuGH, Art. 93 VerfO EuGH bei einer Wirkung erga omnes nicht unbedingt notwendig. Aufgrund der unterschiedlichen Wirkungen der Urteile läßt sich eine eindeutige Zuordnung des Zwecks der Gerichtsbarkeit zum Schutz subjektiver Rechte oder einer objektiven Rechtskontrolle unter dem Gesichtspunkt der Wirkung von Urteilen nicht vornehmen. Die Wirkung erga omnes besteht jedoch nur im Ausnahmefall, deshalb ist eher ein Schutz subjektiver Rechte als Zweck festzustellen.

VII. Zulässigkeit der Überprüfung von Normen an höherrangigem Recht

Die Zulässigkeit der Überprüfung von Normen an höherrangigem Recht spricht für einen überwiegenden Schutz subjektiver Rechte. Grundsätzlich ist eine Überprüfung auch von Rechtsakten der Gemeinschaftsorgane zulässig — vgl. beispielsweise Art. 230 Abs. 1 EG. Insofern besteht eine Tendenz zum Schutz subjektiver Rechte.

VIII. Ergebnis

Insgesamt ist das Rechtsschutzsystem des EuGH und EuG zwischen dem Schutz subjektiver Rechte und der objektiven Rechtmäßigkeitskontrolle als Zweck einzuordnen. Jedoch überwiegt der Schutz subjektiver Rechte als Zweck der Gerichtsbarkeit von EuG und EuGH.

[1458] *Koenig/Pechstein/Sander*, EU-/EG-Prozeßrecht, Rdnr. 541.

F. Vergleich des Zweckes der Gerichtsbarkeiten, dem Schutz subjektiver Rechte oder der objektiven Rechtskontrolle zu dienen

Die Anforderungen, die der EuGH an die Gerichtsbarkeiten in den Mitgliedstaaten stellt, lassen sich nicht eindeutig der objektiven Rechtskontrolle oder dem Schutz subjektiver Rechte zuordnen. Auch die Gerichtsbarkeit des EuGH und des EuG läßt sich nicht den Extrempositionen zuordnen. Sie liegt zwischen diesen beiden äußersten Möglichkeiten der Verfahrensgestaltung mit einer gewissen Tendenz zum Schutz subjektiver Rechte. Jedoch ist bei den Anforderungen an die Mitgliedstaaten eine Abweichung in Richtung auf eine objektiven Rechtskontrolle festzustellen. Insbesondere die Instrumentalisierung des Einzelnen zur Durchsetzung des Rechts bewirkt eine teilweise Verobjektivierung. Der vom EuGH von den Mitgliedstaaten geforderte umfassende Rechtsschutz steht jedoch in direktem Gegensatz zu den von ihm sehr restriktiv ausgelegten Klagevoraussetzungen vor dem EuGH.[1459] Die Strukturunterschiede zwischen der Klagebefugnis vor dem EuGH und den ein Klagerecht begründenden subjektiven Rechten (i.e.S.) sind — nach der Rechtsprechung des EuGH sehr erheblich; die Rechtsprechung ist in dieser Beziehung wenig systematisch.[1460] Sinnvoll wäre deshalb, wenn der EuGH sich für die Klagevoraussetzungen in den Mitgliedstaaten an den Klagevoraussetzungen des Gemeinschaftsrechts orientierte.[1461]

Im Gegensatz zu den Forderungen, die der EuGH an die Mitgliedstaaten stellt, ist die deutsche Gerichtsbarkeit auf den Schutz subjektiver Rechte ausgerichtet. Diese Tendenz wurde insbesondere durch die Gesetzesänderungen im Bereich des ursprünglich eher objektiven Normenkontrollverfahrens verstärkt. Dieses liegt in der Entwicklungslinie seit Entstehen der Verwaltungsgerichtsbarkeit in Deutschland. Die objektiven Tendenzen wurden immer weiter zurückgedrängt. Sinnvoll wäre jedoch zur Angleichung an die Forderungen des europäischen Gemeinschaftsrechts und des EuGH diese Entwicklungslinien zu ändern. Eine zumindest teil-

---

[1459] *Danwitz*, Verwaltungsrechtliches System und Europäische Integration S. 241.

[1460] *Schoch*, Individualrechtsschutz im deutschen Umweltrecht unter Einfluß des Gemeinschaftsrechts, NVwZ 1999, 457 (463); ähnlich *Frenz*, Subjektiv-öffentliche Rechte aus Gemeinschaftsrecht vor deutschen Verwaltungsgerichten, DVBl. 1995, 408 (410).

[1461] Ähnlich *Danwitz*, Verwaltungsrechtliches System und Europäische Integration S. 241; zugunsten der Vermeidung von Wertungswidersprüchen im gesamten europäischen Verwaltungsrecht *Schmidt-Aßmann*, Das allgemeine Verwaltungsrecht als Ordnungsidee, S. 323.

weise Verobjektivierung des Rechtsschutzsystems — soweit dieses mit Art. 19 Abs. 4 GG zu vereinbaren ist — könnte eine Annäherung an das Gemeinschaftsrecht bringen.

Teil 4: Einfluß des Europarechts auf das deutsche subjektive öffentliche Recht

Die gemeinschaftsrechtlichen subjektiven Rechte begründen Verpflichtungen der Mitgliedstaaten, diese Rechte durch einen effektiven Rechtsschutz zu gewährleisten. Denn wenn das Gemeinschaftsrecht subjektive Rechte einräumt, muß die Durchsetzbarkeit im nationalen Recht gewährleistet werden. In Deutschland ist der verwaltungsgerichtliche Rechtsschutz vorrangig auf den Schutz subjektiver öffentlicher Rechte ausgerichtet. Die Durchsetzbarkeit bestimmter Rechte wird im deutschen Recht im wesentlichen durch die subjektiven öffentlichen Rechte gewährleistet.

Eine Möglichkeit der Beachtung der subjektiven Rechte des europäischen Gemeinschaftsrechts wäre, den Verwaltungsrechtsschutz über die deutschen subjektiven öffentlichen Rechte hinaus auf alle subjektiven Rechte des Gemeinschaftsrechts auszudehnen. Systematisch sinnvoller könnte jedoch eine allgemeine Anpassung der Voraussetzungen der subjektiven öffentlichen Rechte im deutschen Recht sein. Eine solche generelle Anpassung könnte — soweit sie möglich ist — dazu dienen, Friktionen aufzufangen, die aufgrund der Pflicht zur Beachtung des Gemeinschaftsrechts bei der Anwendung des nationalen Rechts entstehen können.

A. Vergleich subjektives öffentliches Recht und subjektive Rechte des Gemeinschaftsrechts

Um Parallelen, aber auch Differenzen zwischen dem Gemeinschaftsrecht und dem deutschen Recht darzustellen, soll das subjektive öffentliche Recht mit den drei verschiedenen Arten der subjektiven Rechte der Rechtsprechung des EuGH und des EuG verglichen werden.[1462] Die subjektiven Rechte des Gemeinschaftsrechts beeinflussen die Rechtsordnungen der Mitgliedstaaten. Die direkt aus dem Gemeinschaftsrecht folgenden subjektiven Rechte müssen nach dem EuGH in den nationalen Rechtsord-

---

[1462] Im Gegensatz zu dem hier vorgenommenen Vergleich der einzelnen Voraussetzungen des subjektiven öffentlichen Rechts und der Rechte des Gemeinschaftsrechts vergleicht Kadelbach die subjektiven öffentlichen Rechte und die subjektiven Rechte des Gemeinschafsrechts, indem er diese nach deren Zielrichtung differenziert, *Kadelbach,* Allgemeines Verwaltungsrecht unter europäischem Einfluß, S. 410 - 443.

nungen durchsetzbar sein.[1463] Daneben soll auch auf die subjektiven Rechte eingegangen werden, die durch die Richtlinien begründet werden und als geschützte Rechte für die Einzelnen in den nationalen Rechtsordnungen umzusetzen sind. Weil der EuGH daneben die haftungsbegründenden subjektiven Rechte kennt, soll auch auf diese eingegangen werden.

I. Rechtssatz des öffentlichen Rechts

Voraussetzung für ein subjektives öffentliches Recht ist nach dem deutschen Recht ein Rechtssatz des öffentlichen Rechts. Bei den subjektiven Rechten des Gemeinschaftsrecht (i.w.S.) wird jedoch nicht zwischen öffentlichem Recht und Privatrecht unterschieden. Nur soweit die subjektiven Rechte des Gemeinschaftsrechts i.w.S. das deutsche öffentliche Recht betreffen, ist der Vergleich mit den deutschen subjektiven öffentlichen Rechten möglich. Soweit die subjektiven Rechte des Gemeinschaftsrechts den Bereich des deutschen Privatrechts betreffen, wäre auf die subjektiven Rechte des deutschen Privatrechts zurückzugreifen. Deshalb sollen die subjektiven Rechte des Gemeinschaftsrecht im Bereich des Privatrechts keine Berücksichtigung finden.[1464] Es sollen nur die subjektiven Rechte im Bereich des (deutschen) öffentlichen Rechts verglichen werden.

Das subjektive öffentliche Recht des deutschen Rechts muß auf einem Rechtssatz beruhen. Streitig ist, ob auch ungeschriebenes Recht und untergesetzliches Recht ausreichen.

Bei den subjektiven Rechten i.e.S. und bei den haftungsbegründenden subjektiven Rechten des Gemeinschaftsrechts ist auch ein Rechtssatz erforderlich. Dazu reichen auch Normen des ungeschriebenen Rechts, einschließlich der allgemeinen Rechtsgrundsätze, aus. Die subjektiven Rechte, die bei der Umsetzung von Richtlinien zu schaffen sind, haben als Rechtsgrundlage die betreffende Richtlinie, also einen geschriebenen Rechtssatz. Ein Rechtssatz ist Voraussetzung aller subjektiven Rechte. Problematisch ist lediglich, daß für die subjektiven Rechte des Gemeinschaftsrechts auch

[1463] Vgl. dazu Teil 3, B. III.

[1464] Die Abgrenzung von objektivem Recht und subjektiven Rechten im Privatrecht ist im deutschen Recht grundsätzlich anders als im öffentlichen Recht, weil im Privatrecht keine Abgrenzung zwischen dem öffentlichen Interesse und auch dem Individualinteresse dienenden Normen stattfindet. Deshalb soll hier auf den Vergleich der subjektiven Rechte des Gemeinschaftsrechts mit den subjektiven Rechten des deutschen Privatrechts verzichtet werden.

ungeschriebenes Recht genügt. Insoweit ist in Deutschland streitig, ob dieses zur Begründung subjektiver öffentlicher Rechte ausreicht. Richtigerweise können aus ungeschriebenem Recht auch subjektive öffentliche Rechte folgen.[1465] Deshalb besteht kein Wertungswiderspruch zwischen den subjektiven Rechten des europäischen Gemeinschaftsrechts und den subjektiven öffentlichen Rechten bei der Voraussetzung eines Rechtssatzes des öffentlichen Rechts.

II. Das Kriterium des Schutzes der Interessen des Einzelnen zur Abgrenzung von Rechten und Reflexen

1. Deutsche subjektive öffentliche Rechte

Eine Voraussetzung für das deutsche subjektive öffentliche Recht ist, daß die Norm einen Einzelnen besonders berechtigen soll. Nach der Schutznormtheorie muß dazu der Rechtssatz zumindest auch den Interessen des Einzelnen zu dienen bestimmt sein. Er darf nicht ausschließlich die öffentlichen Interessen schützen. Abzugrenzen sind hierbei die subjektiven öffentlichen Rechte und die Reflexe. Die tatsächlichen, nicht bezweckten Begünstigungen sind ausschließlich Reflexe und keine subjektiven öffentlichen Rechte. Die Abgrenzung geschieht durch Auslegung der Norm, diese ist jedoch nicht immer eindeutig möglich. Diese Unklarheiten sind Grund für die Kritik an der Schutznormlehre, obwohl sie nicht auf der Schutznormlehre beruhen, sondern auf den oftmals zu unterschiedlichen Ergebnissen kommenden Auslegungsmethoden und deren Gewichtung.[1466]

Teilweise wird vertreten, das Schutznormkriterium durch das Erfordernis der tatsächlichen Betroffenheit zu erweitern. Eine weitere Ansicht will zur Bestimmung subjektiver öffentlicher Rechte nicht auf das Schutznormkriterium abstellen, sondern auf das gesamte Verwaltungsrechtsverhältnis. Alle das Rechtsverhältnis beeinflussenden Normen sollen berücksichtigt werden. Weiterhin soll neben den tatsächlichen Einwirkungen auf das Verwaltungsrechtsverhältnis die faktische Betroffenheit zusammen mit Art. 2 Abs. 1 GG auch bei Nichtadressaten ein subjektives öffent-

---

[1465] Vgl. dazu Teil 2, F. I. 3. a).

[1466] Vgl. dazu Teil 2, B. IV. 2.; Teil 2, C. I. 2. b) cc); Teil 2, C. II. 2. b) bb); Teil 2, C. III. 2. b) bb); Teil 2, C. IV. 2. b) bb); Teil 2, C. V. 2. b) bb); Teil 2, D. III. 2.; Teil 2, G. I. 3. b); Teil 2, G. II. 2. b) aa).

liches Recht und damit die Klagebefugnis vermitteln. Diese Ansichten sollen mit den Voraussetzungen der gemeinschaftsrechtlichen subjektiven Rechte verglichen werden, selbst wenn sie nach der deutschen Rechtslage nicht vollständig überzeugen. Aber möglicherweise kann durch sie eine Annäherung des deutschen Rechts an das Gemeinschaftsrecht erreicht werden.

2. Subjektive Rechte des Gemeinschaftsrechts i.e.S.

Bei den subjektiven Rechten des Gemeinschafsrechts i.e.S. ist nur der objektive Gehalt der Norm dafür entscheidend, daß diese ein subjektives Recht begründet. Sie muß inhaltlich genau und präzise sein, eine bestimmte Schutzrichtung ist hingegen nicht erforderlich. Nur bei subjektiven Rechten aus unmittelbar anwendbaren Richtlinienbestimmungen ist eine weitere Voraussetzung erforderlich: Die Bestimmung darf nicht zu Lasten Dritter wirken.[1467] Daß die Norm zugunsten eines Einzelnen wirkt, ist gerade keine Voraussetzung für die Entstehung subjektiver Rechte. Auf diese subjektiven Rechte des Gemeinschaftsrechts ist das Schutznormkriterium weder direkt noch in ähnlicher Weise anzuwenden. Damit ist das wesentlichste Abgrenzungskriterium des deutschen Rechts nicht zur Bestimmung der gemeinschaftsrechtlichen subjektiven Rechte anzuwenden. Auf das Kriterium der Betroffenheit ist gesondert einzugehen, da es keine Voraussetzung der subjektiven Rechte i.e.S. ist, sondern lediglich das Geltendmachen dieser Rechte begrenzt.

Daß eine Norm inhaltlich genau und präzise ist, ist beim deutschen subjektiven öffentlichen Recht keine Voraussetzung. Trotz Ermessens-, Beurteilungs- oder Abwägungsspielraum ist das Schutznormkriterium nicht ausgeschlossen. Bei einer Übernahme der Kriterien des subjektiven Rechts i.e.S. des Gemeinschaftsrechts auf das deutsche subjektive öffentliche Recht verlöre dieses seine gewachsene Struktur und würde weitgehend konturenlos. Damit würde es seiner Abgrenzungsfunktion nicht mehr gerecht werden.

Eine Erweiterung der Schutznormtheorie um ein Kriterium der faktischen Betroffenheit ändert die unterschiedlichen Grundlagen nicht. Es ist im deutschen Recht weiterhin ein individualschützendes Recht erforderlich, während beim Gemeinschafsrecht nur objektive Kriterien wie die

[1467] Dieses Kriterium ist jedoch streitig, vgl. Teil 3, B. I.

inhaltliche Genauigkeit und Bestimmtheit relevant sind. Auch hierbei paßt die deutsche Rechtsordnung nicht zum Gemeinschaftsrecht.

Nach der Lehre vom Verwaltungsrechtsverhältnis soll das gesamte Rechtsverhältnis, einschließlich aller betroffenen Normen und tatsächlichen Einflüsse bei der Beurteilung berücksichtigt werden, ob ein subjektives öffentliches Recht vorliegt. Oder es soll das Verwaltungsrechtsverhältnis zur Beurteilung herangezogen werden, ob eine Norm ein subjektives öffentliches Recht vermittelt. Für ein subjektives Recht i.e.S. ist entscheidend, ob die Norm eindeutig und bestimmt ist. Nur die Beurteilung der einzelnen, ein subjektives Recht gebenden Norm ist ausschlaggebend, es kommt dabei nicht auf das gesamte Rechtsverhältnis und die auf dieses einwirkenden Normen an. Bei der Auslegung der Norm als eindeutig und bestimmt ist auch nicht auf die tatsächlichen Verhältnisse des Einzelfalles abzustellen. Die sehr subjektive Betrachtung aus der Sicht des einzelnen Rechtsverhältnisses paßt nicht zu der objektiven Beurteilung des subjektiven Recht i.e.S. des Gemeinschaftsrechts. Die Auslegung des subjektiven öffentlichen Rechts nach der Lehre vom Verwaltungsrechtsverhältnis ist nicht mit den Voraussetzungen des subjektiven Rechts i.e.S. des Gemeinschaftsrechts zu vereinbaren.

Eine weitere Ansicht will bei faktischer Betroffenheit Art. 2 Abs. 1 GG als subjektives öffentliches Recht anwenden. Weitere Voraussetzungen sind nicht danach erforderlich. Inwieweit auch bei anderen Normen die faktische Betroffenheit ausreichen soll, wird nicht deutlich. Jedenfalls sind keine weiteren Kriterien erforderlich, wie die hinreichende Bestimmtheit und Genauigkeit. Nach dieser Ansicht wären mehr subjektive öffentliche Rechte gegeben als nach den Kriterien des EuGH subjektive Rechte i.e.S.. Das weitere Kriterium der faktischen Betroffenheit ist nach beiden Rechtsordnungen erforderlich. Darauf wird noch zurückzukommen sein. Jedoch ist nach dieser Ansicht, die die Schutznormtheorie ersetzen will, fast keine Begrenzung der Klagemöglichkeiten realisierbar.

Damit das subjektive Recht i.e.S. auf den Einzelnen anwendbar ist, muß er betroffen sein. Die Betroffenheit ist hingegen keine besondere Eigenschaft der Norm, sondern stellt auf das Verhältnis des Einzelnen zum subjektiven Recht ab. Streitig ist, ob eine faktische Betroffenheit ausreicht, oder ob der Einzelne in rechtlich geschützten Interessen berührt sein muß. Aus der Rechtsprechung des EuGH gehen die Voraussetzungen der Betroffenheit nicht ganz eindeutig hervor. Die Auswirkungen dieser beiden möglichen Auslegungen sollen in Bezug auf die verschiedenen Ansichten zur Schutznormtheorie dargestellt werden. Nach der Schutznormtheorie ist Voraussetzung, daß die Norm zumindest auch den Interessen des Einzelnen dient. Das Kriterium der faktischen Betroffenheit bezieht sich jedoch nicht auf die besondere Qualität einer Norm, sondern bestimmt nur, wann ein subjektives Recht i.e.S. auf den Einzelnen anwendbar ist. Das Schutznormkriterium bezieht sich hingegen auf die Eigenschaft der Norm, die das subjektive öffentliche Recht bedingt. Das Kriterium der Betroffenheit paßt nicht zur Schutznormtheorie — wenn es als faktische Beeinträchtigung ausgelegt wird. Andererseits soll das Kriterium der Betroffenheit nach Teilen der Literatur als rechtliche Berührung in dem betroffenen Rechtssatz auszulegen sein. Hierbei ist eine gewisse Übereinstimmung mit der Schutznormtheorie gegeben, weil sich nach der Schutznormtheorie nur derjenige auf das subjektive öffentliche Recht berufen kann, dessen Interessen von der Norm — also rechtlich — geschützt werden. Diese Auslegung wird jedoch nach den bisher ergangenen Urteilen nicht vom EuGH geteilt, sondern nur von Teilen der Literatur vertreten. Sollte der EuGH seine Rechtsprechung nicht dahingehend verdeutlichen, daß die Betroffenheit als rechtliche Berührung auszulegen ist, paßt die Schutznormtheorie nicht zu den subjektiven Rechten i.e.S. nach der Rechtsprechung des EuGH. Das Kriterium der faktischen Betroffenheit bewirkt keine Übereinstimmung von Schutznormtheorie und subjektiven Rechten i.e.S. des Gemeinschaftsrechts.

Die Ausweitung der Schutznormtheorie um eine faktische Betroffenheit bewirkt auch keine Verbesserung, da die genannten Probleme bestehen bleiben. Die Voraussetzungen der Schutznormtheorie und der subjektiven öffentlichen Rechte i.e.S. passen nicht zueinander.

Die Lehre vom Verwaltungsrechtsverhältnis will eine umfassende Bewertung des gesamten Rechtsverhältnisses vornehmen, um daraus ggf. subjektive öffentliche Rechte abzuleiten. Eine Betroffenheit in eigenen Angelegenheiten ist dabei als Voraussetzung eines subjektiven öffentlichen Rechts erforderlich. Eine faktische Betroffenheit, aber auch eine rechtliche Betroffenheit reichte dann aus. Zum Kriterium der Betroffenheit paßt die Lehre vom Verwaltungsrechtsverhältnis — unabhängig von der Auslegung als faktische oder rechtliche Betroffenheit. Jedoch besteht keine Übereinstimmung der subjektiven öffentlichen Rechte nach der Verwaltungsrechtsverhältnislehre zu den anderen Voraussetzungen der subjektive Rechte i.e.S. des Gemeinschaftsrechts.

Daneben besteht noch die Ansicht, die ein subjektives öffentliches Recht aus Art. 2 Abs. 1 GG dann einräumen will, wenn der Einzelne faktisch in seinen Interessen betroffen ist. Dieses stimmt mit dem Kriterium der Betroffenheit überein, wenn es nach der Rechtsprechung des EuGH als faktische Interessenberührung auszulegen ist. Die von Teilen der Literatur geforderte rechtliche Betroffenheit hat engere Voraussetzungen. Jedoch ist bei jeder rechtlichen Betroffenheit immer auch eine faktische Betroffenheit gegeben. Wenn der Einzelne in seinen Rechten betroffen ist, ist er stets auch faktisch betroffen. Die Meinung, die aus Art. 2 Abs. 1 GG und der faktischen Betroffenheit ein subjektives öffentliches Recht herleiten will, umfaßt auch die subjektiven Rechte i.e.S. des Gemeinschaftsrechts. Jedoch wäre eine Anwendung dieser Ansicht aus Sicht des deutschen Rechts problematisch, weil eine Abgrenzung der subjektiven öffentlichen Rechte kaum noch möglich wäre. Diese Auslegung führte zu einer Einräumung einer Popularklagebefugnis.[1468]

Ausschließlich nach der Ansicht, die gänzlich auf das Schutznormkriterium verzichten und nur auf die faktische Betroffenheit abstellen will, ist eine Annäherung des deutschen subjektiven öffentlichen Rechts an das subjektive Rechte des Gemeinschaftsrechts möglich. Wie dargelegt sind diese Ansätze im deutschen Recht jedoch problematisch, weil damit — für die Betroffenen — ein allgemeiner Gesetzesvollziehungsanspruch begründet würde. Eine Annäherung des Schutznormkriteriums wäre nur dann möglich, wenn der EuGH seine Rechtsprechung dahingehend konkretisierte, daß nicht lediglich eine faktische Betroffenheit genügte, sondern eine rechtliche Betroffenheit erforderlich wäre. Die bisherigen Äußerungen des EuGH sprechen jedoch für eine Anwendung des Kriteriums der rein faktischen Betroffenheit. Danach ist eine Annäherung des Schutznormkriteriums an die subjektiven Rechte des Gemeinschaftsrechts nicht möglich.

3. *Als subjektive Rechte umzusetzende Richtlinienbestimmungen*

Die als subjektive Rechte umzusetzenden Richtlinienbestimmungen haben andere Voraussetzungen. Damit eine Richtlinienbestimmung als subjekti-

---

[1468] Vgl. Teil 2, F. 3. b).

ves Recht umzusetzen ist, muß diese den Schutz Einzelner, also einen Individualrechtsschutz, bezwecken. Dann soll sie den Betroffenen Rechte geben. Der EuGH legt jedoch das Kriterium des Schutzes von Individualinteressen relativ weit aus. Er erkennt beispielsweise der menschlichen Gesundheit im allgemeinen dienende Normen als individualschützende subjektive Rechte an. Eine strikte Abgrenzung von Rechten und Reflexen wie im deutschen Recht, nimmt der EuGH nicht vor. Die Ähnlichkeiten dieser subjektiven Rechte zu den haftungsbegründenden subjektiven Rechte des Gemeinschaftsrechts spricht jedoch für eine gewisse Abgrenzung von Rechten und Reflexen auch in der Rechtsprechung des EuGH. Diese ist jedoch deutlich weniger strikt als nach der Schutznormtheorie im deutschen Recht.

Die Abgrenzung von Rechten und Reflexen ist das wesentliche Abgrenzungskriterium der Schutznormtheorie. Bereits Bühler nahm diese Abgrenzung vor. Auch wenn inzwischen das subjektive öffentliche Recht erheblich ausgeweitet wurde, blieb die Abgrenzung zwischen den auch dem Individualinteresse dienenden Normen und ausschließlich im öffentlichen Interesse stehenden Normen erhalten. Die Abgrenzung durch den EuGH, ob eine Norm die Interessen des Einzelnen schützen soll, ist im Vergleich zur deutschen Schutznormtheorie deutlich weitergehend. Sofern nach den anderen Ansichten die Schutznormtheorie nur ergänzt werden soll, bleiben die genannten unterschiedlichen Abgrenzungen bestehen. Nach der Lehre vom Verwaltungsrechtsverhältnis soll eine Gesamtbetrachtung des Rechtsverhältnisses vorgenommen werden. Jedoch kommt es bei den als subjektive Rechte umzusetzenden Richtlinienbestimmungen auf die einzelne Norm an. Die Gesamtbetrachtung paßt systematisch nicht zu den vom EuGH entwickelten Abgrenzungskriterien. Die Lehre vom Verwaltungsrechtsverhältnis brächte im Vergleich zur Schutznormtheorie keine stärkere Annäherung.

Falls zur Begründung eines subjektiven öffentlichen Rechts nur auf eine faktische Betroffenheit i.V.m. Art. 2 Abs. 1 GG abgestellt werden sollte, ist folgendes anzumerken: Die (faktische) Betroffenheit ist zwar auch Voraussetzung eines bei der Umsetzung von Richtlinien zu schaffenden subjektiven Rechts. Daneben ist nach dem Gemeinschaftsrecht noch das Ziel der umzusetzenden Bestimmung erforderlich, dem Einzelnen Rechte zu geben. Nach dieser Ansicht hätte das subjektive öffentliche Recht geringere Voraussetzungen als das hier angesprochene gemeinschaftsrechtliche subjektive Recht. Dann umfaßten die subjektiven öffentlichen Rechte ohnehin die bei der Umsetzung von Richtlinien zu schaffenden subjektiven Rechte; eine weitere Anpassung des deutschen Rechts wäre nicht erforderlich. Diese Ansicht über das subjektive öffentliche Recht ist aber aus den oben genannten Gründen abzulehnen. Es bleibt also dabei, daß das Erfordernis des Interessenschutzes nach dem Gemeinschaftsrecht umfassender ist, als das nach der deutschen Schutznormtheorie.

Auf die bei der Umsetzung von Richtlinien zu schaffenden subjektiven Rechte kann sich — außer im Rahmen eines Vertragsverletzungsverfahrens[1469] — jedoch nur der Betroffene berufen. Wie oben dargestellt, paßt das Kriterium der Betroffenheit nach der Auslegung des EuGH nicht zu den Voraussetzungen der deutschen Schutznormtheorie. Die Methoden, die nach den teilweise vertretenen Ansichten die Schutznormtheorie ersetzen sollen, bewirken zwar teilweise eine Annäherung. Andererseits ist bei diesen die Abgrenzung zwischen objektivem Recht und subjektiven Rechten problematisch. Wie bereits dargelegt, sind die Theorien im deutschen Recht zweifelhaft, die sich für eine Ersetzung der Schutznormtheorie aussprechen. Diesen kann nicht gefolgt werden.

In Betracht kommt deshalb nur eine Annäherung des subjektiven öffentlichen Rechts an das Gemeinschaftsrecht durch eine erhebliche Ausweitung der Schutznormtheorie. Dadurch könnte beim Schutznormkriterium die Gefahr bestehen, daß dieses seine Abgrenzungsfunktion verliert. Andererseits ist bei der hier diskutierten Art der subjektiven Rechte des Gemeinschaftsrechts das Kriterium des Interessenschutzes zur Abgrenzung relevant. Eine gewisse Abgrenzungsfunktion verbleibt diesem Kriterium trotz der Ausweitung. Zumal die Ausweitung gerade des Schutznormkriteriums ohnehin in der Entwicklungslinie des subjektiven öffentlichen Rechts liegt. Sofern der EuGH dieses Abgrenzungskriterium nicht noch stärker ausweitet, wäre eine Angleichung der deutschen Rechtslage an das Gemeinschaftsrecht durch eine Ausweitung des Schutznormkriteriums möglich.

[1469] Auch beim Vertragsverletzungsverfahren wegen nicht ordnungsgemäßer Umsetzung einer Richtlinie kann der Mitgliedstaat verurteilt werden, Bürgern subjektive Rechte einzuräumen, also ihnen — soweit sie betroffen sind — Durchsetzungsmöglichkeiten einzuräumen.

4. Haftungsbegründende subjektive Rechte

Drittens ist auf die haftungsbegründenden subjektiven Rechte einzugehen. Diese haben als Voraussetzung, daß die Norm eine Verleihung von Rechten an Einzelne bezweckt oder zum Ziel hat. Erforderlich ist eine subjektive Begünstigung des Einzelnen durch die Norm, die nach dem Schutzzweck der Norm festzustellen ist. Abzugrenzen sind davon Normen, die ausschließlich im Allgemeininteresse stehen oder nur Pflichten begründen. Andererseits ist die Abgrenzung durch den EuGH nicht so strikt wie nach der deutschen Schutznormtheorie; nur in seltenen Fällen hat er abgelehnt, daß eine Norm Rechte verleihen soll. Die Schutznormtheorie des deutschen Rechts ist deutlich enger, als die vom EuGH angewendete. Grundsätzlich sind die Kriterien der haftungsbegründenden subjektiven Rechte des Gemeinschaftsrechts und der subjektiven öffentlichen Rechte ähnlich, auch wenn der EuGH keine so strenge Abgrenzung von Rechten und Reflexen vornimmt, wie sie im deutschen Recht üblich ist. Eine Anpassung wäre in diesem Bereich bei einer nicht unerheblichen Ausweitung der deutschen Schutznormtheorie möglich. Dieses entspricht den Aussagen in der Literatur, die die deutsche Schutznormtheorie bei erweiternder Auslegung auf die subjektiven Rechte des Gemeinschaftsrechts für anwendbar halten.[1470] Fraglich ist jedoch, ob eine derartige Ausweitung des Schutznormkriteriums die Konturen des deutschen subjektiven öffentlichen Rechts nicht zu stark aufweichte. Die Abgrenzung zwischen Rechten und Reflexen durch das Schutzzweckkriterium ist das wesentliche Kriterium des deutschen subjektiven öffentlichen Rechts. Dieses hat im Verlauf der Geschichte eine immer weitere Auslegung erfahren, weshalb eine Ausweitung eine Fortführung der Entwicklungslinie wäre. Durch die Fortführung dieser Entwicklung wäre eine Angleichung beim Kriterium des Interessenschutzes möglich. Weil die haftungsbegründenden subjektive Rechte im wesentlichen den bei der Umsetzung von Richtlinien zu schaffenden subjektiven Rechten gleichen, ist bezüglich der anderen Ansichten zur Schutznormtheorie auf die vorstehenden Ergebnisse zu ver-

---

1470 *Schoch*, Individualrechtsschutz im deutschen Umweltrecht unter Einfluß des Gemeinschaftsrechts, NVwZ 1999, 457 (465); ähnlich *Ruffert*, Dogmatik und Praxis des subjektiv-öffentlichen Rechts, DVBl. 1998, 69 (74); *Schoch*, Europäisierung der Verwaltungsrechtsordnung, VBlBW. 1999, 241 (248); *Frenz*, Subjektiv-öffentliche Rechte aus Gemeinschaftsrecht vor deutschen Verwaltungsgerichten, DVBl. 1995, 408 (412 f.); außer Ruffert nehmen diese Autoren jedoch keine Unterscheidung der einzelnen Kategorien der subjektiven Rechte des Gemeinschaftsrechts vor.

weisen. Auch bei dieser Art der subjektiven Rechte des Gemeinschaftsrechts kann eine Angleichung an das Schutznormkriterium der subjektiven öffentlichen Rechte des deutschen Rechts erfolgen. Diese Anpassung an die haftungsbegründenden subjektiven Rechte des Gemeinschaftsrechts wäre eine Weiterführung der bisherigen Entwicklung des deutschen subjektiven öffentlichen Rechts.

5. Ergebnis

Durch die unterschiedlichen Voraussetzungen für die einzelnen Arten subjektiver Rechte des Gemeinschaftsrechts passen diese auch unterschiedlich zu den subjektiven öffentlichen Rechten nach deutschem Rechtsverständnis.

Die subjektiven Rechte des Gemeinschaftsrechts i.e.S. stimmen nicht mit den subjektiven öffentlichen Rechten des deutschen Rechts überein. Eine Annäherung des deutschen Rechts ist nicht möglich, ohne die Schutznormlehre als das wesentliches Abgrenzungskriterium vollständig aufzugeben. An die haftungsbegründenden subjektiven Rechte des Gemeinschaftsrechts lassen sich jedoch die deutschen subjektiven öffentlichen Rechte angleichen. Dieses wäre durch eine erweiternde Auslegung des Schutznormkriteriums möglich, die in der Entwicklungslinie des subjektiven öffentlichen Rechts stünde. Weil die als subjektive Rechte umzusetzenden Bestimmungen aus Richtlinien mit den haftungsbegründenden subjektiven Rechten in ihren Voraussetzungen zumindest weitgehend übereinstimmen, passen diese auch auf das erweiternd ausgelegte Schutznormkriterium.[1471] Die Übereinstimmung dieser zwei Arten subjektiver Rechte wurde vom EuGH — wenn auch nur kurz — angesprochen.

Aufgrund der ungenauen Kriterien, die teilweise von den Vertretern der Lehre vom Verwaltungsrechtsverhältnis angewendet werden, ist eine genaue Gegenüberstellung mit den Kriterien des EuGH nicht möglich. So soll nicht auf einzelne Rechtssätze abgestellt werden, sondern alle dieses Verwaltungsrechtsverhältnis prägenden Rechtssätze berücksichtigt

---

[1471] Eine vollständige inhaltliche Entleerung der Schutznormtheorie, indem auf die Individualisierung verzichtet würde, ist entgegen *Renke*, EG-Richtlinien und verwaltungsgerichtlicher Rechtsschutz, S. 261 f. nicht zur Angleichung an das Gemeinschaftsrecht erforderlich. Nach der von Renke vertretenen Ansicht hätte das subjektive öffentliche Recht — wie oben dargestellt — keine abgrenzenden Voraussetzungen mehr.

werden. Im Gemeinschaftsrecht wird jedoch zur Feststellung, ob ein Rechtssatz ein subjektives Recht vermittelt, auf den einzelnen Rechtssatz abgestellt. Diese Ansicht paßt damit nicht zu den subjektiven Rechten des Gemeinschaftsrechts (i.w.S.). Entsprechendes gilt für die Ansicht, die das Verwaltungsrechtsverhältnis zur Feststellung heranziehen will, ob die einzelnen Normen subjektive öffentliche Rechte vermitteln. Denn die Frage, ob ein subjektives Recht des Gemeinschaftsrechts vorliegt, ist nicht nach den tatsächlichen Verhältnissen des konkreten Einzelfalles zu bestimmen, sondern es ist eine abstrakte Feststellung möglich. Auch diese Ansicht bringt keine Annäherung an das Gemeinschaftsrecht. Außerdem ist diese Meinung problematisch, weil die Kriterien weniger eindeutig sind, als bei der herkömmlichen Schutznormlehre.

Die andere Ansicht zur Schutznormtheorie, die eine Ergänzung um das Kriterium der faktischen Betroffenheit einführen möchte, paßt zu der Rechtsprechung des EuGH, der bei allen drei Arten der subjektiven Rechte eine faktische Betroffenheit fordert. Eine derartige Ergänzung der Schutznormlehre ist jedoch nicht erforderlich, weil der Einzelne betroffen ist, wenn in sein subjektives öffentliches Recht eingegriffen wird.

Die Ansicht, nach der das Schutznormkriterium durch die faktische Betroffenheit ersetzt werden soll, stellt nicht auf den Individualschutz ab. Diese Ansicht erkennt weitergehend subjektive öffentliche Rechte an, als die subjektiven Rechte des Gemeinschaftsrechts i.w.S. sind. Wegen der Einführung eines allgemeinen Gesetzesvollziehungsanspruches ist diese Ansicht jedoch abzulehnen.

Bei einer Ausweitung des Schutznormkriteriums kann eine Annäherung des deutschen subjektiven öffentlichen Rechts an die haftungsbegründenden subjektiven Rechte und an die bei der Umsetzung von Richtlinien zu schaffenden subjektiven Rechte des Gemeinschaftsrechts erzielt werden. Diese Ausweitung des Schutznormkriteriums wäre eine Fortführung der Entwicklung dieses Kriteriums. Lediglich die subjektiven Rechte i.e.S. passen — nach der Ausgestaltung durch den EuGH — nicht zu dem Schutznormkriterium, selbst wenn dieses ausgeweitet würde.

III. Das Kriterium des zwingenden Rechtssatzes zum Ausschluß eines subjektiven öffentlichen Rechts bei Ermessen und Abwägungsspielräumen

1. Deutsche subjektive öffentliche Rechte

Bei den deutschen subjektiven öffentlichen Rechten wird das Kriterium des zwingenden Rechtssatzes teilweise angezweifelt. Übereinstimmend wird jedoch angenommen, daß bei Ermessen kein uneingeschränktes subjektives öffentliches Recht besteht. Dabei ist nach der deutschen Rechtslage zwischen unbestimmten Rechtsbegriffen, Ermessen, Beurteilungsspielräumen und Abwägungsspielräumen zu unterscheiden. Unbestimmte Rechtsbegriffe schränken das subjektive öffentliche Recht nicht ein und sind vollständig gerichtlich überprüfbar. Bei Ermessen besteht dann ein subjektives öffentliches Recht, wenn die Norm die sonstigen Voraussetzungen erfüllt. Das Recht ist wegen des Ermessensspielraumes jedoch auf die fehlerfreie Ermessensausübung begrenzt. Bei Beurteilungsspielräumen gilt entsprechendes; auch hier wird nur ein Recht auf beurteilungsfehlerfreie Entscheidung gewährt. Bei Normen mit Abwägungsspielraum kann ein Recht auf fehlerfreie Abwägung entstehen, wobei die einzelnen Voraussetzungen streitig sind.

2. Subjektive Rechte des Gemeinschaftsrechts i.e.S.

Die subjektiven Rechte des Gemeinschaftsrechts (i.e.S.) haben als Voraussetzung die unmittelbare Anwendbarkeit des Rechts. Diese ist bei Ermessen ausgeschlossen. Grundsätzlich muß auch bei diesen subjektiven Rechten ein zwingender Rechtssatz gegeben sein. Diese Voraussetzung des deutschen subjektiven öffentlichen Rechts stimmt mit der der subjektiven Rechte des Gemeinschaftsrechts (i.e.S.) überein. Zu bedenken ist jedoch, daß der Ermessensspielraum im Gemeinschaftsrecht deutlich weiter ist als der des deutschen Rechts. Die Prüfungstiefe ist geringer und es werden auch unbestimmte Rechtsbegriffe als Ermessensspielraum ausgelegt. Für eine Angleichung des deutschen subjektiven öffentlichen Rechts mit dem subjektiven Recht des Gemeinschaftsrechts ist dieses jedoch unerheblich, da das Gemeinschaftsrecht insoweit weniger subjektive Rechte anerkennt, und eine umfassendere Anerkennung subjektiver Rechte in der Rechtsordnung des Mitgliedsstaates die Umsetzung subjektiver Rechte des Gemeinschaftsrechts nicht behindert.

3. *Als subjektive Rechte umzusetzende Richtlinienbestimmungen*

Bei den als subjektive Rechte umzusetzenden Richtlinienbestimmungen behindert ein Ermessensspielraum des Mitgliedstaates zur Umsetzung der Richtlinie das Entstehen subjektiver Rechte nicht. Es muß nur erkennbar sein, daß die Richtlinie dem Einzelnen hinsichtlich der entsprechenden Bestimmung die Klagbarkeit einräumen wollte. Im Gegensatz zu den subjektiven Rechten des Gemeinschaftsrechts (i.e.S.) ist bei den als subjektive Rechte umzusetzenden Richtlinienbestimmungen ein zwingender Rechtssatz nicht eine Voraussetzung ihrer Entstehung. Jedoch besteht nur soweit eine Verpflichtung zur Schaffung subjektiver Rechte, soweit eine Verpflichtung zur Umsetzung besteht. Insofern besteht eine Vergleichbarkeit zu den subjektiven öffentlichen Rechten. Soweit das Ermessen rechtlich festgelegt ist, besteht auch ein subjektives öffentliches Recht. Hier bestehen keine Angleichungsprobleme.

4. *Haftungsbegründende subjektive Rechte*

Die haftungsbegründenden subjektiven Rechte sind ähnlich zu beurteilen. Hier hat der EuGH trotz Spielraumes der Mitgliedstaaten zur Umsetzung der Richtlinie ein haftungsbegründendes subjektives Recht angenommen. Auch bei dieser Art von subjektiven Rechten ist ein zwingender Rechtssatz nicht erforderlich. Trotzdem kann ein subjektives Recht nur soweit bestehen, wie die Mitgliedstaaten oder die Gemeinschaften durch ihre Organe eine Handlungsverpflichtung besitzen. Auch insoweit bestehen keine grundlegenden Differenzen zum deutschen subjektiven öffentlichen Recht.

5. *Ergebnis*

Das Kriterium des zwingenden Rechtssatzes steht der Angleichung der subjektiven öffentlichen Rechte des deutschen Rechts an die gemeinschaftsrechtlichen subjektiven Rechte nicht entgegen. Zwar wird im deutschen Recht zwischen unbestimmten Rechtsbegriffen, Ermessen und Beurteilungsspielräumen differenziert. Diese schließen jedoch ein subjektives öffentliches Recht nicht aus. Der EuGH nimmt eine solche Unterteilung nicht vor. Soweit der EuGH jedoch trotz Ermessens subjektive Rechte annimmt, sind diese nicht weitergehend als die subjektiven öffentlichen Rechte des deutschen Rechts. Eine Ausweitung der subjektiven öffentlichen Rechte ist deshalb nicht erforderlich.

IV. Das Kriterium der Rechtsmacht zur Abgrenzung von Rechten und Reflexen

1. Deutsche subjektive öffentliche Rechte

Das Kriterium der Rechtsmacht, also der Möglichkeit des Geltendmachens eines Rechts, wurde anfänglich — insbesondere durch Bühler — als eine Voraussetzung des subjektiven öffentlichen Rechts angesehen. Dieses Kriterium wird heute jedoch nur noch eingeschränkt befürwortet. Weil die Gefahr eines Zirkelschlusses besteht, wenn diese Voraussetzung als ausschließlich gerichtliches Geltendmachen verstanden wird, wird das Kriterium der Rechtsmacht heute teilweise abgelehnt. Die herrschende Meinung ist nicht ganz so weitgehend. Nach ihr soll lediglich — sofern die anderen Kriterien des subjektiven öffentlichen Rechts gegeben sind — eine Vermutung für die Einräumung einer Rechtsmacht bestehen. Das Kriterium der Rechtsmacht hat keine erhebliche Bedeutung für das Bestehen eines subjektiven öffentlichen Rechts mehr. Nur nach einer Ansicht soll es bei der Feststellung, ob drittschützende Normen subjektive öffentliche Rechte sind, zu berücksichtigen sein.

2. Subjektive Rechte des Gemeinschaftsrechts

Bei den gemeinschaftsrechtlichen subjektiven Rechten i.e.S. ist die Möglichkeit des Geltendmachens keine Voraussetzung. Im Gegenteil haben diese Rechte als Rechtsfolge, daß die Möglichkeit des — wohl nicht nur gerichtlichen — Geltendmachens eingeräumt werden muß. Bei der Umsetzung von Richtlinien sind die individualschützenden Bestimmungen so umzusetzen, daß diese — nicht nur gerichtlich — geltend gemacht werden können. Die Bestimmung enthält das subjektive Recht und die Möglichkeit des Geltendmachens ist nur die Rechtsfolge. Die Rechtsmacht ist hier Rechtsfolge eines subjektiven Rechts, nicht dessen Voraussetzung. Bei den haftungsbegründenden subjektiven Rechten ist die Möglichkeit des Geltendmachens nicht Voraussetzung für ihr Bestehen. So hat der EuGH bei Haftungsansprüchen wegen der nicht rechtzeitigen, fehlenden oder unvollständigen Umsetzung von Richtlinien nicht entschieden, ob den Unionsbürgern ein subjektives Recht auf eine Umsetzung von Richtlinien zusteht.

3. Ergebnis

Das Kriterium der Rechtsmacht ist für alle Arten der gemeinschaftsrechtlichen subjektiven Rechte keine Voraussetzung. Auch für das deutsche subjektive öffentliche Rechte ist es nicht wesentlich. Bereits bei Bühler war es nur in wenigen Fällen entscheidend, und schon Bühler kritisierte, daß die Gerichte dieses Kriterium oft vernachlässigten. Wenn es heute nicht für entbehrlich gehalten wird, wird die Vermutung zugunsten des Bestehens der Rechtsmacht angewendet. Damit ist es auch im deutschen Recht zumeist nicht maßgeblich. Zugunsten einer Angleichung an das Gemeinschaftsrecht sollte vollständig auf dieses Kriterium verzichtet werden. Zumal dieser Verzicht die Theorie des subjektiven öffentlichen Rechts nicht beeinträchtigt. Der Verzicht auf dieses Kriterium wäre eine sinnvolle Weiterentwicklung des subjektiven öffentlichen Rechts, die durch die subjektiven Rechte des Gemeinschaftsrechts geboten ist.

V. Bewertung

Das Ergebnis des Vergleichs der Voraussetzungen des deutschen subjektiven öffentlichen Rechts und der verschiedenen Arten der gemeinschaftsrechtlichen subjektiven Rechte wird läßt sich folgendermaßen zusammenfassen:

Bei allen subjektiven Rechten des Gemeinschaftsrecht i.w.S. ist — im Gegensatz zum deutschen subjektiven öffentlichen Recht — festzustellen, daß im Gemeinschaftsrecht keine Abgrenzung zwischen öffentlichem Recht und Privatrecht im Bereich der subjektiven Rechte vorgenommen wird. Dieses ist kein Problem, das sich bei der Angleichung stellt: Soweit die subjektiven Rechte des Gemeinschaftsrechts das Privatrecht betreffen, liegen keine subjektiven öffentlichen Rechte, sondern subjektive Rechte des Privatrechts vor. Auf diese soll hier jedoch nicht näher eingegangen werden. Sofern das öffentliche Recht betroffen ist, können subjektive öffentliche Rechte vorliegen.

Daneben ist die Rechtsmacht nicht Voraussetzung der subjektiven Rechte, wie beim subjektiven öffentlichen Recht, sondern Rechtsfolge. Das Kriterium der Rechtsmacht gehört zwar zu den Voraussetzungen eines subjektiven öffentlichen Rechts. Nach der herrschenden Meinung wird es in Deutschland jedoch vermutet oder sogar gänzlich für entbehrlich gehalten. Ein gemeinschaftsrechtlich bedingter Verzicht auf dieses Kriterium im deutschen Recht wäre eine sinnvolle Weiterentwicklung.

Ein weiterer Unterschied bei den subjektiven Rechten i.e.S. und den haftungsbegründenden subjektiven Rechten ist, daß diese auch auf ungeschriebenen Rechtsgrundlagen beruhen können, was beim subjektiven öffentlichen Recht streitig ist. Eine Anpassung wäre in diesem Bereich möglich, indem — ohne den Streit für das deutsche Recht zu entscheiden — die ungeschriebenen Rechtsgrundlagen des Gemeinschaftsrechts als mögliche Grundlage des subjektiven öffentlichen Rechts angesehen werden. Um jedoch die Voraussetzungen zu vereinheitlichen, wäre es angebracht, allgemein ungeschriebenes Recht als Grundlage des subjektiven öffentlichen Rechts anzuerkennen. Auch dieses wäre eine sinnvolle Weiterentwicklung des subjektiven öffentlichen Rechts, die der Angleichung an die subjektiven Rechte des Gemeinschaftsrechts diente.

Das Ermessen soll subjektive Rechte i.e.S. ausschließen. Anders bei den anderen beiden Arten subjektiver Rechte; diese sollen trotz Ermessens bestehen können. Zwar nimmt der EuGH keine Differenzierung zwischen unbestimmten Rechtsbegriffen, Ermessen und Beurteilungsspielräumen vor, wie sie im deutschen Recht getroffen wird. Da insoweit aber die subjektiven öffentlichen Rechte weiter sind als die subjektiven Rechte des Gemeinschaftsrechts, braucht keine weitere Anpassung vorgenommen zu werden.

Nur beim Schutznormkriterium des deutschen Rechts bestehen Probleme: Die subjektiven Rechte des Gemeinschaftsrechts i.e.S. kennen keine derartige auf den Individualschutz bezogene Voraussetzung. Bei den haftungsbegründenden subjektiven Rechten des Gemeinschaftsrechts ist zwar Voraussetzung, daß diese den Schutz Einzelner bezwecken. Dieses Kriterium ähnelt dem der Schutznormtheorie. Jedoch wird dieses Kriterium in der Rechtsprechung des EuGH deutlich weiter ausgelegt, als nach der deutschen Schutznormtheorie. Auch die Meinungen, die eine Änderung der Schutznormtheorie befürworten, führen nicht zu einer Annäherung an die subjektiven Rechte des Gemeinschaftsrechts oder entwerten das Schutznormkriterium vollständig. Geboten wäre insoweit eine Anpassung des Schutznormkriteriums an das Gemeinschaftsrecht. Je nach Art der subjektiven Rechte des Gemeinschaftsrechts bestehen mehr oder weniger Übereinstimmungen mit den deutschen subjektiven öffentlichen Rechten. Am ähnlichsten sind den deutschen subjektiven öffentlichen Rechte die haftungsbegründenden subjektiven Rechte.[1472] Stimmte die Vor-

---

[1472] Insoweit paßt die Feststellung, daß keine grundsätzlichen Unterschiede in der Konzeption der subjektiven Rechte des Gemeinschaftsrechts und der subjektiven öffentlichen Rechte bestehen, auch wenn die Kriterien teilweise etwas unterschiedlich

aussetzungen dieser Rechte wirklich mit denen der als subjektive Rechte umzusetzenden Richtlinienbestimmungen überein, besteht nach der Rechtsprechung des EuGH und EuG auch bei diesen eine weitgehende Übereinstimmung. Nur die subjektiven Rechte i.e.S. weisen erhebliche Unterschiede zum deutschen subjektiven öffentlichen Recht auf. Eine Angleichung des subjektiven öffentlichen Rechts ist bei diesen Rechten nicht möglich. Um die subjektiven öffentlichen Rechte an die haftungsbegründenden subjektiven Rechte und die subjektiven Rechte aus Richtlinien anzupassen, wäre eine Ausweitung des Schutznormkriteriums erforderlich. Diese Ausdehnung liegt in der Entwicklungstendenz des Schutznormkriteriums, das während seiner Entwicklung bis heute auch erheblich ausgeweitet wurde. Die Anpassung an das Gemeinschaftsrecht wäre insoweit nur eine Fortführung der Entwicklungslinien des subjektiven öffentlichen Rechts.

B. Durchsetzbarkeit der subjektiven Rechte des Gemeinschaftsrechts nach der deutschen Rechtsordnung

Es ist nach den einzelnen Arten subjektiver Rechte des Gemeinschaftsrechts zu differenzieren, um feststellen zu können, wie die Pflicht zur effektiven Umsetzung in die deutsche Rechtsordnung zu erfüllen ist.

I. Haftungsbegründende subjektive Rechte

Die haftungsbegründenden subjektiven Rechte haben einen Haftungsanspruch gegen die Mitgliedstaaten bzw. die Organe der Gemeinschaft zur Folge, soweit die anderen Voraussetzungen erfüllt sind. Die vom EuGH aufgestellten Kriterien sind so detailliert, daß kaum Möglichkeiten zur

---

sind, *Classen*, Der einzelne als Instrument zur Durchsetzung des Gemeinschaftsrechts?, VerwArch 88 (1997), 645 (677); bzw. bei einer Weiterentwicklung der Schutznormtheorie die subjektiven öffentlichen Rechte zu den Anforderungen des Gemeinschaftsrechts passen, *Schoch*, Individualrechtsschutz im deutschen Umweltrecht unter Einfluß des Gemeinschaftsrechts, NVwZ 1999, 457 (465); der Beurteilung kann nach der vorstehenden Prüfung nicht zugestimmt werden, daß die subjektiven Rechte des Gemeinschaftsrechts eher zu den Konzepten subjektiver öffentlicher Rechte in vielseitigen Verwaltungsrechtsverhältnissen passen, so jedoch *Pernice*, Kriterien der normativen Umsetzung von Umweltrichtlinien der EG im Lichte der Rechtsprechung des EuGH, EuR 1994, 325 (340); ähnlich *Frenz*, Subjektiv-öffentliche Rechte aus Gemeinschaftsrecht vor deutschen Verwaltungsgerichten, DVBl. 1995, 408 (409).

Ausgestaltung durch den nationalen Gesetzgeber bestehen.[1473] Bei der hier vorgenommen Untersuchung ist jedoch einzig das Verhältnis zwischen den gemeinschaftsrechtlichen subjektiven Rechten und den subjektiven öffentlichen Rechten relevant. Deshalb soll auf die weiteren Voraussetzungen der Haftungsansprüche neben der Verletzung eines subjektiven öffentlichen Rechtes beziehungsweise eines haftungsbegründenden subjektiven Rechts nicht eingegangen werden. Voraussetzung für einen gemeinschaftsrechtlichen Haftungsanspruch ist die Verletzung eines haftungsbegründenden subjektiven Rechtes. Im Vergleich dazu haben die deutschen Staatshaftungsansprüche als Voraussetzung ein (verletztes) subjektives öffentliches Recht.[1474]

Bei den haftungsbegründenden subjektiven Rechten fallen die in den Grundzügen dem subjektiven öffentlichen Recht ähnelnden Voraussetzungen auf: Die haftungsbegründenden subjektiven Rechte haben als Voraussetzung den Schutz von Interessen Einzelner. Dieses Kriterium ähnelt dem der Schutznormlehre. Der EuGH legt es jedoch weiter aus als

[1473] Die haftungsbegründenden subjektiven Rechte stimmen jedoch weitgehend mit den subjektiven öffentlichen Rechten überein. Insofern ist nur bei der deutschen Schutznormlehre die weite Auslegung durch den EuGH zu beachten. Bei einer Verletzung dieser subjektiven Rechte sind — abgesehen von den hier nicht zu diskutierenden anderen Kriterien der Haftungsansprüche — auch Amtshaftungsansprüche oder sonstige öffentliche-rechtliche Ersatzleistungen gegeben, so daß eine weitergehende Umsetzung nicht erforderlich ist.

[1474] Zwar hat der Amtshaftungsanspruch nach § 839 BGB, Art. 34 GG nicht die Voraussetzung der Verletzung eines subjektiven öffentlichen Rechts, sondern die Verletzung einer drittgerichteten Amtspflicht. Eine Amtspflicht ist eine persönliche Verhaltenspflicht des Amtswalters bezüglich seiner Amtsführung, die nur im Innenverhältnis zwischen ihm und seinem Dienstherren besteht. Diese Amtspflicht muß drittbezogen sein, also nicht ausschließlich im Interesse der Allgemeinheit bestehen, sondern zumindest auch dem Schutz des Betroffenen vor der in Frage stehenden Verletzung bezwecken. Diese Formulierung entspricht der der Schutznormtheorie. Da auch das Außenrecht Pflichten des Amtswalters im Innenverhältnis begründet, ist deshalb bei jeder Verletzung eines subjektiven öffentlichen Rechts auch eine Amtspflicht verletzt. (Auch wenn daneben noch weitere drittschützende Amtspflichten bestehen, die über die subjektiven öffentlichen Rechte hinausgehen.) Auch weitere Staatshaftungsansprüche sind von der Verletzung eines subjektiven öffentlichen Rechts abhängig. Beispiele hierfür sind die Enteignung, der enteignende und enteignungsgleiche Eingriff, die von der Verletzung des in Art. 14 GG geschützten Eigentums abhängig sind; der Anspruch aus Aufopferung setzt einen Eingriff in Leben, Leib, Gesundheit oder Freiheit (Art. 2 Abs. 2 GG) voraus; auch der Folgenbeseitigungsanspruch und der öffentlich-rechtliche Unterlassungsanspruch haben als Voraussetzung die Verletzung oder Beeinträchtigung subjektiver öffentlicher Rechte.

die deutsche Literatur und Rechtsprechung bei den deutschen subjektiven öffentlichen Rechten. Eine so strikte Trennung zwischen Rechten und Reflexen wie im deutschen Recht nimmt der EuGH nicht vor. Eine Ausweitung könnte die Konturen des subjektiven öffentlichen Rechts verwischen. Denn die Schutznormtheorie bestimmt die Auslegung des Begriffes des Individualschutzes, der das wesentliche Abgrenzungskriterium ist. Andererseits hat das subjektive öffentliche Recht in seiner historischen Entwicklung eine erhebliche Ausweitung erfahren, ohne an Bedeutung zu verlieren. Diese Expansion hat nicht zu einer Überlastung der Verwaltungsgerichtsbarkeit geführt. Sie geschah gerade durch eine Erweiterung der Schutznormlehre. Deshalb könnte eine erweiterte Auslegung als Fortentwicklung angesehen werden. Es müßte jedoch das wesentliche Kriterium, die Abgrenzung von Rechten und Reflexen, fortbestehen können. Bei den haftungsbegründenden subjektiven Rechten scheint dieses möglich zu sein, obwohl die Rechtsprechung des EuGH insoweit nicht ganz eindeutig ist. Die ständige Ausweitung des subjektiven öffentlichen Rechts und des Schutznormkriteriums ist eine Entwicklungstendenz des subjektiven öffentlichen Rechts. Diese sollte weitergeführt werden, um dem Gemeinschaftsrecht Rechnung zu tragen.

Das Kriterium der Rechtsmacht ist zwar bei den haftungsbegründenden subjektiven Rechten keine Voraussetzung, wird aber auch als Voraussetzung des subjektiven öffentlichen Rechts als enthebehrlich angesehen. Um dem Einfluß des Gemeinschaftsrechts zu genügen, sollte vollständig auf dieses Kriterium als Voraussetzung des subjektiven öffentlichen Rechts verzichtet werden.

Die haftungsbegründenden subjektiven Rechte sind nicht durch das Bestehen von Ermessen ausgeschlossen, auch wenn die Überprüfung des Ermessens vor deutschen Verwaltungsgerichten anderen Kriterien folgt als vor dem EuGH. Da die Überprüfung in Deutschland weitergehend ist, also umfangreicher subjektive öffentliche Rechte anerkannt werden, werden durch die unterschiedlichen Ermessensprüfungen die haftungsbegründenden subjektiven Rechte nicht eingeschränkt. Insofern ist keine Änderung des subjektiven öffentlichen Rechts bezüglich Ermessensfragen erforderlich.

Durch gewisse Änderungen des subjektiven öffentlichen Rechts, die letztendlich eine Weiterführung der Entwicklung des subjektiven öffentlichen Rechts sind, kann den Voraussetzungen des haftungsbegründenden subjektiven Rechts genügt werden.

II. Als subjektive Rechte umzusetzende Richtlinienbestimmungen

Die subjektiven Rechte, die durch die Umsetzung von Richtlinien entstehen müssen, ähneln den haftungsbegründenden subjektiven Rechten. Wesentlicher Unterschied sind die unterschiedlichen Rechtsquellen, denn die hier besprochenen subjektiven Rechte können ausschließlich aus Richtlinien folgen. Daneben ist die Rechtsfolge dieser beiden Arten subjektiver Rechte unterschiedlich. Die Voraussetzung des Interessenschutzes wird vom EuGH hingegen bei beiden Arten subjektiver Rechte vergleichbar ausgelegt. Der EuGH hat jedoch bisher nicht abgelehnt, daß eine Richtlinienbestimmung als subjektives Recht auszulegen ist, weshalb diese Rechte etwas weiter erscheinen können. Die Übereinstimmung der Voraussetzungen dieser subjektiven Rechte mit den haftungsbegründenden Rechten ist systematisch sinnvoll. Problematisch für eine Angleichung der deutschen subjektiven öffentlichen Rechte ist jedoch, daß die Auslegung als individualschützend erheblich weiter ist, als nach der Schutznormtheorie. So sollen Richtlinien auch Rechte des Einzelnen festlegen können, ohne — aus deutscher Sichtweise — spezielle Individualrechte zu schützen.[1475] Jedoch nimmt der EuGH auch bei den als subjektive Rechte umzusetzenden Richtlinienbestimmungen eine gewisse Abgrenzung zwischen Reflexen und Rechten vor, wie aus der teilweisen Gleichsetzung der Voraussetzungen beider Arten subjektiver Rechte folgt. Deshalb könnten die subjektiven öffentlichen Rechte auch an diese subjektiven Rechte des Gemeinschaftsrechts angepaßt werden, indem die Schutznormtheorie — entsprechend ihrer bisherigen Entwicklung — weiter ausgedehnt wird. Zudem müßte auf das Kriterium der Rechtsmacht verzichtet werden. Denn dieses Kriterium ist Folge der bei der Umsetzung von Richtlinien zu schaffenden subjektiven Rechte, nicht jedoch deren Voraussetzung.

[1475] Vgl. dazu beispielsweise die Probleme bei der Umsetzung des Art. 3 Abs. 1 der Umweltinformationsrichtlinie bei der Einräumung von Klagebefugnissen ohne Interessenschutz, *Ibler*, Zerstören die neuen Informationszugangsgesetze die Dogmatik des deutschen Verwaltungsrechts?, FS Brohm, S. 405 (insbesondere S. 410, 412, 416-418); a.A. insoweit *Masing*, Die Mobilisierung des Bürgers für die Durchsetzung des Rechts, S. 182 - 184, der fast sämtliche objektiv-rechtlichen Vorschriften für als subjektive Rechte umsetzbar hält.

Dieser Verzicht auf das Kriterium der Rechtsmacht liegt in der Entwicklungstendenz des subjektiven öffentlichen Rechts und ist auch aus Sicht des deutschen Rechts sinnvoll. Indem die subjektiven öffentlichen Rechte angepaßt werden, lassen sich als subjektive Rechte umzusetzenden Richtlinienbestimmungen unter diese subjektiven öffentlichen Rechte des deutschen Rechts fassen. Damit ist auch die vom EuGH geforderte Durchsetzbarkeit dieser subjektiven Rechte des Gemeinschaftsrechts gewährleistet, ohne daß bei der Umsetzung von Richtlinien besondere Rücksicht auf die dabei zu schaffenden subjektiven Rechte genommen werden müßte.

III. Subjektive Rechte des Gemeinschaftsrechts i.e.S.

Bei den subjektiven Rechten des Gemeinschaftsrechts i.e.S. ergeben sich im Vergleich zu den deutschen subjektiven öffentlichen Rechten folgende Unterschiede: Die subjektiven Rechte werden nur durch objektive Kriterien — wie die unmittelbare Anwendbarkeit — bestimmt, nicht jedoch durch die Schutzrichtung der Norm. Bei Ermessen — im weiten, gemeinschaftsrechtlich geprägten Sinne — sind subjektive Rechte des Gemeinschaftsrechts i.e.S. im Gegensatz zum deutschen subjektiven öffentlichen Recht ausgeschlossen. Auch das Kriterium, daß sich nur der Betroffene auf diese Rechte des Gemeinschaftsrechts berufen kann, bewirkt keine Annäherung. Denn ausreichend ist — zumindest nach der Bewertung der bisherigen Rechtsprechung des EuGH — lediglich die faktische Betroffenheit, die auch in einer Rechtsbetroffenheit Dritter bestehen kann, wenn der Einzelne an dieser Drittbetroffenheit ein Interesse hat. Im Gegensatz dazu ist nach der Schutznormtheorie für ein subjektives öffentliches Recht des deutschen Rechts erforderlich, daß die relevante Rechtsnorm zumindest auch dem Schutz des Einzelnen dient, und zwar genau des Einzelnen, der sich auf diese Norm beruft. Auch insoweit stimmen die subjektiven Rechte des Gemeinschaftsrechts nicht mit den subjektiven öffentlichen Rechten überein.

Die subjektiven Rechte des Gemeinschaftsrechts i.e.S. sind grundlegend anders als die deutschen subjektiven Rechte. Eine Annäherung ist nicht möglich, weil die Schutznormtheorie als Voraussetzung des subjektiven öffentlichen Rechts grundlegend anders ist als die Kriterien, nach denen die subjektiven Rechte des Gemeinschaftsrechts i.e.S. zu bestimmen sind. Die subjektiven Rechte des Gemeinschaftsrechts i.e.S. sind die wirklich problematischen subjektiven Rechte: Sie passen nicht zur Schutznormlehre und sind daher nicht durch eine nur geringe Änderung der Auslegung in das deutsche Recht transformierbar. Ein Kriterium wie die Schutzrichtung der Norm ist gerade nicht Voraussetzung der subjektiven Rechte des Gemeinschaftsrechts i.e.S.. Eine Annäherung ist nicht möglich, weil die Voraussetzungen der deutschen subjektiven öffentlichen Rechte — zumindest derzeit — nicht mit denen der subjektiven Rechte i.e.S. des Gemeinschaftsrechts übereinstimmen.

1. Änderung der Rechtsprechung des EuGH

Jedoch wäre — auf der Ebene des Gemeinschaftsrechts — eine Angleichung der subjektiven Rechte i.e.S. und der haftungsbegründenden subjektiven Rechte sinnvoll. Damit sich bei Verletzung der subjektiven Rechte des Gemeinschaftsrechts i.e.S. auch haftungsrechtliche Folgen anschließen könnten, wäre eine Angleichung beider Arten subjektiver Rechte erforderlich. Um die Haftung nicht zu sehr auszuweiten, wäre eine Angleichung geboten, die die Voraussetzungen der haftungsbegründenden subjektiven Rechte übernähme. Für eine Einschränkung der subjektiven Rechte des Gemeinschaftsrechts i.e.S. spricht auch, daß diese Rechtsfigur nach der Rechtsprechung des EuGH noch nicht vollständig ausgebildet ist. Eine solche Vereinheitlichung hätte für die Anpassung der subjektiven öffentlichen Rechte an das Gemeinschaftsrecht den Vorteil, daß eine geringe Ausweitung der subjektiven öffentlichen Rechte ausreichte, um zwischen diesen und den subjektiven öffentlichen Rechten eine Übereinstimmung herzustellen. Zudem würden dadurch die subjektiven Rechte i.e.S. an als subjektive Rechte umzusetzenden Richtlinienbestimmungen angeglichen. Folge wäre, daß dieselben subjektiven Rechte bestünden, unabhängig davon, ob eine Richtlinie bei nicht ordnungsgemäßer Umsetzung unmittelbar anwendbar wäre oder ob diese subjektiven Rechte aus ihrer ordnungsgemäßen Umsetzung resultierten. Denn bisher kann eine unmittelbar wirkende Richtlinie dem Einzelnen mehr subjektive Rechte i.e.S. geben als nach ihrer Umsetzung. Denn für das Entstehen eines subjektiven Rechts i.e.S. ist der gezielte Individualschutz keine Voraussetzung, im Gegensatz zu den anderen subjektiven Rechten des Gemeinschaftsrechts.

Eine solche Vereinheitlichung könnte beispielsweise dadurch geschehen, daß das Kriterium der Betroffenheit ausschließlich als Betroffenheit in einem Recht ausgelegt wird, das den Schutz des sich darauf Berufenden zum Ziel hat. Dadurch würde zwar streng genommen nur die Möglichkeit ausgeschlossen, sich auf dieses Recht zu berufen. Aber zur Umsetzung in die nationale Rechtsordnung ist lediglich erforderlich, daß denjenigen subjektive Rechte eingeräumt werden, die sich nach dem Gemeinschaftsrecht darauf berufen können. So könnte eine Vereinheitlichung der subjektiven Rechte vorgenommen werden. Dieses setzte auch keine wesentliche Änderung der Rechtsprechung des EuGH voraus, zumal teilweise das Kriterium der Betroffenheit bereits nach der derzeitigen Rechtsprechung des EuGH so ausgelegt wird, daß der Betroffene Begünstigter des fraglichen Rechts sein müsse.[1476]

Eine Vereinheitlichung aller subjektiven Rechte des Gemeinschaftsrechts i.w.S. wäre wünschenswert. Da der EuGH die subjektiven Rechte des Gemeinschaftsrechts i.e.S. zur Durchsetzung des Gemeinschaftsrechts instrumentalisiert, ist jedoch kaum mit einer Angleichung zu rechnen.

2. Anpassung der deutschen Rechtslage — Ausblick —

Sollte der EuGH jedoch an seiner weiten Auslegung der subjektiven öffentlichen Rechte des Gemeinschaftsrechts i.e.S. festhalten, ist problematisch, wie diese in das deutsche Recht umgesetzt werden könnten. Deshalb stellt sich die Frage, wie die vom EuGH geforderte Durchsetzbarkeit der subjektiven Rechte in das nationale Recht umzusetzen ist. Hier kann jedoch lediglich ein Ausblick auf die verschiedenen Anpassungsmöglichkeiten gegeben werden. Die Anforderungen, die der EuGH an den Rechtsschutz in den Mitgliedstaaten stellt, sind dabei zu berücksichtigen. Der Rechtsschutz ist weder ausschließlich als objektive Rechtskontrolle, noch als subjektiver Rechtsschutz zu beurteilen. Insgesamt besteht jedoch eine Tendenz zur objektiven Rechtskontrolle.[1477] Deshalb könnten möglicherweise gewisse Objektivierungen des stark subjektiv ausgerichteten Rechtsschutzes in Deutschland erforderlich werden.

a) Lösungsmöglichkeiten

Im folgenden sollen nach der Rechtsprechung des EuGH gangbare Lösungswege aufgezeigt werden, um zu prüfen, inwieweit sie sich in die Dogmatik des subjektiven öffentlichen Rechts einfügen lassen. Um Lö-

---

[1476] Vgl. Teil 3, B. I. 4.

[1477] Teil 3, F., auch wenn die Gerichtsbarkeit von EuG und EuGH selbst eher eine Tendenz zum Schutz subjektiver Rechte besitzt, Teil 3, E.

sungsmöglichkeiten zu erörtern, ist zunächst festzustellen, inwieweit eine Umsetzung der gemeinschaftsrechtlichen subjektiven Rechte erforderlich ist. Ob eine Norm des objektiven Rechts auch eine subjektive Berechtigung geben soll, ist eine Frage des materiellen Rechts, also des Gemeinschaftsrechts. Unter welchen Voraussetzungen ein subjektives Recht entsteht, und welche Rechtsfolgen es auslöst, ist aus Sicht des Gemeinschaftsrechts zu bestimmen.[1478] Rechtsfolge der subjektiven Rechte i.e.S. ist die Durchsetzbarkeit in den Rechtsordnungen der Mitgliedstaaten.[1479] Streitig ist, wie diese Durchsetzbarkeit in den nationalen Rechtsordnungen umzusetzen ist, weil die Ausgestaltung des Rechtsschutzes grundsätzlich dem nationalen Gesetzgeber obliegt.[1480] Einerseits können die subjektiven Rechte des Gemeinschaftsrechts als subjektive öffentliche Rechte anzusehen bzw. diesen gleichzusetzen sein, um die Klagbarkeit zu gewährleisten.[1481] Es wird vertreten, daß nur so der vom EuGH geforderte effektive Rechtsschutz gesichert werden könne, und sonst auch das Diskriminierungsverbot verletzt sei.[1482] Andererseits könne die Einräumung einer Klagebefugnis ausreichen; die Gleichstellung der subjektiven Rechte des Gemeinschaftsrechts mit den subjektiven öffentlichen Rechten sei dann nicht erforderlich.[1483] Dieser prozessuale Ansatz geht weniger weit als der materiell-

---

[1478] *Halfmann*, Die Entwicklung des Verwaltungsrechtsschutzes in Deutschland, Frankreich und Europa, VerwArch 91 (2000), 74 (83); *Himmelmann*, Gemeinschaftsrechtliche Vorgaben für die Umsetzung von EG-Recht, DÖV 1996, 145 (149); *Engel*, Die Einwirkungen des Europäischen Gemeinschaftsrechts auf das deutsche Verwaltungsrecht, Verwaltung 25 (1992), 437 (458 f.); *Hölscheidt*, Abschied vom subjektiv-öffentlichen Recht?, EuR 2001, 376 (386); *Ruthig*, Transformiertes Gemeinschaftsrecht und die Klagebefugnis nach § 42 Abs. 2 VwGO, BayVBl. 1997, 289 (291 f.); *Triantafyllou*, Zur Europäisierung des subjektiven öffentlichen Rechts, DÖV 1997, 192 (194); a.A. *Frenz*, Subjektiv-öffentliche Rechte aus Gemeinschaftsrecht vor deutschen Verwaltungsgerichten, DVBl. 1995, 408 (408 f.).

[1479] Vgl. Teil 3, B. III.

[1480] *Jarass*, Grundfragen der innerstaatlichen Bedeutung des EG-Rechts, S. 58 f.

[1481] *Classen*, Der Einzelne als Instrument zur Durchsetzung des Gemeinschaftsrechts?, VerwArch 88 (1997), 645 (678); *Danwitz*, Zur Grundlegung einer Theorie der subjektiv-öffentlichen Gemeinschaftsrechte, DÖV 1996, 481 (488).

[1482] *Danwitz*, Zur Grundlegung einer Theorie der subjektiv-öffentlichen Gemeinschaftsrechte, DÖV 1996, 481 (488); ähnlich *Classen*, Der einzelne als Instrument zur Durchsetzung des Gemeinschaftsrechts?, VerwArch 88 (1997), 645 (678).

[1483] *Renke*, EG-Richtlinien und verwaltungsgerichtlicher Rechtsschutz, S. 4; wohl auch *Götz*, Europarechtliche Vorgaben für das Verwaltungsprozeßrecht, DVBl. 2002, 1 (4); *Kokott*, Europäisierung des Verwaltungsprozeßrechts, Verwaltung 31 (1998), 335 (350

rechtliche, weil ausschließlich nach dem prozessualen Ansatz Art. 19 Abs. 4 GG nicht für alle subjektiven Rechte des Gemeinschaftsrechts gelten soll.[1484] Lediglich soweit die subjektiven Rechte des Gemeinschaftsrechts die Voraussetzungen eines subjektiven öffentlichen Rechts erfüllen, soll auch nach dem prozessualen Ansatz Art. 19 Abs. 4 GG gelten.[1485] Andererseits kann auch der materiellrechtliche Ansatz weniger weitgehend sein als der prozessuale: Sollten nach dem materiellrechtlichen Ansatz die subjektiven Rechte des Gemeinschaftsrechts i.e.S. als subjektive öffentliche Rechte des deutschen Rechts anerkannt werden, kann in der Begründetheit der Klage nur eine Rechtsverletzung des Klägers geprüft werden.[1486]

Um die gleichmäßige Anwendbarkeit des Gemeinschaftsrechts zu gewährleisten, muß sich die Durchsetzbarkeit nach dem Gemeinschaftsrecht bestimmen. Jedoch ist der EuGH nicht darauf eingegangen, ob diese Durchsetzbarkeit im nationalen Recht durch die Einräumung subjektiver Rechte des nationalen Rechts zu sichern ist.[1487] Auch sonst haben sich weder EuGH, noch EuG dazu geäußert, wie die Durchsetzbarkeit im nationalen Recht umzusetzen ist. Der EuGH hält sich weitgehend aus der Ausgestaltung des nationalen Rechtsschutzsystems heraus.[1488] Solange die Durchsetzbarkeit in den nationalen Rechtsordnungen gesichert ist, und den gemeinschaftsrechtlichen Prinzipien der Gleichwertigkeit und der Effektivität — bzw. des Diskriminierungs- und Vereitelungsverbotes

f.); problematisch wäre bei dieser Ansicht, daß die Klagebefugnis und das subjektive öffentliche Recht getrennt würden, was erhebliche Auswirkungen auf den deutschen Verwaltungsrechtsschutz hätte, so *Schwarze*, Deutscher Landesbericht, in: *Schwarze* (Hrsg.), Das Verwaltungsrecht unter europäischem Einfluß, S. 123 (178).

1484 *Ehlers*, Die Europäisierung des Verwaltungsprozeßrechts, S. 61; *Kokott*, Europäisierung des Verwaltungsprozeßrechts, Verwaltung 31 (1998), 335 (350).

1485 *Kokott*, Europäisierung des Verwaltungsprozeßrechts, Verwaltung 31 (1998), 335 (351).

1486 *Ehlers*, Die Europäisierung des Verwaltungsprozeßrechts, S. 62.

1487 Das einzige Mal, daß der EuGH danach gefragt wurde, war die Frage nicht entscheidungsrelevant, EuGH, Rs. C-236/92 (Comitato di coordinamento per la difesa della Cava u.a. ./. Regione Lombardia u.a.), Slg. 1994, S. I - 483 (500, Rdnr. 5, Frage 2, Rdnr. 16).

1488 Vgl. beispielsweise EuGH, Rs. C-54/96 (Dorsch Consult Ingenieurgesellschaft mbH ./. Bundesbaugesellschaft Berlin mbH), Slg. 1997, S. I - 4961 (4996, Rdnr. 40); EuGH, Rs. C-88/99 (Roquette Frères ./. Direction des services fiscaux du Pas-de-Calais), Slg. 2000, S. I - 10465 (10490, Rdnr. 20).

— Genüge getan wird, ergeben sich durch das Gemeinschaftsrecht keine weiteren Kriterien.[1489] Das Gemeinschaftsrecht schreibt nicht vor, wie die Durchsetzbarkeit zu sichern ist. Es bestimmt nur, ob ein Recht vorliegt, das klagbar oder auf andere Weise durchsetzbar sein muß. Die Art der Durchsetzung der einzelnen Rechte richtet sich nach den nationalen Rechtsordnungen. Die Kompetenz zur Ausgestaltung der Prozeßordnungen liegt nicht bei den Gemeinschaften, sondern bei den nationalen Gesetzgebern. Deshalb bestimmt sich zwar, welche Rechte durchsetzbar sein sollen, nach dem Gemeinschaftsrecht. Wie jedoch diese Durchsetzbarkeit ausgestaltet ist, ist Gegenstand der jeweiligen nationalen Rechtsordnung.[1490] Dabei müssen lediglich die Grundsätze der Gleichwertigkeit und Effektivität beachtet werden. Es besteht grundsätzlich keine Pflicht aus dem Gemeinschaftsrecht, die subjektiven Rechte des Gemeinschaftsrechts als subjektive öffentliche Rechte auszulegen. Deshalb kommen verschiedene Lösungsmöglichkeiten für die Sicherung der Durchsetzbarkeit der subjektiven Rechte des Gemeinschaftsrechts i.e.S. in Betracht.

aa) Objektive Rechtskontrolle als Zweck der deutschen Verwaltungsgerichtsbarkeit

Zur Anpassung des deutschen verwaltungsgerichtlichen Rechtsschutzes an die Vorgaben des europäischen Gemeinschaftsrechts könnte es sinnvoll sein, den verwaltungsgerichtlichen Rechtsschutz so umzugestalten, daß jeder in seinen Interessen Betroffene klage- bzw. antragsbefugt wäre. Dazu müßte das Kriterium des Geltendmachens einer Rechtsverletzung im deutschen Recht, beispielsweise in § 42 Abs. 2 VwGO, durch das Kriterium der Betroffenheit in eigenen Interessen ersetzt werden. Dieses Kriterium der Betroffenheit paßt zu den Kriterien des EuGH bei den subjektiven Rechten i.e.S., denn die einzigen Einschränkungen, die der EuGH bei den subjektiven Rechten i.e.S. vorsieht, sind die unmittelbare Wirksamkeit und daß sich nur der Betroffene auf diese Rechte berufen darf. Nur dem faktisch Betroffenen steht nach der Rechtsprechung des EuGH zu, die subjektiven Rechte i.e.S. durchzusetzen. Des weiteren müßte das Kriterium der Rechtsverletzung in der Begründetheit gestrichen wer-

[1489] EuGH, Rs. C-88/99 (Roquette Frères ./. Direction des services fiscaux du Pas-de-Calais), Slg. 2000, S. I - 10465 (10490, Rdnr. 20).

[1490] So auch *Jarass*, Grundfragen der innerstaatlichen Bedeutung des EG-Rechts, S. 58 f.

den, beispielsweise in § 113 Abs. 1, Satz 1, Abs. 5 Satz 1 VwGO. Denn die Anforderung des EuGH, daß subjektive Rechte des Gemeinschaftsrecht durchsetzbar sein müssen, bezieht sich nicht ausschließlich auf die Zulässigkeit einer Klage, sondern auch auf deren Begründetheit.

Bei einer Umstellung aller Klage- und Antragsarten des deutschen Verwaltungsprozeßrechts bliebe ein einheitlicher Rechtsschutz erhalten. Dieses wäre ein Vorteil einer solchen Umstellung. Die Öffnung des Gerichtszuganges hätte eine Vereinfachung der Prüfung der Zulässigkeitsvoraussetzungen und damit an dieser Stelle eine Entlastung der Verwaltungsgerichte zur Folge.[1491] Um einen möglichen Anstieg zulässiger Klagen auszugleichen, könnte insbesondere eine Einschränkung der Kontrolldichte die Verwaltungsgerichtsbarkeit entlasten.[1492]

Ein Nachteil wäre jedoch, daß der Verzicht auf das Kriterium der Rechtsverletzung eine grundlegende Änderung des verwaltungsgerichtlichen Rechtsschutzes in Deutschland darstellt. In Zulässigkeit und Begründetheit nicht mehr auf ein subjektives öffentliches Recht abzustellen, führte in diesem Bereich zu einer objektiven Rechtskontrolle. Die anderen Grundsätze des verwaltungsgerichtlichen Rechtsschutzes sind jedoch überwiegend dem subjektiven Rechtsschutz zuzuordnen, wie die Geltung der Dispositionsmaxime, das Bestehen eines automatischen Suspensiveffektes bei Anfechtungsklagen und die Wirkung der gerichtlichen Entscheidungen nur inter partes.[1493] Auch auf den — historisch belegten— Zusammenhang von Generalklausel und dem Schutz subjektiver Rechte soll hingewiesen werden. Möglicherweise könnte bei dem Verzicht auf das Kriterium der Rechtsverletzung eine weitergehende Anpassung sinnvoll oder sogar erforderlich sein.[1494]

[1491] *Böhm*, Die gerichtliche Kontrolle von Verwaltungsentscheidungen in Deutschland, DÖV 2000, 990 (993).

[1492] *Böhm*, Die gerichtliche Kontrolle von Verwaltungsentscheidungen in Deutschland, DÖV 2000, 990 (992); dabei müßte aber auf Art. 19 Abs. 4 GG gegebenenfalls Rücksicht genommen werden, vgl. dazu beispielsweise BVerfGE 96, 100 (115, 119) zum Ermessen und BVerfGE 64, 261 (279); 84, 34 (49 f.) zu unbestimmten Rechtsbegriffen. Daß eine objektive Rechtskontrolle auch dazu benutzt werden kann, die Klagemöglichkeiten zu begrenzen, legt Ibler dar, *Ibler*, Rechtspflegender Rechtsschutz im Verwaltungsrecht, S. 146 - 154.

[1493] Teil 2, G. II. 3.

[1494] Eine detaillierte Diskussion sprengte jedoch den Rahmen dieser Dissertation.

Unabhängig von einer derartigen Anpassung bleibt festzustellen, daß eine objektive Rechtskontrolle der Entwicklung der deutschen Verwaltungsgerichtsbarkeit zu einer immer stärkeren Versubjektivierung des Rechtsschutzes widerspricht. Historisch war der Zweck der Verwaltungsgerichtsbarkeit teilweise vorrangig der Schutz subjektiver Rechte (Baden, Württemberg, Bayern) und teilweise eine Mischform zwischen der objektiven Rechtskontrolle und dem subjektiven Rechtsschutz (Preußen, Sachsen). Trotz des Einflusses der objektiven Rechtskontrolle war in Preußen zur Anfechtung polizeilicher Verfügungen ein subjektives öffentliches Recht erforderlich. Auch in Sachsen führte das Sächsische OVG die Voraussetzung des subjektiven öffentlichen Rechts für Anfechtungsklagen ein. Eine vollständige objektive Rechtskontrolle, ohne daß zumindest für einen Teil der Klagen ein subjektives öffentliches Recht Voraussetzung war, bestand in Deutschland noch nie. Die Elemente der objektiven Rechtskontrolle in Preußen und Sachsen beruhten insbesondere auf der fehlenden Trennung der Verwaltungsgerichtsbarkeit zur Verwaltung und der Geltung des Enumerativprinzips bei einer nur partiellen Generalklausel. Die subjektiven öffentlichen Rechte waren ein wesentlicher Bestandteil des verwaltungsgerichtlichen Rechtsschutzes im wichtigen Bereich des Polizeirechts in Preußen und in Sachsen sogar bei allen Anfechtungsklagen. In der Bundesrepublik hat sich mit der VwGO ein weitgehender Schutz subjektiver Rechte als Zweck der Verwaltungsgerichtsbarkeit durchgesetzt. Die ursprünglich bestehenden objektiven Elemente wurden später eingeschränkt. Gewisse objektive Elemente mit dem subjektiven Rechtsschutz zu kombinieren wäre möglich — wie die Beispiele Preußen und Sachsen zeigen — und lägen auch in deutscher verwaltungsgerichtlicher Tradition. Eine vollständige Änderung des Rechtsschutzsystemes wäre ein erheblicher, grundlegender Eingriff in gewachsene Strukturen.

Des weiteren müßte dieser Lösungsweg auch aus gemeinschaftsrechtlicher Sicht zulässig sein. Grundsätzlich verstößt eine objektive Rechtskontrolle nicht gegen das Gemeinschaftsrecht, wenn der Schutz von Rechten Einzelner wirksam gesichert ist.[1495] Durch die Einführung des Interessenschutzes als Zulässigkeits- und Begründetheitsvoraussetzung wird die Durchsetzbarkeit der subjektiven Rechte des Gemeinschaftsrechts i.e.S.

[1495] EuGH, Rs. C-54/96 (Dorsch Consult Ingenieurgesellschaft mbH ./. Bundesbaugesellschaft Berlin mbH), Slg. 1997, S. I - 4961 (4993, Rdnr. 24 f., S. 4996, Rdnr. 40).

gewährleistet. Dieser Lösungsweg steht nicht im Widerspruch zum Gemeinschaftsrecht.

bb) Ersetzung des Schutznormkriteriums

Eine andere Möglichkeit der Anpassung des deutschen Rechts an das europäische Gemeinschaftsrecht wäre die Ersetzung des Schutznormkriteriums durch das Kriterium der Betroffenheit. Zwar ist ausschließliche Voraussetzung der subjektiven Rechte i.e.S. die unmittelbare Wirksamkeit. Nach der Rechtsprechung des EuGH können sich lediglich die faktisch Betroffenen auf diese subjektiven Rechte berufen, also ihre Durchsetzbarkeit einfordern. Eine Ersetzung der Voraussetzungen der subjektiven öffentlichen Rechte durch das Kriterium der faktischen Betroffenheit genügte den Anforderungen des EuGH.[1496] Zudem wurde eine Ausweitung des Schutznormkriteriums auf alle Betroffenen in Deutschland bereits diskutiert: So soll ein subjektives öffentliches Recht bei einer individuellen Betroffenheit durch eine Norm oder ihren Vollzug anzuerkennen sein. Nach einer anderen Ansicht soll bei einem Betroffensein in schutzwürdigen Belangen wegen Art. 2 Abs. 1 GG eine Verletzung eines subjektiven öffentlichen Rechts geltend gemacht werden können; insofern soll die Adressatentheorie auf Dritte übertragen werden.[1497]

Diese Anpassung des deutschen Rechts wäre grundsätzlich ohne eine Gesetzesänderung möglich. Es wäre weiterhin das Geltendmachen einer Rechtsverletzung für die Zulässigkeit einer Klage erforderlich. Auch in der Begründetheit bliebe es bei dem Erfordernis einer Rechtsverletzung bei einigen Klagearten, insbesondere den Anfechtungs- und Verpflichtungsklagen nach § 113 Abs. 1 Satz 1, Abs. 5 Satz 1 VwGO. Jedoch bestünden die bereits dargestellten Probleme: Die Schutznormtheorie würde weitgehend ihres begrenzenden Inhaltes beraubt.[1498] Ein weiteres Problem ist, daß nach einer Ansicht die Adressatentheorie als Vorbild herangezogen wurde. Diese enthebt den Adressaten jedoch lediglich davon, eine mögliche Rechtsverletzung geltend zu machen, damit die Klage zulässig ist. Für die in der Begründetheit geforderte Rechtsverletzung ist die Adressatentheorie jedoch nicht relevant. Die vom EuGH geforderte

[1496] Vgl. Teil 4, A., insbesondere Teil 4, A. II. 2.

[1497] Teil 2, G. I. 3. b).

[1498] Teil 2, G. I. 3. b).

Durchsetzbarkeit verlangt aber nicht nur, daß eine Klage zulässig ist, sondern daß die subjektiven Rechte des Gemeinschaftsrechts i.e.S. allgemein durchsetzbar sind, also eine Klage auch begründet sein kann. Damit genügt eine Ausweitung der Adressatentheorie auf Dritte nicht der Forderung des EuGH nach einer Durchsetzbarkeit der subjektiven Rechte des Gemeinschaftsrechts i.e.S.

Nur die Theorie, die ein subjektives öffentliches Recht beim Vorliegen einer individuellen Betroffenheit durch den Vollzug einer Norm oder durch die Norm selbst anerkennen will, erfüllte das Kriterium der Durchsetzbarkeit. Jedoch hätte auch diese Ansicht die Schwierigkeit, daß es zu einer erheblichen Ausweitung der zulässigen und begründeten Klagen käme. Diese Ausweitung müßte jedoch nicht zwingend zu einer Überlastung der Verwaltungsgerichte führen, wie bereits dargelegt wurde.[1499] Insofern ist auf die Ausführungen zur Änderung der Verwaltungsgerichtsordnung zu verweisen.[1500] Eine Anpassung könnte damit auch durch die Änderung der Auslegung des subjektiven öffentlichen Rechts geschehen.

cc) Über den bisherigen Rechtsschutz hinausgehende objektive Kontrolle für Teilbereiche

Eine weitere Möglichkeit der Anpassung der deutschen Rechtsordnung wäre, die derzeitigen Klage- bzw. Antragsmöglichkeiten beizubehalten und zusätzlich weitere Kontrollmöglichkeiten für die subjektiven Rechte des Gemeinschaftsrechts i.e.S. einzuführen, die keine subjektiven öffentlichen Rechte sind.

Soweit ein subjektives Recht des Gemeinschaftsrechts i.e.S. auch die Voraussetzungen eines subjektiven öffentlichen Rechts erfüllt, ist die Klagbarkeit auch nach nationalem Recht gegeben. Nur soweit die subjektiven Rechte des Gemeinschaftsrechts i.e.S. die Voraussetzungen der subjektiven öffentlichen Rechte des deutschen Rechts nicht erfüllen, wäre gesondert

---

[1499] Neben der bereits angesprochenen Begrenzung bei einer objektiven Rechtskontrolle gibt es auch bei einem subjektiven Rechtsschutz Möglichkeiten, den Zugang zu den Verwaltungsgerichten — nicht nur durch subjektive öffentliche Rechte — zu beschränken , vgl. *Ibler*, Rechtspflegender Rechtsschutz im Verwaltungsrecht, S. 157 f.

[1500] Teil 4, B. III. 2. a), aa).

eine Klagbarkeit einzuführen.[1501] Die subjektiven Rechte des Gemeinschaftsrechts i.e.S. haben ausschließlich objektiv-rechtliche Voraussetzungen. Deshalb wäre die partielle Einführung einer objektiven Kontrolle in der deutschen Verwaltungsgerichtsbarkeit sinnvoll, um dem ausschließlich objektivem Gehalt ohne subjektiven Bezug gerecht zu werden. So könnte eine weitgehend objektive Kontrolle für solche Rechte des Gemeinschaftsrechts eingeführt werden, die keine subjektiven öffentlichen Rechte sind.[1502]

Gegen einen solchen geteilten Rechtsschutz spräche, daß das derzeit weitgehend einheitliche Rechtsschutzsystem zerstört würde. Eine Trennung in einen vorrangig subjektiven Rechtsschutz und einen Bereich der objektiven Rechtskontrolle wäre strukturell unbefriedigend und ein erheblicher Nachteil dieses Lösungsweges. Daß der verwaltungsgerichtliche Rechtsschutz trotz einer solchen Trennung funktionieren kann, zeigen die Beispiele Preußens, Sachsens, Badens und Württembergs.[1503] Neben der auf einer Verletzung subjektiver öffentlicher Rechte beruhenden Anfechtbarkeit von (Polizei-) Verfügungen bestand die Möglichkeit, bei enumerativ aufgeführten Gegenständen zu klagen. Hier standen sich ein überwiegender Schutz subjektiver Rechte und eine eher objektive Rechtskontrolle gegenüber. Trotzdem bestanden keine Funktionsprobleme. Eine Verfahrensausgestaltung mit subjektivem Rechtsschutz und objektiver Rechtskontrolle nebeneinander ist möglich.

Weiterhin wäre problematisch, daß über die subjektiven öffentlichen Rechte hinaus nur bei gemeinschaftsrechtlichen Rechtsnormen eine Klagbarkeit gegeben wäre. Bei Rechtsnormen des deutschen Rechts, die keine

---

[1501] Es sei denn, man legt diese subjektiven Rechte des Gemeinschaftsrechts als gesetzliche anderen Bestimmung i.S.d. § 42 Abs. 2 VwGO aus. Problematisch ist die Bestimmung des § 47 Abs. 2 Satz 1 VwGO n.F. Dieser sieht für Normenkontrollanträge natürlicher oder juristischer Personen eine Rechtsverletzung vor, ohne jedoch die Möglichkeit einer gesetzlichen Abweichung zu schaffen. Das Erfordernis einer Rechtsverletzung als Kriterium des subjektiven Rechtsschutzes paßt nicht zu dem sonst weitgehend als objektive Rechtskontrolle ausgestalteten Normenkontrollverfahren nach § 47 VwGO. Hier wäre es — auch zugunsten der Systematik der Norm — geboten, die Zulässigkeit nicht von der Geltendmachung einer Rechtsverletzung abhängig zu machen, sondern beispielsweise auf einen Nachteil i.S.d. § 47 Abs. 2 Satz 1 VwGO a.F. abzustellen.

[1502] Ähnlich *Burgi*, Verwaltungsprozeß und Europarecht, S. 54.

[1503] A. A. insoweit *v. Danwitz*, Verwaltungsrechtliches System und Europäische Integration, S. 366.

subjektiven öffentlichen Rechte beinhalten, bestünde demgegenüber keine Möglichkeit des Geltendmachens. Dieser Wertungswiderspruch ist problematisch, weil der Unterschied kaum vermittelbar sein dürfte.

Dieser Wertungswiderspruch könnte dadurch umgangen werden, daß für alle zwingenden Rechtsnormen, die keine subjektiven öffentlichen Rechte sind, eine Klagemöglichkeit bei einer Interessenberührung eingerichtet würde. Jedoch würde dadurch der Rechtsschutz erheblich ausgeweitet. Die sonst bestehende positive Seite dieser Lösungsmöglichkeit, daß der Rechtsschutz nur vergleichsweise wenig ausgeweitet würde, würde so zunichte gemacht. Positiv wäre bei dieser Lösung dann lediglich, daß das gewachsene verwaltungsrechtliche System nur ergänzt würde, nicht jedoch die Zulässigkeits- und Begründetheitsvoraussetzungen grundlegend geändert würden.[1504]

Eine derartige Aufspaltung des Rechtsschutzes müßte auch aus gemeinschaftsrechtlicher Sicht zulässig sein. Grundsätzlich verstößt eine objektive Rechtskontrolle nicht gegen das Gemeinschaftsrecht, wenn der Schutz von Rechten Einzelner wirksam gesichert ist.[1505] Weiterhin müßten die Grundsätze der Gleichwertigkeit und Effektivität eingehalten sein, die der EuGH inzwischen an Stelle des Diskriminierungs- und des Vereitelungsverbotes verwendet.[1506] Nach dem Gleichwertigkeitsgebot dürfen die gemeinschaftsrechtlichen subjektiven Rechte in den nationalen Rechtsschutzverfahren nicht schlechter gestellt werden, als dieses bei entsprechenden Klagen nach nationalem Recht der Fall wäre. Nach dem Grund-

---

[1504] Kritisch zu einer einheitlichen objektiven Rechtskontrolle auch *v. Danwitz*, Verwaltungsrechtliches System und Europäische Integration, S. 386 f.

[1505] EuGH, Rs. C-54/96 (Dorsch Consult Ingenieurgesellschaft mbH ./. Bundesbaugesellschaft Berlin mbH), Slg. 1997, S. I - 4961 (4993, Rdnr. 24 f., S. 4996, Rdnr. 40).

[1506] EuGH, C-120/97 (Upjohn Ltd. ./. The Licensing Authority), Slg. 1999, S. I - 223 (251, Rdnr. 32); EuGH, Rs. C-343/96 (Dilexport Srl ./. Amministrazione delle Finanze dello Stato), Slg. 1999, S. I - 579 (611, Rdnr. 25); EuGH, Rs. C-326/96 (B. S. Levez ./. T. H. Jennings Ltd.), Slg. 1998, S. I - 7835 (7864, Rdnr. 18); EuGH, Rs. C-88/99 (Roquette Frères ./. Direction des services fiscaux du Pas-de-Calais), Slg. 2000, S. I - 10465 (10490, Rdnr. 20); vgl. dazu *Götz*, Europarechtliche Vorgaben für das Verwaltungsprozeßrecht, DVBl. 2002, 1 (3); *Danwitz*, Verwaltungsrechtsschutz zwischen subjektiver und objektiver Rechtsgewährleistung, in: *Magiera/Sommermann* (Hrsg.), Verwaltung in der Europäischen Union, S. 121 (125); *Danwitz*, Verwaltungsrechtliches System und Europäische Integration, S. 345 - 354; *Schoch*, Die europäische Perspektive des Verwaltungsverfahrens und Verwaltungsprozeßrechts, in: *Schmidt-Aßmann/Hoffmann-Riem*, Strukturen des Europäischen Verwaltungsrechts, S. 279 (285 - 287).

satz der Effektivität darf die Ausübung subjektiver Rechte des Gemeinschaftsrechts nicht unmöglich gemacht oder übermäßig erschwert werden.[1507]

Soweit das Europarecht individualschützend ist, ist — wegen des Grundsatzes, daß europäische Rechtspositionen im nationalen Recht nicht schlechter zu behandeln sind als das nationale Recht — auch Art. 19 Abs. 4 GG bei diesen zu beachten.[1508] Nach dem hier vorgeschlagenen Modell sind die subjektiven Rechte des Gemeinschaftsrechts, die die Voraussetzungen der deutschen subjektiven öffentlichen Rechte erfüllen, entsprechend den subjektiven öffentlichen Rechten des deutschen Rechts zu behandeln. Insofern ist ein gleichwertiger Rechtsschutz gegeben. Es ist kein Verstoß gegen das Gemeinschaftsrecht festzustellen.

Aufgrund der genannten Probleme der Zweiteilung oder erheblichen Ausweitung des Rechtsschutzes überzeugt auch dieser Lösungsweg nicht vollständig.

b) Vergleich der Rechtsschutzmöglichkeiten in anderen Mitgliedstaaten zu den in Deutschland und zu den Anforderungen von EuGH und EuG

Weil die bisher dargestellten Lösungswege nicht vollständig überzeugen, sollen die Rechtsschutzmöglichkeiten in anderen Mitgliedstaaten der Europäischen Gemeinschaften vergleichsweise herangezogen werden. Dazu soll der Rechtsschutz gegen Verwaltungshandlungen in den größten Mitgliedstaaten kurz umrissen und auf seine Übertragbarkeit auf Deutschland hin beurteilt werden.

aa) Frankreich

Das wesentlichste und effektivste Instrument der Verwaltungsgerichtsbarkeit in Frankreich ist der „recours pour excès de pouvoir", der als Ziel die Aufhebung eines Verwaltungsaktes hat.[1509] Eine Popularklage ist zwar nicht zulässig, jedoch besteht eine sehr weitgehende Beschwerdelegitima-

[1507] EuGH, C-120/97 (Upjohn Ltd. ./. The Licensing Authority), Slg. 1999, S. I - 223 (251, Rdnr. 32); *Götz*, Europarechtliche Vorgaben für das Verwaltungsprozeßrecht, DVBl. 2002, 1 (3).

[1508] *Classen*, Die Europäisierung der Verwaltungsgerichtsbarkeit, S. 79 f.

[1509] *Hänni*, Die Klage auf Vornahme einer Verwaltungshandlung, S. 219; *Classen*, Die Europäisierung der Verwaltungsgerichtsbarkeit, S. 57; wobei der Begriff des Verwaltungsaktes nach französischer Sicht auch Normativakte der Verwaltung umfaßt, *Classen*, Die Europäisierung der Verwaltungsgerichtsbarkeit, S. 57.

tion, bei der irgendein persönliches Interesse ausreichend ist.[1510] Dieses Interesse kann rechtlicher, wirtschaftlicher oder ideeller Art sein.[1511] Ziel des „recours pour excès de pouvoir" ist die Aufhebung eines Verwaltungsaktes.[1512] Jedoch besteht seit 1995 auch die Möglichkeit, die Behörde im Rahmen der Vollstreckung zu einer Bescheidung zu verpflichten.[1513] In der Begründetheit wird die Rechtmäßigkeit des Verwaltungsaktes überprüft, wobei ein Verstoß gegen das objektive Recht maßgeblich ist.[1514] Ist die Klage begründet, wird der Verwaltungsakt mit allgemeiner Wirkung (erga omnes) aufgehoben.[1515]

Bei dem verwaltungsgerichtlichen Rechtsschutz in Frankreich ist eine gewisse Ähnlichkeit mit dem ersten Lösungsweg festzustellen: Bei beiden ist für die Zulässigkeit der Klage ausreichend, daß eine Betroffenheit in faktischen Interessen besteht und in der Begründetheit auch nicht auf eine Rechtsverletzung abgestellt wird. Die Vorteile des verwaltungsgerichtlichen Rechtsschutzsystems Frankreichs könnten als Argument zugunsten des ersten Lösungsweges verwendet werden. Das Beispiel Frankreichs zeigt, daß ein weniger stark beschränkter Zugang zu den Gerichten nicht notwendigerweise eine stärkere Belastung der Verwaltungsgerichte zur Folge haben muß.[1516] Trotz einer gegenüber Deutschland deutlich weiteren Klagebefugnis sind in Frankreich deutlich kleinere Verwaltungsgerichte ausreichend.[1517] Die Argumente sprechen für die Einführung einer

---

[1510] *Hänni,* Die Klage auf Vornahme einer Verwaltungshandlung, S. 219; *Halfmann,* Entwicklungen des Verwaltungsrechtsschutzes in Deutschland, Frankreich und Europa, VerwArch 91 (2000), S. 74 (79 f.).

[1511] *Classen,* Die Europäisierung der Verwaltungsgerichtsbarkeit, S. 59, ausführlicher S. 60 - 64.

[1512] *Hänni,* Die Klage auf Vornahme einer Verwaltungshandlung, S. 219 f.

[1513] *Koch,* Reform des Verwaltungsrechtsschutzes in Frankreich, NVwZ 1998, 1259 (1261 f.).

[1514] *Classen,* Die Europäisierung der Verwaltungsgerichtsbarkeit, S. 57 f.

[1515] *Classen,* Die Europäisierung der Verwaltungsgerichtsbarkeit, S. 57.

[1516] *Böhm,* Die gerichtliche Kontrolle von Verwaltungsentscheidungen in Deutschland, DÖV 2000, 990 (992).

[1517] *Böhm,* Die gerichtliche Kontrolle von Verwaltungsentscheidungen, DÖV 2000, 990 (992); *Woehrling,* Die deutsche und die französische Verwaltungsgerichtsbarkeit an der Schwelle zum 21. Jahrhundert, NVwZ 1998, 462 (462); die französischen Verwaltungsgerichte haben gegenüber deutschen Verwaltungsgerichten teilweise ausgedehnte Zuständigkeiten, so sind sie auch für Staatshaftungsrecht und Finanzrecht

objektiven Rechtskontrolle, die dem verwaltungsgerichtlichen Systems Frankreichs stark ähnelt, weil diese möglicherweise effektiver ist.[1518] Jedoch sind in Deutschland — anders als in Frankreich — nicht nur Verwaltungsakte überprüfbar, sondern jegliches Handeln der Verwaltung. Daß in Frankreich eine Ausweitung der Klagemöglichkeiten für erforderlich gehalten wurde, zeigt sich daran, daß 1995 durch eine Änderung der Möglichkeiten der Verwaltungsvollstreckung ein Pendant zur deutschen Verpflichtungsklage geschaffen wurde. Deshalb stellt sich die Frage, ob für Deutschland eine Annäherung an das französische Modell sinnvoll ist: Zwar werden die Klagemöglichkeiten durch eine Erweiterung der Klagebefugnis erhöht. Jedoch werden diese durch eine Beschränkung auf die Anfechtung von Verwaltungsakten (und Rechtsverordnungen) wieder erheblich eingeschränkt. Ob insofern die deutsche Generalklausel zur Zulassung von Klagen gegen die Verwaltung sinnvoller ist, soll aber nicht abschließend beurteilt werden.

bb) Vereinigtes Königreich

Rechtsmittel im Bereich des öffentlichen Rechts in Großbritannien sind die „applies for judicial review". Die Gerichte dürfen im Wege der „judicial review" Entscheidungen überprüfen, die im öffentlich-rechtlichen Bereich von einem „decision-maker" getroffen wurden, der durch das öffentliche Recht zum Erlaß von Entscheidungen ermächtigt wurde.[1519] Wenn ein solcher „judicial review" das Rechtsmittel ist, ist ein Zivilrechtsstreit nicht

---

zuständig (beides je etwa 25% des Geschäftsanfalles). Andererseits ist für Asylverfahren lediglich ein Sonderverwaltungsgericht zuständig. In Deutschland machen demgegenüber die Asylstreitigkeiten etwa 50% des Geschäftsanfalles der Verwaltungsgerichte aus: Beispielsweise waren bei den Berufungen einschließlich Anträgen auf Zulassung der Berufung (1997 bis 2002) beim OVG Lüneburg 57% Asylsachen, vgl. http://www.oberverwaltungsgericht.niedersachsen.de/presse/pk-2003-01.html.

[1518] Es bestehen auch andere mögliche Einflüsse auf die Auslastung der Verwaltungsgerichte: Beispielsweise ist die Bedeutung der Verwaltung in Frankreich größer als in Deutschland, in dem die Gerichte höher geschätzt werden als die Verwaltung, *Woehrling*, NVwZ 1998, 462 (462). Aus deutscher Sicht könnte auch folgendes problematisch sein: Die in Frankreich üblicherweise nur knappe Begründung der Urteile dient nicht der Überzeugung der Bürger, sondern lediglich als Hinweis für die Verwaltung; dieses ist Ausfluß der objektiven Rechtskontrolle als Zweck der Verwaltungsgerichtsbarkeit, *Ibler*, Rechtspflegender Rechtsschutz im Verwaltungsrecht, S. 142 f.

[1519] *Stott/Felix*, Principles of Administrative Law, S. 7.

zulässig.[1520] Bestimmte Gegenstände sind überdies nicht im Wege des „judicial review" von den Gerichten überprüfbar: die auswärtigen Angelegenheiten, Angelegenheiten der Verteidigung und der nationalen Sicherheit, die politischen Entscheidungen des Parlaments, die Entscheidungsspielräume der Verwaltung, sowie die Entscheidungen beim Betrieb von Strafvollzugsanstalten.[1521] Ein Rechtsstreit vor dem Supreme Court (High Court, Queen's Bench Division)[1522] im Bereich des öffentlichen Rechts gilt als Rechtsstreit der Krone in Vertretung des Klägers.[1523] Diese Konstruktion spricht für eine objektive Rechtskontrolle. Hierbei wird eine Unterscheidung nach den verschiedenen Rechtsschutzzielen vorgenommen: „certorari" ist gegen bereits erfolgtes staatliches Handeln gerichtet, „prohibition" gegen bevorstehendes.[1524] Demgegenüber ist „mandamus" auf die Vornahme staatlichen Handelns gerichtet, für das eine gesetzliche Pflicht besteht.[1525] In jedem Fall dient die gerichtliche Kontrolle der Überprüfung des Verwaltungshandelns auf seine Rechtmäßigkeit hin.[1526]

In der ersten Phase ist der Antrag auf „judicial review" durch ein einzelnes Mitglied der Queen's Bench Division zuzulassen. Dadurch sollen Anträge, bei denen ein hinreichendes Interesse nicht besteht oder die offensichtlich aussichtslos sind, von vornherein zurückgewiesen werden.[1527] Grundsätzlich wird der Antrag durch das Prinzip des „locus standi" begrenzt, der Antragsteller muß danach ein „sufficient interest" an dem Antragsgegenstand besitzen.[1528] Der Adressat einer Verwal-

---

[1520] *Stott/Felix*, Principles of Administrative Law, S. 193.

[1521] *Stott/Felix*, Principles of Administrative Law, S. 46 - 60.

[1522] Das Supreme Court ist sowohl für das Straf-, Zivil, als auch für das Öffentliche Recht zuständig, wobei die öffentlichrechtlichen Streitigkeiten der Queen's Bench Division zugewiesen sind, *Major*, Basic English Law, S. 24, 27.

[1523] *Stott/Felix*, Principles of Administrative Law, S. 158; deshalb ist eine Klage gegen die Krone selbst nicht möglich, aber gegen Minister und andere, *Stott/Felix*, Principles of Administrative Law, S. 158.

[1524] *Alder*, Constitutional and Administrative Law, S. 299; *Stott/Felix*, Principles of Administrative Law, S. 158.

[1525] *Alder*, Constitutional and Administrative Law, S. 299; *Stott/Felix*, Principles of Administrative Law, S. 159.

[1526] *Stott/Felix*, Principles of Administrative Law, S. 155.

[1527] *Stott/Felix*, Principles of Administrative Law, S. 163 f.

[1528] *Stott/Felix*, Principles of Administrative Law, S. 179; das hinreichende Interesse („sufficient interest in the matter to which the application relates") wird auch im

tungsentscheidung besitzt stets ein „locus standi", da er direkt von dieser Verwaltungshandlung betroffen ist.[1529] In den anderen Fällen wird der Begriff des Interesses recht weit ausgelegt; so ist ein direktes finanzielles oder rechtliches Interesse nicht erforderlich, sondern es reichen auch geringere Voraussetzungen aus.[1530] Um ein Rechtsmittel einzulegen, genügt danach im Bereich des öffentlichen Rechts ein hinreichendes Interesse, ähnlich wie in Frankreich. Ein subjektives Recht ist nicht für eine Klage erforderlich. Andererseits bewirkt nicht jedes subjektive Recht im Bereich des öffentlichen Rechts auch das Bestehen eines Klagerechts, denn der Grundsatz des „ubi ius, ibi remedium" gilt im Bereich des öffentlichen Rechts nur eingeschränkt.[1531]

In England besteht eine sehr geringe Arbeitsbelastung der Queen's Bench Division, also der Sektion des High Court, die für Verwaltungssachen zuständig ist.[1532] Aber es ist in den letzten Jahren ein erheblicher Anstieg der „applies for judicial review" festzustellen.[1533] Die Arbeitsbelastung ist jedoch nicht vergleichbar, da die Abgrenzung des „public law" deutlich anders vorgenommen wird als in Deutschland. Insgesamt beruht das englische Recht auf einer vollkommen anderen Entwicklung, so daß kaum Folgerungen für das deutsche Recht gezogen werden können. Eine Bewertung der Lösungsmöglichkeiten für die Anpassung des deutschen Rechts an die subjektiven Rechte des Gemeinschaftsrechts kann aufgrund des englischen Rechts nicht vorgenommen werden.

cc) Italien

In Italien unterscheidet sich die Abgrenzung von ordentlichen Gerichten und Verwaltungsgerichten deutlich vom deutschen Recht: Wenn ein subjektives Recht verletzt ist, kann vor den ordentlichen Gerichten geklagt

---

Supreme Court Act von 1981 (1981 c 54), zitiert nach *Molan*, Cracknell's Statutes, Constitutional and Administrative Law, S. 106, in § 31 Abs. 3, 2. HS als Antragsvoraussetzung genannt.

[1529] *Stott/Felix*, Principles of Administrative Law, S. 179 f.

[1530] *Stott/Felix*, Principles of Administrative Law, S. 185.

[1531] *Stott/Felix*, Principles of Administrative Law, S. 179.

[1532] 3.604 applications in 1995, *Stott/Felix*, Principles of Administrative Law, S. 43.

[1533] From 544 applications in 1981 to 3.604 applications in 1995, *Stott/Felix*, Principles of Administrative Law, S. 43.

werden.[1534] Demgegenüber ist eine Klage vor den Verwaltungsgerichten nur bei Verletzung eines rechtlich anerkannten Interesses möglich.[1535] Die für die Zuordnung zu den Gerichtszweigen relevante Abgrenzung zwischen rechtlich geschützten Interessen und subjektiven Rechten ist problematisch und umstritten.[1536] Ebenso ist die Abgrenzung zwischen rechtlich geschützten und rechtlich nicht geschützten Interessen streitig,[1537] die für die Zuordnung erforderlich ist, ob verwaltungsgerichtlicher Rechtsschutz oder kein Rechtsschutz besteht.

Aufgabe der Verwaltungsgerichte ist die Überprüfung der Rechtmäßigkeit von bestimmten Verwaltungshandlungen, die den deutschen Verwaltungsakten ähneln; es besteht jedoch keine Möglichkeit, die Behörde im Wege des verwaltungsgerichtlichen Rechtsschutzes zu dem Erlaß eines Verwaltungsaktes zu verpflichten.[1538] Eine Überprüfung des Ermessens ist beschränkt möglich.[1539]

In Italien ist die Tätigkeit der Verwaltungsgerichte dadurch begrenzt, daß die Überprüfung von Verwaltungshandlungen, die subjektive Rechte verletzen, nicht den Verwaltungsgerichten zugewiesen ist. Derartige Kla-

---

1534 *Karwiese*, Kontrolle der Verwaltung durch ordentliche Gerichte und allgemeine Verwaltungsgerichte nach italienischem Recht, S. 21; *Winkler*, Die italienische Verwaltungsgerichtsbarkeit zwischen gesetzlich geschütztem Interesse und subjektivem Recht, Verwaltung 19 (1986), S. 519 (519).

1535 *Karwiese*, Kontrolle der Verwaltung durch ordentliche Gerichte und allgemeine Verwaltungsgerichte nach italienischem Recht, S. 21; *Winkler*, Die italienische Verwaltungsgerichtsbarkeit zwischen gesetzlich geschütztem Interesse und subjektivem Recht, Verwaltung 19 (1986), S. 519 (519).

1536 *Karwiese*, Kontrolle der Verwaltung durch ordentliche Gerichte und allgemeine Verwaltungsgerichte nach italienischem Recht, S. 22, 23 - 27; *Winkler*, Die italienische Verwaltungsgerichtsbarkeit zwischen gesetzlich geschütztem Interesse und subjektivem Recht, Verwaltung 19 (1986), S. 519 (543 f.).

1537 *Winkler*, Die italienische Verwaltungsgerichtsbarkeit zwischen gesetzlich geschütztem Interesse und subjektivem Recht, Verwaltung 19 (1986), S. 519 (5526 - 533).

1538 *Karwiese*, Kontrolle der Verwaltung durch ordentliche Gerichte und allgemeine Verwaltungsgerichte nach italienischem Recht, S. 44 f., 60 f.

1539 *Karwiese*, Kontrolle der Verwaltung durch ordentliche Gerichte und allgemeine Verwaltungsgerichte nach italienischem Recht, S. 45 - 48; neben dem hier behandelten wesentlichen Verfahren bestehen noch Verfahrensarten geringerer Bedeutung, die u.a. weitergehende Eingriffsmöglichkeiten in die Sphäre der Verwaltung ermöglichen, vgl. *Karwiese*, Kontrolle der Verwaltung durch ordentliche Gerichte und allgemeine Verwaltungsgerichte nach italienischem Recht, S. 48 - 52; auf diese soll aufgrund ihrer geringeren Bedeutung hier jedoch nicht eingegangen werden.

gen werden auf die ordentlichen Gerichte verlagert. Nur bei der Verletzung rechtlich geschützter Interessen kann vor den Verwaltungsgerichten geklagt werden. Jedoch ist eine Abgrenzung des Begriffes der rechtlich geschützten Interessen problematisch und streitig. Deshalb bietet sich eine Übertragung dieses Kriteriums auf das deutsche Recht nicht an. Die Übernahme des Kriteriums der rechtlich geschützten Interessen genügt zudem nicht, um die Durchsetzbarkeit der subjektiven Rechte des Gemeinschaftsrecht i.e.S. zu gewährleisten. Denn bei diesen kommt es gerade nicht auf den rechtlichen Schutz der Interessen an, sondern entscheidend ist lediglich ihre unbedingte und präzise Ausgestaltung und die Berührung des Einzelnen in seinen faktischen Interessen.

Ein weiter Nachteil der italienischen Verwaltungsgerichtsbarkeit ist, daß ausschließlich Verwaltungshandlungen ähnlich den deutschen Verwaltungsakten von der Verwaltungsgerichtsbarkeit überprüft werden können. Klagemöglichkeiten wie in Deutschland die Leistungsklagen,[1540] Feststellungsklagen, Normenkontrollverfahren u.a. sind nicht statthaft. Für eine Übertragung auf Deutschland stellt sich wieder die Frage, ob eine derartige Beschränkung der Klagearten sinnvoll und mit Art. 19 Abs. 4 GG zu vereinbaren wäre. Auch aus der Betrachtung der italienischen Verwaltungsgerichtsbarkeit können keine weiteren Folgerungen für die genannten Lösungsmöglichkeiten gezogen werden.

dd) Spanien

In Spanien besteht eine von der ordentlichen Gerichtsbarkeit unabhängige Verwaltungsgerichtsbarkeit.[1541] Klagen können nicht mehr ausschließlich gegen Verwaltungsakte gerichtet werden, sondern es ist seit 1998 auch möglich, Leistungsklagen zu erheben.[1542] Als Voraussetzung für eine Klage ist ein subjektives Recht nicht erforderlich, sondern es ist ein Interesse, das „interés legítimo", ausreichend.[1543] Dieses Interesse muß jedoch ein

[1540] Verpflichtungsklage und allgemeine Leistungsklage.

[1541] *González-Varas,* Die neue Verwaltungsgerichtsordnung Spaniens vom 13. Juli 1998, DÖV 2000, 240 (240).

[1542] *González-Varas,* Die neue Verwaltungsgerichtsordnung Spaniens vom 13. Juli 1998, DÖV 2000, 240 (240 f.); wobei weiterhin bei der Ablehnung eines beantragten Verwaltungsaktes eine Anfechtungsklage gegen den ablehnenden Bescheid zu erheben ist, *González-Varas,* Die neue Verwaltungsgerichtsordnung Spaniens vom 13. Juli 1998, DÖV 2000, 240 (241).

[1543] *González-Varas,* Die neue Verwaltungsgerichtsordnung Spaniens vom 13. Juli

rechtliches Interesse sein, sofern der Kläger sich nicht sogar auf eine Rechtsverletzung beruft.[1544] Die Voraussetzung für das Bestehen eines solchen rechtlichen Interesses sind jedoch so streng, daß dieses mit den deutschen subjektiven (öffentlichen) Rechten vergleichbar ist.[1545] Im allgemeinen werden Popularklagen dementsprechend nicht anerkannt.[1546] Die neue Verwaltungsgerichtsordnung Spaniens hat einige Tendenzen zum Schutz subjektiver Rechte als Zweck. Nicht nur die strikte Auslegung des Begriffes des rechtlichen Interesses, sondern auch die Geltung einer Generalklausel sprechen für einen subjektiven Rechtsschutz, ebenso wie das Bestehen einer unabhängigen Verwaltungsgerichtsbarkeit und die Geltung der Dispositionsmaxime.[1547]

In Spanien ähnelt die Begrenzung des verwaltungsgerichtlichen Rechtsschutzes durch das Kriterium des rechtlichen Interesses dem deutschen subjektiven öffentlichen Recht. Inwieweit eine so strenge die Begrenzung von Klagen erforderlich ist, hängt auch davon ab, wie sich die 1998 neu eingeführte allgemeine Leistungsklage auf den Geschäftsanfall der Verwaltungsgerichte auswirkt. Insofern lassen sich noch keine wesentlichen Schlüsse aus der spanischen Verwaltungsgerichtsordnung ziehen. Weil das Kriterium des „interés legítimo" ähnlich dem deutschen subjektiven öffentlichen Recht ausgelegt wird, lassen sich aus der spanischen Verwaltungsgerichtsbarkeit keine Schlußfolgerungen zugunsten eines der oben genannten Lösungswege ziehen.

ee) Ergebnis

In den anderen Mitgliedstaaten ist ein Interesse für eine Klage gegen Verwaltungshandlungen ausreichend, wobei jedoch unterschiedliche An-

---

1998, DÖV 2000, 240 (242).

[1544] *Knorr*, Verwaltungsgerichtsbarkeit in Spanien, VBlBW. 1999, 415 (418).

[1545] *González-Varas*, Die neue Verwaltungsgerichtsordnung Spaniens vom 13. Juli 1998, DÖV 2000, 240 (242).

[1546] *González-Varas*, Die neue Verwaltungsgerichtsordnung Spaniens vom 13. Juli 1998, DÖV 2000, 240 (242).

[1547] Geltung einer Generalklausel: *Gonzáles-Varas*, Die neue Verwaltungsgerichtsordnung Spaniens vom 13. Juli 1998, DÖV 2000, 240 (240), Bestehen einer unabhängigen Verwaltungsgerichtsbarkeit: *Gonzáles-Varas*, Die neue Verwaltungsgerichtsordnung Spaniens vom 13. Juli 1998, DÖV 2000, 240 (240), Geltung der Dispositionsmaxime: *Gonzáles-Varas*, Die neue Verwaltungsgerichtsordnung Spaniens vom 13. Juli 1998, DÖV 2000, 240 (242).

forderungen an dieses Interesse gestellt werden. Die Bandbreite reicht von irgendeinem persönlichen Interesse über ein hinreichendes Interesse hin zu einem rechtlich geschützten Interesse und letztendlich einem rechtlichen Interesse, das ähnlich dem subjektiven öffentlichen Recht auszulegen ist. In den anderen Mitgliedstaaten bestehen für die Klagebefugnis oftmals geringere Voraussetzungen als in Deutschland. Zur Durchsetzung der subjektiven Rechte des Gemeinschaftsrechts i.e.S. sind jedoch lediglich die französische und englische Rechtsordnung geeignet. In den anderen Mitgliedstaaten werden strengere Anforderungen an das Interesse gestellt als nur die faktische Betroffenheit, wie der EuGH sie fordert.

In den meisten Mitgliedstaaten sind die Gegenstände der Klagen stärker beschränkt als in Deutschland. In Deutschland gilt eine Generalklausel für den verwaltungsgerichtlichen Rechtsschutz, womit Klagen gegen jedes Verwaltungshandeln statthaft sind. Demgegenüber können in Frankreich und in Italien vor den Verwaltungsgerichten nur solche Verwaltungshandlungen angefochten werden, die den deutschen Verwaltungsakten ähneln. In Spanien wurden die Klagemöglichkeiten um die allgemeine Leistungsklage erweitert. In Frankreich wurde die Vollstreckbarkeit verwaltungsgerichtlicher Entscheidungen geändert, so daß zu beobachten ist, ob diese Ausweitungen zu einer stärkeren Belastung der Verwaltungsgerichte führen. Erst dann kann überlegt werden, ob die Übernahme bestimmter Regelungen der anderen Mitgliedstaaten sinnvoll ist. Zumal der Rechtsschutz gegen Verwaltungshandlungen in Deutschland gegenüber dem der hier dargestellten Mitgliedstaaten einige Unterschiede aufweist.

Insgesamt bestehen erhebliche Unterschiede bei dem Rechtsschutz gegen Verwaltungshandlungen in den größten Mitgliedstaaten. Insofern sollte der EuGH diese Unterschiede bei seiner Rechtsprechung berücksichtigen und den Mitgliedstaaten hinreichende Umsetzungsspielräume belassen. Die Angleichung an den Rechtsschutz gegen Verwaltungshandeln in einem der Mitgliedstaaten kann derzeit nicht empfohlen werden. Auch für die Anpassungsmöglichkeiten an den Rechtsschutz aufgrund der subjektiven Rechte i.e.S. lassen sich keine eindeutigen Folgerungen aus dem Vergleich mit den Rechtsordnungen der anderen Mitgliedstaaten ziehen.

c) Fazit

Welcher Lösungsweg für die Umsetzung der subjektiven Rechte des Gemeinschaftsrechts i.e.S. in das deutsche Recht der sinnvollste ist, muß im Ergebnis offenbleiben. Alle diskutierten Lösungswege werfen erhebliche Probleme auf und sind nicht ohne Friktionen in das deutsche Recht umzusetzen. Auch aus der Kontrolle von Verwaltungshandlungen in den anderen Mitgliedstaaten lassen sich keine vollständig überzeugenden Lösungen ableiten. Zu hoffen ist, daß der EuGH die subjektiven Rechte des Gemeinschaftsrechts i.e.S. an die anderen Arten subjektiver Rechte angleicht. Das erleichterte auch eine Umsetzung in das deutsche Recht. Sofern eine solche Anpassung nicht stattfindet, ist noch eine weitere Diskussion der Lösungsmöglichkeiten erforderlich.

IV. Bewertung

Das subjektive öffentliche Recht kann an die haftungsbegründenden subjektiven Rechte und die als subjektive Rechte umzusetzenden Richtlinienbestimmungen angepaßt werden. Dazu wäre eine erweiternde Auslegung des Schutznormkriteriums erforderlich. Da der EuGH eine Abgrenzung zwischen Rechten und Reflexen vornimmt, könnte das Schutznormkriterium so ausgelegt werden, daß es zur Rechtsprechung des EuGH paßt, ohne völlig entwertet zu werden. Diese Ausweitung läge in der Entwicklung des subjektiven öffentlichen Rechts. Denn trotz derselben Definition bei der Schutznormtheorie wurde die Zahl der subjektiven öffentlichen Rechte erheblich ausgeweitet. Diese Entwicklung müßte lediglich fortgeführt werden. Zudem müßte das Kriterium der Rechtsmacht gestrichen werden, weil der EuGH die Durchsetzbarkeit nicht als Voraussetzung, sondern als Rechtsfolge der subjektiven Rechte ansieht. Das Kriterium der Rechtsmacht im deutschen Recht ist problematisch, weil es zu einem Zirkelschluß führen kann. Deshalb wird es in der Literatur teilweise abgelehnt oder das Vorliegen der Rechtsmacht vermutet. Auf dieses Kriterium kann somit zugunsten der Anpassung an das Gemeinschaftsrecht vollständig verzichtet werden. Daneben müßte der Rechtssatz, aus dem das subjektive öffentliche Recht folgt, nicht nur dem geschriebenen Recht entspringen dürfen, sondern auch dem ungeschriebenem Recht. Daß ein ungeschriebener Rechtssatz für ein subjektives öffentliches Recht ausreicht, ist in der deutschen Literatur streitig. Auch insoweit ist jedoch eine Anpassung des subjektiven öffentlichen Rechts an die genannten subjektiven Rechte des Gemeinschaftsrechts ohne Friktionen möglich.

Nur an die subjektiven Rechte des Gemeinschaftsrechts i.e.S. läßt sich die Rechtsfigur des subjektiven öffentlichen Rechts nicht anpassen. Diese Rechte haben nach der Rechtsprechung des EuGH lediglich zur Voraussetzung, daß die Norm genügend präzise und eindeutig ist. Zudem muß derjenige, der sich auf die Norm berufen will faktisch betroffen sein; eine eigene rechtliche Betroffenheit des Einzelnen ist dazu nicht erforderlich. An diese Voraussetzungen läßt sich das subjektive öffentliche Recht nicht anpassen, ohne daß es seine Abgrenzungsfunktion vollständig verlöre. Problematisch ist jedoch, wie die vom EuGH geforderte Durchsetzbarkeit im deutschen Recht gewährleistet werden kann. In Betracht kommen verschiedene Lösungsmöglichkeiten, die jedoch alle nicht vollständig überzeugen. Auch die Rechtsordnungen der anderen Mitgliedstaaten führen nicht zu überzeugenden Lösungen. Für diese Art der subjektiven Rechte muß noch ein sinnvoller Weg zur Umsetzung in das deutsche Recht gefunden werden.

Teil 5: Gesamtergebnis

Ziel der Untersuchung war es, zu ermitteln, ob eine Weiterentwicklung der subjektiven öffentlichen Rechte einer Anpassung an die subjektiven Rechte des europäischen Gemeinschaftsrechts dienen kann. Dabei sollte auf die einzelnen Voraussetzungen des subjektiven öffentlichen Rechts eingegangen werden.

Die subjektiven öffentlichen Rechte waren zugleich als Rechte des Staates[1548] und als Rechte des Einzelnen entstanden. Ursprünglich befanden sich die subjektiven öffentlichen Rechte des Monarchen im Vordergrund, während nur wenige subjektive öffentliche Rechte des Einzelnen anerkannt wurden. Dieses Verhältnis änderte sich jedoch grundlegend: Die subjektiven öffentlichen Rechte des Einzelnen gewannen an Bedeutung. Bereits die Diskussion um einen Rechtsschutz gegen Handlungen der Verwaltung, erst recht aber die Einführung einer Verwaltungsgerichtsbarkeit, bei der viele Klagen von der Möglichkeit der Verletzung eines subjektiven öffentlichen Rechts abhingen, führte zu einer Aufwertung der subjektiven öffentlichen Rechte des Einzelnen. Demgegenüber verloren die subjektiven öffentlichen Rechte des Staates an Bedeutung. Teilweise wurde die Existenz solcher Rechte grundlegend abgelehnt. Letztendlich haben diese — zumindest durch Nichtbeachtung — keine eigenständige Bedeutung mehr. Die überragende Bedeutung der subjektiven öffentlichen Rechte des Einzelnen besteht auch im europäischen Gemeinschaftsrecht. Zwar werden auch Kompetenzen der Organe als Rechte bezeichnet. Da diese „Rechte“ nur im Innenverhältnis und nicht im Außenverhältnis bestehen, können es keine subjektiven Rechte im eigentlichen Sinne sein, sondern lediglich Kompetenzen. Für diese Bewertung spricht auch, daß nur die Gemeinschaften, nicht aber die Organe selbst Rechtsfähigkeit besitzen. Hingegen sind die von den nationalen Rechtsordnungen zu beachtenden und teilweise auch umzusetzenden subjektiven Rechte stets Rechte der Einzelnen. Insofern besteht die Übereinstimmung, daß sowohl

---

[1548] Soweit die Rechtsfähigkeit des Staates noch nicht anerkannt wurde, wurden diese Rechte als subjektive öffentliche Rechte des Monarchen eingestuft; wobei eigentlich die Anerkennung des Staates als juristische Person erforderlich war: Die Zurechnung der aus den subjektiven Rechten resultierenden Rechte und Pflichten konnte erst bei einer Rechtspersönlichkeit des Staates sinnvoll bestehen.

im deutschen öffentlichen Recht als auch im Gemeinschaftsrecht die subjektiven Rechte des Einzelnen im Vordergrund stehen.

In Deutschland sind die subjektiven öffentlichen Rechte des Staates und der Einzelnen gemeinsam entstanden. Die allgemeinen systematischen Voraussetzungen dieser subjektiven Rechte stimmen überein. Beide Arten subjektiver öffentlicher Rechte sind im Zusammenhang mit der Trennung des öffentlichen Rechts vom Privatrecht entstanden. Die Rechtsfigur des subjektiven Rechts bestand im Privatrecht schon länger, so daß die Neuerung in der Übertragung dieser Rechtsfigur auf das Gebiet des öffentlichen Rechts lag. Wegen der Zielsetzung der Trennung des öffentlichen Rechts vom Privatrecht konnte keine einheitliche Rechtsfigur eines (allgemeinen) subjektiven Rechts entstehen. Im Gegensatz dazu wird im europäischen Gemeinschaftsrecht bei den subjektiven Rechten nicht zwischen denen des Privatrechts und denen des öffentlichen Rechts unterschieden. Eine Unterteilung in die beiden Rechtsgebiete hat beim Gemeinschaftsrecht keine erheblichen Auswirkungen; weder Rechtsschutzmöglichkeiten noch Kompetenzen sind davon abhängig. Außerdem ist die Unterteilung in die Rechtsgebiete des öffentlichen Rechts und des Privatrechts in den Mitgliedstaaten nicht einheitlich. Ein spezifisch subjektives öffentliches Recht konnte im europäischen Gemeinschaftsrecht nicht entstehen. Für die Umsetzung der subjektiven Rechte des Gemeinschaftsrechts (i.w.S.) in der deutschen Rechtsordnung verursacht die fehlende Unterscheidung jedoch keine Probleme: Je nach dem, ob die subjektiven Rechte des Gemeinschaftsrechts den Bereich des öffentlichen Rechts oder den des Privatrechts betreffen, sind diese als subjektive öffentliche Rechte oder als subjektive Rechte des Privatrechts einzustufen.[1549]

Im deutschen Recht sind die subjektiven öffentlichen Rechte entstanden, bevor sich die Trennung in Staatsrecht und Verwaltungsrecht durchgesetzt hatte. Deshalb sind die subjektiven öffentlichen Rechte übergreifend für beide Teilgebiete des öffentlichen Rechts entwickelt worden. Zunächst wurden subjektive öffentliche Rechte überwiegend im Verwaltungsrecht anerkannt. Die Grundrechte wurden anfangs nicht als subjektive öffentliche Rechte angesehen. Zur Gewährleistung eines umfassenden Rechtsschutzes für den Adressaten belastender Verwaltungsakte wurde jedoch teilweise der Gesetzesvorbehalt als subjektives öffentliches Recht

[1549] Vorliegend wurde jedoch nur auf den Bereich der subjektiven öffentlichen Rechte eingegangen.

anerkannt. Erst langsam setzte sich die Ansicht durch, daß auch Grundrechte subjektive öffentliche Rechte sein können. Daß sich aus den einfachen Gesetzen subjektive öffentliche Rechte ergeben können, ist anerkannt. Diese können auch durch die Grundrechte beeinflußt werden, indem die subjektiven öffentlichen Rechte verfassungskonform ausgelegt werden. Daneben ist auch ein Rückgriff direkt auf die Grundrechte möglich. Um den Gestaltungsspielraum des Gesetzgebers hinreichend zu berücksichtigen, sind die spezieller ausformulierten einfachgesetzlichen subjektiven öffentlichen Rechte vorrangig zu beachten. Weil die subjektiven öffentlichen Rechte vor der Entstehung eines Allgemeinen Verwaltungsrechtes schon bestanden, haben sie dessen Ausbildung von Anfang an geprägt.

Die Entwicklung der einzelnen Voraussetzungen der subjektiven öffentlichen Rechte des Einzelnen wurde näher dargestellt.[1550] Erste Voraussetzung eines subjektiven öffentlichen Rechts ist ein Rechtssatz. Streitig ist, ob dieser Rechtssatz ausschließlich dem geschriebenen Recht entstammen muß, oder ob auch ungeschriebene Rechtssätze in Betracht kommen. Ungeschriebene Rechtssätze können im Verwaltungsrecht Pflichten begründen, weshalb nicht ersichtlich ist, warum solche Rechtsnormen keine Rechte begründen können sollen. Diese weite Auslegung des Begriffes des Rechtssatzes entspricht der des Gemeinschaftsrechts: Subjektive Rechte des Gemeinschaftsrechts sollen auch auf ungeschriebenem Recht beruhen können.[1551] Um den gemeinschaftsrechtlichen Vorgaben zu genügen, sollte der Begriff des Rechtssatzes so ausgelegt werden, daß er auch ungeschriebenes Recht umfaßt.

Das wichtigste Merkmal zur Abgrenzung der subjektiven öffentlichen Rechte ist das des Interessenschutzes. Die subjektiven Rechte sind abzugrenzen von den die Einzelnen nur reflexartig begünstigenden Normen. Dazu wird nach der Schutznormtheorie darauf abgestellt, ob die Norm zumindest auch konkreten Individualinteressen zu dienen bestimmt ist. Trotz der gleichbleibenden Definition ist eine Ausweitung der subjektiven öffentlichen Rechte festzustellen, die auch durch die erweiterte Auslegung der Schutznormtheorie bedingt ist. Die unterschiedlichen Auslegungs-

[1550] Die subjektiven öffentlichen Rechte des Staates haben eigentlich keine Bedeutung mehr, weshalb an dieser Stelle nicht mehr auf sie eingegangen werden soll.

[1551] Die subjektiven Rechte des Gemeinschaftsrechts i.e.S. und die haftungsbegründenden subjektiven Recht. Die als subjektive Rechte umzusetzenden Richtlinienbestimmungen beruhen auf geschriebenem Recht, den Richtlinien.

möglichkeiten führten zu Kritik an der Schutznormtheorie. Ihr wurde vorgeworfen, sie sei zu unbestimmt. Jedoch führen die vorgeschlagenen Alternativen nicht zu eindeutigeren Ergebnissen, sondern sind oftmals noch stärker von einer Bewertung des Normanwenders abhängig. Das Problem der unterschiedlichen Ergebnisse bei Anwendung der Schutznormtheorie ist kein spezifisches Problem dieser, sondern eines der verschiedenen, nicht genau präzisierten Auslegungsmethoden. Dadurch kann die Auslegung, ob eine Norm zumindest auch die Interessen des Einzelnen schützen soll, zu verschiedenen Ergebnissen führen. Durch eine Änderung lediglich der Schutznormtheorie können keine präziseren Ergebnisse erzielt werden.

Das Kriterium des Interessenschutzes ist keine einheitliche Voraussetzung für alle Arten der subjektiven Rechte des Gemeinschaftsrechts. Bei den subjektiven Rechten, die die Haftung der Mitgliedstaaten oder der Organe der Gemeinschaften begründen, ist Voraussetzung, daß die Norm die Interessen des Einzelnen schützt. Es soll dabei jedoch nicht jedes von der Norm betroffene Interesse geschützt sein. Nur wenn die Interessen rechtlich geschützt sind, soll ein ausreichender Interessenschutz gegeben sein. Grundsätzlich paßt dieses zu dem Schutznormkriterium des deutschen subjektiven öffentlichen Rechts, wobei aber das deutsche Schutznormkriterium noch immer enger ausgelegt wird. Eine Annäherung durch eine noch stärker ausweitende Auslegung wäre eine Fortführung der bisherigen Entwicklung der Schutznormtheorie.

Daneben sind Richtlinienbestimmungen unter bestimmten Voraussetzungen als subjektive Rechte in die nationalen Rechtsordnungen umzusetzen. Der EuGH hat hierbei bisher nur festgestellt, wann eine solche Richtlinienbestimmung als subjektives Recht umzusetzen ist. Abgelehnt hat er noch nicht, daß eine Norm als ein subjektives Recht in das nationale Recht zu transformieren ist. Deshalb sind die genauen Voraussetzungen zweifelhaft. Andererseits besteht eine erhebliche Ähnlichkeit dieser subjektiven Rechte zu den haftungsbegründenden subjektiven Rechten des Gemeinschaftsrechts. Ebenfalls ist Voraussetzung für die Richtlinienbestimmungen, die als subjektive Rechte in die nationalen Rechtsordnungen umzusetzen sind, daß die Normen die Interessen des Einzelnen schützen. Auch hierbei müssen Rechte und Reflexe nach der Rechtsprechung des EuGH abgegrenzt werden. Diese Anlehnung an die Ausgestaltung der haftungsbegründenden subjektiven Rechte ist sinnvoll. Bei der Verletzung der Umsetzungspflicht durch einen Mitgliedstaat durch Nichtumsetzung eines subjektiven Rechtes aus der Richtlinie ist immer ein Haftungsanspruch gegeben. Deshalb sollten die Voraussetzungen der subjektiven Rechte, die bei der Umsetzung einer Richtlinie entstehen müssen, mit denen der haftungsbegründenden subjektiven Rechte übereinstimmen. Auch bei dieser Art der subjektiven Rechte des Gemeinschaftsrechts wäre eine Anpassung der subjektiven öffentlichen Rechte durch eine Ausweitung der Schutznormtheorie möglich.

Die dritte Art subjektiver Rechte, die der EuGH anerkennt, haben nicht zur Voraussetzung, daß die Norm individualschützend sein muß. Voraussetzung ist lediglich, daß die Norm hinreichend präzise und eindeutig ist. Zudem darf sich ausschließlich der faktisch Betroffene auf diese Norm berufen. Diese subjektiven Rechte des Gemeinschaftsrechts i.e.S. haben als Rechtsfolge die Durchsetzbarkeit vor nationalen Gerichten. Der EuGH benutzt sie dazu, das Gemeinschaftsrecht in den Mitgliedstaaten durch die Bürger durchsetzen zu lassen. Mangels Voraussetzung des Individualschutzes passen diese subjektiven Rechte nicht zu den deutschen subjektiven öffentlichen Rechten. Zwar wäre insgesamt eine Angleichung aller subjektiven Rechte des Gemeinschaftsrechts systematisch sinnvoll: Wegen des zweckgerichteten Einsatzes dieser subjektiven Rechte zur Durchsetzung des Gemeinschaftsrechts ist bei diesen Rechten keine Angleichung zu erwarten. Selbst wenn das Kriterium der Betroffenheit durch eine nur geringe Rechtsprechungsänderung an die Voraussetzungen der anderen beiden Arten subjektiver Rechte angepaßt werden könnte. Aufgrund der weiten Auslegung dieser subjektiven Rechte mit der Folge der Durchsetzbarkeit vor den nationalen Gerichten besteht zudem ein erheblicher Wertungswiderspruch zu den nur sehr eingeschränkten Rechtsschutzmöglichkeiten vor EuGH und EuG.

Die subjektiven Rechte des Gemeinschaftsrechts i.e.S. stimmen nicht mit den deutschen subjektiven öffentlichen Rechten überein, und eine Anpassung der subjektiven öffentlichen Rechte hätte eine erhebliche Ausweitung der letzteren zur Folge. Es bestehen keine überzeugenden Möglichkeiten, diese subjektiven Rechte des Gemeinschaftsrechts i.e.S. mit ihrer Rechtsfolge der Durchsetzbarkeit in das deutsche Recht umzusetzen. Auch in den Rechtsordnungen anderer Mitgliedstaaten lassen sich hierzu keine überzeugenden Lösungen finden. Eine ausführliche Diskussion der Anpassungsmöglichkeiten führte jedoch in dieser Arbeit zu weit.

Eine weitere Voraussetzung des subjektiven öffentlichen Rechtes ist die dem Einzelnen eingeräumte Rechtsmacht zur Durchsetzung dieses Rechts. Das Kriterium der Rechtsmacht birgt die Gefahr eines Zirkelschlusses, wenn es als Möglichkeit der gerichtlichen Geltendmachung ausgelegt wird. Denn das subjektive öffentliche Recht ist oftmals eine Voraussetzung der verwaltungsgerichtlichen Klage und kann deshalb nicht von der Einräumung einer Klagemöglichkeit abhängen. Wird dieses Kriterium stattdessen als Möglichkeit der verwaltungsbehördlichen Geltendmachung ausgelegt, verliert es weitgehend seinen Abgrenzungscharakter. Deshalb soll vielfach die Rechtsmacht bei Vorliegen einer individualschützenden Norm vermutet werden, wenn nicht ohnehin dieses Kriterium vollständig für entbehrlich gehalten wird. Das europäische Gemeinschaftsrecht kennt kein derartiges Kriterium als Voraussetzung der subjektiven Rechte. Im Gegensatz zur deutschen Rechtslage ist die Durchsetzbarkeit die Rechtsfolge der subjektiven Rechte i.e.S. und der als subjektive Rechte umzusetzenden Richtlinienbestimmungen. Für eine Anpassung der subjektiven öffentlichen Rechte an die subjektiven Rechte des europäischen Gemeinschaftsrechts wäre ein Verzicht auf dieses Kriterium sinnvoll. Die vollständige Aufgabe wäre eine Fortführung des Bedeutungsverlustes des Begriffs der Rechtsmacht im deutschen Recht, zumal er stets eine lediglich geringe Bedeutung hatte.

Das Kriterium des zwingenden Rechtssatzes ist eine weitere Voraussetzung des subjektiven öffentlichen Rechts. Ursprünglich sollte bei Ermessen ein subjektives öffentliches Recht des Einzelnen ausgeschlossen sein. Nur ein zwingender Rechtssatz sollte ein subjektives öffentliches Recht begründen können. Aufgrund der Entwicklung der verwaltungsgerichtlichen Rechtsprechung wurde anerkannt, daß die Überprüfung der Grenzen des Ermessens eine Rechtmäßigkeitsprüfung ist. Deshalb soll trotz Ermessens ein subjektives öffentliches Recht bestehen können, insoweit die Rechtmäßigkeit der Ermessensausübung gerichtlich überprüfbar ist. Ein solches Recht auf fehlerfreie Ermessensausübung soll — entsprechend der Schutznormtheorie — dann bestehen, wenn das Ermessen zumindest auch den Interessen des Einzelnen zu dienen bestimmt ist. Bei sonstigen Entscheidungsspielräumen der Verwaltung wurden das Recht auf gerechte Abwägung und das Recht auf rechtsfehlerfreie Ausfüllung des Beurteilungsspielraumes anerkannt. Demgegenüber hat sich im Europäischen Gemeinschaftsrecht keine so ausdifferenzierte Ermessensfehlerdogmatik entwickelt wie im deutschen Recht. Der Begriff des Ermessens ist nicht vollständig mit dem des deutschen Rechts vergleichbar; er ist weiter gefaßt als der des deutschen Rechts. Trotz eines Ermessens- oder Umsetzungsspielraumes des Mitgliedstaates soll ein haftungsbegründendes subjektives Recht bestehen können. Ebenso sollen Richtlinienbestimmungen auch dann als subjektive Rechte umzusetzen sein, wenn ein Ermessens- oder Umsetzungsspielraum der Mitgliedstaaten besteht, zumindest wenn eine bestimmte Zielrichtung des Ermessens festzustellen ist. Eine gewisse Parallelität zum subjektiven öffentlichen Recht ist festzustellen: Nur soweit das Ermessen nicht völlig frei ist, kann ein subjektives Recht bestehen. Insofern paßt das Kriterium des zwingenden Rechtssatzes zu diesen subjektiven Rechten des Gemeinschaftsrechts. Hingegen sind die subjektiven Rechte des Gemeinschaftsrechts i.e.S. bei Ermessen ausgeschlossen. In dieser Hinsicht passen diese subjektiven Rechte nicht zu den deutschen subjektiven öffentlichen Rechten. Trotzdem bestehen insoweit keine Umsetzungsprobleme, da die Anerkennung subjektiver öffentlicher Rechte weitergehend ist. Diese können bei Ermessensspielräumen anerkannt werden, während Voraussetzung der subjektiven Rechte des Gemeinschaftsrechts i.e.S. ein zwingender Rechtssatz ist.

Zusammenfassend kann bei einer gewissen Änderung der Voraussetzungen des subjektiven öffentlichen Rechts eine Angleichung an die haftungsbegründenden subjektiven Rechte des Gemeinschaftsrechts sowie an die bei der Umsetzung von Richtlinien zu schaffenden subjektiven Rechte erreicht werden. Diese Änderung führt im wesentlichen die Entwicklungstendenzen des subjektiven öffentlichen Rechts weiter. Ausschließlich den subjektiven Rechten des Gemeinschaftsrechts i.e.S. liegt eine vollständig andere Konzeption zugrunde. An diese lassen sich die deutschen subjektiven öffentlichen Rechte nicht ohne Aufgabe des wesentlichsten Kriteriums anpassen.

Literaturverzeichnis

Achterberg, Norbert, Strukturen der Geschichte des Verwaltungsrechts und der Verwaltungsrechtswissenschaft, in: DÖV 1979, S. 737 - 742

ders., Allgemeines Verwaltungsrecht, 2. Aufl., Heidelberg 1986

Akademie für Staats- und Rechtswissenschaft der DDR (Hrsg.), Staatsrecht der DDR. Lehrbuch, Berlin (Ost), 1977

Akademie für Staats- und Rechtswissenschaft der DDR (Hrsg.), Verwaltungsrecht. Lehrbuch, Berlin (Ost), 1979

Albrecht, Eduard, Rezension über Maurenbrechers Grundsätze des heutigen deutschen Staatsrechts, Nachdruck der Göttingischen gelehrten Anzeigen, 150. und 151. Stück vom 21. September 1837, Seiten 1489 - 1504; 152. Stück vom 23. September 1937, Seiten 1508 - 1515, Darmstadt 1962

Alder, John, Constitutional and Administrative Law, 2. Aufl., Basingstoke (Hampshire) 1994

Allkemper, Ludwig, Der Rechtsschutz des einzelnen nach dem EG-Vertrag, Baden Baden 1995 (Diss. jur.)

Alternativkommentar, Kommentar zum Grundgesetz für die Bundesrepublik Deutschland, E. Denninger, W. Hoffmann-Riem, H.-P. Schneider, E. Stein (Hrsg.), 3. Aufl., Neuwied, Stand August 2002 (Loseblattsammlung)

Anschütz, Gerhard, Die Verfassungs-Urkunde für den Preußischen Staat. Vom 31. Januar 1850, Nachdruck der Ausgabe Berlin 1912, Aalen 1974

ders., Die Verfassung des Deutschen Reiches vom 11. August 1919, unveränderter Nachdruck der 14. Aufl., Berlin 1933, Bad Homburg 1960

Arnull, Anthony, The European Union and its Court of Justice, Oxford 1999

Bachof, Otto, Reflexwirkungen und subjektive Rechte im öffentlichen Recht, in: O. Bachof, M. Drath u.a. (Hrsg.), Forschungen und Berichte aus dem Öffentlichen Recht, Gedächtnisschrift für Walter Jellinek, München 1955, S. 287 - 307

ders., Beurteilungsspielraum, Ermessen und unbestimmter Rechtsbegriff im Verwaltungsrecht, in: JZ 1955, S. 97 - 102

ders., Die verwaltungsgerichtliche Klage auf Vornahme einer Amtshandlung, 2. Aufl., Tübingen 1968 *ders.*, Die Dogmatik des Verwaltungsrechts vor den Gegenwartsaufgaben der Verwaltung, in: VVDStRL 30 (1972), S. 193 - 244

Badura, Peter, Das Verwaltungsrecht des liberalen Rechtsstaates, Göttingen 1967

Bähr, Otto, Der Rechtsstaat, Unveränderter Nachdruck der 1. Aufl., Kassel 1864, 2. Aufl., Darmstadt 1963

Bartlsperger, Richard, Subjektive öffentliches Recht und störungspräventive Baunachbarklage, in: DVBl. 1971, S. 723 - 732

ders., Organisierte Einwirkungen auf die Verwaltung. Zur Lage der zweiten Gewalt, 2. Mitbericht, in: VVDStRL 33 (1975), S. 221 - 266

Bauer, Hartmut, Geschichtliche Grundlagen der Lehre vom subjektiven öffentlichen Recht, Berlin 1986 (Diss. jur.)

ders., Altes und Neues zur Schutznormtheorie, in: AöR 113 (1988), S. 582 - 631

Bauer, Ina, Von der Administrativjustiz zur Verwaltungsgerichtsbarkeit. Die Entwicklung des Rechtsschutzes auf dem Gebiet des öffentlichen Rechts in Baden im 19. Jahrhundert, Sinzheim 1996 (Diss. jur.)

Becker, Ralf D., Die Drittwiderspruchsklage im Verfahren vor dem Gerichtshof der Europäischen Gemeinschaften, Saarbrücken 1970 (Diss. jur.)

Beljin, Sasa, Staatshaftung im Europarecht, Köln 2000 (Diss. jur.)

Bernhardt, Rudolf, Zur Anfechtung von Verwaltungsakten durch Dritte, in: JZ 1963, S. 302 - 308

Bettermann, Karl August, Rechtsgleichheit und Ermessensfreiheit, in: Der Staat Bd. 1 (1962), S. 79 - 92

Bleckmann, Albert, Das Ziel des gerichtlichen Rechtsschutzes: Schutz des Einzelnen oder objektive Kontrolle der vollziehenden Gewalt? Die Rolle der Klagebefugnis, in: H. Mosler (Hrsg.), Gerichtsschutz gegen die Exekutive, Bd. 3, Köln 1971, S. 21 - 47

ders., Die Klagebefugnis im verwaltungsgerichtlichen Anfechtungsverfahren, in: VBlBW 1985, 361 - 365

ders., Europarecht, 6. Aufl., Köln 1997

Böhm, Monika, Voraussetzungen einer Staatshaftung bei Verstößen gegen primäres Gemeinschaftsrecht, in: JZ 1997, S. 53 - 60

dies., Die gerichtliche Kontrolle von Verwaltungsentscheidungen in Deutschland, in: DÖV 2000, S. 990 - 995

Boldt, Hans (Hrsg.), Reich und Länder. Texte zur deutschen Verfassungsgeschichte im 19. und 20. Jahrhundert, München 1987

Bonner Kommentar zum Grundgesetz, R. Dolzer, K. Vogel, K. Graßhof (Hrsg.), Heidelberg, Stand September 2004 (Loseblattsammlung)

Bornhak, Conrad, Preußisches Staatsrecht, Bd. 1, Freiburg i. Br. 1888, Bd. 2, Freiburg i. Br. 1889 (= Preußisches Verwaltungsrecht, Bd. 1), Bd. 3, Freiburg i. Br. 1890 (= Preußisches Verwaltungsrecht, Bd. 2)

Bosch, Edgar / Schmidt, Jörg, Praktische Einführung in das verwaltungsgerichtliche Verfahren, 7. Aufl., Stuttgart 2001

Brauchitsch, Max von / Studt / Braunbehrens, von, Die neuen Preußischen Verwaltungsgesetze, Erster Band, 19. Aufl., Berlin 1903

Braun, Jens-Daniel / Kettner, Moira, Die Absage des EuGH an eine richterrechtliche Reform des EG-Rechtsschutzsystems, in: DÖV 2003, S. 58 - 66

Braunwart, Franz, Die Geschichte der Verwaltungsrechtspflege in Bayern, in: Festschrift zur Feier des fünfzigjährigen Bestehens des Bayerischen Verwaltungsgerichtshofes, München 1929, S. 1 - 34

Brohm, Winfried, Die Dogmatik des Verwaltungsrechts vor den Gegenwartsaufgaben der Verwaltung, in: VVDStRL 30 (1972), S. 245 - 312

Brunner, Georg, Einführung in das Recht der DDR, 2. Aufl., München 1979

ders., Verwaltungsgerichtsbarkeit in Sachsen während des Dritten Reiches und des SED-Regimes, in: Sächsisches Staatsministerium der Justiz (Hrsg.), Sächsische Justizgeschichte, Bd. 1, Das Sächsische Oberverwaltungsgericht, Dresden, 1994, S. 33 - 53

Büchner-Uhder, Willi, Zur Extensität des Verwaltungsprozeßrechts, in: Staat und Recht 33 (1984), S. 581 - 588

Bühler, Ottmar, Die subjektiven öffentlichen Rechte und ihr Schutz in der deutschen Verwaltungsrechtsprechung, Berlin 1914 (Habil. jur.)

ders., Zur Theorie des subjektiven öffentlichen Rechts, in: Z. Giacometti, D. Schindler (Hrsg.), Festgabe für Fritz Fleiner zum 60. Geburtstag, Tübingen, 1927, S. 26 - 58

ders., Der Einfluß des Steuerrechts auf die Begriffsbildung des öffentlichen Rechts, VVDStRL 3 (1927), S. 102 - 116

ders., Altes und Neues über Begriff und Bedeutung der subjektiven öffentlichen Rechte, in: O. Bachof, M. Drath u.a. (Hrsg.), Forschungen und Berichte aus dem Öffentlichen Recht, Gedächtnisschrift für Walter Jellinek, München 1955, S. 269 - 286

Burgi, Martin, Verwaltungsprozeß und Europarecht: eine systematische Darstellung, München 1996

Classen, Claus Dieter, Die Europäisierung der Verwaltungsgerichtsbarkeit: eine vergleichende Untersuchung zum deutschen, französischen und europäischen Verwaltungsprozeßrecht, Tübingen 1996

ders., Der einzelne als Instrument zur Durchsetzung des Gemeinschaftsrechts?, VerwArch 88 (1997), S. 645 - 678

Coing, Helmut, Zur Geschichte des Begriffs „subjektives Recht", in: H. Coing, F. H. Lawson, K. Grönfors, Das subjektive Recht und der Rechtsschutz der Persönlichkeit, Frankfurt (Main) 1959, S. 7 - 23

Daig, Hans-Wolfram, Nichtigkeits- und Untätigkeitsklagen im Recht der Europäischen Gemeinschaften, Baden-Baden 1985

Danwitz, Thomas von, Normkonkretisierende Verwaltungsvorschriften und Gemeinschaftsrecht, in: VerwArch 84 (1993), S. 73 - 96

ders., Verwaltungsrechtliches System und Europäische Integration, Tübingen 1996 (Habil. jur.)

ders., Zur Grundlegung einer Theorie der subjektiv-öffentlichen Gemeinschaftsrechte, in: DÖV 1996, S. 481 - 490

ders., Verwaltungsrechtsschutz zwischen subjektiver und objektiver Rechtsgewährleistung, in: S. Magiera, K.-P. Sommermann (Hrsg.), Verwaltung in der Europäischen Union, Berlin 2001, S. 121 - 136

Dennewitz, Bodo, Verwaltungsrecht, Wien 1943

ders., Die Systeme des Verwaltungsrechts, Hamburg 1948

Deutsches Institut für Rechtswissenschaft (Hrsg.), Das Verwaltungsrecht der Deutschen Demokratischen Republik. Allgemeiner Teil, Berlin (Ost), 1957

Diehr, Uwe, Der Staatshaftungsanspruch des Bürgers wegen Verletzung des Gemeinschaftsrechts durch die deutsche öffentliche Gewalt, Frankfurt (Main) 1997 (Diss. jur.)

Ehlers, Dirk, Die Europäisierung des Verwaltungsprozeßrechts, Köln 1999

Ehmke, Horst, „Ermessen" und „unbestimmter Rechtsbegriff" im Verwaltungsrecht, Tübingen 1960

Eilmansberger, Thomas, Rechtsfolgen und subjektives Recht im Gemeinschaftsrecht: Zugleich ein Beitrag zur Dogmatik der Staatshaftungsdoktrin des EuGH, Baden-Baden 1997 (Habil. jur.)

Eisenhardt, Ulrich, Die Rechtswirkungen der in der Goldenen Bulle genannten Privilegia de non evocando et appellando, in: ZRG GA 86 (1969), S. 75 - 96

Endemann, Fritz, Der Kommissar, der Professor und der Präsident — kurzer Bericht über den Neuanfang der Verwaltungsgerichtsbarkeit in Stuttgart und Karlsruhe 1945/46, in: VBlBW 2002, S. 269 - 271

Enders, Christoph, Der Beitrag des Sächsischen Oberverwaltungsgerichts zur Dogmatik des subjektiven öffentlichen Rechts, in: S. Reich (Hrsg.), Festschrift zum 100-jährigen Jubiläum des Sächsischen Oberverwaltungsgerichts, München 2002, S. 167 - 193

Engel, Christoph, Die Einwirkungen des Europäischen Gemeinschaftsrechts auf das deutsche Verwaltungsrecht, in: Die Verwaltung 25 (1992), S. 437 - 476

Epiney, Astrid, Gemeinschaftsrecht und Verbandsklage, in: NVwZ 1999, 485 - 495

Erichsen, Hans-Uwe, Verfassungs- und verwaltungsgeschichtliche Grundlagen der Lehre von fehlerhaften belastenden Verwaltungsakt und seiner Aufhebung im Prozeß, Frankfurt (Main), 1971 (Habil. jur.)

ders., Das Verwaltungshandeln (§ 11), in: H.-U. Erichsen, D. Ehlers (Hrsg.), Allgemeines Verwaltungsrecht, 12. Aufl., Berlin 2002, S. 229 - 270

Eyermann, Erich / Fröhler, Ludwig, Verwaltungsgerichtsordnung, 11. Aufl., München 2000, mit Nachtrag 2002

Faber, Heiko, Verwaltungsrecht, 4. Aufl., Tübingen 1995

ders., Das Allgemeine Verwaltungsrecht als Ordnungsidee?, in: F. Zehetner (Hrsg.), Festschrift für Hans-Ernst Folz, Wien 2003, S. 53 - 59

Fachet, Siegfried, Verwaltungsgerichtshof, Kompetenzgerichtshof und Disziplinargerichte in Württemberg unter dem Nationalsozialismus, Pfaffenweiler 1989 (Diss. jur.)

Feist, Hans-Joachim, Die Entstehung des Verwaltungsrechts als Rechtsdisziplin, München 1968 (Diss. jur.)

Fischer, Hartmut, Die Auswirkungen der Rechtsprechung des Bundesverfassungsgerichts auf die Dogmatik des Allgemeinen Verwaltungsrechts, Baden-Baden 1997 (Diss. jur.)

Fleiner, Fritz, Institutionen des Deutschen Verwaltungsrechts, 3. Aufl., Tübingen 1913, 4. Aufl., Tübingen 1919, 6. und 7. Aufl., Tübingen 1922, 8. Aufl., Tübingen 1928

Forsthoff, Ernst, Die Verwaltung als Leistungsträger, Stuttgart 1938

ders., Lehrbuch des Verwaltungsrechts, Erster Band: Allgemeiner Teil, 10. Aufl., München 1973

Frank, Hans (Hrsg.), Deutsches Verwaltungsrecht, München 1937

Frenz, Walter, Subjektiv-öffentliche Rechte aus Gemeinschaftsrecht vor deutschen Verwaltungsgerichten, in: DVBl. 1995, S. 408 - 415

Friedrich, Manfred, Der Methoden- und Rechtungsstreit. Zur Grundlagendiskussion der Weimarer Staatsrechtslehre, in: AöR 102 (1977), S. 161 - 209

Friedrichs, Karl, Die Besonderheiten des preußischen Verwaltungsstreitverfahrens im Verhältniß zu den Verfahren, welche über andere Rechtsstreitigkeiten stattfinden und ihre Berechtigung, in: VerwArch 6 (1898), S. 358 - 560

ders., Verwaltungsrechtspflege, Erster Band, Berlin 1920

Frick, Wilhelm, Probleme des neuen Verwaltungsrechts, in: DV 1936, S. 329 - 339

Fricker, K. V., Die juristische Construction im öffentlichen Recht, in: ZStW 21 (1865), S. 465 - 482

Frotscher, Werner / Pieroth, Bodo, Verfassungsgeschichte, 4. Aufl., München 2003

Galetke, Helmut, Die unmittelbare Wirkung von EG-Richtlinien im Rahmen der Drittanfechtung, Essen 1994 (Diss. jur.)

Galz, G. A., Der Gegensatz von öffentlichem und privatem Recht, in: ZAkDR 1938, 581 - 583

Geist-Schell, Franz, Verfahrensfehler und Schutznormtheorie, Frankfurt 1988 (Diss. jur.)

Gerber, Carl Friedrich von, Über öffentliche Rechte, Unveränderter Abdruck der 1. Aufl. 1852, Tübingen 1913

ders., Grundzüge eines Systems des Deutschen Staatsrechts, Leipzig 1865

Gerstner, Stephan, Die Drittschutzdogmatik im Spiegel des französischen und britischen Verwaltungsgerichtsverfahrens, Berlin 1995 (Diss. jur.)

Giacometti, Zaccaria, Allgemeine Lehren des rechtsstaatlichen Verwaltungsrechts, 1. Band, Zürich 1960

Gierke, Otto, Labands Staatsrecht und die deutsche Rechtswissenschaft, in: Schmollers Jahrbuch für Gesetzgebung, Verwaltung und Volkswirtschaft im Deutschen Reich Bd. 7 n.F. (1883), S. 1097 - 1195

Giese, Friedrich, Die Grundrechte, Tübingen 1905 (Diss. jur.)

Giese, Friedrich / Neuwiem, Erhard / Cahn, Ernst, Deutsches Verwaltungsrecht, Berlin 1930

Gneist, Rudolf, Vortrag auf dem zwölften deutschen Juristentag, Erste Sitzung der vierten Abteilung am 26. August, 11 Uhr mittags, 3. Bd., Berlin 1875, S. 211 - 241

ders., Der Rechtsstaat und die Verwaltungsgerichte in Deutschland, Unveränderter Nachdruck der 2. Aufl., 1879, 3. Aufl., Darmstadt 1958

Gönner, Nicolaus Thaddäus, Teutsches Staatsrecht, Landshut 1804

González-Varas, León, Die neue Verwaltungsgerichtsordnung Spaniens vom 13. Juli 1998, in: DÖV 2000, S. 240 - 244

Götz, Volkmar, Besprechung von EuGH Rs. C-50/00, Union de Pequeños Agricultores, DVBl. 2002, 1348 - 1350, in: DVBl. 2002, S. 1350 - 1351

ders., Europarechtliche Vorgaben für das Verwaltungsprozessrecht, in: DVBl. 2002, S. 1 - 7

Graner, Renate, Die Staatsrechtslehre in der politischen Auseinandersetzung der Weimarer Republik, Freiburg i. Br. 1980 (Diss. phil.)

Grimm, Dieter, Zur politischen Funktion der Trennung von öffentlichem und privatem Recht, in: W. Wilhelm (Hrsg.) Studien zur europäischen Rechtsgeschichte, Festschrift für Helmut Coing, Frankfurt (Main) 1972, S. 224 - 242

ders., Stichwort „Öffentliches Recht" II (seit 1750), in: Handwörterbuch zur Rechtsgeschichte, Bd. 3, Berlin 1984, Sp. 1198 - 1214

Gurlit, Elke, Umsetzungsverpflichtung der Mitgliedstaaten und subjektive Rechte der Gemeinschaftsbürger — subjektives Recht auf Umsetzung?, in: L. Krämer, H.-W. Micklitz, K. Tonner (Hrsg.), Recht und diffuse Interessen in der Europäischen Rechtsordnung, Liber amicorum für Norbert Reich, Baden-Baden 1997, S. 55 - 80

Haenel, Albert, Deutsches Staatsrecht, Erster Band, Leipzig, 1892

Hahn, Erich J., Rudolf von Gneist 1816 - 1895, Frankfurt (Main) 1995 (Diss. phil.)

Halfmann, Ralf, Die Entwicklung des Verwaltungsrechtsschutzes in Deutschland, Frankreich und Europa, in: VerwArch 91 (2000), S. 74 - 99

Hänni, Peter, Die Klage auf Vornahme einer Verwaltungshandlung, Freiburg Schweiz 1988 (Habil. jur.)

Hatschek, Julius, Lehrbuch des deutschen und preussischen Verwaltungsrechts, 2. Aufl., Leipzig 1922

Hattenhauer, Hans (Hrsg.), Allgemeines Landrecht für die Preußischen Staaten, 3. Aufl., Neuwied 1996

Held-Daab, Ulla, Das freie Ermessen, Berlin 1996 (Diss. jur.)

Henke, Wilhelm, Das subjektive öffentliche Recht, Tübingen 1968

ders., Das subjektive Recht im System des öffentlichen Rechts, in: DÖV 1980, S. 621 - 633

ders., Wandel der Dogmatik des öffentlichen Rechts, in: JZ 1992, S. 541 - 548

Herrnritt, Rudolf Hermann, Grundlehren des Verwaltungsrechts, Tübingen 1921

Heyen, Erk Volkmar, Otto Mayer - Studien zu den geistigen Grundlagen seiner Verwaltungsrechtswissenschaft, Berlin 1981 (Habil. jur.)

Himmelmann, Steffen, Gemeinschaftsrechtliche Vorgaben für die Umsetzung von EG-Recht, in: DÖV 1996, S. 145 - 151

Hofacker, Wilhelm, Grundrechte und Grundpflichten der Deutschen, Stuttgart 1926

ders., Die subjektiven öffentlichen Rechte, in: DJZ 1935, Sp. 723 - 727

Höhn, Reinhard, Der individualistische Staatsbegriff und die juristische Staatsperson, Berlin 1935

ders., Das subjektive öffentliche Recht und der neue Staat, in: DRW 1 (1936), S. 49 - 73

Hoke, R., Stichwort „Reichspublizistik", in: Handwörterbuch zur Rechtsgeschichte, Bd. 4, Berlin, 1990, Sp. 719 - 727

Hölscheidt, Sven, Abschied vom subjektiv-öffentlichen Recht?, in: EuR 2001, S. 376 - 396

Huber, Ernst Rudolf, Verfassungsrecht des Großdeutschen Reiches, Hamburg 1939 (2. Aufl. von „Verfassung")

ders., Einheit und Gliederung des völkischen Rechts. Ein Beitrag zur Überwindung des Gegensatzes von öffentlichem und privatem Recht, in: ZgStW 98 (1938), S. 310 - 358

Hueber, Alfons, Otto Mayer. Die „juristische Methode" im Verwaltungsrecht, Berlin 1982 (Diss. jur.)

Hüttenbrink, Jost, Das Recht auf fehlerfreie Abwägung als subjektiv-öffentliches Recht i. S. der Antragsbefugnis gemäß § 47 Abs. 2 VwGO n. F., in: DVBl. 1997, S. 1263 - 1258

Ibler, Martin, Rechtspflegender Rechtsschutz im Verwaltungsrecht. Zur Kontrolldichte bei wertenden Behördenentscheidungen — vom Preußischen Oberverwaltungsgericht bis zum modernen Gerichtsschutz im Prüfungsrecht, Tübingen 1999 (Habil. jur.)

ders., Zerstören die neuen Informationszugangsgesetze die Dogmatik des deutschen Verwaltungsrechts?, in: C.-E. Eberle u.a. (Hrsg.) Der Wandel des Staates vor den Herausforderungen der Gegenwart, Festschrift für Winfried Brohm, München 2002, S. 405 - 419

Ipsen, Hans Peter, Europäisches Gemeinschaftsrecht, Tübingen 1972

Ishikawa, Toshiyuki, Friedrich Franz von Mayer: Begründer der „juristischen Methode“ im deutschen Verwaltungsrecht, Berlin 1992 (Diss. jur.)

Jarass, Hans D., Grundfragen der innerstaatlichen Bedeutung des EG-Rechts: die Vorgaben des Rechts der Europäischen Gemeinschaft für die nationale Rechtsanwendung und die nationale Rechtssetzung nach Maastricht, Köln 1994

Jellinek, Georg, Besprechung von Otto Mayer, Deutsches Verwaltungsrecht, in: VerwArch 5 (1897), S. 304 - 314

ders., System der subjektiven öffentlichen Rechte, Unveränderter Nachdruck der 2. Aufl., Tübingen 1905, Darmstadt 1963

Jellinek, Walter, Gesetz, Gesetzesanwendung und Zweckmäßigkeitserwägung, Tübingen 1913

ders., Der Schutz des öffentlichen Rechts durch ordentliche und Verwaltungsgerichte, in: VVDStRL 2 (1925), S. 8 - 80

ders., Verwaltungsrecht, 1. Aufl., Berlin 1928, 3. Aufl., Berlin 1931, mit Nachtrag 1934

Jesch, Dietrich, Gesetz und Verwaltung, Tübingen 1961 (Habil. jur.)

Jhering, Rudolph von, Geist des römischen Rechts auf den verschiedenen Stufen seiner Entwicklung, Dritter Teil, 8. Aufl., Darmstadt 1954

Kadelbach, Stefan, Allgemeines Verwaltungsrecht unter europäischem Einfluß, Tübingen 1999 (Habil. jur.)

Karwiese, Diether, Kontrolle der Verwaltung durch ordentliche Gerichte und allgemeine Verwaltungsgerichte nach italienischem Recht, Frankfurt (Main), 1986

Kelsen, Hans, Der Wandel des Souveränitätsbegriffes (1931), in: H. Kurz (Hrsg.), Volkssouveränität und Staatssouveränität, Darmstadt 1970, S. 164 - 178

Kirchberg, Christian, Der Badische Verwaltungsgerichtshof im Dritten Reich, Berlin 1982 (Diss. jur.)

Kirschner, Heinrich / Klüpfel, Karin, Das Gericht erster Instanz der Europäischen Gemeinschaften: Aufbau, Zuständigkeiten, Verfahren, 2. Aufl., Köln 1998

Klössel, M. Hans, Das sächsische Oberverwaltungsgericht, in: VerwArch 8 (1900), S. 611 - 613

Knorr, Peter, Verwaltungsgerichtsbarkeit in Spanien, in: VBlBW 1999, S. 415 - 420

Koch, Johannes, Reform des Verwaltungsrechtsschutzes in Frankreich, in: NVwZ 1998, S. 1259 - 1262

Koellreutter, Otto, Deutsches Verfassungsrecht. Ein Grundriß, 2. Aufl., Berlin 1936

ders., Verfassungsschutz. Zum Wesen der deutschen völkischen Verfassung, in: RVerwBl. 1938, S. 302 - 307

Koenig, Christian / Pechstein, Matthias / Sander, Claude, EG- / EU-Prozessrecht: mit Aufbaumustern und Prüfungsübersichten, 2. Aufl., Tübingen 2002

Kohl, Wolfgang, Das Reichsverwaltungsgericht, Tübingen 1991 (Diss. jur.)

Köhler, Ludwig von, Grundlehren des Deutschen Verwaltungsrechts, Stuttgart 1935

Kohlmann, Günter, Das subjektiv-öffentliche Recht auf fehlerfreien Ermessensgebrauch, Berlin 1964

Kohlmeier, Philipp, Die Ausgestaltung der Verwaltungsrechtspflege in Baden, in: DÖV 1953, S. 618 - 624

Kokott, Juliane, Europäisierung des Verwaltungsprozessrechts, in: Die Verwaltung 31 (1998), S. 335 - 370

König, Sigurd, Drittschutz, Berlin 1993 (Diss. jur.)

Kopp, Ferdinand O., Die Grenzen der richterlichen Nachprüfung wertender Entscheidungen der Verwaltung, in: DÖV 1966, S. 317 - 322

Kopp, Ferdinand O. / Ramsauer, Ulrich, Verwaltungsverfahrensgesetz, 8. Aufl., München 2003

Kopp, Ferdinand O. / Schenke, Wolf-Rüdiger, Verwaltungsgerichtsordnung, 13. Aufl., München 2003

Kormann, Karl, Grundzüge eines allgemeinen Teils des öffentlichen Rechts, in: Annalen des Deutschen Reiches Bd. 44 (1911), S. 850 - 869, 904 - 922, Bd. 45 (1912), S. 36 - 51, 195 - 218

Köttgen, Arnold, Deutsche Verwaltung, 3. Aufl., Berlin 1944

Krebs, Walter, Subjektiver Rechtsschutz und objektive Rechtskontrolle, in: H.-U. Erichsen, W. Hoppe, A. v. Mutius (Hrsg.), System des verwaltungsgerichtlichen Rechtsschutzes, Festschrift für Christian-Friedrich Menger zum 70. Geburtstag, Köln 1985, S. 191 - 210

Kühne, Jörg-Detlef, Die Reichsverfassung der Paulskirche, 2. Aufl., Neuwied 1998 (Habil. jur.)

Külz, Helmut R., Verwaltungskontrolle unter dem Nationalsozialismus, in: KJ 2 (1969), S. 367 - 378

Laband, Paul, Das Staatsrecht des Deutschen Reiches, Bd. 1, Nachdruck der 5. Aufl., Tübingen 1911, Aalen 1964

Laforet, Wilhelm, Deutsches Verwaltungsrecht, München 1937

Laubinger, Hans-Werner, Der Verwaltungsakt mit Doppelwirkung, Göttingen 1967 (Diss. jur.)

Leist, Justus Christoph, Lehrbuch des Teutschen Staatsrechts, Göttingen 1803

Loening, Edgar, Lehrbuch des Deutschen Verwaltungsrechts, Leipzig 1884

ders., Die konstruktive Methode auf dem Gebiete des Verwaltungsrechtes, in: Schmollers Jahrbuch für Gesetzgebung, Verwaltung und Volkswirtschaft im Deutschen Reich, Bd. 11 (1887), S. 541 - 569

ders., Die Rechtskraft verwaltungsgerichtlicher Urtheile, in: VerwArch 7 (1899), S. 1 - 90

Lübbe-Wolff, Gertrude, Das wohlerworbene Recht als Grenze der Gesetzgebung im neunzehnten Jahrhundert, in: ZRG GA 103 (1986), S. 104 - 139

Lübchen, Gustav-Adolf / Brachmann, Ronald, Zuständigkeit und Verfahren der Gerichte zur Nachprüfung von Verwaltungsentscheidungen, in: NJ 1989, S. 13 - 17

Major, W. T., Basic English Law, 2. Aufl., Basingstoke (Hampshire) 1990

Marquardsen, Heinrich, „Das heutige englische Verfassungs- und Verwaltungsrecht" von Rud. Gneist, in: KritV, Bd. 1 (1859), S. 216 - 242, 399 - 426, Bd. 2 (1860), S. 208 - 241

Masing, Johannes, Die Mobilisierung des Bürgers für die Durchsetzung des Rechts: europäische Impulse für eine Revision der Lehre vom subjektiven öffentlichen Recht, Berlin 1997 (Diss. jur.)

Maunz, Theodor, Neue Grundlagen des Verwaltungsrechts, Hamburg 1934 *ders.*, Zum Neubau des deutschen Verwaltungsrechts, in: DJZ 1934, Sp. 1046 - 1051

ders., Das Ende des subjektiven öffentlichen Rechts, ZgStW 96 (1936), S. 71 - 111

ders., Verwaltung, Hamburg 1937

ders., Das Verwaltungsrecht des nationalsozialistischen Staates, in: H. Frank (Hrsg.), Deutsches Verwaltungsrecht, München 1937, S. 27 - 66.

Maunz, Theodor / Dürig, Günter, Grundgesetz, Kommentar, München, Stand Februar 2004 (Loseblattausgabe)

Maurer, Hartmut, Allgemeines Verwaltungsrecht, 14. Aufl., München 2002

Mayer, Friedrich Franz von, Grundzüge des Verwaltungs-Rechts und -Rechtsverfahrens, Tübingen 1857

ders., Grundsätze des Verwaltungs-Rechts mit besonderer Rücksicht auf gemeinsames deutsches Recht sowie auf neuere Gesetzgebung, Tübingen 1862

Mayer, Otto, Theorie des Französischen Verwaltungsrechts, Strassburg 1886

ders., Zur Lehre vom öffentlichrechtlichen Vertrage, in: AöR 3 (1888), S. 3 - 86

ders., Besprechung von Georg Jellinek, System der subjektiven öffentlichen Rechte, in: AöR 9 (1894), S. 280 - 288

ders., Deutsches Verwaltungsrecht, Bd. 1, 1. Aufl., Leipzig 1895, Bd. 2, 1. Aufl., Leipzig 1896, Bd. 1, 3. Aufl., München 1924, Bd. 2, 3. Aufl., München 1924

ders., Die juristische Person und ihre Verwertbarkeit im öffentlichen Recht, in: W. van Calker, F. Fleiner u.a., Festgabe für Paul Laband, 1. Bd. Tübingen 1908, S. 3 - 94

Menger, Christian-Friedrich, Zur Geschichte der Verwaltungsgerichtsbarkeit in Deutschland, in: DÖV 1963, S. 726 - 729

Merkl, Adolf, Allgemeines Verwaltungsrecht, Wien 1927

Meyer, Georg, Lehrbuch des Deutschen Staatsrechts, Leipzig 1878

ders., Lehrbuch des Deutschen Verwaltungsrechts, Erster Teil, 2. Aufl., Leipzig 1893, Zweiter Teil, 2. Aufl., Leipzig 1894; Erster Teil, 4. Aufl. 1913 (Bearb. von Franz Dochow), Zweiter Teil, 4. Aufl. 1915 (Bearb. von Franz Dochow); Sachregister zum Ersten und Zweiten Teil, 4. Aufl. 1915 (Bearb. von Franz Dochow)

Meyer-Hesemann, Wolfgang, Methodenwandel in der Verwaltungsrechtswissenschaft, Karlsruhe 1981 (Diss. jur.)

Mohl, Robert von, Das Staatsrecht des Königreiches Württemberg, Erster Band, 2. Aufl., Tübingen 1840, Zweiter Band, 2. Aufl., Tübingen 1840

Molan, Michael T. (Hrsg.), Cracknell's Statutes, Constitutional and Administrative Law, Horsmonden (Kent), 1995

Montag, Martin, Die Geschichte der Verwaltungsgerichtsbarkeit unter besonderer Berücksichtigung der Entwicklung in Baden, in: VBlBW. 1992, S. 192 - 198, 391 - 396

Muth, Heinrich, Zum Streit um die Verwaltungsgerichtsbarkeit, in: DR 1938, S. 25 - 26

Nowatius, Niklas Hubertus Paul, Die Einführung der Verwaltungsgerichtsbarkeit in Preußen durch die Kreisordnung von 1872 unter besonderer Berücksichtigung der Verdienste von Eduard Lasker, (ohne Angabe des Erscheinungsortes) 2000 (Diss. jur. Bonn)

Ogorek, Regina, Individueller Rechtsschutz gegenüber der Staatsgewalt. Zur Entwicklung der Verwaltungsgerichtsbarkeit im 19. Jahrhundert, in: J. Kocka (Hrsg.), Bürgertum im 19. Jahrhundert, Band 1, München 1988, S. 372 - 405

Oldiges, Martin, Verwaltungsgerichtliche Ermessenskontrolle — Zum Ausbau des gerichtlichen Rechtsschutzes in der Rechtsprechung des Sächsischen Oberverwaltungsgerichts —, in: S. Reich (Hrsg.), Festschrift zum 100-jährigen Jubiläum des Sächsischen Oberverwaltungsgerichts, München 2002, S. 195 - 219

Ossenbühl, Fritz, Staatshaftung zwischen Europarecht und nationalem Recht, in: O. Due, M. Lutter, J. Schwarze (Hrsg.), Festschrift für Ulrich Everling, Bd. 2, Baden-Baden 1995, S. 1031 - 1047

ders., Staatshaftungsrecht, 5. Aufl., München 1998

Papier, Hans-Jürgen, Direkte Wirkung von Richtlinien der EG im Umwelt- und Technikrecht, in: DVBl. 1993, S. 809 - 814

Pauly, Walter, Der Methodenwandel im deutschen Spätkonstitutionalismus, Tübingen 1993 (Habil. jur.)

Pernice, Ingolf, Kriterien der normativen Umsetzung von Umweltrichtlinien der EG im Lichte der Rechtsprechung des EuGH, in: EuR 1994, S. 325 - 341

Peters, Hans, Lehrbuch der Verwaltung, Berlin 1949

Pirson, D., Stichwort „Jura quaesita", in: Handwörterbuch zur Rechtsgeschichte, Bd. 2, Berlin 1978, Sp. 472 - 475.

Pözl, Joseph, Lehrbuch des Bayerischen Verfassungsrechts, 2. Aufl., München 1854

Preu, Peter, Subjektivrechtliche Grundlagen des öffentlichrechtlichen Drittschutzes, Berlin 1992 (Habil. jur.)

Ramsauer, Ulrich, Die Rolle der Grundrechte im System der subjektiven öffentlichen Rechte, in: AöR 111 (1986), S. 501 - 536

Reich, Norbert, Der Schutz subjektiver Gemeinschaftsrechte durch Staatshaftung, Anmerkung zu den Urteilen EuGH EuZW 1996, 654 — Dillenkofer u.a. und EuGH EuZW 1996, 695 — Denkavit u.a., in: EuZW 1996, S. 709 - 716

ders., Bürgerrechte in der Europäischen Union: Subjektive Rechte von Unionsbürgern und Drittstaatenangehörigen unter besonderer Berücksichtigung der Rechtslage nach der Rechtsprechung des EuGH und dem Vertrag von Amsterdam, Baden-Baden 1999

Reiling, Michael, Interesse als Rechtsbegriff? — Zur Fragwürdigkeit abstrakter Interessenqualifikation als Basis subjektiver öffentlicher Rechte —, in: DÖV 2004, 181 - 189

Remmert, Barbara, Die nationale Ausgestaltung richtlinienrechtlich geforderter subjektiver Rechtsstellungen, in: Die Verwaltung 29 (1996), S. 465 - 486

Renck, Ludwig, Standortsicherung durch Normenkontrolle?, in: ZRP 1997, S. 48 - 49

Rengeling, Hans-Werner / Middeke, Andreas / Gellermann, Martin / Jakobs, Michael Ch., Rechtsschutz in der Europäischen Union, München 1994

Renke, Ilona, EG-Richtlinien und verwaltungsgerichlicher Rechtsschutz: unter besonderer Berücksichtigung des Umweltrechts, Darmstadt 1998 (Diss. jur.)

Reuß, Hermann, Die Zukunft der Verwaltungsgerichtsbarkeit, RVerwBl. 1937, S. 649 - 653

ders., Die Verwaltungsgerichtsbarkeit im Krieg, in: VerwArch 45 (1940), S. 154 - 173

Richter, Lutz, Das subjektive öffentliche Recht, in: AöR 47 (1925), S. 1 - 84

Ruffert, Matthias, Subjektive Rechte im Unweltrecht der Europäischen Gemeinschaft: Unter besonderer Berücksichtigung ihrer prozessualen Durchsetzung, Heidelberg 1996 (Diss. jur.)

ders., Dogmatik und Praxis des subjektiv-öffentlichen Rechts unter dem Einfluß des Gemeinschaftsrechts, in: DVBl. 1998, S. 69 - 75

Rüfner, Wolfgang, Verwaltungsrechtsschutz in Preußen von 1749 bis 1842, Bonn 1962 (Diss. jur.)

ders., Verwaltungsrechtsschutz im 19. Jahrhundert vor Einführung der Verwaltungsgerichtsbarkeit, in: DÖV 1963, 719 - 726

ders., Die Entwicklung der Verwaltungsgerichtsbarkeit, in: K. G. A. Jeserich u.a. (Hrsg.), Deutsche Verwaltungsgeschichte, Bd. 3, Stuttgart 1984, S. 909 - 930

ders., Die Entwicklung der Verwaltungsgerichtsbarkeit, in: K. G. A. Jeserich u.a. (Hrsg.), Deutsche Verwaltungsgeschichte, Bd. 4, Stuttgart 1985, S. 639 - 650

ders., Die Entwicklung der Verwaltungsgerichtsbarkeit, in: K. G. A. Jeserich u.a. (Hrsg.), Deutsche Verwaltungsgeschichte, Bd. 4, Stuttgart 1985, S. 1099 - 1113

Rupp, Hans-Heinrich, Kritische Bemerkungen zur Klagebefugnis im Verwaltungsprozeß, in: DVBl. 1982, S. 144 - 148

ders., Unsicherheiten zum Thema des subjektiven öffentlichen Rechts, in: M. Brenner u.a. (Hrsg.), Der Staat des Grundgesetzes — Kontinuität und Wandel, Festschrift für Peter Badura zum 70. Geburtstag, Tübingen 2004, S. 995 - 1007

Rüthers, Bernd, Entartetes Recht. Rechtslehrer und Kronjuristen im Dritten Reich, 2. Aufl., München 1989

Ruthig, Josef, Transformiertes Gemeinschaftsrecht und die Klagebefugnis des § 42 Abs. 2 VwGO, in: BayVBl. 1997, S. 289 - 298

Sarwey, Otto von, Das öffentliche Recht und die Verwaltungsrechtspflege, Tübingen 1880

ders., Allgemeines Verwaltungsrecht, Freiburg i. Br. 1887

Schenke, Wolf-Rüdiger, „Reform" ohne Ende - Das Sechste Gesetz zur Änderung der Verwaltungsgerichtsordnung und anderer Gesetze (6. VwGOÄndG), in: NJW 1997, S. 81 - 93

Scherzberg, Arno, Grundlagen und Typologie des subjektiv-öffentlichen Rechts, in: DVBl. 1988, 129 - 134

Scheuner, Ulrich, Die Rechtsstellung der Persönlichkeit, in: H. Frank (Hrsg.), Deutsches Verwaltungsrecht, München 1937, S. 82 - 98

ders., Der Einfluß des französischen Verwaltungsrechts auf die deutsche Rechtsentwicklung, in: DÖV 1963, S. 714 - 719

Schilling, Theodor, Bestand und allgemeine Lehren der bürgerschützenden allgemeinen Rechtsgrundsätze des Gemeinschaftsrechts, in: EuGRZ 2000, S. 3 - 43

Schmidt, Walter, Die Programmierung von Verwaltungsentscheidungen, in: AöR 96 (1971), S. 321 - 354

Schmidt-Aßmann, Eberhard, Das allgemeine Verwaltungsrecht als Ordnungsidee, Heidelberg 1998

Schmidt-De Caluwe, Reimund, Der Verwaltungsakt in der Lehre Otto Mayers. Staatstheoretische Grundlagen, dogmatische Ausgestaltung und deren verfassungsbedingte Vergänglichkeit, Tübingen 1999 (Habil. jur.)

Schmidt-Preuß, Matthias, Kollidierende Privatinteressen im Verwaltungsrecht, Berlin 1992 (Habil. jur.)

Schmitt, Carl, Verfassungslehre, Nachdruck der 5. Aufl., Berlin 1928, Berlin 1970

ders., Inhalt und Bedeutung des zweiten Hauptteils der Reichsverfassung, in: G. Anschütz, R. Thoma (Hrsg.), Handbuch des Deutschen Staatsrechts, Bd. 2, Tübingen 1932, § 101, S. 572 - 606

ders., Neue Leitsätze für die Rechtspraxis, in: JW 1933, S. 2793 - 2794

ders., Über die drei Arten des rechtswissenschaftlichen Denkens, Hamburg 1934

Schoch, Friedrich, Europäisierung der Verwaltungsrechtsordnung, in: VBlBW. 1999, S. 241 - 250

ders., Individualrechtsschutz im deutschen Umweltrecht unter dem Einfluß des Gemeinschaftsrechts, in: NVwZ 1999, S. 457 - 467

ders., Die europäische Perspektive des Verwaltungsverfahrens- und Verwaltungsprozeßrechts, in: E. Schmidt-Aßmann, W. Hoffmann-Riem (Hrsg.), Strukturen des Europäischen Verwaltungsrechts, Baden-Baden 1999, S. 279 - 316

Schütz, Peter, Die Antragsbefugnis bei der Normenkontrolle von Bebauungsplänen nach dem 6. VwGOÄndG, Berlin 2000 (Diss. jur.)

Schwarze, Jürgen, Deutscher Landesbericht, in: ders. (Hrsg.), Das Verwaltungsrecht unter europäischem Einfluß, Baden-Baden 1996 *ders.*, Der Rechtsschutz Privater vor dem Europäischen Gerichtshof: Grundlagen, Entwicklungen und Perspektiven des Individualrechtsschutzes im Gemeinschaftsrechts, in: DVBl. 2002, S. 1297 - 1315

Schwarzenegger, Peter, Staatshaftung: gemeinschaftsrechtliche Vorgaben und ihre Auswirkungen auf nationales Recht, Baden-Baden 2001 (Diss. jur.)

Sellert, Wolfgang, Über die Zuständigkeitsabgrenzung von Reichshofrat und Reichskammergericht, in: Untersuchungen zur deutschen Staats- und Rechtsgeschichte, Bd. 4 n. F., Aalen 1965

Sellmann, Martin, Entwicklung und Problematik der öffentlich-rechtlichen Nachbarklage im Baurecht, in: DVBl. 1963, S. 273 - 286

Sendler, Horst, Verwaltungsgerichtsbarkeit in der DDR — Wie können wir helfen?, in: DtZ 1990, S. 166 - 179

Sening, Christoph, Abschied von der Schutznormtheorie im Naturschutzrecht, in: NuR 1980, S. 102 - 110

Sommer, Walther, Die Verwaltungsgerichtsbarkeit, in: DVerwBler 1937, 425 - 428

Stein, Lorenz von, Handbuch der Verwaltungslehre und des Verwaltungsrechts, Stuttgart 1870

ders., System der Staatswissenschaft, Erster Bd., System der Statsitik, der Populationistik und der Volkswirtschaftslehre, Neudruck der Ausgabe 1852, Osnabrück 1964, Zweiter Bd., Der Begriff der Gesellschaft und die Lehre von den Gesellschaftsklassen, Neudruck der Ausgabe 1856, Osnabrück 1964

Steinberg, Rudolf, Grundfragen des öffentlichen Nachbarrechts, in: NJW 1984, S. 457 - 464

Stengel, Karl (Freiherr) von, Lehrbuch des Deutschen Verwaltungsrechts, Stuttgart 1886

ders., Die Verwaltungsgerichtsbarkeit und die öffentlichen Rechte, in: VerwArch 3 (1895), S. 177 - 232

Stern, Klaus, Das Staatsrecht der Bundesrepublik Deutschland, Band III, Allgemeine Lehren der Grundrechte, 1. Halbband, München 1988

ders., Die Einwirkungen des europäischen Gemeinschaftsrechts auf die Verwaltungsgerichtsbarkeit, in: JuS 1998, S. 769 - 776

Stier-Somlo, Fritz, Die Verfassung des Deutschen Reichs vom 11. August 1919. Ein systematischer Überblick, Bonn 1919

Stolleis, Michael, Gemeinwohlformeln im nationalsozialistischen Recht, Berlin 1974 (Habil. jur.)

ders., Verwaltungslehre und Verwaltungswissenschaft 1803 - 1866, in: K. G. A. Jeserich u.a. (Hrsg.), Deutsche Verwaltungsgeschichte, Bd. 2, Stuttgart 1983, S. 56 - 94

ders., Die Verwaltungsgerichtsbarkeit im Nationalsozialismus, in: H.-U. Erichsen u.a. (Hrsg.), System des verwaltungsgerichtlichen Rechtsschutzes Festschrift für Christian-Friedrich Menger, Köln 1985, S. 57 - 80.

ders., Verwaltungsrechtswissenschaft und Verwaltungslehre im Nationalsozialismus, in: K. G. A. Jeserich u.a. (Hrsg.), Deutsche Verwaltungsgeschichte, Bd. 4, Stuttgart 1985, S. 707 - 724.

ders., Geschichte des öffentlichen Rechts in Deutschland, Erster Band, Reichspublizistik und Policeywissenschaft 1600 - 1800, München 1988, Zweiter Band, Staatsrechtslehre und Verwaltungswissenschaft 1800 - 1914, München 1992, Dritter Band, Staats- und Verwaltungsrechtswissenschaft in Republik und Diktatur, 1914 - 1945, München 1999

ders., Stichwort „Staatsrechtswissenschaft", in: Handwörterbuch zur Rechtsgeschichte, Bd. 4, Berlin, 1990, Sp. 1836 - 1838

ders., Stichwort „Verwaltungsrechtswissenschaft", in: Handwörterbuch zur Rechtsgeschichte, Bd. 5, Berlin, 1998, Sp. 883 - 886

Stott, David / Felix, Alexandra, Principles of Administrative Law, London 1997

Strickrodt, Horst-Peter, Die Haftung der Mitgliedstaaten der Europäischen Gemeinschaft bei Verstößen gegen das Gemeinschaftsrecht, Halle (Saale) 1996/97 (Diss. jur.)

Stüber, Stephan, Subjektive Rechte aus Gemeinschaftsrecht, in: JURA 2001, S. 798 - 803

Stuckart, Wilhelm / Rosen-Hoewel, Harry von, Verwaltungsrecht, 8. Aufl., Leipzig 1944

Stüer, Bernhard, Antragsbefugnis im Normenkontrollverfahren. Stürzt die Abwägungs- und Rechtsschutzpyramide ein?, in: BauR 1999, S. 1221 - 1228

Stump, Ulrich, Preußische Verwaltungsgerichtsbarkeit 1875 - 1914, Berlin 1980 (Diss. jur.)

Sydow, Gernot, Die Verwaltungsgerichtsbarkeit des ausgehenden 19. Jahrhunderts. Eine Quellenstudie zu Baden, Württemberg und Bayern, Heidelberg 2000 (Diss. jur.)

ders., Die Revolution von 1848/49: Ursprung der modernen Verwaltungsgerichtsbarkeit, in: VerwArch 92 (2001), S. 389 - 404

Thoma, Richard, Die juristische Bedeutung der grundrechtlichen Sätze der deutschen Reichsverfassung, in: H. C. Nipperdey (Hrsg.), Die Grundrechte und Grundpflichten der Reichsverfassung, Bd. 1, Nachdruck der Aufl., Berlin 1929, Kronberg 1975

ders., Das System der subjektiven öffentlichen Rechte und Pflichten, in: G. Anschütz, R. Thoma (Hrsg.), Handbuch des Deutschen Staatsrechts, Bd. 2, Tübingen 1932, § 102, S. 607 - 623

Triantafyllou, Dimitris, Haftung der Mitgliedstaaten für Nichtumsetzung von EG-Recht, in: DÖV 1992, S. 564 - 571

ders., Zur Europäisierung des subjektiven öffentlichen Rechts, in: DÖV 1997, S. 197 - 200

Ule, Carl Hermann, Besprechung von: Deutsches Institut für Rechtswissenschaft (Hrsg.), Das Verwaltungsrecht der Deutschen Demokratischen Republik. Allgemeiner Teil, Berlin (Ost), 1957, in: VerwArch 49 (1958), S. 285 - 291

ders., Gesetzlichkeit in der Verwaltung durch Verwaltungsverfahren und gerichtliche Kontrolle in der DDR, in: DVBl. 1985, S. 1029 - 1041

ders., Gerichtliche Nachprüfung von Verwaltungsentscheidungen in der DDR, in: DVBl. 1989, S. 581 - 589

Uhlenbrock, Henning, Der Staat als juristische Person, Berlin 2002 (Diss. jur.)

Unruh, Georg-Christoph von, Verwaltungsgerichtsbarkeit im Verfassungsstaat, Herford 1984

ders., Verwaltungsgerichtsbarkeit, in: K. G. A. Jeserich, H. Pohl, G.-C. v. Unruh, Deutsche Verwaltungsgeschichte, Bd. 5, Die Bundesrepublik Deutschland, Stuttgart 1987

Wahl, Rainer, Die doppelte Abhängigkeit des subjektiven öffentlichen Rechts, in: DVBl. 1996, S. 641 - 651

Weitzel, Jürgen, Zur Geschichte der Verwaltungsgerichtsbarkeit in Hessen, in: Archiv für hessische Geschichte und Altertumskunde, Bd. 48 n.F. (1990), S. 317 - 330

Wilhelm, Walter, Zur juristischen Methodenlehre im 19. Jahrhundert, Frankfurt (Main) 1958

Winkler, Ivo, Die italienische Verwaltungsgerichtsbarkeit zwischen gesetzlich geschütztem Interesse und subjektivem Recht, in: Die Verwaltung 19 (1986), S. 519 - 536

Winter, Gerd, Individualrechtsschutz im deutschen Umweltrecht unter dem Einfluß des Gemeinschaftsrechts, in: NVwZ 1999, S. 467 - 475

Woehrling, Jean-Marie, Die deutsche und die französische Verwaltungsgerichtsbarkeit an der Schwelle zum 21. Jahrhundert, in: NVwZ 1998, S. 462 - 467

Wolff, Hans J. / Bachof, Otto / Stober, Rolf, Verwaltungsrecht, Band 1, 11. Aufl., München 1999

Zuleeg, Manfred, Hat das subjektive öffentliche Recht noch eine Daseinsberechtigung?, in: DVBl. 1976, S. 509 - 521

ders., Umweltschutz in der Rechtsprechung des Europäischen Gerichtshofs, in: NJW 1993, S. 31 - 38

ders., Deutsches und europäisches Verwaltungsrecht — wechselseitige Einwirkungen, in: VVDStRL 53 (1994), S. 154 - 201

Personen- und Sachregister

Peter Lang · Europäischer Verlag der Wissenschaften

Dieter C. Umbach / Daniel Dettling (Hrsg.)

Vom individuellen zum kollektiven Verbraucherschutz

Amerikanische „class action", europäische Produkthaftung und deutsches Rechtssystem

Frankfurt am Main, Berlin, Bern, Bruxelles, New York, Oxford, Wien, 2005.
XXVI, 135 S.
Potsdamer Rechtswissenschaftliche Reihe.
Herausgegeben von Dieter C. Umbach. Bd. 20
ISBN 3-631-53380-2 · br. € 34.–*

Deutsche Unternehmen mit internationaler Ausrichtung sehen sich in letzter Zeit verstärkt Sammelklagen von Aktionären und Verbrauchern ausgesetzt. In den USA sind „class actions" ein seit Jahrzehnten von der Wirtschaft gefürchtetes Instrument, das aufgrund der damit verbundenen hohen Schadensersatzforderungen bereits ganze Zweige wie die Asbest- oder Siliconindustrie vernichtet hat. Von solchen Verhältnissen ist Deutschland zwar noch weit entfernt. Der Rechtsstandort Deutschland steht aber vor neuen Herausforderungen, deren Ausmaß noch schwer vorherzusagen ist. Verbraucherinteressen überlagern bzw. verdrängen zudem immer mehr den Schutz des Wettbewerbs als wichtigstes Ziel. Die Tendenz zu einer Ausdehnung des Anleger- und Verbraucherschutzes ist eindeutig. Verbraucherverbände und zunehmend auch die Politik fordern daher die Einführung von Sammelklagen in Deutschland. Vor diesem Hintergrund gehen die Autoren dieses Bandes – Wissenschaftler, Politiker und Unternehmer – zentralen Fragen hinsichtlich der Europäisierung des Produkthaftungsrechts sowie der Globalisierung der US-amerikanischen Sammelklage nach.

Aus dem Inhalt: Verbraucherschutz · Produkthaftung · Sammelklage · Zukunft des deutschen Rechtssystems · System der US-class action

Frankfurt am Main · Berlin · Bern · Bruxelles · New York · Oxford · Wien
Auslieferung: Verlag Peter Lang AG
Moosstr. 1, CH-2542 Pieterlen
Telefax 00 41 (0) 32 / 376 17 27

*inklusive der in Deutschland gültigen Mehrwertsteuer
Preisänderungen vorbehalten

Homepage http://www.peterlang.de

Kolibri 360 GmbH
Ferdinand-Jühlke-Straße 7
99095 Erfurt, Deutschland
produktsicherheit@kolibri360.de

Druck:
CPI Druckdienstleistungen GmbH
im Auftrag der
Kolibri 360 GmbH
Ferdinand-Jühlke-Str. 7
99095 Erfurt